REGINALD TEAGUE-JONES

Au service secret de l'Empire britannique

DU MÊME AUTEUR

COLPORTEURS DU KOMINTERN, L'UNION SOVIÉTIQUE ET LES MINORITÉS AU MOYEN-ORIENT, Paris, Presses de Sciences Po, 1997.

En collaboration avec Jean-Robert Raviot, DE L'URSS À LA RUSSIE, LA CIVILISATION SOVIÉTIQUE DE 1917 À NOS JOURS, GENÈSE, EVOLUTION, MÉTAMORPHOSES, Paris, Ellipses, 2006.

EREVAN, LA CONSTRUCTION D'UNE CAPITALE À L'ÉPOQUE SOVIÉTIQUE, Rennes, Presses Universitaires de Rennes, 2007.

TALINE TER MINASSIAN

REGINALD TEAGUE-JONES

Au service secret de l'Empire britannique

BERNARD GRASSET
PARIS

Crédits photographiques :
Pages 1, 3 à 7 : Imperial War Museum.
Pages 2 et 8 : Collection privée.

Photo de couverture : Collection privée.

ISBN 978-2-246-74441-2

À la mémoire de Brian Pearce (1915-2008)

À la mémoire de mon père,
Levon Ter Minassian (1926-2009)

Les territoires du Grand Jeu

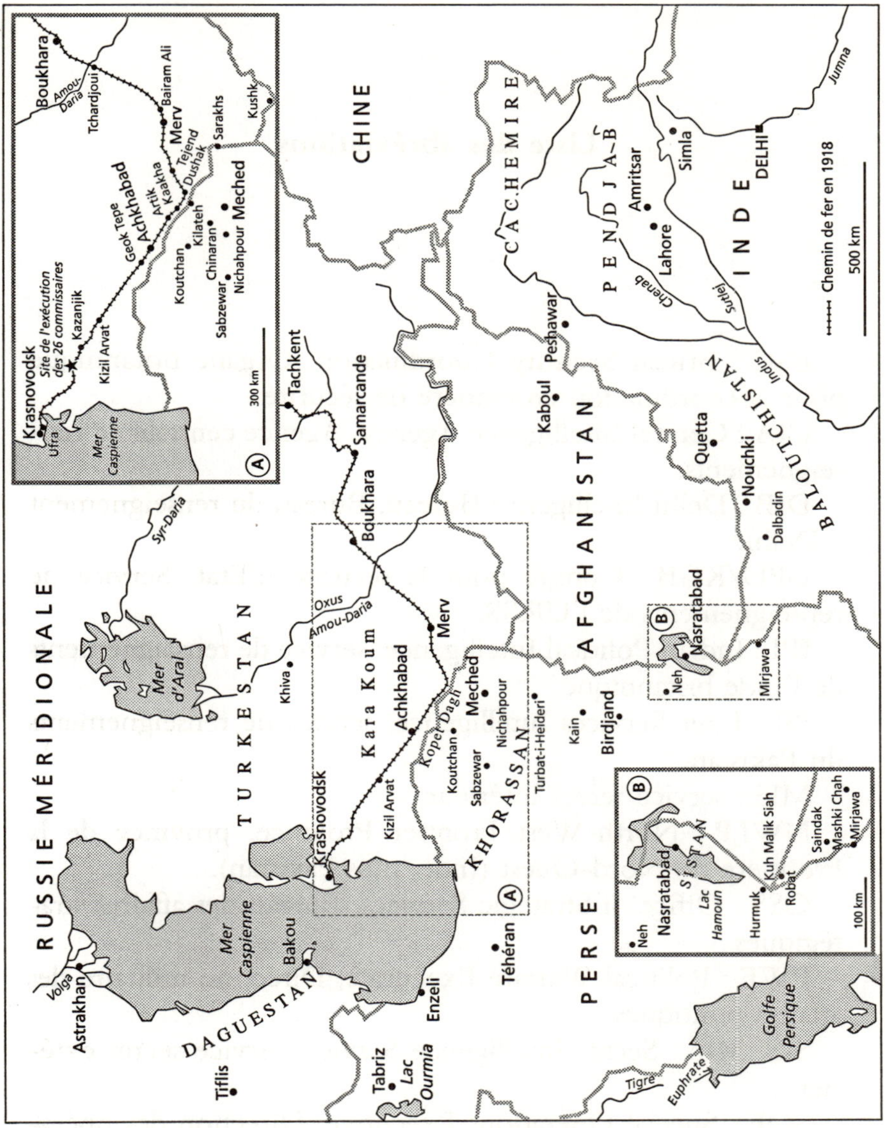

Liste des abréviations

BSC : British Security Coordination, Organe britannique pour la coordination en matière de sécurité.

CIA : Central Intelligence Agency, Agence centrale de renseignements.

DIB : Delhi Intelligence Bureau, Bureau du renseignement à Delhi.

GPU/KGB : Comité pour la sécurité d'Etat. Service de renseignements de l'URSS.

IPI : Indian Political Intelligence, service de renseignements de l'Inde britannique.

ISI : Inter-Services Intelligence, service de renseignements du Pakistan.

MI5 : service secret intérieur.

NWFP : North-West Frontier Province, province de la Frontière du Nord-Ouest (Inde, puis Pakistan).

OSS : Office of Strategic Services, Bureau des affaires stratégiques.

PWE : Political Warfare Executive, Direction militaire des affaires politiques.

SIS, MI6 : Secret Intelligence Service, service secret extérieur.

SOE : Special Operations Executive, Direction des opérations spéciales.

Avant-propos

Toute entreprise biographique revient à composer un tombeau. On chercherait en vain celui de Reginald Teague-Jones à Plymouth où il s'est éteint à l'âge de 99 ans le 16 novembre 1988. « L'espion qui disparut » (*The Spy Who disappeared*) avait depuis longtemps troqué son identité contre celle de Ronald Sinclair. A ce nom, le voyageur outre-Manche ne trouvera pas non plus de monument funéraire. Non que Reginald Teague-Jones (alias Ronald Sinclair) ait voulu quitter ce monde sans laisser de traces… bien au contraire, il s'est ingénié dans les limites que lui autorisait une rigoureuse éthique professionnelle – celle, auréolée de légende, des agents secrets britanniques – à multiplier des indices à l'intention non pas des descendants qu'il n'eut pas la chance d'avoir au cours de ses deux mariages successifs mais à celle de « quelque historien du futur ». C'est en faisant don, en 1973, de ses papiers personnels, comme tant d'autres serviteurs de l'Empire britannique, à la bibliothèque de l'India Office que Reginald Teague-Jones prit les dispositions nécessaires à l'écriture du présent livre. Un dépôt que personne ne pourra consulter avant sa mort dont la lettre d'accompagnement résonne comme une disposition testamentaire : « A propos des notes que je vous ai envoyées, la bibliothèque de l'India Office semblerait le lieu de dépôt le mieux adapté. Quelque historien du futur pourrait par hasard les déterrer et concevoir quelque intérêt à les lire. D'ici là, qu'elles reposent en paix[1] », écrit-il alors à un fonctionnaire du Foreign Office en scellant ce don par un pacte tacite avec son futur biographe. Car Reginald Teague-Jones n'a jamais eu aucun doute à ce sujet : son existence presque centenaire a été extraordinairement active et intéressante et mérite – plus qu'une reconnaissance officielle, lui qui, officier de l'ordre de l'Empire britannique, aurait rêvé de recevoir la prestigieuse décoration de l'ordre de St Michael et St George – qu'on lui consacre un livre. « *A very interesting life* »... et, ajoutait-il avec une certaine malice à l'intention du fonctionnaire auquel il s'adressait : « Je ne peux rien faire de plus que d'espérer que la vôtre soit aussi intéressante », une phrase que le fonctionnaire britannique, légèrement piqué, commente dans la marge d'un laconique « *Yes, indeed* »... Tout lecteur de Reginald Teague-Jones est en effet poussé à cette introspection et au soupçon de mener une vie bien terne, rangée et ennuyeuse, comparée aux extraordinaires aventures de sa jeunesse sur les marges d'un Empire britannique alors d'envergure planétaire.

Ecrire une biographie repose sur un pari perdu d'avance. L'enquête la plus rigoureuse, menée dans les archives et fondée sur les seules méthodes de la recherche académique, ne peut restituer l'intégralité d'une existence, ni permettre de saisir toutes les activités et la psychologie d'un personnage qu'on tente de ressusciter. Jamais complet, le portrait comporte une part de la subjectivité de l'historien et de son regard ébloui, dans les premiers temps, presque amoureux. Un pacte personnel relie mystérieusement le héros du livre à son auteur comme si la biographie lui était en quelque sorte prédestinée, ce que saisit parfaitement Walter Benjamin dans un de ses écrits sur l'histoire. « C'est donc à nous de nous rendre compte que le passé réclame une rédemption dont peut-être une toute petite partie se trouve être placée en notre pouvoir. Il y a un rendez-vous mystérieux entre les générations défuntes et celles dont nous faisons partie nous-mêmes. Nous avons été attendus sur terre[2]. » Ce rendez-vous avec Reginald Teague-Jones eut lieu à Londres en novembre 2003 au dernier étage du nouvel édifice de la British Library dans le quartier alors en cours de rénovation de la gare de St Pancras. Au troisième étage de ce joyau de l'architecture contemporaine britannique – auprès duquel la Bibliothèque François Mitterrand donne toute la mesure de son inhospitalité – sont désormais hébergées les collections d'ouvrages, d'archives et de manuscrits de l'India Office, l'instance londonienne du gouvernement de l'Empire britannique. Comme beaucoup d'anciens agents britanniques, Reginald Teague-Jones avait fréquenté la bibliothèque de l'India Office dans les locaux qu'elle occupait encore durant les années 1970 sur Blackfriars Road, avant que la collection entière ne soit transférée à la division asiatique et africaine de la nouvelle British Library. Dans ce décor résolument moderne, il ne reste plus guère que des éléments de mobilier et de décoration qui signalent l'origine coloniale des collections conservées dans ce cénacle de la recherche internationale. Un magnifique siège de la Compagnie des Indes orientales à l'entrée, des tableaux de facture orientaliste sur les murs de la salle de lecture, tels sont les discrets souvenirs du Raj britannique intégrés dans ces lieux qui ont perdu jusqu'à l'ancienne titulature de l'India Office. Fruit du hasard ou de la prédestination, c'est un travail de recherche consacré à Bakou à la fin de la Première Guerre mondiale qui m'amena à cette rencontre avec Reginald Teague-Jones. Agent actif en 1918 sur le théâtre des événements mouvementés de l'Asie centrale et de la Transcaucausie, un certain nombre de dossiers de son fonds personnel traitant de ce thème et de cette période m'avaient mise sur sa trace. Les papiers consultés, les souvenirs personnels, les dessins, les photographies et les films conservés à la British Library et à l'Imperial War Museum m'apparurent d'emblée si intéressants qu'oubliant bientôt le thème originel de ma recherche, je me mis à fureter dans l'ensemble du fonds, commandant un dossier après l'autre. A ce stade, le coup de foudre était déjà consommé pour « l'espion qui avait disparu » quatre ans après l'exécution des 26 commissaires de Bakou et « réapparu » *post mortem* dans une nécrologie du *Times* du 25 novembre 1988. Le fonds était si extraordinairement intéressant, riche et illustré sur la période clé des activités de Reginald Teague-Jones en Iran, au Turkménistan et au Caucase que le projet biographique s'imposait de lui-même. Comment une historienne de la Russie et du Caucase pourrait ne pas être intéressée par un agent anglais si spirituel et sympathique, impliqué à la fin de la Première Guerre mondiale dans la lutte contre les bolcheviks sur le front transcaucasien et transcaspien ? L'entreprise semblait d'autant plus évidente que j'avais déjà décrit dans un précédent ouvrage les réseaux de l'espionnage soviétique au Moyen-Orient durant la même période. De plus, les traces de Reginald Teague-Jones au Caucase à la veille de la soviétisation en 1920-1921 croisaient celles de mon grand-père paternel, révolutionnaire né dans l'Empire russe, Rouben Ter Minassian, dit Rouben, venu dans les vilayets orientaux de l'Empire ottoman afin d'organiser l'autodéfense des Arméniens avant la Première Guerre mondiale. Il fut un dirigeant dachnak de la Fédération révolutionnaire arménienne et le ministre de la Défense de l'éphémère république indépendante d'Arménie de 1918 à 1920 avant qu'elle ne soit soviétisée comme l'Azerbaïdjan et la Géorgie voisines. Si Reginald Teague-Jones, sur place à l'époque, ne l'a pas physiquement rencontré, il a en tout cas consigné des informations à son sujet dans l'un de ses carnets secrets et rencontré en Géorgie quelques-uns de ses proches collaborateurs dans la phase particulièrement critique de la soviétisation de la Transcaucasie. Le nom de Ter Minassian réapparaît ainsi à plusieurs reprises dans le carnet de bord de Reginald Teague-Jones rapporté de ses missions en Transcaucasie après la fin de la Première Guerre mondiale. Ces destinées croisées achevaient de former le schéma d'une curieuse prédestination : c'est à la petite-fille d'un révolutionnaire dachnak que reviendrait la tâche d'entreprendre la biographie d'un agent anglais pas très arménophile et même, au contraire, convaincu que la Grande-Bretagne devait jouer sur le facteur musulman pour continuer à jouer son rôle de puissance sur l'échiquier eurasiatique.

Ce travail n'aurait pas été possible si Reginald Teague-Jones, habitué à tenir une multitude de carnets, à consigner ses conversations, rédiger ses impressions puis tout détruire au fur et à mesure, n'avait pas d'une certaine manière préparé sa postérité en laissant des archives et même des fragments d'autobiographie rédigés plus tard sur la base de ses carnets de route. Carnets consacrés à son expérience au sein d'une force paramilitaire dans la province de la Frontière du Nord-Ouest avant 1914, souvenirs de sa mission en solo en Asie centrale en 1918, récits de ses aventures en Perse en 1926, roman crypté consacré à la Frontière du Nord-Ouest, tout dans le legs de Reginald Teague-Jones relève d'une intention autobiographique refoulée. Le silence et le secret étant la base même de la discipline du renseignement, Reginald Teague-Jones ne sortira de l'ombre qu'après sa mort, quelques mois après la publication, sous les auspices de David Burnett, de son premier livre, *Adventures in Persia.* A la fin des années 1980, une des collaboratrices des éditions Gollancz, informée par sa mère en vacances à Marbella, avait attiré l'attention de David Burnett sur « Ronald Sinclair ». Celui-ci vivait avec son épouse, Taddie, une retraite à la fois sociable et studieuse à la Sirena Blanca, un édifice moderne et standard de l'urbanisme balnéaire des années 1960. Assez éloigné de la mer – un littoral à l'époque déjà impitoyablement bétonné –, le couple occupait alors un banal appartement de trois pièces donnant, à l'arrière, sur la montagne andalouse dont les rocailles devaient rappeler à Ronald Sinclair les pentes arides du Waziristan arpentées au temps de sa jeunesse. A 98 ans, « Ronald Sinclair » recherche un bon éditeur pour le récit désormais *old fashioned* de ses aventures persanes en automobile. Le manuscrit comme son auteur suscitent immédiatement l'enthousiasme de David Burnett. « Ronald Sinclair » est un homme sympathique, spirituel, au charme irrésistible et bientôt le vieux couple, désormais incapable de poursuivre une existence autonome, est rapatrié par Gill Boyes, récemment convertie au métier de directrice de maison de retraite, à qui un médecin de San Pedro de Alcantara avait signalé leur présence dans ce secteur. Elle propose de les rapatrier à Charlton House, une résidence parmi tant d'autres de ce type, à Plymouth, remplie de maisons de retraite et d'officines notariales, sur Mannamead Road, où David Burnett viendra lui rendre visite à plusieurs reprises. Il va sans dire que parmi la vingtaine de résidents que comptait alors Charlton House, « Ronald Sinclair » apparaît d'emblée comme une figure haute en couleurs, fascinant ses interlocuteurs par sa conversation, son accent des classes supérieures, son air de vieux major anglais laissant libre cours à toutes ses excentricités. Atteinte de la maladie de Parkinson, Taddie – qui ne fut probablement jamais au courant du passé de son mari – meurt peu après l'arrivée du couple à Plymouth. Attachée au service personnel de « Ronnie », Ann Randall, sa nurse, est l'autre personnage clé qui émerge de ce décor délicieusement britannique. Entre elle et l'extravagant vieillard naît une amitié sincère, une complicité qui transcende la distance sociale au point que le vieux monsieur, privé de descendance, évoque même le projet de lui léguer son héritage. Ann, qui écoute avec attention le récit de ses aventures, observe avec sympathie les obsessions de « Ronnie » toujours terrifié à l'idée que les « bolcheviks ne franchissent la porte du jardin » pour venir lui régler son compte. Pour Ann qui n'avait jamais entendu ce mot de « bolchevik » avant de rencontrer « Ronnie », ce travailleur acharné attelé à sa machine à écrire, conteur de récits exotiques, amateur de jardinage, ami des animaux, représente la quintessence même de l'Angleterre. Bientôt, l'une des filles d'Ann Randall, une authentique beauté anglaise rousse et sportive, est chargée par « Ronald Sinclair » d'une mission personnelle à Londres : il lui demande de trouver une copie de ses films alors déposés à la bibliothèque de Whitehall. C'est à Gill Boyes qu'il confesse un jour le secret de son premier mariage avec Valia Alexeïeva, son amour de jeunesse, rencontrée au beau milieu de la Caspienne, quelque part entre Bakou et Krasnovodsk dans la tourmente de 1918. A présent que Taddie est morte, Gill Boyes pourrait-elle l'aider à retrouver Valia ? La demande était surprenante de la part d'un monsieur si âgé mais c'est ainsi que tous deux partirent en expédition jusqu'à Londres à la recherche de Valia. Après avoir travaillé pendant des années pour le MI5, celle-ci vivait alors dans le plus grand dénuement, dans un taudis clochardisé de la capitale. Pour « Ronnie », il s'agissait de la ramener, de subvenir aux besoins de son existence en l'hébergeant à ses propres frais dans une chambre séparée à Charlton House. Comment avait-il retrouvé la trace de Valia après plus de cinquante années de séparation ? Etait-ce par l'intermédiaire de son amie Sonia Poliakoff ? Quoi qu'il en soit, la scène des retrouvailles sema un certain trouble dans l'esprit de Gill Boyes car à la vue de « Ronnie », Valia s'exclama « *Ah ! Reggie !* »... Ce détail ajouté au fait que l'ancien couple ne parle ensemble que le russe, apportait un certain piquant à l'affaire même si « Ronnie » tint parfaitement son rôle, faisant mine de rien et mettant sur le compte de la sénilité et de sa mauvaise connaissance de l'anglais la bévue involontaire de Valia. La suite fut sans doute moins romantique que ne se plaît à l'imaginer Olivier Rolin, sensible aux résonances à la Corto Maltese de cette histoire. Il n'y eut point de promenades sur la jetée, ni de verres de vodka dans des bars aux panneaux lambrissés. S'il subvenait aux frais de sa pension, Reginald Teague-Jones s'intéressait peu aux détails matériels des soins nécessités par l'état de Valia, absorbé comme il l'était par ses travaux d'écriture quotidiens. Bientôt d'ailleurs, Valia mourut à son tour mais, toujours bon pied, bon œil grâce aux soins attentifs d'Ann Randall, ragaillardi par la perspective de la sortie de son livre, « Ronald Sinclair » déclare à une jeune journaliste venue l'interviewer pour préparer la sortie prochaine de son premier livre qu'il jouit encore au maximum des plaisirs de l'existence. La mort le prit d'un seul coup, le 16 novembre 1988. C'est à David Burnett que revenait la tâche de rassembler parmi les papiers de « Ronald Sinclair » les éléments biographiques nécessaires à la rédaction de sa nécrologie. A cette époque, David Burnett soupçonnait évidemment que « Ronald Sinclair » avait appartenu à l'un ou l'autre des services de renseignements de Sa Majesté. S'il avait encore quelques doutes à ce sujet, c'est en consultant un volume de ses papiers personnels qu'il tomba sur une grande enveloppe en papier kraft – malheureusement vide – sur laquelle était inscrit en lettres capitales « Major Sinclair, MI5 ». Quant au manuscrit de ses carnets de mission en Transcaucasie et en Transcaspie dont David Burnett éditera plus tard avec une préface et une postface de Peter Hopkirk des extraits dans *The Spy Who Disappeared*, il confirmait que « Ronald Sinclair » avait assumé une mission secrète en Transcaspie en 1918. Ce n'est que trois jours plus tard, dans une seconde notice nécrologique rédigée cette fois par Peter Hopkirk, le fameux spécialiste du Grand Jeu, que l'identité véritable de « Ronald Sinclair » fut révélée. Il n'était autre que Reginald Teague-Jones, « l'espion qui avait disparu » après que les autorités soviétiques l'eurent désigné comme le coupable du meurtre des 26 commissaires de Bakou. Cette accusation publique, lancée comme un anathème, était non seulement susceptible d'inquiéter la vie de Reginald Teague-Jones et de ses proches, mais l'empêchait également de poursuivre avec toute la discrétion nécessaire sa carrière dans le renseignement. Reginald Teague-Jones avait ainsi disparu en 1922 et poursuivi, sous couvert de diverses fonctions, une carrière dans le renseignement jusqu'à sa retraite au début des années 1950.

En dépit des traces volontairement disposées par Reginald Teague-Jones dans la masse considérable de ses archives personnelles, ce travail n'aurait pas été possible sans l'aide d'un certain nombre de correspondants et d'interlocuteurs qui tous, sans exception, ont répondu à mes sollicitations pressantes d'informations. C'est un fait que le chercheur français pourrait mettre au compte de l'irréductible exotisme de la civilisation britannique : en Angleterre, où la « chasse à l'espion » suscite spontanément une sympathie amusée, l'habitude existe encore de répondre au courrier. John Le Carré qui n'avait jamais entendu parler de Reginald Teague-Jones me conseilla de m'adresser à « l'historien en chef » du Cabinet. Au Cabinet, je fus reçue par Mark Seaman, spécialiste du renseignement et de l'histoire du SOE : si l'histoire de Reginald Teague-Jones ne lui évoquait rien, il m'expliqua en revanche l'éthique rassurante des services secrets britanniques en matière d'archives. Tout reste par principe secret et par conséquent hors de la portée du chercheur. Il existe cependant une exception concernant les archives de l'Indian Political Intelligence (IPI), service de renseignements de l'Inde britannique dont dépendait justement Reginald Teague-Jones qui avait commencé sa carrière en Inde. C'était là une chance inouïe bien que ces archives déclassifiées, probablement expurgées et ne comportant aucun rapport signé, ne permettent pas toujours d'établir avec certitude l'identité du rédacteur. Tandis que la recherche progressait pas à pas, je parvenais enfin à retrouver la trace des derniers proches de Reginald Teague-Jones et à étendre en Angleterre le cercle de mes « amitiés reginaldiennes ». David Burnett, l'ancien directeur éditorial chez Gollancz, me permit d'accomplir des progrès considérables et de préciser les contours de la personnalité de Reginald Teague-Jones. Si je ne peux partager sa conviction amusée, teintée d'une nuance admirative, que Reginald Teague-Jones a en fait réellement révolvérisé les 26 Commissaires, je lui sais gré de l'amitié et de la confiance spontanées qu'il m'a accordées et de m'avoir envoyé par la poste ce fameux *suet* nécessaire à la confection des *drowned babies*... David Burnett me permit ensuite de faire la rencontre délicieuse, agréable et chaleureuse d'Ann Randall, l'ancienne nurse attachée au service personnel de « Ronnie » à Charlton House. Elle m'a apporté un témoignage irremplaçable sur la personnalité de son patient et permis d'accéder en me faisant spontanément confiance à des documents et des souvenirs personnels de Reginald Teague-Jones qui se sont avérés eux aussi très utiles. Paradoxalement en Angleterre, autant les affaires du renseignement sont secrètes dans les archives, autant deviennent-elles publiques dans la sphère sociale, car l'agent anglais au même titre que le pudding ou le cricket est un sujet d'orgueil national.

Ce livre retrace le parcours exceptionnel d'un agent très loyal de l'Empire britannique impliqué dans l'une des affaires les plus retentissantes qui aient marqué l'histoire de l'URSS : l'affaire des 26 Commissaires. En Angleterre, je n'étais pas la première, tant s'en faut, à m'intéresser aux 26 commissaires. Depuis les années 1980, un historien de la Russie soviétique, Brian Pearce, se consacrait à la réfutation de thèses soviétiques si rabâchées depuis les années 1920 qu'elles avaient fini par établir comme une vérité communément admise la culpabilité de Reginald Teague-Jones. Ancien membre du parti communiste de Grande-Bretagne, Brian Pearce avait quitté les rangs du parti en 1957 dans l'année qui suivit le rapport Khrouchtchev et l'écrasement de l'insurrection de Budapest. Talentueux traducteur du russe et du français[3], Brian Pearce a poursuivi une double carrière de traducteur et d'historien. Après avoir un temps enseigné l'anglais à l'ambassade soviétique de Londres, Brian Pearce consacra son énergie intellectuelle et son érudition – dans tous les domaines de l'histoire russe, soviétique, britannique – à éclaircir quelques épisodes fondamentaux de l'histoire des relations anglo-russes lors des premières années du régime soviétique. Ainsi, *Comment Haig sauva Lénine* et *Le Problème Staroselsky* apportent une contribution essentielle à des pans méconnus de l'historiographie de la Première Guerre mondiale. Dans le premier ouvrage, Brian Pearce montrait comment la victoire des Alliés en France en 1918 avait permis à la Russie soviétique de survivre durant cette année cruciale et de ne pas être submergée par l'Allemagne et ses alliés. Dans le second, il évoquait les relations anglo-russes en Perse à travers le destin des officiers russes de la division cosaque en Perse, de 1918 à 1920. Pour réfuter la légende des 26 Commissaires, Brian Pearce a mené une enquête rigoureuse et acharnée, recherchant des témoins, relevant impitoyablement les contradictions et les variantes des thèses soviétiques soumettant la légende au test d'une histoire positiviste. Désenchanté de l'idéologie communiste, il s'attaquait à une mythologie fondatrice du régime soviétique qui mettait en cause un jeune officier britannique, Reginald Teague-Jones, en qui la propagande soviétique s'employait à voir la personnification même de l'impérialisme britannique. Sans doute par l'intermédiaire d'un ancien officier du SIS, David Footman, ou par quelque autre agent fréquentant alors la bibliothèque de l'India Office, Brian Pearce parvient en 1979 à joindre Reginald Teague-Jones, preuve que dans les cercles informés son identité véritable était connue. Il recevra une réponse courtoise mais décourageante : Reginald Teague-Jones n'avait visiblement aucune envie de remuer cette vieille affaire et l'avertissait des effets négatifs que pourrait avoir son enquête sur l'évolution future des relations anglo-soviétiques. Si Brian Pearce ne mena pas jusqu'à son terme son projet de livre sur l'affaire des 26 Commissaires, il publia plusieurs articles de fond sur ce thème dans la revue *Sbornik*, une publication périodique émanant du *Groupe d'études sur la Russie révolutionnaire* basé à Leeds. C'est par l'intermédiaire de l'un des correspondants de ce groupe que je pus enfin entrer en contact avec Brian Pearce à l'automne 2006 et nouer avec lui et son épouse Margaret une amitié fidèle. Il va de soi que ce livre, en particulier le chapitre sur l'affaire des 26 Commissaires qu'il a lui-même relu quelques mois avant sa mort, doit énormément à nos rencontres, à nos échanges épistolaires, à nos relations téléphoniques hebdomadaires et à la personnalité chaleureuse, rayonnante et généreuse de Brian qui m'a permis de surcroît de disposer de sa documentation personnelle et des dossiers qu'il avait constitués à l'époque où il menait sa propre recherche.

Ce livre ne se limite pas au scandale des 26 Commissaires et cherche à reconstituer à l'amont comme à l'aval de cet épisode déterminant, les grandes lignes du parcours de Reginald Teague-Jones, agent de renseignements né à l'époque où le Grand Jeu battait son plein et mort quelques mois avant le retrait soviétique de l'Afghanistan, trois ans avant l'effondrement de l'URSS. Une existence voyageuse, une passion pour le monde, un appétit de comprendre, un œil pour saisir les paysages, les visages et les gestes et enfin l'indispensable sens de l'humour anglais pour appréhender les terrains absurdes de missions parfois bien peu exaltantes, Reginald Teague-Jones fut tout au long du XXe siècle un agent de renseignements au cœur de l'ancien et du nouveau Grand Jeu. « Ce qu'on a coutume d'appeler le “Grand Jeu” est en fait une question plutôt sérieuse. Il s'agissait de la lutte entre la Russie et la Grande-Bretagne depuis le milieu du XIXe siècle, pour le contrôle d'un vaste espace s'étendant de la Caspienne aux mers de l'Arabie. Alors que les Russes poussaient vers le sud depuis la Sibérie et le Caucase, les Britanniques s'enfonçaient depuis le Pendjab et le golfe Persique. Au début du XXe siècle, une certaine stabilité s'était établie sur le secteur oriental de ce “front”. La Russie tenait le Turkestan occidental, tandis que la Grande-Bretagne avait le contrôle du Cachemire, de la province de la Frontière du Nord-Ouest et du Baloutchistan oriental. L'Afghanistan transformé en Etat tampon restait indépendant à condition qu'on reconnaisse à la Grande-Bretagne son statut de voisin privilégié et que tout contact direct entre Russes et Anglais fût évité grâce au corridor du Wakhan[4]. Dans le secteur occidental néanmoins, le conflit restait en suspens. Ce secteur occidental était constitué par la Perse où la confrontation se poursuivit jusqu'en 1907, moment où les deux puissances rivales voyaient leurs intérêts menacés par l'Allemagne[5]. » Objet de la théorie de Halford Mackinder au début du XXe siècle, le Grand Jeu pour le contrôle du continent eurasiatique – la formule popularisée par Arthur Conolly avait été ensuite reprise par Rudyard Kipling – décrit le conflit stratégique entre l'Empire britannique et l'Empire russe pour établir les limites de leurs zones d'influences respectives en Perse, en Afghanistan, en Asie centrale. Comme l'écrit Brian Pearce, la première phase du Grand Jeu se déroule au XIXe siècle et s'achève par la convention anglo-russe de 1907. Les grands bouleversements du XXe siècle – révolution constitutionnaliste en Perse en 1905, révolution jeune-turque dans l'Empire ottoman en 1908, révolutions russes de 1905 et de 1917 – ont ensuite entraîné constamment des reconfigurations des rivalités stratégiques des grandes puissances dans un arc allant des Balkans à l'Asie centrale en passant par le Caucase et le Moyen-Orient, en particulier dans la zone du golfe Persique. C'est précisément sur ces terrains que l'on rencontre Reginald Teague-Jones en Russie en 1905, sur la Frontière du Nord-Ouest en 1914, dans le golfe Persique en 1917, en Asie centrale en 1918, au Caucase et à Constantinople jusqu'au début des années 1920, en Irak et en Perse au milieu des années 1920. Après la Seconde Guerre mondiale, l'évolution des rivalités stratégiques pour le contrôle de l'espace eurasien s'est avéré beaucoup plus complexe avec le retrait britannique et l'entrée en scène de la puissance américaine. Vue de la région centre-asiatique, la guerre froide entre l'URSS et le monde occidental peut être interprétée dans le prolongement du Grand Jeu. Après tout, n'a-t-elle pas commencé en 1946 avec le refus soviétique d'évacuer l'Iran du Nord, ne s'est-elle pas achevée en 1989 avec le retrait soviétique d'Afghanistan ? Entre-temps, l'affirmation de la puissance américaine dans le *rimland* centre-asiatique, la décolonisation du sous-continent indien, l'éclatement de l'Empire soviétique et l'émancipation politique de ses marges caucasiennes et centre-asiatiques, la « balkanisation » de l'Europe du Sud-Est, ont été autant d'étapes dans la naissance d'un « nouveau Grand Jeu ». Celui-ci se joue désormais sur un espace quasiment identique à celui de la fin du XIXe siècle, des Balkans au Caucase s'étendant au « Greater Middle East » défini par la diplomatie américaine en y incluant l'Afghanistan et le Pakistan. Plus complexe encore que l'ancien, ce nouveau Grand Jeu fait intervenir une multitude de nouveaux acteurs parmi lesquels la Chine, l'Inde, le Pakistan, la Russie et ses anciennes républiques d'Asie centrale, l'Iran, l'Europe et les Etats-Unis. Ainsi, au début du XXIe siècle, le Grand Jeu est devenu, selon la formule du tibétologue Alistair Lamb, « un sport de masse qui a fait une quantité d'adeptes ». Il ne fait pas de doute que les explosions de « l'Af-Pak », de l'Asie centrale et du Moyen-Orient auraient passionné Reginald Teague-Jones s'il avait pu y assister. Il est également certain qu'il eut de son vivant la prémonition du grand séisme géopolitique dont l'épicentre demeure, aujourd'hui comme hier, situé dans les zones tribales de la Frontière du Nord-Ouest. Ainsi, le destin exceptionnel de Reginald Teague-Jones éclaire-t-il de manière saisissante les origines du grand chaos planétaire actuel.

– 1 –

Une enfance de Liverpool à Saint-Pétersbourg

Le jeune barine coiffé d'une petite chapka noire et d'un sombre manteau au col lustré d'astrakan prend la pose chez l'un des photographes de la perspective Nevski. Teint pâle, cheveux blonds, yeux bleus, on pourrait facilement le prendre pour un jeune Russe issu de la bonne société pétersbourgeoise du tournant du siècle. Dehors, l'hiver russe bat son plein sur les rives du golfe de Finlande et le jeune garçon adopte une expression perplexe posant une main dans la poche, l'autre glissée dans son manteau tout neuf. Sans doute, la photographie sera-t-elle expédiée à sa mère et à ses sœurs restées en Angleterre, la pose en tout cas et le costume à la russe, indiquent une posture sociale. Point d'arrogance dans ce regard qui ne fixe pas l'objectif où l'on décèle l'innocence de l'enfance et une nuance pensive. Le jeune Reginald ne le sait évidemment pas, mais cette saison en Russie déterminera le reste de son existence. Comme les héros de Rudyard Kipling – on pense irrésistiblement à la figure de *Kim* – Reginald Teague-Jones connaît un destin exceptionnel en étant arraché au giron familial dans des circonstances relativement obscures. Doté d'une grande intelligence et de quelques talents, son parcours est celui d'un électron libre. Orphelin de père, sans descendance, des liens familiaux discrets, son histoire est d'autant plus difficile à élucider que Reginald Teague-Jones, bien que mémorialiste assidu, ne fait référence à son enfance, à sa famille et à ses proches qu'en de rares occasions. Une occultation qui s'explique moins par des difficultés d'ordre psychologique que par une sorte de pudeur car ses origines ne le prédisposent pas, comme ce fut le cas du jeune Winston Churchill, à appartenir à l'élite politique britannique. L'enfance de Reginald Jones – il accolera ensuite avec un trait d'union Teague, son second prénom, à son nom de famille – fut certes marquée dès son plus jeune âge par le voyage et l'aventure. Mais son parcours est aussi celui d'une ascension sociale dont l'éducation fut le principal vecteur.

Liverpool : lieu de naissance, lieu de passage

Pendennis Street

Reginald Teague-Jones s'est tenu à une grande discrétion à l'égard de sa vie privée comme de son histoire familiale. Unique indice, son livre *Adventures in Persia*, publié l'année de sa mort en 1988, se bornait à mentionner qu'il était né près d'un siècle plus tôt, en 1889 dans le Lancashire. Cette indication vague et le fait qu'il avait changé d'identité en 1922 ne risquaient pas de fournir la piste de sa famille, celle de sa mère et de ses trois sœurs en particulier qu'il avait voulu, par son changement de nom, protéger contre toute tentative de représailles des bolcheviks. A cette première raison s'en ajoute probablement une autre : occulter par cette simple mention du Lancashire un lieu de naissance – les environs de Liverpool – et une origine sociale, la classe moyenne inférieure. Ancienne directrice de Charlton House, la maison de retraite de Plymouth où Reginald Teague-Jones finit ses jours, Gill Boyes, se déclara très surprise en juillet 2006 d'apprendre que son ancien pensionnaire était originaire de Liverpool car rien dans son accent, typique de la haute société éduquée, n'aurait pu, selon elle, trahir une telle origine. Sans doute les lieux communs attachés à l'image de Liverpool ont-ils la vie dure, mais Reginald Teague-Jones n'était pas non plus issu des bas-fonds ou des *slums* où s'entassaient migrants et familles de la *working class* venus s'embarquer vers quelque destination lointaine ou chercher leur chance dans ce grand port industriel qu'était Liverpool à la fin du XIXe siècle.

C'est à Walton on the Hill, une commune située au nord de l'estuaire de la Mersey à moins de cinq kilomètres de Liverpool que Reginald Teague-Jones vit le jour le 30 juillet 1889. Après un accouchement à domicile comme cela était chose courante à l'époque, la naissance ne sera déclarée que dix-huit jours plus tard, un délai qui, là encore, n'a rien d'exceptionnel. L'enfant né dans la maison du 55 Pendennis Street est le premier-né de Frederick Jones et d'Elizabeth Deeley Smith, mariés l'année précédente, le 14 juillet 1888, dans cette même paroisse de Walton on the Hill, en l'église de Holy Trinity sur Breck Road, à quelques pas de Pendennis Street. Tous deux âgés de 31 ans – un âge relativement avancé qui concorde toutefois avec le comportement démographique dans l'Angleterre de cette période –, ils se côtoyaient depuis quelque temps puisqu'ils demeuraient à quelques numéros de distance dans cette même rue. Sans doute, le hasard d'une nomination dans l'une des écoles de ce quartier de Liverpool alors en pleine expansion a-t-il amené Frederick Jones à Walton dont il n'était pas originaire, étant né à Worcester dans le West Midland, il est vrai relativement peu éloigné. Du père de Reginald, on ne sait rien ou presque rien, en dehors du fait qu'il enseignait les langues étrangères, un intérêt qui explique peut-être les dispositions de Reginald dans ce domaine. Enseignait-il dans une école de paroisse ou bien dans une école financée par l'industriel philanthrope William Hartley, qui avait créé à Walton pour les 1 200 ouvriers de sa fabrique de confitures, fondée en 1886, un *Village* utopique – un joyau de l'architecture industrielle – où il mettait à disposition des maisons en location-vente ? Enseignait-il, comme cela était encore fréquemment le cas en Angleterre, à son domicile ? Aucun indice ne permet de saisir les raisons pour lesquelles, originaire du Worcestershire, il s'était rendu à Liverpool, si ce n'est la grande mobilité géographique qui caractérise la société anglaise de cette période. Du père de Frederick, George Jones, absent le jour du mariage de son fils, on sait qu'il est facteur d'orgue et que sa firme établie dans l'Est londonien, sur Commercial Road, fabrique des harmoniums, des orgues américains et des *concertina*, des instruments d'église devenus indispensables au rituel anglican et qui évoquent irrésistiblement l'ambiance musicale de l'ère victorienne. La firme du grand-père de Reginald semble avoir été une affaire relativement prospère et demeura en activité de 1850 à 1906. Domicilié à Worcester, George Jones, resté veuf et déjà âgé de 70 ans en 1891, avait encore à son domicile un fils célibataire, Alfred, travaillant comme commis dans une épicerie, et une fille, Julia, institutrice et célibataire. Peut-être George Jones entendit-il la création de la sonate d'Elgar sur les orgues de la cathédrale de Worcester, le 8 juillet 1895, mais rien ne dit si le facteur d'orgue, cantonné à la fabrication d'instruments de portée plus modeste, assistait à des concerts, ou même s'il était tout simplement mélomane. L'ascendance de Reginald du côté de sa mère, Elizabeth Deeley Smith, évoque le parcours d'une ascension sociale jusqu'à la petite bourgeoisie. Le père d'Elizabeth, George Smith, présent lors du mariage de sa seconde fille, Elizabeth Deeley, se contente, âgé de 65 ans, d'indiquer son rang de gentleman. Natif de Badgworth dans le Flintshire, dans le tout proche pays de Galles, sa carrière avait débuté dans le secteur textile d'abord en tant que *drapery assistant*, puis en tant que *lick mercer*, c'est-à-dire négociant en pièces de textiles élaborées à partir de la soie ou encore d'autres matériaux précieux. Elizabeth Deeley, qui conserve ainsi le nom de jeune fille de sa mère, est née le 23 novembre 1856 dans le district d'Islington au nord de Londres. Des motifs professionnels ont dû déterminer son père à venir s'établir à Liverpool dès 1861, où la famille s'est installée dans une maison de Johnson Street, dans le quartier de Kirkdale. La maisonnée est assez nombreuse, comprenant, outre le couple parental, Sarah et Mary, les sœurs d'Elizabeth, la belle-mère, un beau-frère, une belle-sœur, ainsi qu'une domestique. La famille a emménagé à Liverpool et s'est fixée à Walton on the Hill dans la décennie suivante, période où la population de ce quartier passe de 2 469 habitants à 3 598 parmi lesquels 679 internés dans la toute nouvelle prison du comté de Liverpool.

On devine l'existence modeste des parents de Reginald dans ce quartier des abords immédiats de Liverpool. Avec ses alignements parallèles et ses rues qui se coupent à angle droit, le quartier de Pendennis Street présente l'aspect typique d'un lotissement de maisons accolées – des *three bedroom terraced-houses* – destinées au logement de la classe moyenne. Si les parents de Reginald ne vivaient pas dans un de ces *slums* mal éclairés et ventilés, destinés au logement de la classe ouvrière, les maisons qu'ils occupèrent ensemble ou séparément, successivement aux numéros 55, 73 et 75 de Pendennis Street, devaient être parfaitement identiques, selon le principe d'uniformité qui est à la base même de la *terraced house*. Le recensement de 1891 permet d'affiner l'image sociale de ce quartier où la présence de la famille Jones est attestée au moins jusqu'en 1894. Frederick Jones lors de son arrivée à Walton a dû louer une chambre au 55 Pendennis Street où vivaient seulement deux femmes « par leurs propres moyens », une veuve, Jane New, âgée de 50 ans et sa sœur Ellen, de vingt ans son aînée. Ce sont peut-être ces deux femmes qui ont assisté la mère de Reginald lors de son premier accouchement, puisque la naissance est enregistrée à cette adresse. La mère de Reginald, auparavant domiciliée au 73 Pendennis Street, a dû trouver un emploi dans ce quartier. Peut-être occupait-elle un emploi domestique au sein de la maisonnée recensée en 1891. Le foyer du comptable T. Simcock comportait en effet deux enfants en bas âge dont elle a fort bien pu s'occuper en tant que nurse ou gouvernante. Le couple s'est établi enfin avec Reginald dans la maison mitoyenne au numéro 75 : il dispose alors d'une pièce supplémentaire où Frederick Jones pouvait donner des leçons. Le recensement révèle aussi le contraste des densités de population au sein même du microcosme de cette rue.

Pendennis Street est un monde de petits employés aux revenus modestes, venus à Liverpool en quête d'un emploi décent, mais également prêts à quitter la ville pour tenter leur chance ailleurs, notamment dans les colonies de l'Empire britannique, en Inde en premier lieu.

Reginald resta peu de temps à Walton mais il passa sa petite enfance dans cet univers où les enfants jouent librement dans la rue. Peut-être ses parents l'ont-ils emmené visiter le tout nouveau jardin zoologique de Liverpool, édifié à Walton en 1884, dont l'attraction principale était le chimpanzé Pongo, hôte star de la maison des singes. Ce jardin zoologique, dont il ne reste rien aujourd'hui à part son ancien guichet, était également connu pour sa réussite esthétique et notamment ses portes d'entrée monumentales surmontées d'un couple de *Liver Birds* en bronze, ces oiseaux mythiques, mi-aigles, mi-cormorans, qui symbolisent la ville de Liverpool et qui seront également perchés à partir de 1911 sur les quais de la Merseyside, au sommet des deux tours du Royal Liver Building devenu depuis l'icône de Liverpool.

Liverpool, « deuxième cité de l'Empire »

Reginald Teague-Jones a-t-il conservé le souvenir de Liverpool ? Quelles images de cette ville ont forgé sa prime enfance ? On est tenté de suivre dans sa démarche d'introspection et d'évocation poétique les pas du cinéaste Terence Davies dont le film *Of Time and the City* (2008) évoque sur le mode mélancolique la disparition du Liverpool de son enfance après la Seconde Guerre mondiale. « Liverpool n'est plus la ville que j'ai connue et aimée étant enfant », confesse-t-il à l'appui de son œuvre, à la fois autobiographie, documentaire et montage d'images d'archives. Ce Liverpool des années 1950, à l'économie déjà déclinante dont la nostalgie habite Terence Davies, ne ressemble pas non plus à la ville extraordinairement active qu'était Liverpool à la fin du XIXe siècle, un port ouvert sur le monde, alors au sommet de sa gloire, au point de revendiquer après Londres le rang de « seconde cité de l'Empire ». Port d'étape dans la traite et le commerce des esclaves depuis le XVIIe siècle, devenu avec la révolution industrielle le grand port mondial d'importation du coton lié à l'industrie textile de Manchester et du Lancashire, Liverpool a connu un essor fantastique au XIXe siècle. La ville bénéficie alors d'une croissance démographique rapide, soutenue par l'arrivée incessante de nouveaux immigrants en provenance d'Irlande, où sévit, de 1845 à 1849, la maladie de la pomme de terre. En 1847, au cœur de ces années de grande famine, près de 300 000 Irlandais arrivèrent à Liverpool devenue par bien des aspects une ville irlandaise au point qu'elle élit même un membre de l'Irish Parlementary Party au Parlement de Westminster.

Durant la seconde moitié du XIXe siècle et jusqu'au début du XXe siècle, Liverpool est au faîte de sa puissance. Déployant un essor frénétique et multiforme dans tous les domaines, des activités portuaires aux chantiers navals, du commerce à l'industrie, des finances aux assurances, elle associe dans son paysage urbain l'image de ses célèbres *slums* et celle d'une modernité triomphante. Aux nouveaux immigrants venus du tout proche pays de Galles, de l'autre côté de l'estuaire de la Mersey, Liverpool offre le spectacle d'une animation incessante. 20 000 Gallois s'y installent dans les années 1880, en quête d'emplois dans cette ville qui incarne le dynamisme et la modernité de la période victorienne. Liverpool gagne alors le statut informel de capitale du nord du pays de Galles. En 1901, la ville compte 700 000 habitants. Les films d'archives au tournant du nouveau siècle montrent le centre de Liverpool encombré par une circulation incessante de tramways, des hommes d'affaires en chapeaux hauts de forme, de hauts édifices dont l'élévation incarne la puissance de l'argent. La ville que Reginald Teague-Jones a connue est une « ville-monde » qui préfigure toutes celles qu'il connaîtra au cours de son existence, en particulier New York. Porte d'entrée de l'Empire britannique, Liverpool est aussi pour beaucoup de jeunes gens candidats à l'émigration, un point de départ. « Si Liverpool n'existait pas, il faudrait l'inventer » peut-on lire à l'entrée du St George's Hall, édifié en 1854, l'un des plus beaux édifices d'architecture néoclassique du monde selon Terence Davies. Reginald enfant a connu ce paysage et il a conservé, par la fenêtre du tramway, l'image rétinienne de la belle colonnade du St George's Hall. Il a entendu le fracas de Lime Street Station et les sirènes retentissantes des paquebots en partance pour toutes les destinations du monde. Comment ne pas développer le goût du voyage dans un tel univers ? Comme beaucoup de jeunes gens de cette génération encouragés à émigrer – en particulier vers le Canada –, Reginald Teague-Jones devra rompre assez vite, et apparemment sans états d'âme, les amarres familiales. Il est âgé de 13 ans lorsque son père Frederick Jones meurt en 1902, laissant dans une situation précaire sa mère avec quatre enfants à charge. La famille était-elle encore à Liverpool à cette époque ? Rien ne permet de l'affirmer mais pour soulager Elizabeth de la charge de son fils aîné dont tout porte à croire qu'il était un garçon très éveillé, des amis de la famille offrirent d'emmener le jeune Reginald à Saint-Pétersbourg afin qu'il tienne compagnie à leur propre fils. Pour le jeune Reginald, c'est une chance car il était admis qu'un garçon commence à travailler à cet âge. C'est ainsi qu'au lieu de traverser l'Atlantique, Reginald Teague-Jones quitta Londres pour Paris en 1902. De là, le train qu'il prend à la gare de l'Est l'emmène à Berlin, passe par Varsovie et Riga et le conduit vers sa destination finale, Saint-Pétersbourg, capitale de l'Empire russe.

Un Anglais en Russie

Reginald Teague-Jones a conservé sur les circonstances de ce voyage en Russie une discrétion décourageante pour le biographe. Qui étaient ces amis de la famille qui offrirent de prendre en charge le séjour de Reginald à Saint-Pétersbourg ?

Quelles étaient les fonctions et les activités professionnelles qui avaient attiré cette famille anglaise aisée en Russie ? Comment Reginald en est-il venu à fréquenter l'un des meilleurs établissements de Saint-Pétersbourg ? Pour répondre à ces questions, faute d'éléments tangibles, on en est réduit à formuler des hypothèses à partir des indices qui font surface ici et là dans les quelques récits ou fragments que Reginald Teague-Jones a bien voulu consacrer à cette période initiatique de son existence. Initiation à la Russie ou plus exactement à Saint-Pétersbourg, fenêtre ouverte sur la Baltique dont la splendeur architecturale n'a pas manqué de frapper le jeune adolescent qu'il était alors.

Saint-Pétersbourg : l'éblouissement d'une ville

Les chevaux du pont Anitchkov, le château Michel, les canaux de Fontanka et de Moïka, la perspective Nevski, les ors et les stucs baroques de l'Ermitage, les magnifiques quais en granit de la Neva, la cathédrale Saint-Isaac, l'Institut Smolny, Saint-Nicolas des Marins, la Nouvelle-Hollande, l'île Vassilievski, la topographie fantastique de Saint-Pétersbourg, ville née de rien et de nulle part est d'abord une fête architecturale mariant le baroque et le classicisme. Si le jeune garçon de 14 ans, fraîchement arrivé dans la capitale russe, n'a sûrement pas en tête de s'intéresser aux conceptions imposantes de Rastrelli, Quarenghi ou Vallin de la Mothe, il vit dans cette ville, s'en approprie les formes, l'urbanisme et la topographie pendant ces trois longues années. Diplomate, professeur de langues comme son père, marchand, négociant ou entrepreneur, l'ami qui prend en charge Reginald appartient au microcosme de la société britannique de Saint-Pétersbourg. Une société dominée depuis le XIXe siècle par une petite communauté marchande très active autour de laquelle gravitaient émissaires, voyageurs, soldats, marins, ingénieurs et artisans formant un « communauté-monde» selon l'expression de

Marie-Louise Karttunen[1]. Cette société expatriée, qui joue de la distinction sociale comme de son identité anglaise, offrait à la fin du XIXe siècle beaucoup de loisirs et d'agréments aux bourgeois anglais. Ils pouvaient jouir en Russie d'une liberté que les codes de la société victorienne de l'époque auraient récusée en Angleterre. Pour Reginald, qui n'était pas un bourgeois et n'avait pas vécu jusque-là dans des conditions particulièrement aisées, le séjour à Saint-Pétersbourg était doublement exotique. Le voyage dans la capitale impériale offrait en plus de l'exotisme de la Russie l'occasion d'un dépaysement social au sein d'une frange de la société anglaise qu'il n'aurait sans doute jamais pu côtoyer en Angleterre.

Séjourner dans la capitale de l'Empire russe au début du XXe siècle était pour un Anglais une perspective excitante et agréable. Depuis les années 1870 et surtout les années 1880, la vie pétersbourgeoise avait la réputation – apparemment justifiée – d'offrir aux membres de la « colonie » britannique toutes les possibilités imaginables de divertissements. Saint-Pétersbourg était réputée être une des capitales européennes les plus gaies, du moins au sein de la communauté anglaise, assez nombreuse pour qu'on puisse sortir dîner en ville tous les soirs sans jamais risquer de rencontrer deux fois la même personne. Correspondant de presse pour le *Standard* à Saint-Pétersbourg pendant deux décennies, John Baddeley dresse en 1921 un portrait de cette communauté anglaise en Russie, tout entière absorbée par les loisirs et les distractions que pouvait procurer la capitale impériale. « La colonie britannique était passée par bien des vicissitudes mais elle avait au moment de mon arrivée en Russie un degré supérieur de sociabilité qui vraiment ne laissait rien à désirer. Il y avait très peu de gens âgés, la grande majorité des personnalités de cette communauté étant, par hasard, de jeunes couples mariés, jouissant presque tous de bons revenus et d'appartements spacieux à Saint-Pétersbourg ainsi que des maisons de campagne fort agréables à Ligovo, Mourino ou ailleurs, dotées de courts de tennis, où ils passaient les mois d'été et où ils étaient ravis d'accueillir leurs amis. Il y avait aussi des jolies filles, et tout cela formait vraiment pour un jeune homme une société fort plaisante qu'il aurait été difficile de trouver ailleurs[2]. » Certes, à 14 ans à peine, Reginald Teague-Jones n'avait pas encore atteint l'âge du badinage et des dîners en ville mais l'aisance avec laquelle il s'approprie cette existence plus brillante que celle de ses débuts à Pendennis Street, exprime ce sentiment de liberté. Comment ne pas être grisé quand on vit au cœur d'une capitale si théâtrale et spectaculaire ? Une expérience inoubliable car le pouvoir magique de Saint-Pétersbourg stimule l'imagination du jeune adolescent, tout comme la fréquentation des cercles huppés de la société anglaise locale lui fournit l'occasion de voir ou d'entrevoir la haute société impériale. La famille qui l'accueille vit en effet au centre de Saint-Pétersbourg comme la plupart des Anglais. La colonie britannique occupait dans la capitale russe un espace compris entre l'île Vassilievski – où vivaient la plupart des membres de la colonie britannique – et au sud, sur la rive opposée de la Neva, l'Angliskaja Naberejnaja (le quai des Anglais), l'un des alignements les plus chics de la capitale où se trouvaient notamment l'église anglicane et l'ambassade britannique. Les marchands anglais les plus aisés occupaient, aux côtés des aristocrates russes, les hôtels particuliers et les magnifiques appartements du quai des Anglais. Il est fort probable que Reginald Teague-Jones ait vécu là, entre le palais Cheremetiev, la maison des Narychkine, l'hôtel particulier du baron Stiglitz et celui de N. Roumiantsev où se donnaient encore au début du XXe siècle, des bals aussi brillants qu'au temps de Pouchkine. Le bref article que Reginald Teague-Jones a écrit sur ses souvenirs de Saint-Pétersbourg porte à croire qu'il a séjourné dans ce quartier prestigieux : il mentionne en effet la proximité de la cathédrale Saint-Isaac dont les cloches d'airain le réveillent au petit matin d'un certain dimanche, le 9 janvier 1905. Il évoque la pâle lueur d'un soleil hivernal à travers les doubles vitres et le paysage qui s'ouvre à lui : « à travers les toits voisins, couverts d'une couche de neige éblouissante fraîchement tombée, surgissait le grand dôme doré de la cathédrale Saint-Isaac (...) et les magnifiques quais en granit de la Neva au-delà desquels à trois miles de distance, la vue se perdait dans une mer distante d'édifices[3] ». Cette description correspond effectivement à la vue dont on peut jouir lorsque l'on contemple la ville depuis le quai des Anglais. Avant même de lui ouvrir les portes du monde russe qui le passionne, Saint-Pétersbourg offre à Reginald Teague-Jones la voie d'une ascension sociale au sein de cette Angleterre expatriée en Russie, un véritable « morceau d'Angleterre » selon le témoignage d'Alexandre Benois. Il en épouse momentanément les conventions, parle l'anglais avec l'accent spécifique et l'intonation « pure » entretenue depuis des générations dans la communauté anglaise de Saint-Pétersbourg. Loin de Liverpool et de sa banlieue monotone, il côtoie la meilleure société de la ville et à travers cette famille amie qui l'accueille, il s'aventure au-delà de la société anglaise : Reginald Teague-Jones se souvient d'avoir rencontré nombre de personnages haut placés de la cour des Romanov et d'avoir même parlé avec le grand-duc Nicolas. S'agit-il de Nicolas Konstantinovitch (1850-1918) ou de Nicolas Nicolaïevitch (1856-1929), des Romanov de haute stature à la personnalité également fascinante ? Le grand-duc Nicolas Konstantinovitch avait mené une vie tumultueuse. Orientaliste et extravagant, il avait été expédié au Turkestan par l'empereur Alexandre III et s'était fait construire un magnifique palais à Tachkent. Ou s'agit-il de « Nicolacha », Nicolas le Jeune, personnalité charismatique qu'on apercevait lors des parades militaires et qui frappait par sa silhouette de géant et sa voix forte et rauque ? Une telle rencontre a certainement laissé une forte impression sur un jeune adolescent rêvant d'aventures et de hauts faits militaires, même si le destin du grand-duc ne se révéla pas être celui d'un grand chef militaire. Personnalité populaire cependant auprès des soldats de l'Armée impériale, Nicolas Nicolaïevitch était depuis 1890 commandant de la 2e division de la cavalerie de la garde, avant qu'en 1905, en pleine tourmente révolutionnaire, Nicolas II ne lui confie le commandement des troupes de la garde de Saint-Péterbourg et le nomme président du Conseil de défense de l'Etat. Ce même grand-duc Nicolas recevra en août 1914 la fonction de commandant suprême de l'Armée impériale de Russie – lui qui n'avait jamais commandé de troupes sur un champ de bataille ! –, menant les soldats russes vers les cuisantes défaites de Tannenberg et des lacs Mazures, en 1914-1915. Mais en 1904, on était encore loin de ces catastrophes. « Nicolacha » était l'une des personnalités les plus influentes de la cour, quoique détesté de l'impératrice qui ne lui pardonnait pas son hostilité à l'égard de Raspoutine. Dans quelle mesure Reginald Teague-Jones entendait-il parler des tensions politiques de la capitale et des complots à la cour ? Sur ce point comme tant d'autres, on en est réduit aux conjectures, la seule certitude étant que ces trois années en Russie auront été celles d'un véritable apprentissage.

Une éducation allemande à Saint-Pétersbourg : l'Annenschule

Etudier à l'Annenschule à Saint-Pétersbourg, accomplir sa formation secondaire dans cet établissement prestigieux, est une marque de l'appartenance aux cercles les plus restreints de l'élite pétersbourgeoise. Nina Berberova s'y réfère dans une de ses nouvelles, Igor Arkhangelski lui consacre une monographie. L'« Annenchoulé » selon la prononciation des Russes est incontestablement un lieu de mémoire pétersbourgeois et le creuset de la formation des élites politiques et culturelles au début du XXe siècle, et même durant la période soviétique. « *Schola ad Santae Annae Petropoli MDCCCCII* » peut-on lire sur le frontispice du grand livre de l'établissement représentant une figure allégorique de l'impératrice Anna Ioanovna, elle qui avait légué à sa mort en 1740 une importante somme pour la construction d'une église destinée aux Allemands de la ville. Avenante déesse guerrière casquée tenant à la main un grand bouclier de bronze, elle veille sur des jeunes gens vêtus de pagnes antiques venus s'alimenter aux différentes sources du savoir. Située près de l'église Sainte-Anne cette école avait été fondée en 1736 à l'intention des enfants de la population allemande de Saint-Pétersbourg, au cœur de ce qui était à cette époque le quartier allemand *(nemetskaïa sloboda)* de la capitale, près de la perspective Liteïny où avait été édifiée, initialement en bois, une église luthérienne en 1720-1722. Le premier pasteur de la communauté luthérienne, Johan Leonard Shatner, commença à instruire ses élèves en allemand et son enseignement devint bientôt si célèbre qu'il fallut envisager de construire une véritable école. Elle ouvrit ses portes en 1736 : ce fut le début de cet établissement d'excellence que fut l'école Sainte-Anne de Saint-Pétersbourg attachée à la gracieuse église Sainte-Anne conçue en 1779 par l'Allemand Youri Felten (Georg Friedrich Veltdten, 1730-1801), architecte réputé, attaché à la cour de la Grande Catherine. L'église en question, fermée en 1935, puis transformée en 1939 en cinéma – elle hébergera à partir de cette date le *kino-teatr Spartak* –, est une merveille d'équilibre néoclassique au cœur de ce faubourg dont les immeubles environnants, édifiés pour la plupart dans les années 1900 à l'époque où Reginald Teague-Jones fréquentait ce quartier, correspondent plutôt aux formes et à l'esthétique septentrionales – finlandaises notamment – de l'Art nouveau. Felten, qui avait été l'assistant de Rastrelli lors de la construction du palais d'Hiver, a conçu l'architecture de l'église Sainte-Anne dans le plus pur style pétersbourgeois. Située en face de l'école, elle participe par ses proportions et son équilibre à un programme et à une conception du monde : temple du savoir peut-être davantage que temple de la foi. Un édifice dont Reginald Teague-Jones a conservé l'impression de grâce et d'harmonie, lui qui fréquenta assidûment ces lieux à partir de 1903. Semi-rotonde surmontée d'un clocheton, fines colonnes aux chapiteaux ioniques, *oculi* ornés de fines guirlandes, l'édifice réussit une parfaite synthèse entre baroque et classicisme.

Inscrit dans les registres d'entrée de l'école Sainte-Anne pour l'année 1903, Reginald Teague-Jones reçut donc une éducation allemande – chose remarquable en soi pour un jeune Anglais séjournant en Russie –, orientation qui s'avérera fondamentale, non seulement dans son parcours ultérieur dans le renseignement mais encore dans sa vie privée, puisque sa seconde femme, Elsa Danecker (« Taddie »), était elle-même allemande. Intégrer l'Annenschule signifiait se soumettre à une discipline et à un rythme de travail soutenus aux côtés des 1 700 élèves que comptait l'établissement vers 1903. Sans doute Reginald Teague-Jones intégra-t-il l'école en même temps que le fils de la famille auquel il était censé tenir compagnie. En tout cas, il réussit à tirer profit d'un système d'enseignement où l'on faisait travailler les élèves « comme des bœufs ». Au début du XXe siècle, l'Annenschule, qui était alors au sommet de son développement, comportait deux gymnasiums, l'un destiné aux filles, l'autre pour les garçons, une *realschule*, une école élémentaire et un orphelinat. Ce développement de l'établissement justifia une nouvelle extension des bâtiments scolaires en 1905-1906, de l'autre côté de l'église Sainte-Anne. Reginald Teague-Jones devait être l'un des rares Anglais à fréquenter cet établissement où parmi les élèves, dominent les patronymes aux consonances germaniques. Sur le grand registre de l'école, il apparaît au milieu d'autres élèves des garçons et beaucoup de filles ayant intégré l'école dans ces années-là, tels Juta et Elsa Jurgenson, Vladimir Ilintovitch, Alexeï Ijenlew, Nikolaï Jonas, Therese et Margarete Johannsen, Rudolf Jelinek, Sergeï Jürgens ou Woldemar Ievlev dont les noms germaniques souvent slavisés évoquent la communauté allemande, implantée depuis des générations à Saint-Pétersbourg. Cette dernière était de loin la colonie la plus nombreuse et la plus active de la capitale impériale depuis l'époque de Catherine II. Au milieu du XIXe siècle, sur les 667 207 habitants que comptait alors Saint-Pétersbourg, 46 498 déclaraient l'allemand comme leur langue maternelle. Ils étaient luthériens dans leur grande majorité, mais cette communauté allemande comportait également 10 % de catholiques, 1 % d'orthodoxes ainsi que des juifs. Ils s'étaient implantés sur l'île Vassilievski, dans le quartier de Vyborg, le long de la perspective Liteïny, de la rue Millionnaïa et occupaient en général des positions prestigieuses dans les professions intellectuelles, artistiques et même scientifiques jusqu'au sein de l'Académie russe des sciences. Médecins, hommes de sciences, artistes, sculpteurs, écrivains, architectes, enseignants ou militaires, les Allemands ont investi la haute culture pétersbourgeoise. L'établissement de la rue Kirotchnaja – de *Kirche* en allemand, d'où son changement de nom après la révolution, elle deviendra la « rue des combattants de l'athéisme » ! – était devenu un creuset de cette élite parmi les quatre écoles allemandes que comptait Saint-Pétersbourg avant la Première Guerre mondiale, par où seraient passés près de 80 000 élèves allemands, russes ou expatriés de toutes origines, comme le jeune Reginald. Au milieu du XIXe siècle, un élève d'Annenschule sur trois était de confession orthodoxe, une proportion qui permet de juger de l'attractivité de l'école auprès de la bonne société russe. Igor Arkhangelski[4] souligne le prestige attaché à l'Annenschule. Il rappelle qu'elle a formé le pédagogue P.F. Lesgaft (1837-1909), le médecin E.E. Eikhvald (1839-1889), le juriste A.F. Koni (1844-1927), l'ethnographe N.N. Mikloukho-Maklaï (1846-1888), le sculpteur R.R. Bach (1859-1933), le célèbre joaillier Pierre-Karl Fabergé (1846-1920) et surtout l'orientaliste et spécialiste de l'Antiquité V.V. Struve (1889-1965). Cette réputation d'excellence de l'Annenschule se poursuivra après la révolution de 1917, formant encore bon nombre d'artistes, d'écrivains, de philosophes comme le poète et prix Nobel Iosif Brodski.

Au moment où Reginald Teague-Jones intègre les rangs de cette institution, l'école est alors au faîte de son expansion sous la houlette de son directeur, Josef Koenig, talentueux pédagogue et administrateur énergique, qui la dirigea de 1884 à 1910. Austère figure au regard bleu perçant dans lequel surgit une pointe d'humour, Josef Koenig dirige d'une main de maître son établissement, associant rigueur, tradition, innovation et modernité. Education prussienne, obéissance et discipline sont les valeurs intrinsèques qui émanent des membres du *Schulrat*, le conseil de l'école : imposantes figures de pasteurs et de barons germaniques couverts de médailles et de décorations qui règlent la vie de cette maison. Majoritairement masculin et allemand, le corps enseignant comprend un grand nombre de laïcs mais aussi des pasteurs, des prêtres de différents degrés de la hiérarchie orthodoxe – figures de popes barbus tout droit sortis d'un tableau de Repine – et un moine catholique, le père Hyacinthe Kristinus. Stature impressionnante que celle des maîtres de Reginald Teague-Jones, portant lunettes ou monocles, barbe et moustache, nœuds papillons et cols empesés. On perçoit moins de raideur du côté des enseignantes dont certaines, des Anglaises ou des Françaises, devaient être vouées à l'enseignement des langues pour les filles. En réalité, l'enseignement dispensé était bien moins traditionnel que ne le suggère l'allure austère de ces dignes professeurs. En 1852, un oukaze de Nicolas Ier avait fait de l'Annenschule un gymnasium d'Etat. Par tradition, le programme de l'école s'apparentait à celui d'une *Realschule* orientée vers un savoir moderne. Préparant l'entrée à l'université (Moscou, Saint-Pétersbourg, Dorpat, Helsingfors), l'institution dispensait un enseignement varié. Qu'on en juge : Reginald Teague-Jones a suivi en langue allemande des cours de religion, d'histoire, de sciences physiques, de sciences naturelles, de technologie, de calligraphie, d'arithmétique, de mathématiques, d'allemand, de russe, de français, d'anglais et de latin. En outre, on enseignait la musique, le chant, le dessin, la danse et on pratiquait la gymnastique dans un gymnase ultra-moderne construit par souscription en 1889. L'école dispense un savoir moderne tourné vers les langues vivantes : pour Reginald Teague-Jones qui sortira de l'Annenschule en parlant parfaitement quatre langues, cette formation s'est avérée déterminante. La pédagogie de Josef Koenig proscrivait la répétition et la routine, recherchait l'ouverture d'esprit, préférait l'éducation à l'instruction. Reginald Teague-Jones conservera pendant toute son existence la marque de cet enseignement « pratique », des langues étrangères au dessin, en passant par la calligraphie dont il fera bon usage plus tard dans son apprentissage du persan. Ce n'est pas le moindre mérite de l'Annenschule que d'avoir permis l'accomplissement de deux vocations orientalistes, celle de V.V. Struve qui deviendra directeur de l'Institut d'orientalisme de l'Académie des sciences et Reginald Teague-Jones, futur orientaliste de terrain, tous deux issus de la même promotion en 1906.

Le Dimanche rouge : souvenir de la révolution de 1905

Jeune Anglais en Russie, à la veille des grandes tourmentes révolutionnaires qui allaient emporter la dynastie des Romanov, Reginald Teague-Jones a pu exercer à Saint-Pétersbourg, bien au-delà de la bonne société aisée, son sens précoce de l'observation. Les développements politiques de cette période marquée par la recrudescence des attentats terroristes, la défaite russe face au Japon et la montée des revendications libérales venues de toutes les composantes de l'Empire russe stimulent intellectuellement ce tout jeune homme passionné par l'histoire et l'actualité du monde russe. Capable d'« objectiver » immédiatement un événement historique, Reginald Teague-Jones est le témoin, durant son séjour en Russie, d'un événement qui allait le marquer durant toute son existence. Parmi les badauds et les promeneurs, il assiste au « Dimanche rouge », point de départ de la révolution de 1905. Il est le témoin de la répression féroce dont furent victimes ce jour-là les pacifiques manifestants venus supplier Nicolas II d'accorder l'amnistie, les libertés publiques, l'instruction publique gratuite et obligatoire, l'égalité de tous devant la loi, la suppression des inspecteurs de fabrique, la journée de huit heures. Il racontera trente ans plus tard sous le nom de Ronald Sinclair ce souvenir atroce – qu'il dit être son « souvenir le plus impressionnant » – dans un article paru dans *The Illustrated Weekly of India*[5], une source précieuse qui, à défaut d'une démarche psychanalytique, permet de mesurer toute la fulgurance d'un événement politique dans une conscience individuelle. Reginald Teague-Jones assiste à la révolution de 1905, cette « répétition générale » de 1917 selon le mot de Trotsky, prélude à une série d'événements qui allaient sceller le destin de la Russie au XXe siècle. Il est alors âgé de 16 ans, et ce tout jeune lycéen encore très impressionnable assiste à un véritable massacre.

Tocsin et « ice-hilling »

Ce dimanche 9 janvier 1905, Reginald Teague-Jones s'apprêtait à goûter aux plaisirs des sports d'hiver, très variés à Saint-Pétersbourg, où l'on peut skier dans les jardins de Tauride ou patiner sur la Neva. Il avait neigé toute la nuit et l'étrange silence du petit matin fut soudain brisé par les cloches qui se mirent à sonner le tocsin. Reginald est réveillé d'un coup : « Boum !... Avec une brutalité terrifiante, la note d'airain de la cloche géante de la cathédrale Saint-Isaac retentit et se mit à résonner, loin sur tous les toits de la ville en train de s'éveiller. Encore tout endormi, je me frotte les yeux, saute du lit et court à la fenêtre. » Les cloches sonnent, fait inhabituel à une heure si matinale, mais Reginald Teague-Jones ignore qu'au point du jour 150 000 manifestants ont afflué des différents quartiers de la ville et se sont rassemblés dans les églises, priant pour que la journée se termine pacifiquement. Dirigés par le pope Gapone, les manifestants forment un cortège qui ressemble davantage à une procession religieuse qu'à une manifestation ouvrière. Ils chantent des hymnes, portent des croix et des icônes : leur projet est de se rendre au palais d'Hiver pour porter au tsar une très humble supplique, mais dans la nuit 12 000 hommes ont été déployés en ville pour les empêcher d'atteindre le palais. Gapone, prédicateur des quartiers ouvriers de Saint-Pétersbourg, est le porte-parole de la misère du peuple dont la révolte s'est exprimée lors des journées précédentes au cours desquelles 120 000 ouvriers de la capitale, notamment ceux des usines Poutilov, se sont mis en grève. La manifestation prévue le dimanche 9 janvier promettait d'être une manifestation de masse. La foule voulait porter au tsar une pétition en forme de supplique. En voici le préambule. « Sire ! Nous, ouvriers et habitants de la ville de Saint-Pétersbourg, nos femmes, nos enfants et nos vieux parents sans défense, venons à Toi, Sire, chercher justice et protection. Opprimés et réduits à la misère, nous sommes traités comme des esclaves qui n'ont qu'à supporter leur sort cruel et à se taire. Nous l'avons supporté, mais on nous replonge toujours plus avant dans la pauvreté, la déchéance et l'ignorance ; le despotisme et l'arbitraire nous prennent à la gorge, et nous suffoquons. Nous n'avons plus de forces, Sire. Notre patience est à bout. Nous en sommes arrivés à ce moment terrible où mieux vaut mourir que d'endurer plus longtemps d'insupportables souffrances[6]. » Le tocsin retentit à nouveau de sa note sinistre, menaçante, « presque effrayante » note Reginald Teague-Jones qui venait justement d'achever la lecture d'un des récits de George Alfred Henty – reporter et écrivain réputé « impérialiste » dont les récits d'aventures étaient très populaires à la fin du XIXe siècle – sur la nuit de la Saint-Barthélemy[7]. « J'étais tout plein du tocsin retentissant de Notre-Dame durant cette nuit fatale et je frémis en me rappelant ce qu'il avait annoncé. Cependant, j'étais seulement un jeune garçon en visite à Saint-Pétersbourg et dès que j'eus fini de me laver et de m'habiller, mes pensées se focalisèrent sur le sujet bien plus intéressant du breakfast. D'ailleurs pendant ce temps, les cloches avaient fini de sonner le Sabbath et étaient redevenues silencieuses. Je les oubliai aussi vite que les sinistres pensées qu'elles avaient inspirées mais quelques heures plus tard, j'allais être le témoin d'un drame dont la vision d'horreur allait rester gravée dans ma mémoire pendant toute ma vie[8]. » Comme les héros du prolifique Henty dont les romans historiques ou d'actualité mettaient invariablement en scène un garçon ou déjà un jeune homme, vivant des temps troublés – de la conquête romaine à l'Inde britannique en passant par la guerre d'indépendance de la Serbie –, Reginald Teague-Jones allait en toute inconscience à la rencontre de la Russie révolutionnaire.

Pour l'heure s'ouvre la plaisante perspective de passer la journée à s'amuser sur la glace avec un groupe d'amis. Les Anglais de Saint-Pétersbourg avaient rapidement pris goût aux plaisirs des sports de glisse – le ski, la luge, le patin à glace, les courses de traîneaux – et auraient même inventé des formes spécifiques de jeux de plein air qui leur étaient exclusivement réservées. La pratique du *ice-hilling*, une version nouvelle des « montagnes russes », en est l'exemple le plus intéressant, parce qu'elle fait partie de la sociabilité locale dans les sociétés anglaise et allemande de Saint-Pétersbourg, cercles que Reginald Teague-Jones fréquentait à un double titre. La « colline de glace » telle que la pratiquaient les Anglais de Saint-Pétersbourg était un plaisir « aristocratique » goûté par les jeunes gens mais aussi les jeunes filles sur l'une des *ice-hills* anglaises de l'île Krestovski, près de l'île Vassilievski. Passer la journée sur la glace d'une des « collines anglaises » de Saint-Pétersbourg était une perspective plutôt réjouissante : glissades dans le froid mordant, café, thé et samovars fumants, danse parfois, étaient souvent des loisirs orchestrés dans le cadre d'un club. La *ice-hill* en question consistait en un empilement de gros morceaux de glace prélevés sur la Neva et empilés sur un tremplin en bois dont la hauteur « pouvait atteindre la taille d'une maison moyenne[9] ». La glace était travaillée jusqu'à présenter la surface d'un véritable miroir et les jeunes gens, qui accédaient au sommet de la piste par une triple volée d'escaliers, pouvaient s'élancer à leurs risques et périls sur leurs luges. Ce sport assez violent et relativement dangereux était selon Marie-Louise Karttunen pratiqué par les Anglais à Saint-Pétersbourg dans un cadre exclusivement privé même si, dans les années 1890, l'on convie à ces loisirs féeriques les Allemands de l'ambassade. Quoi qu'il en soit, le dimanche 9 janvier 1905, Reginald avait rejoint l'une des nombreuses patinoires de la ville et s'apprêtait avec un groupe d'amis à passer la journée sur la glace. « Dans cette perspective, nous autres jeunes gens, nous étions rassemblés comme d'habitude. J'avais déjà patiné pendant un certain temps quand soudain, je me rappelai que j'étais invité à une fête d'anniversaire ce soir-là et que je devais rentrer en ville afin d'acheter un cadeau[10]. »

Préludes d'un drame annoncé

Reginald quitte donc la patinoire, prend congé de ses amis et hélant le premier *izvoztchik* (cocher) venu, lui demande de le conduire au Gostinny Dvor, le célèbre grand magasin de

Saint-Pétersbourg qui se trouve assez haut sur la perspective Nevski, à une distance relativement éloignée de la Neva. La circulation ce jour-là étant particulièrement encombrée, Reginald Teague-Jones a tout le temps de contempler la flèche dorée de l'Amirauté, et d'entendre à une certaine distance le tintement de la cloche qui signale que le tsar de toutes les Russies, ou un important membre de la cour, est en train de quitter le palais d'Hiver. De fait, Nicolas II quittait la capitale pour se rendre dans sa résidence de Tsarskoïe Selo où il se préparait à passer une journée de promenades et de parties de dominos. « Pour moi, de telles occasions avaient toujours été excitantes et bien que grâce aux amis chez qui je séjournais, j'avais rencontré nombre de personnages haut placés, et même parlé au grand-duc Nicolas, je n'avais guère eu l'occasion d'avoir autre chose que des aperçus très fugitifs du "Petit Père" lui-même. En dehors d'une seule autre occasion plus tardive où j'eus le privilège de le voir de très près, monter à cheval et prendre le salut du rassemblement du corps de la garde impériale, mon souvenir de ce tsar au destin tragique est celui d'une pâle figure barbue à la vitre d'une calèche impériale passant au pas de trot, entraînée par de fringants chevaux et disparaissant dans un halo de neige où l'on distinguait encore le jaune clair des livrés, tout parsemé d'aigles noirs en miniature[11]. » Apparemment inconscient du danger, le tsar quitte la ville alors que la foule exaltée vient lui remettre une pétition. La manifestation a été interdite, la police patrouille dans toute la ville, mais les manifestants, femmes et enfants en tête – pour dissuader les soldats de tirer –, ayant revêtu leurs plus beaux atours, convergent en de longues colonnes vers le palais d'Hiver. Pour soutenir le moral des manifestants, on avait fait courir le bruit que des rafraîchissements avaient été préparés à leur intention dans le palais d'Hiver, et même qu'une parade serait organisée pour célébrer la grande occasion[12]. De son côté, Gapone, en robe blanche, longue barbe et crucifix, se tenant à la tête d'une de ces colonnes, exhorte le peuple à ne pas faiblir : « Camarades, mieux vaut mourir pour nos revendications que vivre comme nous avons vécu jusqu'à maintenant ! » Le peuple répondait : « Nous mourrons ![13] »

Reginald Teague-Jones ignore tout à ce moment des mouvements de cette foule, mais alors que sa calèche n'a pas encore réussi à atteindre la perspective Nevski, le trafic est brutalement interrompu. A l'arrêt, son *izvoztchik* échange quelques propos avec un autre *izvoztchik* venu dans l'autre sens. De ces palabres, il ressort que la circulation est totalement bloquée. « "Barine, nous ne pouvons continuer, me dit-il finalement, la police a bloqué la route." Et on ne pouvait non plus faire demi-tour parce qu'il y avait aussi un autre embouteillage derrière nous. Il ne me restait plus qu'à payer ma course, sortir et marcher. La police et la gendarmerie montée étaient partout. Je n'en avais jamais vu autant auparavant, cela signifiait à l'évidence qu'il se passait quelque chose de tout à fait inhabituel et je fus mordu par la curiosité de comprendre de quoi il s'agissait[14]. » Reginald Teague-Jones atteint donc facilement à pied la perspective Nevski, où en apparence tout est encore très calme et remonte cette dernière en direction du Gostinny Dvor. Près d'un arrêt de tramway, il traverse la majestueuse avenue quand surgit soudain un escadron de Cosaques du Don à cheval. « Un régiment de la garde, pensais-je, se rendant en escorte dans l'un des palais, mais je remarquais combien ils avaient l'air inflexible avec leurs longues carabines et leurs redoutables nagaïki, ces fouets qu'ils tenaient prêts dans leur main droite. Il me vint à l'esprit qu'ils ressemblaient davantage à une patrouille qu'à une escorte, et j'avais raison. Ils formaient une patrouille et j'allais bientôt avoir de bonnes raisons de m'en souvenir[15]. » Plus haut sur la perspective Nevski, le jeune homme atteint enfin les arcades du Gostinny Dvor : ici, les vitrines – en particulier celles des bijoutiers et des joailliers de la cour – constituaient à l'époque une véritable attraction mais ce jour-là, il y avait davantage de monde que d'habitude. Les gens s'étaient rassemblés en petits attroupements et Reginald, flairant l'atmosphère inhabituelle, capte les conversations. « "Maria Ivanovna est partie elle aussi au palais" entendis-je de la bouche d'une femme. Par son apparence, elle semblait tout à fait ordinaire, une femme issue de la *working class* parce qu'elle portait simplement un châle sur la tête au lieu d'un chapeau, l'une des marques de distinction en ces temps révolus de l'ère bourgeoise, qui permettait de distinguer les classes inférieures de l'intelligentsia. Je me souviens d'avoir pensé à ce moment qu'il était tout de même curieux qu'une femme de son type puisse connaître quelqu'un qui serait reçu au palais. Ensuite, j'entendis une autre personne mentionner le palais et un homme qui se tenait à mes côtés s'exclamer sur le ton de la malédiction : "Ils ont lâché les Cosaques, maudits soient-ils ; on dirait qu'il y a du grabuge." Je lui demande :

"V tchom delo ? Que se passe-t-il ?

— Une grande foule… partie au palais d'Hiver… une deputatsia ou une demonstratsia… partie voir le tsar.

— Pourquoi ? Quand ? continuais-je à l'interroger.

— Bog znaet. Dieu seul le sait, me répond-il tout en crachant rageusement. Douraki. Une bande d'idiots, voilà ce qu'ils sont. Ils recherchent les ennuis. Et ils vont avoir les Cosaques à leurs trousses s'ils n'y prennent pas garde."

Ainsi, c'était donc la raison de l'excitation ambiante ! Une demonstratsia ! A ces mots, mon imagination de lycéen s'enflamma. Pourquoi ne pas les accompagner et voir la manifestation ! Pourquoi pas après tout ? Le palais d'Hiver n'était pas loin ; cela ne me prendrait pas beaucoup de temps de me rendre là-bas. Mes achats pourraient bien attendre. Il y aurait probablement une grande manifestation au palais. Je pourrais même peut-être apercevoir le tsar. Complètement excité à cette idée, je traversais de nouveau la rue et rebroussais chemin sur la Nevski[16]. » Tout le trafic y était coupé et la célèbre avenue était désormais investie par de nombreux détachements de Cosaques et de la gendarmerie montée.

Dans la foule : Teague-Jones, témoin du massacre

Redescendant la perspective Nevski vers le palais d'Hiver, Reginald Teague-Jones partait à la rencontre de la foule qui, plus bas, affluait continuellement vers le palais d'Hiver. De là, il atteint une rue qui, sur la droite, conduit au palais d'Hiver, entièrement occupée par une compagnie d'infanterie. Devant lui, une foule compacte semble se mouvoir. En fait, au pont Troïtski, près de la forteresse Pierre-et-Paul, les manifestants avaient déjà subi les premiers coups de feu et les sabres de la cavalerie cosaque. La foule au-devant de Reginald, d'abord en mouvement, s'arrête brutalement. De l'arrière, manifestants, badauds et curieux continuant à arriver, il est pris soudain dans une cohue indescriptible. La tension monte encore d'un cran. « De quelque part, plus en avant, derrière les blocs massifs de bâtiments qui entourent la place du palais, montait une sourde clameur, la voix d'une foule éloignée. J'eus l'impression que j'entendais un chant mais je n'en étais pas certain à cause du bruit qui régnait tout autour de moi. Soudain, on entendit donner un ordre, puis un autre. Il y eut un mouvement brusque de la foule en arrière. Les soldats étaient en train de dégager la route. La chaussée était déjà remplie de monde, mais en un instant elle fut complètement envahie par la foule. Une botte m'érafla le tibia et m'écrasa les doigts de pied. Mon corps était comprimé au point que je ne pouvais plus prendre ma respiration. Près de moi, une femme cria de douleur[17]. » En fait, un imposant corps de cavalerie et plusieurs canons avaient été placés devant le palais d'Hiver pour empêcher les manifestants d'avancer vers la place. Cosaques et gendarmes avaient initialement reçu l'ordre de mater la foule – plus de 60 000 personnes à présent – et d'utiliser pour cela le fouet et le plat de leurs sabres[18]. Mais au lieu de reculer, les manifestants continuaient leur marche. Lorsqu'ils virent les forces de l'ordre en position de tir, ils s'agenouillèrent et se signèrent dans un geste de supplication. Ainsi, le coup de clairon entendu par Reginald Teague-Jones donnait le signal du massacre, point de départ d'une rupture irrémédiable entre le peuple et le tsar : les soldats s'étaient mis à tirer sur la foule. « C'est alors qu'on entendit tout à coup, par-delà les immeubles, le bruit d'une fusillade provenant de la place. Cela aurait pu être le feu de fusils ou de mitrailleuses, ou les deux à la fois. L'effet sur la foule fut instantané. Ils semblaient savoir d'instinct ce que la fusillade signifiait. Pendant un instant, je gardais ma respiration. De la même façon d'ailleurs que tout le monde autour de moi, parce qu'il y eut un pause momentanée, et à l'instant suivant… une panique indescriptible. Les femmes hurlaient, les hommes criaient, se débattaient, combattaient en lançant des malédictions. On entendait : "Arrière vers la Nevski. Sortons tous d'ici !"[19] » Prise d'une panique animale, la foule était en effet coincée dans ce cul-de-sac, tandis que de la place on pouvait entendre la fusillade qui continuait. « Nous ne doutions pas que la mort – une mort brutale – nous attendait au-delà. Je me sentais exactement comme un bœuf qu'on mène à l'abattoir. Les cris des femmes autour de moi me firent presque plus peur que tout autre chose », se souvient Reginald Teague-Jones qui parvint tout de même à suivre le mouvement de retrait de la foule sans être écrasé ou piétiné comme ce fut le cas de plusieurs femmes autour de lui. La foule, cette masse impotente, parvint graduellement à rebrousser chemin, et Reginald Teague-Jones, au bout d'instants interminables, put reprendre son souffle et regagner la perspective Nevski. « Mon manteau était déchiré, j'avais perdu mon chapeau et je me sentais meurtri et secoué. Derrière moi, les tirs et les cris continuaient, mais je m'en étais tiré, pensais-je... Tout se passa en un instant. Il y eut tout à coup un fracas de sabots et de hurlements sauvages, et, surgi de nulle part, un groupe de Cosaques déboula à grand galop sur un côté de la rue. A cet instant, il était impossible de réagir. Un certain nombre de personnes qui avaient quitté le trottoir et essayaient de rejoindre l'autre côté de la Nevski furent piétinées et écrasées. Je vis une jeune fille, à peine plus âgée que moi, jetée en hurlant dans le caniveau. Sa tête heurta le bord du trottoir en faisant un terrible bruit sourd et le sang jaillit d'une blessure ouverte sur tout le visage. Les Cosaques utilisaient leurs nagaïki. Un hurlement féroce surgit de la foule tout autour de moi. Ils haïssaient ces Cosaques. Certains s'étaient arrêtés et tenaient leurs chevaux cabrés. Un homme près de moi, un ouvrier, je pense, se jeta en proférant un juron sur le cavalier le plus proche et le saisit par le bras. Un autre sauta et agrippa le Cosaque par la jambe. Le cheval vacilla et s'écrasa sur la jeune fille. Je crois que cela la tua[20]. » Le massacre, dans les différents points de la ville où des affrontements eurent lieu, fera 200 morts et 800 blessés, un véritable massacre des innocents n'épargnant ni les femmes, ni les enfants. Le témoignage de Reginald Teague-Jones au sujet de cette malheureuse jeune fille en corrobore d'autres concernant une autre jeune fille dont le corps, criblé de balles, fut littéralement crucifié sur une grille de fer sur laquelle elle s'était juchée pour mieux voir la manifestation et celui d'un petit garçon qui, grimpé sur la statue équestre du prince Przewalski, fut projeté en l'air par une volée d'artillerie[21]. La foule enrage, éructe sa haine du Cosaque. Celui qui, assailli par les manifestants, était tombé de son cheval, reçut bientôt l'aide de ses comparses agitant leurs fouets de toutes parts. « Fort heureusement pour moi, je fus heurté par l'un des chevaux avant que le fouet ne puisse m'atteindre et je roulai sur plusieurs marches dans une porte d'entrée en contrebas. Ma tête heurta le pavé mais je tombai sur quelque chose de mou. Au-dessous de moi, s'étalait un homme totalement immobile tenant ses mains couvertes de sang sur son visage. A mon tour, je restai immobile, trop effrayé pour bouger. Juste au-dessus de nous, l'atmosphère était remplie de cris et d'insultes mêlés aux hennissements des chevaux et aux gémissements des blessés. Enfin, les Cosaques partirent. Hébété, ébranlé, je gravis prudemment les marches. Sur le trottoir, il y avait près d'une douzaine de personnes qui gisaient là, certaines gémissant, d'autres tout à fait immobiles. Certaines gisaient sur la chaussée. Parmi elles, étendue dans le caniveau, la jeune fille était toujours là. Un homme était courbé sur elle, tentait de la hisser sur le trottoir, mais à l'évidence, elle était déjà morte. Je me sentis très malade et commençai à vomir. Puis, sous l'impulsion d'une peur soudaine, je tournai les talons et je me mis à courir pour rentrer chez moi. D'autres personnes couraient aussi en se tenant prudemment le long du trottoir par peur des patrouilles montées. Hors d'haleine, j'atteignis enfin une rue latérale et de là, je pus rentrer chez moi sans danger[22]. » Evénement fondateur que le massacre du Dimanche rouge, point initial de la révolution de 1905 qui allait finir par acculer le tsar à concéder une Assemblée représentative, la Douma, établissant en Russie un régime semi-constitutionnel. « Répétition générale » ou « révolution manquée » au cours de laquelle sont apparus les premiers soviets, 1905 est restée gravée dans les mémoires car l'événement correspond à une rupture irrémédiable. Reginald Teague-Jones apprendra un peu plus tard, dans la ville revenue au calme, ce qui s'était réellement passé sur la place du Palais, de l'autre côté du passage où il s'était trouvé coincé. Les troupes avaient intentionnellement laissé les manifestants pénétrer sur la place puis avaient bloqué chacune des issues. « Sans avertissement, un feu meurtrier avait été ouvert sur la foule désemparée et la grande majorité d'entre eux – hommes, femmes et enfants – avaient été abattue de sang-froid[23]. » Traîtrise et ruse des forces de l'ordre avaient eu raison de la naïveté et de la confiance du peuple dont l'état d'esprit changea soudain, passant de l'incrédulité à la colère. Reginald Teague-Jones, comme tant d'autres piégés dans la foule, témoigne de ce tournant psychologique capital. Son souvenir de 1905, décanté après trente années, met en lumière la psychologie et les traits physiques de la foule. Il fait émerger comme dans un tableau quelques figures emblématiques, telle la jeune fille tombée dans le ruisseau qui évoque moins Gavroche que le massacre de la Saint-Barthélemy d'août 1572 auquel le narrateur se réfère au début de son récit. Le Dimanche rouge révolte la société éduquée de Saint-Pétersbourg, en particulier les jeunes ou les très jeunes qui, comme Reginald Teague-Jones, se trouvaient sur la perspective Nevski ce jour-là. Alexandre Kerenski, alors étudiant âgé de 24 ans, assiste lui aussi aux événements sur la perspective Nevski. Membre du parti SR, le futur chef du gouvernement provisoire en 1917 écrivit à ses parents à Tachkent : « Ah ! Ces "jours affreux" à Piter resteront à jamais dans la mémoire de qui les a vécus. Le silence se fait maintenant, mais c'est le calme avant la tempête. Les deux camps se préparent, passent en revue leurs forces. Seul un camp peut l'emporter. Ou les exigences de la société seront satisfaites (c'est-à-dire un corps législatif de représentants du peuple librement élus) ou il y aura un conflit terrible et sanglant, qui finira sans doute par la victoire de la réaction[24]. » Jeune garçon de 12 ans, Alexandre Pasternak, le frère de l'écrivain, fut quant à lui si troublé par la fusillade qu'il déclara sa flamme révolutionnaire. Il aurait parcouru avec un groupe d'amis les rues d'un quartier aisé de Saint-Pétersbourg en criant : « Nous sommes tous des sociaux-démocrates ![25] » Tel ne sera pas le cas de Reginald Teague-Jones, certes horrifié par le spectacle du massacre, mais pour qui l'événement n'est pas l'occasion d'un baptême politique. Déjà sceptique à l'égard des idées révolutionnaires, il n'est pas un témoin « engagé » au sens où le sera douze ans plus tard, lors des journées d'octobre 1917, le journaliste américain John Reed. Sensible aux marques de la stratification sociale en Russie dont son récit rend parfaitement compte – de la haute société impériale à la femme du peuple, en passant par les cochers –, Reginald Teague-Jones éprouve pourtant une sincère sympathie pour le peuple russe, incarnation de la Russie elle-même.

Le soir du Dimanche rouge, après les dernières échauffourées autour des barricades dressées par les manifestants le long de la perspective Nevski, notamment autour de Notre-Dame-de-Kazan, Saint-Pétersbourg fut rendue au calme. On ne sait si Reginald Teague-Jones s'était suffisamment remis de ses émotions pour se rendre tout de même à sa soirée d'anniversaire. Mais de la rue ou des fenêtres de sa chambre, il eut l'occasion de contempler à nouveau un spectacle sinistre. « Ce dimanche soir, les cloches de l'église se mirent de nouveau à sonner leur appel à la prière, tandis qu'au bas de certaines rues donnant sur la Neva, une longue file de charrettes, sommairement recouvertes d'une grosse toile, amenaient les victimes du massacre au fleuve. Des trous furent creusés dans la glace et les corps furent jetés dedans, comme des charognes, dans le torrent glacé qui au-dessous allait les emporter[26]. » Les glaces de la Neva, naguère terrain de jeux et de réjouissances, deviennent le symbole de la terrible tragédie russe. Comme dans le film d'Alexandre Sokourov, *L'Arche russe* (2002) dont l'unique plan-séquence tourné dans le musée de l'Ermitage évoque en un seul souffle – glacé par la Neva – trois siècles de l'histoire russe, le récit de Reginald Teague-Jones s'achève par une méditation sur le fil tragique de l'histoire russe. Le renversement des Romanov, l'avènement du régime soviétique en 1917 et tous les massacres à venir de la période stalinienne partent de ce moment initial que fut la révolution de 1905. Le Dimanche rouge de Reginald Teague-Jones est une séquence emblématique de l'histoire russe qui résume en quelque sorte toutes celles à venir. 1905 est un événement terrible et traumatisant qui a été pour le jeune Reginald Teague-Jones une véritable initiation à la Russie et à son histoire. Que cette connaissance précoce de la Russie sur le plan linguistique, historique et politique ait joué un rôle dans sa carrière ultérieure, relève de l'évidence même si l'occasion de revenir à Saint-Pétersbourg ne se présentera jamais plus.

– 2 –

Du Pendjab à la Frontière du Nord-Ouest : la formation d'un « gentleman du Raj »

De la prime jeunesse de Reginald Teague-Jones, de ses années de formation entre Saint-Pétersbourg, Londres et New Delhi, on sait relativement peu de choses. Rentré probablement de Russie en 1906, jeune homme âgé de 17 ans à peine, mais déjà armé de solides connaissances en russe, en français et en allemand, Reginald Teague-Jones est confronté au retour à la précarité matérielle de sa famille. Cette situation dont on ne connaît pas les détails explique son départ en Inde où, avant la Première Guerre mondiale, une famille issue de la *middle class* pouvait raisonnablement espérer une possibilité d'ascension sociale et des conditions de vie plus avantageuses. Les conseils avisés d'un oncle officier de carrière en Inde ont sans doute joué un rôle dans cette décision, tout comme la possibilité pour le jeune Reginald d'accomplir en Inde un parcours professionnel qui promettait d'être moins limité qu'en Angleterre, où d'ailleurs il séjourna si peu au cours de son existence. De retour de Russie, Reginald Teague-Jones ne semble pas trouver sa voie à Londres : inscrit au King's College de l'université de Londres dont il quitte les bancs sans avoir passé l'examen, il ne réussit pas ou ne présente pas l'examen d'entrée au Foreign Office, un échec que pourraient expliquer la modestie de ses origines sociales et le fait qu'il n'appartienne pas à la caste des « Oxbridgiens ». Echec providentiel qui éloigne le jeune homme d'une carrière conventionnelle dans la diplomatie et détermine sa vocation à s'aventurer sur les sentiers incertains du renseignement au sein d'autres corps comme la police ou l'armée, davantage aux prises avec la réalité du terrain. Une formation qui s'accomplit à l'apogée de l'Empire britannique au Pendjab et qui fera de Reginald Teague-Jones comme beaucoup de Britanniques de sa génération un défenseur naturel d'une mission impériale qui débute aux avant-postes de la célèbre « Frontière du Nord-Ouest ».

Une ambition : intégrer l'Indian Political Service

Depuis les attentats du 11 septembre 2001, les zones tribales du Pakistan – avant la partition, la Frontière du Nord-Ouest de l'Inde – sont devenues le centre névralgique de la lutte contre le « djihad global ». Pour le néophyte, les actes de « terrorisme » et l'instabilité chronique de cette région présentent sans doute un caractère de nouveauté. Mais à regarder de près les archives britanniques et les notes personnelles de Reginald Teague-Jones, on est au contraire frappé par la similitude des problèmes posés par la frontière dans l'Inde britannique du début du XXe siècle et ceux de la frontière entre l'Afghanistan et le Pakistan du début du XXIe siècle. A l'heure où l'Union européenne discute de façon un peu oiseuse de la création d'une force de police internationale pour les « zones tribales », où l'académie de police de Lahore[1] a été la cible d'une attaque mortelle (30 mars 2009), il n'est sans doute pas indifférent que Reginald Teague-Jones ait précisément accompli sa formation initiale au Pendjab à partir de novembre 1910 au sein d'un corps de police.

Un avant-goût de la Frontière : le Pendjab

Si la famille s'installa peut-être à Delhi, le jeune Reginald quant à lui réside dans les années 1911-1913 dans deux localités reculées du sud-ouest du Pendjab, Phillaur et Ferozepore, où le *Thacker's Indian Directory* le mentionne comme *assistant superintendant of police*, une fonction qui lui permet de gagner sa vie mais pour laquelle il ne se sent aucune vocation particulière. Il le confessera d'ailleurs plusieurs décennies plus tard : « Je ne fus jamais dans mon élément pendant mon court service en tant que policier et j'aurais donné n'importe quoi pour continuer à travailler au sein du département politique[2]. » Si, dans cette petite phrase, on sent poindre une forme de dépit liée à l'absence de prestige d'une carrière débutée dans la police, cet engagement fut à la fois déterminant pour son parcours ultérieur et significatif des mutations intervenues dans la politique intérieure britannique en Inde. En Grande-Bretagne, la création en 1887 d'une force de police spécialement chargée de la criminalité politique avait été suscitée par le terrorisme irlandais, donnant naissance à une branche spécialisée dans le renseignement. C'est encore le « modèle irlandais » qui inspire pendant la Première Guerre mondiale la création de la *Frontier Constabulary* – une force de police paramilitaire – dans la turbulente Frontière du Nord-Ouest. Depuis 1849, cette dernière est « gouvernée » par le Pendjab dont la conquête venait d'être achevée, avant-poste stratégique de la Frontière à partir duquel les Britanniques tentaient de contrôler la Khyber Pass et les zones tribales du Pakistan actuel. Un contrôle relatif qui, tout au long de la seconde moitié du XIXe siècle, avait été le produit du « *close-border system* » associant une politique de non-intervention basée sur la surveillance routinière des garnisons à de véritables expéditions punitives, les « *columns* » – telles « Tip and Run », « Butcher and Bolt » ou « Harry and Hurry » –, spécialement détachées pour venir à bout des raids menés par telle ou telle tribu. Les trente années qui suivirent la révolte de Cipayes de 1857-1858 furent relativement calmes – onze expéditions punitives seulement ! –, comparées à la période de la seconde guerre afghane (1878-1880) et de ses suites, qui nécessita pas moins de douze expéditions entre 1877 et 1881[3]. La campagne de 1897 dont Winston Churchill se fit le chroniqueur dans *The Story of the Malakand Field Force* faillit être le théâtre d'une révolte générale des tribus, mais les versatiles Mahsouds firent exception pour cette fois, permettant aux Anglais de reprendre le contrôle des zones tribales jusqu'au nord de Tochi. Facteur de l'expansion britannique[4], la « *turbulent frontier* » est une terre de mission impériale que notre héros approche par étapes dans la plaine du Pendjab, sur les rives de la Sutlej, affluent de l'Indus.

A Phillaur en 1911, jeune assistant stagiaire superintendant de police, Reginald Teague-Jones a rejoint une institution relativement récente chargée de rationaliser la tâche du maintien de l'ordre sur le *limes* de l'Empire britannique : la Punjab Police Academy. A 350 kilomètres au nord de New Delhi sur la Great Trunk Road, c'est dans le magnifique fort de Phillaur que fut installé, en septembre 1891, ce centre d'entraînement de la police. Située sur les rives de la Sutlej, Phillaur, fondée par l'empereur moghol Chah Jahan (1628-1658), détient depuis ses origines une fonction stratégique. La fortification entreprise en 1809 répondait à la prise par les Anglais du fort voisin de Ludhiana. Ce n'est qu'après la mort du maharadjah Ranjit Singh (1839), la décadence du royaume de Lahore – royaume sikh du Pendjab qui s'étendait des rives de la Sutlej au sud-est jusqu'à l'Afghanistan à l'ouest et le Cachemire au nord – et la défaite consécutive des sikhs lors de la bataille d'Aliwal en 1846 que les Anglais parvinrent à prendre possession du fort de Phillaur, prélude à leur mainmise définitive sur l'ensemble du Pendjab (1849). Magnifique bastion militaire doté de deux entrées monumentales – la porte de Lahore et la porte de Delhi – et d'un système de fausse braie, la forteresse est un immense ensemble qui comporte aujourd'hui non seulement les équipements nécessaires à l'entraînement de la police (chevaux, chiens, bureau des armes à feu, bureau des empreintes digitales) mais encore une bibliothèque, un hôpital, un musée et même, enserré dans la muraille, le mausolée d'un saint, Pir Baba Abdullah Shah Ji. Le fort est une entité en soi, concentrant l'essentiel des activités de la petite ville de Phillaur dont la population ne dépassait pas 7 000 habitants à l'époque où y séjourna Reginald Teague-Jones. L'école d'entraînement de la police était en 1911 une institution nouvelle, dotée d'une mission précise : la formation des officiers de police de la NWFP. Resté sous l'autorité de l'armée jusqu'en 1890, le fort, d'abord utilisé par les Anglais comme cantonnement, fut transféré à partir de cette date aux autorités civiles. Fondée le 9 septembre 1891, la Police Training School ainsi que le Finger Print Bureau, établi en août 1894, avaient pour ambition de former une police moderne, plus efficace sur le terrain. Sous la houlette de J.M. Bishop, *Assistant District Superintendant* et premier principal de cette toute nouvelle institution, la Punjab Police Academy, étroitement liée à l'Indian Political Service, avait une mission complexe : enseigner l'art de la prévention et de la détection des crimes dans une région traditionnellement remuante où la loi non écrite prime sur les lois officielles. Nul doute que la vocation de cet établissement devait être, entre autres, d'enseigner et de mettre en pratique quelques rudiments dans le domaine du renseignement politique[5]. Vie morne des garnisons avec, pour toile de fond, l'exotisme d'une nature luxuriante, cette période de la vie de Reginald Teague-Jones n'a laissé aucune trace dans ses écrits bien que, à l'époque, il devait déjà tenir son journal. Une période de sa jeunesse évoquant irrésistiblement l'univers de Rudyard Kipling et la substance même de l'Inde britannique confrontée au banditisme des Thugs et des Dacoits[6]. Cambrioleurs, faux-monnayeurs, bouilleurs de cru, trafiquants d'opium, empoisonneurs de bétail, les déviants de la société indigène sont le premier terrain d'expérience de Reginald Teague-Jones. Premiers contacts aussi avec la complexité religieuse de l'Inde qui fait cohabiter au Pendjab, des hindous, des musulmans et des sikhs, et sa diversité linguistique car Reginald Teague-Jones apprend à cette époque plusieurs langues vernaculaires. Plus encore, le séjour au Pendjab dans une région à forte densité musulmane le familiarise d'emblée avec les grands enjeux politiques de cette période, caractérisée par la montée du mouvement national indien. Ferveur patriotique hindoue attisée par une « minorité microscopique », selon l'expression du vice-roi Dufferin (1884-1888), en opposition violente avec la communauté islamique, crise de confiance de l'élite musulmane à l'égard du Congrès, loyauté conséquente des musulmans qui optent résolument pour le maintien de la domination britannique. C'est au Pendjab que Reginald Teague-Jones commence à prendre la mesure de la « question musulmane » et de son utilité potentielle pour la politique britannique.

Après la période probatoire, celle des classes et de l'instruction à l'académie de police de Phillaur, vient le temps des premières responsabilités sur le terrain, une fois encore au Pendjab. C'est à Ferozepore, au sud-ouest du Pendjab, une localité située aujourd'hui en Inde, à un jet de pierre de la frontière pakistanaise, que Reginald Teague-Jones est superintendant de police assistant pendant les années 1912 et 1913. Sur les rives de la Sutlej, la ville détient une position stratégique commandant le passage entre la frontière du Nord-Ouest et le sous-continent. Fondée au XIVe siècle, la ville qui porterait le nom de son fondateur Feroz Shah Tugalq était occupée depuis 1838 par les Britanniques. Sir Henry Lawrence, *Assistant Political Agent*, y établit un cantonnement, et le fort, à l'intérieur du cantonnement, fut converti en garnison militaire en 1839. C'est sûrement dans le quartier du cantonnement, à trois kilomètres au sud du centre de la ville[7], retranché dans son organisation coloniale avec ses résidences patrimoniales, bungalows, pelouses, jardins et oiseaux exotiques, que résidait Reginald Teague-Jones. Résider n'est d'ailleurs peut-être pas le mot juste car l'administration civile britannique reposait à l'échelon inférieur des districts sur une poignée d'hommes et à peine une douzaine d'officiers de police. Dans cette région stratégique et instable, le poste de Ferozepore, bastion britannique à partir duquel furent lancées successivement la première guerre anglo-afghane en 1838, puis la guerre contre les sikhs en 1845-1846, n'est pas un emploi de routine. Le jeune homme aime parcourir à cheval le district dont il a la charge, tranche les conflits locaux et surtout démontre ses qualités dans sa capacité à entretenir un contact direct avec une population indigène – rurale dans son immense majorité – qui « ne comprend et ne respecte qu'un pouvoir personnalisé, incarné dans un homme[8]. » Au cœur de cette riche plaine alluviale inondée à la saison des pluies, Ferozepore était, avant la partition de l'Inde, une cité florissante et populeuse vivant essentiellement de l'économie agricole des alentours fondée sur la culture du coton, du blé, des pois chiches et du millet. Située sur les voies d'invasion du sous-continent – le *mainland* – depuis le Baloutchistan ou le Khyber Pass, Ferozepore est une étape géostratégique essentielle qui rapproche peu à peu Reginald Teague-Jones du territoire plus excitant de la Frontière du Nord-Ouest. Cherchant à échapper au conformisme routinier que lui promet une carrière d'administrateur colonial d'autant plus frustrante qu'il n'est pas issu de l'aristocratie de l'Indian Civil Service, Reginald Teague-Jones est mal à l'aise dans cette fonction. En dehors des déplacements dans le district hors de la route goudronnée et de brèves excursions touristiques qui le mènent à Lahore ou à Amritsar, les loisirs se cantonnent à la lecture, et sans doute à la chasse. Car les rives de la Sutlej sont foisonnantes de gibier et Reginald Teague-Jones est l'un de ces « *hard riding officers* » amateurs de chasse, croqués par Rudyard Kipling : perdrix noires et perdrix grises, toutes sortes d'oies sauvages et de canards, cygnes, *great Indian bustards* et pigeons verts, nul doute qu'il a exercé sa passion pour la chasse[9] dans les environs de Ferozepore. Exutoire à l'ennui de la société coloniale régie par les valeurs victoriennes – mais le très sélect club de Ferozepore n'a été fondé qu'en 1925 –, la chasse et l'usage des armes à feu constituent les loisirs d'une existence qu'on devine assez austère. Quelles intrigues amoureuses, quelles amitiés ont pu se nouer pendant cette période ? Reginald Teague-Jones n'a consigné aucun souvenir de cette époque de sa jeunesse, qu'elle ait été trop terne ou au contraire trop féconde en termes de contacts et de réseaux. On sait cependant qu'il gardera de son séjour à Peshawar – probablement au début de la Première Guerre mondiale – une vieille et durable amitié avec Dorothy Kate Fox-Strangways, issue d'une famille de la pairie et épouse du major Ernest Gardiner Collings qu'elle dut, alors âgée de 22 ans, suivre jusqu'à Peshawar, après son mariage en 1914. Reginald Teague-Jones, qui connaissait également la sœur de Kate, Marjorie Fox-Strangways, conserva des relations avec la famille Fox-Strangways tout au long de son existence. Né en 1924, le fils de Kate, Geoffrey Stephen d'Auvergne Collings, fut le filleul de Reginald Teague-Jones devenu depuis 1922 Ronald Sinclair…

Du côtoiement de la société coloniale britannique et de ses classes aussi différenciées que les castes de la société indienne, Reginald Teague-Jones a dû tirer un certain « complexe », doublé d'un désir d'ascension sociale que trahit l'usage du double nom avec un trait d'union – marqueur de distinction sociale en Angleterre – qui ne figure pas dans son état civil originel. En ces débuts de carrière, il est confronté nécessairement aux membres de ce corps prestigieux de l'Indian Civil Service dont le recrutement très sélectif est surtout ouvert à la bourgeoisie aisée ou à la *gentry* de la métropole. Le jeune Reginald, qui n'en est pas issu, en a probablement conçu un mélange de fascination et de répulsion qui le poursuivra tout au long de son existence. Devenu officier de réserve dans l'Indian Army pendant la Première Guerre mondiale, il côtoie de plus en plus près des représentants de cette aristocratie et de la « *landed gentry* » dont la proportion a constamment augmenté[10] parmi les officiers de l'Indian Army tout au long du XIXe siècle. Sans être à proprement parler un membre de cette « *gentlemanly elite* » de l'Empire britannique, Reginald Teague-Jones en épouse les codes tout en se distinguant de l'esprit de l'impérialisme officiel tel qu'il fut formulé au cours des années 1920 par sir Arthur Hirtzel[11]. Car si « l'idéal du membre de l'ICS est celui des *public schools* d'alors, qui place au premier plan la trempe du caractère, la sincérité et la vigueur physique plutôt que la subtilité intellectuelle[12] », Reginald Teague-Jones, quant à lui, ne manque ni de subtilité, ni d'humour.

Mais il n'appartient pas à la « gentlemanly diaspora » qui ouvrait à ses membres réseaux et capacité d'influence à travers l'immense Empire britannique. Il saura cependant s'y intégrer tant par ses capacités d'homme de terrain que par ses talents d'observation, en entrant par la petite porte de l'Indian Political Service au début de la Première Guerre mondiale.

L'Indian Political Service : une caste de l'administration coloniale

Les circonstances exactes dans lesquelles Reginald Teague-Jones approcha avant la Première Guerre mondiale l'Indian Political Service ne sont pas connues. Son passage d'un emploi « civil » en tant que superintendant de police à un emploi militaire – il est versé probablement en 1916 dans le corps des officiers de réserve de l'armée indienne en tant que lieutenant puis capitaine – n'est pas plus clair. Les archives ont toutefois conservé la trace d'une décoration militaire lui décernant une MBE le 3 juin 1919 pour services rendus en rapport avec les opérations militaires en Perse tandis qu'une décoration civile OBE fut décernée à Ronald Sinclair le 30 décembre 1922 pour son service dans la Punjab Police[13]. Bien qu'aucun document d'archive ne permettra jamais de l'attester, c'est pendant cette période de l'immédiat avant-guerre que Reginald Teague-Jones, repéré pour ses talents intellectuels et linguistiques et pour ses prédispositions à mener une vie aventureuse, pénètre dans le domaine du renseignement politique. Il démarre alors une carrière qui l'amènera à occuper diverses fonctions dans les trois corps du renseignement, c'est-à-dire la diplomatie, la police et les forces armées. Les débuts de sa carrière en Inde se distinguent donc radicalement, même s'il est amené à les côtoyer constamment, de celles des membres de l'Indian Civil Service, issus des classes sociales supérieures – même si le service connaît une certaine désaffection à la fin de la Première Guerre mondiale – et éduqués dans les *public schools*, à Oxford ou à Cambridge. Naturellement, Reginald

Teague-Jones a gardé le silence concernant ses proches, les amitiés, les réseaux qui pourraient avoir guidé ses premiers pas dans le monde du renseignement. Sur cette période, on ne sait à peu près rien si ce n'est qu'il a appartenu à une branche spécifique du système arborescent du renseignement britannique, dépendant non pas directement de Londres mais du gouvernement de l'Inde. Il se peut que la recommandation de sir Vivian Gabriel, auquel Reginald Teague-Jones était lié, ait joué un rôle, mais aucun élément précis ne permet d'étayer cette supposition. La carrière de sir Edmund Vivian Gabriel (1875-1950), membre de l'Indian Political Service, croise en effet celle de Reginald Teague-Jones dont il était l'aîné de quinze ans. Cet officier britannique, qui a occupé de hautes fonctions protocolaires à Buckingham Palace en tant que *Deputy Lord Chamberlain*, a poursuivi une carrière exemplaire[14], prototype même du haut fonctionnaire britannique en Inde. Fin connaisseur de la Frontière du Nord-Ouest, le colonel Vivian Gabriel – casque blanc, petit veston ajusté, monocle pendant sur la poitrine, monté bien droit sur son poney noir – sera chargé d'accueillir et de guider la Croisière jaune lorsque celle-ci franchit la Khyber Pass en 1931. Pour les membres de l'équipe Citroën, constamment rappelés aux dures réalités du terrain, son appartenance aux services de renseignements britanniques ne faisait pas l'ombre d'un doute. Et une fois encore, la Frontière du Nord-Ouest est le théâtre de cette rencontre. Le Fèvre note à ce propos dans son carnet de route : « Nous sommes en territoire anglais. A la "Anglo-Afghan Frontier". Deux poteaux et une barrière à bandes rouges et blanches, non gardée. Au loin, une sorte de cottage et, devant nous, une pancarte : "frontier of India. Travellers are not permitted to pass this notice board unless they have complied with the passport regulations". L'endroit est désert, un passage entre deux collines. Heureusement, le colonel Vivian Gabriel nous attendait. Il a reçu des directives de son gouvernement pour faciliter le passage de la mission au Cachemire, à travers l'Himalaya et jusqu'aux hautes passes du Pamir. C'est un homme excessivement distingué, qui semble percevoir les choses avec un réalisme qui peut surprendre. Il ne nous a pas caché ce qu'il pensait : le franchissement du monstrueux massif est inenvisageable en automobile[15]. » Et dans son propre carnet intime, Audoin-Dubreuil écrit à propos de Vivian Gabriel : « Il m'a semblé que le colonel avait reçu un autre télégramme chiffré lui demandant de faire pression sur nous pour que nous ne tentions pas le passage du Pamir. Toutefois, Vivian Gabriel, qui parcourt à cheval depuis un an la seule piste de ces montagnes, estime qu'il sera impossible aux voitures de franchir les deux tiers du parcours. C'est un homme raisonnable et clairvoyant. Et s'il avait raison ? Nous serions piégés[16]. » Si Reginald Teague-Jones a souhaité conserver la trace de son amitié avec Vivian Gabriel sans toutefois en exposer la consistance – ce qui chez lui est un fait habituel –, cela peut être interprété à la fois comme la manifestation d'une proximité d'ordre professionnel et de considérations de prestige. Vivian Gabriel qui fut anobli en 1937 croisera de nouveau la route de Reginald Teague-Jones devenu Ronald Sinclair aux Etats-Unis pendant la Seconde Guerre mondiale. Alors que sir Vivian Gabriel était membre de 1940 à 1946 de la British Air Commission aux Etats-Unis, Ronald Sinclair, au consulat britannique, travaillait alors au rapprochement des systèmes de renseignements britannique et américain. Mais au-delà de l'implication, du reste invérifiable, de Vivian Gabriel dans la carrière même du jeune Reginald Teague-Jones, il faut considérer sa personnalité comme un archétype de l'élite britannique en Inde dont la stature morale et l'envergure sociale représentent l'emblème même de la réussite au sein de l'Indian Political Service. Et si Reginald Teague-Jones ne fut pas à proprement parler un membre de ce service, toutes les étapes de son parcours d'Aden à la Perse, de la Frontière du Nord-Ouest au Baloutchistan, constituent néanmoins les signes de son appartenance à l'un des corps du renseignement britannique. Vers 1913, il est en effet impliqué dans la lutte contre la contrebande et l'esclavage à Aden, à Mascate et sur la côte du Makran au sud du Baloutchistan. Cette mission temporaire s'intègre dans les objectifs de la politique britannique qui depuis 1839 a fait d'Aden une étape importante sur la route maritime de l'Inde. Station d'approvisionnement en charbon puis plus tard en pétrole, Aden était au XIXe siècle une base à partir de laquelle les Britanniques tentèrent d'étendre leur influence, notamment commerciale, dans les montagnes du Yémen. Pour consolider ses alliances dans la Péninsule arabique, le gouvernement de l'Inde britannique fournissait des cargaisons d'armes à ses alliés tels les Sabahs du Koweit ou encore l'imam Yahya qui dans les montagnes yéménites était en rébellion contre le pouvoir de l'Empire ottoman[17]. Piraterie, trafic d'esclaves achetés en Afrique orientale par des marchands de Mascate et de la Trucial Coast pour être vendus dans le Golfe, la Péninsule arabique ou la Perse, trafic d'armes enfin, la région des trois golfes – golfe d'Aden, golfe d'Oman, golfe Persique – pose au pouvoir britannique une quantité de défis. La lutte contre le trafic d'armes à partir du golfe Persique vers la frontière du Nord-Ouest de l'Inde, via la Perse et le Baloutchistan, fut certainement un aspect essentiel de la mission – policière ou politique ? – de Reginald Teague-Jones dans cette région peu avant 1914.

Désigné jusqu'en 1937 sous le nom de « Foreign and Political Department of the Government of India », l'Indian Political Service ne fut jamais un « service » à proprement parler, pas plus qu'il ne fut « indien » dans sa composition ou « politique » dans ses préoccupations[18]. Il s'agit d'un corps dont les membres détachés d'autres services étaient en majorité issus de l'Indian Army (70 %) et de l'Indian Civil Service (30 %) et dont quelques-uns seulement étaient des officiers détachés de l'Indian Police ou des services provinciaux. Ce corps, qui comptait 170 officiers au moment de la partition en 1947, comprenait les représentants « diplomatiques » du gouvernement de l'Inde britannique auprès des Etats indiens, mais également les administrateurs de zones géostratégiques nécessitant une surveillance plus étroite telles que la Province de la Frontière du Nord-Ouest ou le Baloutchistan. Enfin, les officiers du secrétariat des offices centraux du gouvernement de l'Inde étaient également issus de l'Indian Political Service. C'est en liaison étroite avec l'Indian Political Service que Reginald

Teague-Jones a dû intégrer au début de la Première Guerre mondiale un service de renseignements dépendant du gouvernement de l'Inde, l'Indian Political Intelligence (IPI). L'histoire de cette organisation de l'ombre, à laquelle Reginald Teague-Jones appartint vraisemblablement jusqu'à sa dissolution en août 1947, est d'autant plus intéressante que ses archives, ouvertes à la consultation en 1997, constituent à ce jour l'unique fonds ouvert aux chercheurs émanant d'un service de renseignements britannique.

Une organisation de l'ombre : l'Indian Political Intelligence (IPI)

L'appartenance de Reginald Teague-Jones à l'Indian Political Intelligence ne semble faire aucun doute bien qu'il ait soigneusement expurgé ses papiers personnels de la plupart de ses rapports originaux et surtout de ses notes manuscrites. Mais il a toutefois laissé à l'usage de l'historien quelques indices évidents : une mention d'un rapport au DIB (*Director of the Intelligence Bureau*) connu à la fin de la période coloniale comme le service secret du gouvernement de l'Inde britannique, une enveloppe (vide) en papier kraft adressée à Ronald Sinclair, MI5 sont des documents de nature à susciter des questions. Retrouver en croisant les sources des rapports dans les archives du War Office, du Foreign Office, du Government of India et enfin de l'Indian Political Intelligence, est une tâche relativement aisée comme on s'en rendra compte dans la suite de cet ouvrage. Mais point d'organigramme, ni d'état de service qui permettent de saisir avec certitude et précision les circonstances et la nature de cet engagement au sein de l'IPI, revendiquée aujourd'hui en Inde[19] comme l'une des premières organisations de renseignements au monde et sans doute aussi l'une des moins bien connues. Il ne fait pas de doute que Reginald Teague-Jones fut repéré par un ou plusieurs de ses supérieurs dès les années 1912-1913. Le contraire eût été étonnant ! Un jeune officier sachant le russe, l'allemand et le français, se consacrant à l'apprentissage des langues indiennes et du persan, doté de capacités d'observation et d'analyse et d'une grande stabilité psychique, ne pouvait pas manquer d'être recruté, tout d'abord dans le cadre d'une mission locale mandatée par le CID du Pendjab. L'entrée dans l'ombre de Reginald Teague-Jones coïncide en tout cas avec les débuts de l'IPI dont les origines se situent en 1910, date à laquelle le major John Arnold Wallinger, officier supérieur de l'Indian Police, fut nommé par Londres pour surveiller les agissements des révolutionnaires indiens. Avec la Première Guerre mondiale et la montée de l'agitation nationaliste, Wallinger obtint en 1915 un assistant, Philip C. Vickery, né en 1890, « un officier de l'Indian Police dont la mission était de garder un œil sur les révolutionnaires indiens et les criminels de toutes nationalités liés à l'Inde, au Royaume-Uni et sur le continent européen[20] ». Reginald Teague-Jones a nécessairement croisé, à cette époque, la route de Philip Crawford Vickery qui, travaillant au renseignement au sein du CID du Pendjab, devint ensuite l'assistant de Wallinger au service de l'IPI, un poste qui l'amena à voyager entre l'Inde et les Etats-Unis de 1915 à 1922. De retour au CID du Pendjab en 1923, il succédera à Wallinger à la tête de l'IPI en octobre 1926 jusqu'à l'indépendance de l'Inde. Reconnu pour son tact et sa grande discrétion, Vickery aura entre autres pour délicate tâche d'assurer en 1947 le transfert aux autorités indiennes des compétences en matière de police et de renseignement. Selon les termes d'une note conservée dans les archives de l'IPI, « c'est avec quelque hésitation qu'il a été autorisé à travailler dans ce pays pendant si longtemps mais on a généralement reconnu qu'on ne trouverait pas de sitôt un successeur aussi efficace, or les changements constitutionnels actuellement en cours en Inde requièrent un maximum d'efficacité. On a également pris en compte le fait qu'avec le transfert des questions de police aux autorités indiennes, il pourrait y avoir une certaine réticence de la part des organisations extérieures à fournir des informations secrètes aux services de renseignements indiens et que donc il était plus que désirable de disposer d'un intermédiaire qui a déjà obtenu la complète confiance de ces organisations[21]. » Philip C. Vickery présidera donc en août 1947 au transfert du service à T.G. Sanjevi Pillai, directeur de l'Intelligence Bureau, le service de renseignements de l'Inde indépendante. Côté britannique, les reliquats de l'IPI furent transférés en 1950 à une branche du MI5, le SO4. Organisation de l'ombre, l'IPI apparaît comme une branche particulière au sein du système de renseignements britannique. Bien que, en pratique, elle fonctionnait de manière quasi autonome, l'IPI depuis le *Government of India Act* de 1935 était affiliée au DIB (*Director of Intelligence Bureau*). Organisation de renseignements à vocation surtout « coloniale », l'IPI dépend des deux instances du pouvoir britannique, d'une part de l'India Office de Londres et d'autre part du Government of India à Delhi. En Inde, l'organisation de l'IPI disposait d'un réseau dans chacune des provinces où un *Central Intelligence Officer*, habituellement secondé par les forces de police locales, était chargé de la collecte des informations. Organisation « indienne » de renseignements pendant la période coloniale, l'IPI transmettait ses rapports à la fois à l'India Office (Public and Judicial Department) et au DIB, tout en maintenant des liens et des contacts étroits avec Scotland Yard et surtout le MI5, partageant les mêmes locaux londoniens à partir de 1924.

Les débuts de Reginald Teague-Jones dans le monde du renseignement ne peuvent pas être précisés davantage. Bien sûr, Reginald Teague-Jones, pas plus que Ronald Sinclair plus tard, ne s'est ouvert sur les circonstances de cet engagement secret. Mais le manuscrit de son roman d'aventures, *Khyber blood-feud*, largement inspiré de sa propre expérience de la frontière afghane, met en scène un jeune héros, Jim, auquel l'auteur n'a pu manquer de s'identifier même si une grande partie de l'action est transposée dans le contexte de la Seconde Guerre mondiale. Roman à clés dont le théâtre est le Khyber Pass, *Khyber blood-feud* raconte l'histoire d'une dette de sang, un élément biographique authentique qui atteste bien l'hypothèse d'un roman à clés. Comment dès lors ne pas considérer

Jim comme le double du jeune Reginald lorsque le héros est recruté pour une mission secrète parmi les tribus pathans ?

« Pour des raisons que vous comprendrez facilement, il ne vous sera plus possible de maintenir un contact direct et personnel avec moi, car il est essentiel que personne ne soupçonne que vous travaillez avec nous.

— Vous voulez dire que je vais devoir travailler... sous une couverture ?

— Je veux dire, expliqua le général tout en regardant de près le visage de Jim, que vous allez devoir quitter votre identité actuelle pendant un temps. En fait, vous allez devoir devenir un Pathan.

— Un Pathan ?

Jim resta silencieux pendant un moment. Il réfléchissait.

— Est-ce que cette idée vous dérange Jim ? Je ne voudrais pas...

— Non vraiment, sir. Le seul problème est que... vous savez j'ai quitté toute cette atmosphère... pendant si longtemps... tant et si bien... que mon parler pachtu par exemple est très rouillé...

— Bien sûr mon garçon, je sais bien tout ça mais je n'aurais jamais pensé vous demander d'entreprendre quoi que ce soit si je ne vous savais pas pleinement compétent et équipé. »

Jim respira un peu plus librement. Il n'avait pas été préparé à cette conversation.

« Regardez par ici, dit le général en notant son hésitation, mon idée est de vous faire prendre en main par Mahboub Ali, de vous soumettre à une immersion complète au point que vous pourrez vous fondre parmi les Pathans et les Afghans comme l'un des leurs. Maintenant, je ne pourrais même pas envisager de demander cela à aucun de mes propres officiers parce que je n'en connais aucun qui conviendrait pour remplir cette mission. Mais pour vous je suis convaincu que cela ne présentera aucune difficulté, et cela ne prendra pas longtemps jusqu'à ce que vous l'ayez dans le sang. Pourquoi ? Je me souviens de vous Jim quand vous étiez enfant et que vous couriez dans les bazars comme n'importe quel jeune Pathan...

— Mais la langue... Souvenez-vous que je n'ai plus entendu un seul mot de pachtou depuis des années... pas avant l'autre jour...

— Pour la langue, s'exclama le général en riant, pourquoi donc Mahboub Ali me disait-il qu'il vous entendait parler avec quelques expressions très épicées du bazar au point qu'il se demandait d'où vous les aviez apprises. Non vraiment, je ne crois vraiment pas que le dialecte vous posera le moindre problème une fois que vous l'entendrez à nouveau parler tout autour de vous.

— Non, je ne le pense pas vraiment, acquiesça Jim. Les paroles du général l'avaient rassuré et il avait retrouvé confiance en lui. Il savait que ce n'était pas un rêve. C'était la réalité ; une réalité palpitante. Et il était prêt à n'importe quoi[22]. »

Un territoire de formation : la Province de la Frontière du Nord-Ouest

Aux confins de l'Inde britannique et de l'Afghanistan, la maîtrise du territoire et les enjeux de pouvoir qui lui sont liés peuvent s'observer à petite comme à grande échelle dans les territoires tribaux de la province de la Frontière du Nord-Ouest. Parmi les zones les plus reculées de la planète et potentiellement aussi, parmi les plus dangereuses, cette « frontière » ou plus exactement ce « territoire de la frontière » pourrait être un cas d'école de la géopolitique, cette discipline qui émerge justement à la fin du XIXe siècle. Sur l'une des zones de contact entre le *heartland* et le *rimland* identifiés par Halford Mackinder[23], puis par Nicholas Spykman[24], cette frontière contrôle les voies d'invasion du sub-continent. Depuis Alexandre le Grand jusqu'à Tamerlan, elle est demeurée un enjeu à l'époque contemporaine illustré par l'invasion soviétique de l'Afghanistan en 1979 ou encore l'actualité plus récente concernant l'impossible stabilisation du « talibanistan », ces zones tribales du Pakistan quasi autonomes, repaires imprenables grouillant de djihadistes et de terroristes. A la veille de la Première Guerre mondiale, la province de la Frontière du Nord-Ouest établit la limite entre le territoire de l'Inde sous domination britannique et l'Afghanistan, « *buffer state* » qui s'interpose contre la poussée de la « puissance bienveillante et septentrionale » – ainsi Rudyard Kipling désigne-t-il l'Empire russe dans son roman *Kim* – vers le sud. Ces données de base ont déterminé le Grand Jeu, terme générique popularisé par Rudyard Kipling pour décrire le conflit stratégique entre l'Empire britannique et l'Empire russe pour la suprématie sur l'Asie moyenne. De 1813 jusqu'à la convention anglo-russe de 1907 qui stabilise les zones d'influence respectives des deux Empires, le Grand Jeu se caractérise par un affrontement indirect et des conflits localisés comme les deux guerres anglo-afghanes de 1838 et de 1878 dont l'issue, catastrophique pour les Anglais, ne permet pas de remédier à l'état d'instabilité permanente de la région. L'Afghanistan demeure ainsi un Etat tampon dans le « tournoi des ombres » où s'affrontent virtuellement les tensions internationales répercutées à ses frontières. Ces dernières sont le territoire des tribus transfrontalières dont les raids menacent en permanence les positions anglaises. Sur cette toile de fond, l'évocation d'une expérience de terrain, celle de la frontière en territoire tribal au début de la Première Guerre mondiale à partir des carnets inédits de Reginald Teague-Jones, permet de saisir, grâce aux talents d'observateur et d'écrivain de leur auteur, les enjeux concrets liés à la maîtrise du territoire. Ces carnets inédits s'inscrivent dans un genre, celui des nombreux récits de la Frontière tels qu'ils ont pu être rapportés par de nombreux autres officiers, britanniques ou indiens. Datés des années 1914 et 1915, ils évoquent la carrière initiale de leur auteur, jeune officier anglais affecté aux Indes dans une nouvelle force chargée du maintien de l'ordre dans les territoires tribaux de la frontière du Nord-Ouest, la *Frontier Constabulary*. Comment s'exerce en 1914 le contrôle britannique sur la « frontière » en termes de pouvoir et de territoire dans cette zone au relief tourmenté, difficilement contrôlable et animée par des tensions tribales ?

Frontière administrative et frontière politique : un hinterland à contrôler

Entre les géants de l'Hindou Kouch qui, du Pakistan jusqu'au Tadjikistan, alignent des sommets culminant à plus de 7 000 mètres et la plaine de l'Indus, la province de la Frontière du Nord-Ouest surveille l'une des grandes voies d'invasion de l'Inde. Empruntée par Alexandre le Grand en 326, puis par tous les conquérants qui ont suivi – des Huns hephtalites au Vᵉ siècle aux campagnes de Baber, fondateur de l'Empire moghol au XVIᵉ siècle –, ce territoire montagneux est un monde minéral, dur et guerrier, dominé par les clans et les tribus. Alliant la rudesse du climat montagnard et du climat de type sub-désertique, ces hautes vallées sont enserrées dans des successions de chaînes massives que traversent des cols et des passes dont la plus célèbre est le fameux Khyber Pass, voie de communication empruntée par les caravanes de Peshawar à Kaboul. Régi par la montagne, la guerre et un strict code de l'honneur, ce monde tribal et clanique est dominé par les hommes dont l'autorité, le rang et l'honneur se signalent par l'arme, le turban et la dette de sang. Si la culture dominante est celle des Pachtouns ou Pathans, les Baloutches sont également présents dans certains districts de la province de la Frontière du Nord-Ouest. Ces tribus dont le territoire – les fameuses zones tribales – s'étend de part et d'autre de la frontière de l'Inde et de l'Afghanistan, ont acquis auprès de l'administration militaire et coloniale britannique une réputation contrastée. Le Baloutche comme le Pathan, musulman sunnite, fait de l'hospitalité un devoir sacré et de la dette de sang le règlement du code de l'honneur – le fameux *Pachtounwali* –, mais les stéréotypes de l'occupant anglais opposent volontiers la droiture et l'honnêteté du Baloutche à la nature traîtresse mais aussi libre, virile et sauvage du Pathan, tout comme il oppose l'ignorance et la négligence des rites religieux des Baloutches au fanatisme de strict observance des Pathans[25]. Depuis l'Antiquité, routes et vallées empruntées par les caravanes sont garnies de postes de surveillance chargés de la protection des convois, mais à un kilomètre de la route, l'intérieur du pays échappe à tout contrôle : c'est le domaine où les tribus font la loi. Territoire insulaire comme le suggère le général George Mc Munn : « C'est un dédale de montagnes qui s'étend entre l'Indus et la route de Kaboul à Kandahar et qui dépasse par maints endroits l'Indus pour englober la vallée du Swat et de ses affluents. On pourrait alors comparer ce pays à une île, ou mieux, à un groupe d'îles entre lesquelles les passages de montagnes et les routes qui vont de l'Oxus (nom ancien de l'Amou-Daria) à l'Indus, forment comme des chenaux[26]. »

Tracée dans une zone montagneuse au relief tourmenté et hostile, en plein territoire tribal, la limite entre l'Inde britannique et l'Afghanistan est celle de la ligne Durand tracée en 1893, issue d'un accord qui prévoyait par ailleurs de repousser la frontière entre la Russie et l'Afghanistan au nord à l'Amou Daria. En échange de la stabilisation des zones d'influence respectives de la Grande-Bretagne et de la Russie, les Anglais se sont engagés à ne plus tenter d'intervenir dans les affaires intérieures de l'Afghanistan, au-delà de la frontière extérieure (*outer boundary*) dont le tracé, établi en fonction de considérations militaires, divise le territoire des tribus pachtounes[27]. Elle se distingue de la frontière administrative ou frontière intérieure (*administrative boundary*) dont le tracé passe tantôt à la base des montagnes tantôt plus profondément afin d'assurer le contrôle des cols (passe de Gomal, passe de Khyber, etc.). Ainsi, la frontière n'est pas une ligne mais plutôt le territoire de l'hinterland compris entre la ligne Durand et la frontière administrative dont la largeur varie entre 30 et 150 kilomètres. Il comprend les zones tribales que le gouvernement anglais n'a d'ailleurs pas les moyens d'occuper méthodiquement au moyen d'une administration régulière. Enfin, la limite de la province de la Frontière du Nord-Ouest, frontière de l'administration provinciale à proprement parler, constitue une troisième ligne, en retrait par rapport à la frontière intérieure. Ces trois lignes successives déterminent le territoire à géométrie variable de la *border line*, un front plutôt qu'une frontière même si la frontière de l'Inde est nettement matérialisée et surveillée. Du nord au sud, six districts administratifs créés en 1901 (Hazara, Peshawar, Kohat, Bannu, Dera Ismail Khan et Dera Ghazi Khan qui relève administrativement de la province du Pendjab) bordent l'hinterland dans cette zone de piémont, de plaines et de montagnes – le terme de *hill* désigne dans ce contexte la moyenne montagne mais « en Inde même les plus hautes chaînes de l'Himalaya sont seulement des “collines” » – d'aspect aride et caillouteux. A l'intérieur de l'hinterland, c'est-à-dire au-delà de la frontière administrative, le relief est sensiblement plus tourmenté, véritable dédale de montagnes arides, entaillé par des gorges et des cols propices aux embuscades. C'est de là, en particulier du Waziristan, que partent les raids menés par les redoutables tribus mahsoud.

La maîtrise relative du territoire dans cette configuration générale ne suppose donc pas seulement le contrôle d'une ligne frontalière. La technique si spéciale de la « guerre de la frontière » impose, à partir des postes britanniques essaimés le long de la frontière administrative, incursions et patrouilles à l'intérieur de l'hinterland où pour tenter de repousser les raids, il faudra encore échapper aux embuscades. Cette bande de territoire qui n'a pas la rigidité d'autres frontières internationales, peut être ainsi considérée comme une zone tampon – *a buffer to a buffer* – intercalée entre l'Inde et l'Afghanistan. Quelles ont été les modalités successives de la défense militaire de la frontière du Nord-Ouest depuis 1892 ? D'abord confiée, à l'exception du district de Peshawar, à une force irrégulière, la Punjab Frontier Force, la défense militaire de la frontière du Nord-Ouest fut assurée à partir de 1903 par la Border Military Police, véritable milice de la frontière formée par les divisions de Peshawar et de Quetta. Le manque de recrues et d'officiers permanents, conséquence d'une paie peu attractive, nécessita de modifier une nouvelle fois l'organisation du contrôle militaire de la frontière en 1913. Composée seulement d'une dizaine d'officiers britanniques, la Frontier Constabulary est un nouveau corps, force de police paramilitaire comparable à celle que les Anglais venaient d'organiser pour l'Irlande avec la Royal Irish Constabulary. La Frontier Constabulary qu'intègre Reginald Teague-Jones en 1914 est chargée d'une fonction qui outrepasse celle d'une police ordinaire tout en permettant d'éviter l'intervention, lourde et lente, des troupes régulières. Censée exercer sur le territoire de l'hinterland une véritable prophylaxie, la Frontier Constabulary est dotée d'une mission excitante susceptible d'attirer de jeunes officiers qui ne craignent pas ces redoutables montagnes et les dangers qu'elles recèlent. D'autant que ces régions, pourtant les plus reculées au monde, vont ressentir immédiatement les effets de la Première Guerre mondiale. En 1914 en effet, le sultan ottoman, qui s'est engagé aux côtés des puissances centrales, a exhorté, en sa qualité de calife, tous les croyants au djihad. Dans ce contexte, la frontière du Nord-Ouest, glacis de l'Empire britannique des Indes, semble menacée par les tribus de l'hinterland, capables de mettre sur pied plusieurs centaines de milliers de combattants armés. Certes, l'Afghanistan observe dans la guerre mondiale une attitude de stricte neutralité, mais le pouvoir des mollahs de Kaboul amène évidemment les Anglais à redoubler la surveillance de la frontière. L'audace des tribus s'affirme à la nouvelle du départ des troupes anglaises pour l'Europe, les tribus mahsoud redoublant les raids transfrontaliers à partir du territoire du Waziristan. Assistée par une demi-douzaine de régiments anglais, la Frontier Constabulary contient ces tentatives avec une certaine efficacité grâce à une véritable expérience de la maîtrise du territoire dont les diverses modalités apparaissent assez précisément dans les carnets de Reginald Teague-Jones[28], en particulier ceux qui concernent le pays des Shiranis, à la frontière du Waziristan, où, jeune officier, il est affecté d'août 1914 à février 1916.

Le pays Shirani

« La principale fonction de la Frontier Constabulary était de tenir des positions sur des points stratégiques le long de la frontière (*Border*) et en particulier, de patrouiller et de surveiller les innombrables gorges et ravines et les points vulnérables où des tribus ou des raids de combattants armés pouvaient tenter de faire irruption ou de s'infiltrer dans le territoire britannique[29]. » Les carnets de Reginald Teague-Jones, alors jeune *District Officer* à la tête d'un régiment de la frontière composé essentiellement de membres des tribus transfrontalières pathans, concernent le pays Shirani pendant les années 1914-1915. Situé dans la portion méridionale du secteur de la frontière du Nord-Ouest, le pays Shirani se situe dans le voisinage immédiat du Baloutchistan. La région est hautement stratégique pour les Britanniques qui cherchent à stabiliser le Baloutchistan par lequel s'établit la liaison terrestre entre l'Inde et la Perse, une région que Reginald Teague-Jones aura l'occasion d'explorer à nouveau, sous une identité différente, pendant l'entre-deux-guerres. Bien que ce type de témoignages ne manque pas parmi les sources relatives à la frontière du Nord-Ouest, l'intérêt de ces carnets tient d'abord à l'exceptionnelle qualité d'observation et d'analyse de leur auteur, un officier de renseignements doté de capacités linguistiques hors du commun, du goût de l'aventure et de l'écriture, du sens de l'humour et de l'humain. Il réside également dans le fait qu'il s'agit du compte-rendu précis d'une expérience de terrain qui permet d'observer à l'échelle locale du pays des Shiranis un enjeu territorial beaucoup plus vaste, la maîtrise de l'échiquier centre-asiatique. L'historien se trouve alors dans une position comparable à celle du sismologue qui observe une faille sur le terrain lorsque celle-ci est la manifestation des poussées contradictoires de la tectonique des plaques. Et les observations de Reginald Teague-Jones semblent d'autant plus intéressantes que cette faille géopolitique est à l'évidence toujours active aujourd'hui.

Fraîchement débarqué à Tank, base de cantonnement dans le district de Dera Ismail Khan et quartier général de la Frontier Constabulary, Reginald Teague-Jones, nommé en août 1914 à la fonction d'*Assistant District Officer* gagne ensuite le poste de Draband, plus proche de la frontière administrative. Comme l'indique l'étymologie du lieu désignant un col ou une passe, le poste de Draband contrôle les trois principaux cols permettant d'accéder au territoire des Shiranis. Le plus important d'entre eux est le Zam Chaudwan, par lequel passe la route de la seule caravane circulant depuis la vallée de l'Indus vers le Baloutchistan et qui joue à ce titre le rôle d'une véritable artère commerciale. Plus au nord, les deux autres cols – Drazinda et Sheikh Haidar – sont, quant à eux, dénués de toute valeur commerciale mais sont, en revanche, des voies d'entrée ou de fuite lors des raids menés par les tribus mahsoud. A moitié en ruine, ce poste de Draband semble se fondre dans la désolation générale du paysage : « je suppose que l'on peut appeler cela un poste, mais vraiment, si l'on fait exception du garde présentant les armes au portail d'entrée, son apparence ferait plutôt penser de prime abord à un caravansérail particulièrement délabré[30] ». Avec ses murs en boue séchée, ce poste de Draband tombe littéralement en ruine. Les récentes pluies ont entraîné l'effondrement de la tour de guet causant la mort d'un sergent (*Havildar*). « N'importe quel ennemi un peu déterminé aurait pu, de nuit, passer inaperçu, pourtant ceci était un poste de la Frontière (*Frontier*) dans une localité particulièrement sauvage et dangereuse ![31] » De même, de l'autre côté de la frontière administrative, les postes disposés à l'intérieur du territoire des Shiranis pourtant d'une grande valeur stratégique sont laissés dans un état choquant de vétusté. Avec ses murs en brique de boue séchée et ses tours de guet en pierres, Zarkanni est un poste typique de la frontière susceptible de maintenir une surveillance constante contre les *snipers* ou les attaques soudaines. Au pied du Takht-i-Suleiman[32] (3 375 m), à la limite occidentale du territoire des Shiranis, Nishpa est passablement détruit par les pluies torrentielles survenues les années précédentes. « Le poste se trouve dans un paysage remarquablement pittoresque pour cette région du monde, plus pittoresque d'ailleurs qu'intéressant sur le plan stratégique. Le torrent coule 500 pieds plus bas, d'une eau incroyablement pure qui jaillit un quart de mile au-dessus de nous d'une magnifique gorge, puis passe au travers d'une seconde gorge juste en dessous de nous pour rejoindre ensuite son trajet vers les collines du piémont et les plaines. Quand on approche Nishpa à travers la gorge inférieure, la vue est frappante. L'entrée de la gorge est comme une brèche taillée à travers la muraille d'airain que forment les montagnes. Ici, l'eau a mené son combat et vaincu la solidité de la roche (...). En se dirigeant vers la passe, on ne peut être qu'émerveillé par le panorama qui se déroule au-dessous et tout autour. Au-dessus, des sommets dont on n'aurait pas suspecté la proximité immédiate. Vers le sud, une arête acérée, à présent largement recouverte de neige. Vers le nord, la même chaîne se poursuit seulement interrompue par la gorge de Nishpa. Au-delà, le célèbre Takht-i-Suleiman s'élève jusqu'à près de 12 000 pieds dont les crevasses et les escarpements sommitaux sont eux aussi recouverts par la neige[33]. » Les crédits, notoirement parcimonieux, attribués aux postes de la frontière et, d'une manière générale, la grande économie de moyens qui caractérise la surveillance de la frontière du Nord-Ouest, sont des observations qui reviennent constamment sous la plume de Reginald Teague-Jones. « C'est toujours la même vieille question, le refus du gouvernement d'accorder suffisamment de crédits afin d'entreprendre quoi que ce soit correctement. Un dixième des sommes énormes consacrées au futile Durbar de Delhi, aurait suffi pour construire tout au long de la Frontière une chaîne de postes modernes qui n'auraient nécessité aucune réparation pendant des années. Mais non ! parce qu'il s'avère possible de façonner la boue et des apparences d'édifices, les bureaucrates du gouvernement préfèrent un patchwork mal bâti et réparer, reconstruire et entretenir des structures que le plus obscur Etat d'Amérique du Sud utiliserait pour abriter ses mules[34]. » Avec dix officiers affectés et des subsides dérisoires, la mission de la Frontier Constabulary suppose en effet de ne pas craindre randonnée, sport et aventure en deçà et au-delà de la frontière, à l'intérieur des zones tribales. Ligne virtuelle dans ce dédale de caillasses, ligne dangereuse, qu'on appréhende ou non de franchir comme ce jeune officier qui accompagne Reginald Teague-Jones au cours d'une excursion dans les collines au nord de la passe de Bain et qui ne cesse de lui demander : « Nous sommes sur la Frontière (*Border*) à présent, n'est-ce pas ? ».

Peuples et tribus de la Frontière sont l'objet d'une ethnographie de terrain – trait classique en situation coloniale – mais les carnets comme les photographies de Reginald Teague-Jones – dont plusieurs portraits remarquables – témoignent de la fascination qu'exercent les hommes de la Frontière. Le recrutement de la Frontier Constabulary, essentiellement une force d'infanterie formée de compagnies et de demi-compagnies, obéit à la logique coloniale britannique du recrutement indigène. Bien qu'originaires de tribus et de clans différents, les hommes sont des musulmans de stricte observance s'astreignant au jeûne du ramadan, y compris lors des patrouilles les plus difficiles et les plus éprouvantes. Contrairement aux régiments de l'armée qui, en 1914, ont été transférés des régions du sud de l'Inde vers le cantonnement de Tank afin de remplacer les troupes anglaises et indiennes parties servir en Mésopotamie, les compagnies de la Frontier Constabulary sont mieux prédisposées à affronter la difficulté des conditions de vie de la Frontière. En 1914-1915, elles sont recrutées localement parmi les tribus de la région du Khyber selon un principe à peu près similaire à celui de l'armée régulière indienne, où parmi les tribus pathans, les Afridis, les Khattacks et les Yussufzais, réputées « races martiales », fournissaient les meilleurs éléments au combat. A ces guerriers, la Frontier Constabulary associe des locaux issus des régions voisines comme les Marwats, natifs du Derajat, « excellents soldats » dont la connaissance du pays était évidemment jugée essentielle. « Les Marwats en général ne sont pas recrutés dans les troupes régulières de l'armée indienne et sont considérés comme des combattants inférieurs aux tribus plus réputées comme les Afridis, les Khattacks, les Yussufzais et autres Pathans. Mais pour la Constabulary, ils sont néanmoins essentiels à la connaissance du pays. C'était ma première rencontre avec eux et je dois dire qu'ils me firent une excellente impression. En les connaissant mieux, je pus constater plus tard qu'en matière d'endurance et de discipline, je n'aurais pas pu souhaiter de meilleurs soldats[35]. » En revanche, la demi-compagnie de Shiranis n'a pas été fondée pour recruter et former des soldats. Ces Shiranis, issus des tribus transfrontalières, sont jugés indispensables à l'établissement des relations entre les hommes de la Frontier Constabulary et la population locale. Ils remédient ainsi à l'ignorance totale des Khattacks dont une garnison a été établie à Nishpa au milieu des hautes terres du territoire Shirani. Originaires d'un district septentrional plus éloigné, les Khattacks qui ne connaissent pas la région pas plus qu'ils n'en parlent la langue, sont par exemple incapables de distinguer les Shiranis des Mahsouds dont les raids à partir du Waziristan connaissent une recrudescence à partir de 1914 et surtout pendant l'été 1915. Seule une poignée de recrues locales parmi les Shiranis peut assurer à la Frontier Constabulary les moyens de communication nécessaires à une très relative maîtrise du territoire : « Quand un groupe de poursuite ou une patrouille fait une sortie, il est conseillé d'avoir dans le groupe un ou deux de ces Shiranis comme guides, et, si l'occasion se présente, de l'empêcher de tirer sur de pacifiques "Miranais", comme on appelle couramment ici les Shiranis, en les confondant avec des Mahsouds. Surtout, ils sont extrêmement utiles pour envoyer des messages et établir les communications de poste en poste. Dans de telles occasions, ils s'en vont seuls et sans armes[36] », car une arme est un butin si recherché qu'elle coûterait presque infailliblement la vie à son propriétaire. Ainsi, le contrôle de la Frontière et de l'hinterland ne peut se maintenir sans la collaboration de quelques éléments issus des tribus locales. Et la connaissance du territoire autant que la bravoure font de ces recrues pathans une ressource essentielle pour la Frontier Constabulary.

Le caractère tout à fait spécifique de la « guerre de la frontière » est un trait constamment souligné par la plupart des témoins de cette époque, un aspect qui n'est guère surprenant si l'on songe que la guerre des confins de l'Afghanistan et du Pakistan semble apporter aujourd'hui encore un défi permanent aux technologies militaires les plus sophistiquées. Or, « au moment où éclata la guerre en 1914, la Frontier Constabulary avait pour seul armement le vieux fusil à un coup Martini-Henry doté d'une cartouche de lourde poudre noire avec une balle en plomb. Pendant longtemps, cela avait été l'arme la plus répandue sur la Frontière, mais l'Armée régulière avait été depuis longtemps équipée de fusils modernes à répétition. Les hommes des tribus se débarrassaient également de leurs vieux "jezails" et fusils à silex et faisaient l'acquisition d'armes plus modernes. Aussi, les raids des Mahsouds et des Waziris se multiplièrent de façon significative en 1915 et ils descendaient en groupes beaucoup plus importants. A la place de cinq ou six hommes, ils opéraient à présent en bandes regroupant jusqu'à vingt hommes armés[37]. » La guerre de la Frontière suppose tout d'abord une maîtrise relative du territoire qui impose à la Frontier Constabulary une activité constante de *trekking*. Souvent très difficiles, ces patrouilles occasionnent de longues randonnées en montagne imposant camps, bivouacs et recherche de points d'eau. Mais la caractéristique essentielle de la guerre de la Frontière tient évidemment au relief – certes montagneux sans être celui de la haute montagne – formé d'un inextricable dédale de rocailles, propice à la guerre d'embuscades. Reginald Teague-Jones mentionne et photographie les principaux éléments du relief de la Frontière. Le territoire de l'hinterland frontalier est constitué d'un réseau inextricable de *nullahs*, la *nullah* étant le type de vallée étroite caractérisant cette contrée de montagne aride, creusée par les torrents surgissant lors des rares pluies mais dont le lit est à sec la plupart du temps. La *nullah* joue ainsi le rôle d'une voie de pénétration et détient à ce titre une évidente valeur stratégique tout comme les gorges étroites – *tangi* – et les ravines – *darra* – sont autant d'éléments propices aux embuscades des Mahsouds. L'embuscade (*chapao*) est en effet la forme favorite d'attaque des tribus de la Frontière et semble obéir à un scénario maintes fois réitéré entre une bande d'attaquants mahsouds (*ghadi*) et un groupe de poursuite[38] (*chigga*) : en général, l'attaque est lancée par des raiders embusqués derrière de gros rochers placés en bordure d'une *nullah*. La connaissance des termes de la topographie locale tout comme celle de la langue pachtoune est ainsi à la base de la maîtrise du territoire. Ces raids ordinaires sur le territoire de la Frontière sont devenus si fréquents pendant les années 1914-1915 que Reginald Teague-Jones ne prend même plus la peine de les recenser sauf pour en rappeler les détails les plus pittoresques. Bien plus redoutable qu'un raid ordinaire, l'attaque d'une *lashkar*, véritable force de bataille, pourrait en revanche menacer les quartiers généraux cantonnés à Tank. Ce sont alors les agents de renseignements qui évaluent la réalité d'une telle menace. Dans le cas évoqué par Reginald Teague-Jones, l'officier de renseignements britannique basé au Waziristan évalue cette *lashkar* à 1 500 hommes mais leur nombre risque de s'accroître si le clan Shabikhel des Mahsouds venait à les rejoindre. Une connaissance fine et détaillée de l'échiquier politique des tribus de la Frontière est aussi l'une des conditions de la maîtrise du territoire. Enfin, le trafic d'armes fait de la Frontière une sorte de conservatoire des types et des générations d'armes à feu[39] : Reginald Teague-Jones rencontre deux malheureux Powindahs de la tribu Suleiman Khal à la recherche de leurs chameaux volés par des Mahsouds, en possession d'un fusil fabriqué à Saint-Etienne en 1874 !

La mission de la Frontier Constabulary s'étend aussi au contrôle des flux qui animent périodiquement ce territoire reculé, qu'il s'agisse de la transhumance des troupeaux et de la levée du *tirni* – impôt sur le bétail et les troupeaux levé parmi les hommes des tribus – ou de l'encadrement des caravanes, comme celles des nomades transfrontaliers powindahs, qui descendent de leurs pâturages vers le Khorassan ou vers l'Afghanistan. Le deuxième dimanche du mois, l'encadrement de la caravane au départ de Draband est l'une des missions de la Frontier Constabulary. Conduit à dos de chameaux par des

Powindahs, le convoi mensuel de voyageurs rassemblé autour du poste de Draband monte par étapes à l'intérieur du territoire Shirani jusqu'à Moghulkot – dernier des postes de la Frontier Constabulary –, franchit les gorges du Katau Drabar pour parvenir jusqu'à Fort Sandeman au Baloutchistan. La surveillance de la caravane manifeste ainsi à l'échelle locale le rôle géostratégique que les autorités britanniques attribuent au Baloutchistan.

La Frontière : un territoire d'élite ?

Ce territoire reculé mettant en contact les Anglais avec des guerriers montagnards dont la beauté et la bravoure fascinent, a-t-il joué un rôle dans la formation des élites politiques et/ou militaires britanniques ? La Frontière du Nord-Ouest ne requiert pas en effet le même personnel que dans le reste de l'Inde comme en témoigne du reste sir Harcourt Butler, secrétaire aux Affaires étrangères du gouvernement de l'Inde en 1910 : « *We want lean and keen men on the Frontier, and fat and good-natured men in the States*[40]. »

La guerre de la Frontière, sa topographie montagneuse, les aventures héroïques, dangereuses ou parfois comiques qu'elle suscite, en font le terrain idéal de formation d'une élite de militaires et de politiques[41], fascinée et défiée par la société tribale et son code d'honneur mais capable d'opposer aux guerriers de la Frontière les vertus de courage et de virilité de la race britannique. Dès sa création en 1913, la Frontier Constabulary avait recruté ses officiers en faisant valoir les « opportunités de distinction » que la vie aventureuse de la Frontière ne manquerait pas de prodiguer. Si les effectifs allèrent jusqu'à atteindre plus de 4 000 hommes pendant les années 1930, les pertes s'avérèrent continuelles durant les années 1920, faisant chaque année plusieurs centaines de morts et de blessés[42]. Le service sur la Frontière dans les rangs de l'armée régulière comme dans ceux d'une force paramilitaire est-il à l'apogée de l'Empire, une étape dans la formation d'une certaine élite britannique ? Ecole d'endurance et de bravoure, la guerre de la Frontière impose de multiplier les patrouilles, nombreux *trekkings* au cours desquels la mort est une menace très présente. La Frontière est aussi une école de survie : en patrouille, les rations sont fort légères, se limitant à un peu de farine pour les *chappatties* et une poignée de pois chiches. La chasse détient donc dans cette contrée sauvage une grande importance et les Anglais renouent ici avec la pratique d'un sport aristocratique. Reginald Teague-Jones, comme Churchill[43] avant lui, ne fait pas exception, lorsqu'il raconte des histoires de chasse à l'ours brun ou au *markhor*, cette espèce de grande chèvre sauvage du nord de l'Inde. Le paysage spectaculaire de la Frontière tout comme l'humanité guerrière qui l'habite, ramènent l'homme à la condition primitive d'une société virile qui fascine Reginald Teague-Jones. La Frontière du Nord-Ouest a donc été une étape déterminante dans la formation de cet officier de renseignements qui au fin fond du territoire des Shiranis lit en russe les *Récits d'un chasseur* de Tourgueniev, en anglais les *Campaigns on the North-West Frontier*, tout en perfectionnant sa grammaire persane. Et pour se faire une idée de la réalité quotidienne d'un officier de la Frontière, voici par exemple les notes de Reginald Teague-Jones datées du 5 octobre 1914 où l'on peut saisir l'humour et le flegme imperturbables avec lesquels les événements du jour sont envisagés. « Passé la plus grande partie de la journée sur la route de Nishpa à explorer différentes "nullahs" sur le chemin et à noter l'emplacement de la moindre source ou trou d'eau. Il n'y a pas de télégraphe plus proche que Moghulkot qui se trouve à 15 bons miles d'ici, et donc j'espérai jouir d'une certaine tranquillité et me proposai de passer une semaine à explorer les alentours. Au milieu de la nuit, je fus réveillé par un télégramme qui avait été apporté depuis Moghulkot par un "sowar" Sherani. C'était un long télégramme qui venait de l'Assistant Commissioner de Tank et qui m'avertissait qu'un groupe de quatre Mahsouds habillés en uniformes de la "South Waziristan Militia" étaient en marche avec pour mission déclarée de capturer et d'enlever vivant un officier britannique.

Le matin suivant, je sortis mon revolver et, accompagné d'une petite escorte, j'escaladai les alentours de la gorge voisine dans l'espoir de tirer un poulet fugitif pour le pot. Après pas mal d'exercice, je réussis à en tuer un, ce qui me fournit un excellent breakfast.

La vie dans un avant-poste a tendance après un certain temps à devenir très monotone. Il y a des jours où l'on ne se sent pas l'envie d'aller se traîner à travers les ravines et les lits des rivières, explorer les "nullahs" et escalader les sommets. D'autre part, on n'a pas en général beaucoup de moments à soi. La vie dans un poste est très condensée en termes d'espace et le constant concert de voix, le chant du coq, le caquètement horrible de la poule indienne lorsqu'elle vient de pondre un œuf, et pire que tout, le braiment de l'âne du poste, tous ces sons se combinent pour vous rendre la paix impossible. Le moment le plus calme est l'après-midi ; pour une raison obscure, l'âne alors ne braie plus autant et la plupart des "sepoys" sont endormis sur leurs "charpais".

Le soir est le pire moment. Pour un "sepoy", il est presque impossible de converser avec un autre sur un ton mesuré, il braille au sommet de sa voix. Et ceci incessamment du crépuscule jusqu'à 10 heures du soir. Ensuite, quelqu'un sortira un "àrdab" (un instrument de musique local) et proposera une chanson. Pour cela, il faut toutefois demander la permission du Sahib et le "Jemadar" arrive, se glissant dans la pièce avec un grave salut, demande s'il y a une quelconque objection à un petit "tamasha". L'infortuné Sahib, qui venait juste de s'installer pour un instant de tranquillité et de lecture, n'a pas le cœur à refuser. Il a réellement beaucoup d'affection pour ses hommes avec qui il travaille dur pendant le service, mais qu'il traite à d'autres moments comme de turbulents écoliers : résigné, il donne son consentement, mais à la condition que le "tamasha" soit fini à 11 h du soir. Pour leur rendre justice, cet ordre est toujours strictement obéi[44]. » Solitude et endurance, entre scoutisme et colonialisme, la Frontière est, pour ce jeune homme âgé de vingt-cinq ans à peine, qui endosse ici à l'égard de ses hommes le comportement paternaliste d'un officier à la tête d'un régiment indigène, le lieu d'un inoubliable apprentissage. En 1914, l'Empire britannique repose sur ce type de personnalités : de la Frontière, promontoire ouvrant sur le vaste monde, le monde en quelque sorte vous appartient.

La complexité de la politique de la Frontière, les rivalités des clans et des tribus, leur inscription dans le contexte plus vaste des problèmes de l'époque – la défense du sous-continent, l'hypothétique menace russe, la stabilisation de l'Afghanistan – dont les développements et les rebondissements échappent à la compréhension d'un étranger non averti, constituent, à condition d'y survivre, un terrain exceptionnel de formation. Outre l'apprentissage de langues – le pachtou, le persan et sans doute quelques autres langues locales – qui se révéleront déterminantes dans la formation de cet officier de renseignements, l'ethnographie politique de la Frontière permet d'appréhender à peu près n'importe quel terrain. Reginald Teague-Jones deviendra un « expert » de ces régions de l'Asie moyenne, lui qui est expédié en solitaire au Turkménistan en 1918, qui médite sur le rôle que pourraient jouer les musulmans dans la stratégie britannique contre les bolcheviks en Asie centrale[45] et qui se promène en solitaire, excentrique voyageur anglais, sur les routes du Baloutchistan, non loin de la Frontière du Nord-Ouest, à la fin des années 1920. La Frontière enfin, terre de vengeances plus terribles que la vieille Espagne ou la Corse, où, selon Winston Churchill, « hormis la période des semailles et de la moisson, la vendetta et les luttes intestines prévalent partout dans le pays. La tribu fait la guerre à la tribu. Les gens d'une vallée se battent avec ceux de la vallée voisine. Aux querelles des communautés s'ajoutent celles des individus. Le khan assaille le khan, chacun soutenu par sa suite. Chaque membre de tribu a une dette de sang avec son voisin. La main de chaque homme se dirige contre l'autre et toutes contre l'étranger[46]. » Point de vue que tempère l'expérience, relatée dans ses carnets, de Reginald

Teague-Jones qui semble nouer de vraies relations d'amitié en participant au règlement d'une de ces fameuses « dettes de sang » (*blood-feud*). Après une journée à cheval dans la contrée sauvage de la Frontière, à Bain il note le 16 mars 1915 : « Ici à Bain, je nous préparai une tasse de thé avec Jemadar Zaman Shah, un Zakkakhel Afridi. On évoqua son foyer dans la région du Khyber, nous avons un certain nombre d'amis communs là-bas. Il connaît Mandezai, le Kukkikhel que j'ai aidé naguère à régler une dette de sang. Nous discutâmes jusqu'au crépuscule, penchés sur le parapet du bastion. Notre conversation fut abruptement interrompue par un message de Mullazai annonçant que trois groupes d'assaillants mahsouds étaient dans les parages. Maudits Mahsouds ! A part une tasse de thé, je n'ai rien avalé de la journée, je vais prendre mon repas maintenant, cela risque de n'être plus possible ensuite[47]. » Reginald Teague-Jones ne nous livre guère plus de détails dans son journal sur cette conversation évoquant son implication personnelle dans cette dette d'honneur. Bien des années plus tard, il écrira *Khyber blood-feud*, roman très autobiographique dont les personnages et les situations évoquent cette tragédie de la Frontière. Les mœurs patriarcales de la Frontière, la justice du sang, le code d'honneur des sociétés tribales peuvent inspirer de la condescendance à l'esprit européen, il n'en demeure pas moins qu'ils fascinent et forgent en retour une certaine élite britannique de la Frontière.

Les nombreuses photographies prises par Reginald Teague-Jones témoignent enfin de la formation d'un regard. Leur auteur – sauf lorsqu'il apparaît au milieu de ses hommes – ne dévoile pas pour l'instant d'autre intention que celle d'un mémorialiste explorant l'altérité du monde de la Frontière, en fixant ses paysages et les portraits de ses habitants. Reginald Teague-Jones qui est par ailleurs un bon dessinateur fait ici ses premières armes de photographe. Son regard se forme. Il cadre et il « tire » avec une intention d'exhaustivité qui confère à son travail – probablement à son insu – une qualité « anthropographique ». A la veille de la Première Guerre mondiale, l'appareil photographique est un instrument du colonialisme :

il explore les facettes multiples de l'exotisme et forme le regard que l'Occident porte, à un moment donné, sur le monde colonisé. Il n'est pas anodin qu'un officier de renseignements soit doté d'un tel regard : admirant la noblesse physique des hommes de la Frontière, il semble aussi qu'il ait photographié dans la même intention que tenir un journal. La photographie fixe la mémoire et bien qu'aucune des photographies de la collection de Reginald Teague-Jones ne comporte de « renseignement » secret, elle révèle la capacité à regarder le monde, les paysages, les hommes – et aussi les animaux – avec la sympathie et la curiosité qui font la qualité de l'agent de renseignements comme celle de l'ethnographe. Le talent de Reginald Teague-Jones s'exprime par sa capacité d'évocation de la vie insolite de la Frontière et la précision de son écriture. « C'est la nuit au poste de Luni. La journée a été chaude pour cette saison, et on se réjouit que l'obscurité soit là. Au-dehors du poste, tout est silencieux sauf le chant incessant des criquets dans les broussailles et parfois le hululement de la chouette. A l'intérieur du poste, c'est l'agitation du branle-bas car la garnison est essentiellement constituée par des Khattaks, les meilleurs danseurs de la Frontière et ce soir, ils ont l'intention de danser.

Au-dessus de nous, un ciel limpide, sans nuages, les étoiles et un croissant de lune vieux de quelques jours. Autour de nous, les murs nus du poste avec leurs meurtrières se profilent sur le fond d'un ciel étoilé. La flamme vacillante d'une lanterne tombe sur de nombreux "charpais" tandis que de sombres figures se meuvent ici et là. Au-dessus, on peut entendre la marche pesante de la sentinelle sur le toit et dans l'angle opposé du poste, dans les étables, la mastication des chevaux. La lueur tremblante d'un ou deux feux vers les baraques signale un dîneur tardif affairé à la cuisson de ses "chappatties".

Soudain, retentit la forte pulsation d'un tambour indigène qui domine bientôt tous les autres sons. Tous les lits sont poussés d'un côté et les sepoys se rassemblent comme un troupeau. Le battement est très irrégulier, on recherche l'accord et le joueur de tambour s'échauffe. Ensuite, les sepoys entonnent un chœur sauvage. Ils cherchent une tonalité. On essaie plusieurs fois et finalement on trouve une tonalité qui reçoit l'approbation générale. Le joueur de tambour doit maintenant se remettre au travail. D'abord lent et irrégulier, une oreille non instruite ne peut y déceler aucun rythme intelligible. Graduellement, il accélère et dans l'obscurité, on peut percevoir un rassemblement de formes humaines accomplir un genre de pas de danse, plus ou moins en accord avec le tambour. Alors que le battement s'accélère, le plan et la symétrie du pas deviennent plus apparents jusqu'à ce que le spectateur lui-même se sente emporté par le désir de se mouvoir au même rythme. » Cette description de la danse du sabre, sauvage et fascinante, fait ensuite de Reginald Teague-Jones un véritable ethnographe, notant avec précision les rythmes et les mouvements de la danse. « Le cercle des danseurs tantôt s'ouvre, puis se rassemble à nouveau pendant que tout l'anneau tourne en rond à l'intérieur d'un cercle. Ensuite, on place la lanterne au centre du cercle et la lumière éclaire brusquement les figures étranges, les bras qui se balancent, les têtes secouées et le flottement des pantalons bouffants. Le battement de la caisse monte encore plus fort, les danseurs redoublent d'efforts et ils ajoutent maintenant au retentissement du tambour, leur chant sauvage qu'ils concluent à chaque fois par un seul claquement de mains. (...) Ce chant, lorsqu'il est hurlé avec vigueur, comme cela est toujours le cas dans de telles occasions, produit un effet tout à fait insolite. Le batteur à présent a atteint apparemment le tempo le plus rapide. Des hurlements à vous glacer les sangs jaillissent des spectateurs mélangés aux cris frénétiques de Allah ! Soudain, le batteur, les danseurs et les hurlements s'arrêtent sur un souffle. La danse est achevée.

Après une brève pause, le tambour à nouveau bat une brève mesure d'introduction. La foule de sombres visages se sépare ; deux lanternes sont placées au milieu du cercle. Maintenant la lumière tombe sur les lames frémissantes du sabre, et, en réponse au battement du tambour, une seule ombre s'approche à l'intérieur du cercle. Avec de curieuses enjambées vers l'avant et vers l'arrière, d'un côté et de l'autre, il n'arrête pas d'accomplir des passes rapides en l'air, engageant la joute, en garde et au repos. Le tambour accélère et cela accélère aussi les mouvements du danseur. Rapide, toujours plus rapide, oscillant d'un côté puis de l'autre, la lame du sabre étincelle et ressemble à quelque chose de vivant qui danse dans la lueur de la lampe. (...) Soudain, le rythme change et (...) le danseur lance ses deux bras au-dessus des épaules et continue à tourner sur la pointe des pieds à une cadence vertigineuse jusqu'à ce qu'il tombe complètement épuisé sur ses genoux au milieu des cris sauvages et des applaudissements de la foule.

De nouveau, une brève pause, interrompue par les battements d'introduction du tambour. Le rythme a changé à présent (...). Cette danse est également accomplie avec des sabres mais à la place d'un seul danseur, deux sont entrés en lice. L'homme au sabre commence avec les mêmes pas grotesques et le balancement des bras du danseur précédent, mais cette fois l'effet est intensifié par le chant des spectateurs et de l'assistance. L'allure s'accélère de façon terrifiante et comporte maintenant des sauts, des tourbillons ainsi que le balancement des bras et le jeu des pieds. Cela m'émerveille toujours de constater que personne ne semble se blesser lors de ces spectacles car quand le rythme s'accélère furieusement, l'enthousiasme et l'excitation de l'audience sont tels que le tourbillon des sabres ne peut plus s'exercer qu'au centre d'un espace très réduit. »

Observer sans être vu. Discrétion et retrait, on sent poindre ici le talent d'observation nécessaire au renseignement. « Ces danses des Khattacks exercent sur moi une grande fascination et en général, j'aime les regarder depuis un coin sombre et si possible, sans que les participants ne s'aperçoivent de ma présence. On ressent alors que ce “tamasha” n'a pas été spécialement organisé pour votre distraction personnelle. Il s'agit là certainement d'une des curiosités les plus sauvages et les fantastiques de la Frontière[48] », conclut-il.

L'écriture très visuelle de ce passage évoque autant la personnalité de leur auteur que les rythmes de la danse traditionnelle des Khattaks de la Frontière, une des danses indiennes les mieux connues. Plus que la fonction religieuse et narrative de la danse, c'est le rythme qui fascine l'observateur, ébranle le corps et exprime, dans le contexte colonial, un nouveau rapport au « primitif ». Cette scène où l'on suit le regard de l'auteur permet, en somme, d'assister à la formation d'un point de vue : le territoire de la Frontière exerce ainsi son propre pouvoir. Si Salisbury a pu en 1892 assimiler les guerres de la Frontière « au ressac qui marque la lisière et la progression de la civilisation[49] », le vivant témoignage de Reginald Teague-Jones apporte en 1914 un point de vue moins péremptoire. La relation entre pouvoir et territoire dans la Frontière du Nord-Ouest dessine une géométrie complexe et variable à l'échelle locale tandis que se manifestent, à l'échelle continentale, des poussées récurrentes. 1914 marque certes une accalmie dans le Grand Jeu qui avait opposé l'Angleterre et la Russie, alors alliées dans le cadre de l'Entente. Il en va tout autrement en 1919, lorsque le système britannique de la Frontière, qui avait organisé, selon la conception de Curzon, le territoire tribal comme un territoire de « marche », se délite brutalement avec le déclenchement de la troisième guerre anglo-afghane. Encouragé par le gouvernement bolchevik, Amanullah, le nouvel émir d'Afghanistan, déclare la guerre en mai 1919 et franchit la frontière de l'Inde britannique, soulevant immédiatement la révolte des tribus de la Frontière. Une seule bombe de la Royal Air Force sur Kaboul vint à bout de cette dernière phase du Grand Jeu, conclu par le traité de Rawalpindi le 8 août 1919. Les Anglais devront ensuite entièrement reconstruire leur système de contrôle du territoire tribal de la Frontière. Ultime phase du Grand Jeu ? En 1930, un rapport de Reginald Teague-Jones signale que la politique soviétique en Afghanistan évolue selon une « progression ethnologique », c'est-à-dire une stratégie d'instrumentalisation des tribus et des minorités. Premiers jalons d'une expertise qui discerne, dès cette date, les débuts d'une politique d'influence de l'URSS en Afghanistan.

– 3 –

Dans le golfe Persique : à la poursuite de « Herr Wassmuss »

Reginald Teague-Jones a conservé un trophée de cette guerre du renseignement qui nourrit les rivalités impériales de la Première Guerre mondiale. Un trophée dont la valeur est singulièrement reliée aux enjeux géopolitiques de la période : la page de couverture d'un atlas, publié par Justus Perthes en 1912 et entré dans la collection du consulat allemand de Bouchire (Bushehr) en décembre 1913. La précision et l'autorité de la cartographie « suggestive » généralement associée à la cartographie germanique[1] n'est pas donnée à voir, et pour cause : seule la page de garde a été conservée[2], l'atlas ayant été offert par Reginald Teague-Jones (alias Ronald Sinclair) à la bibliothèque publique de Miami en 1960. Frappée du monogramme du prestigieux éditeur de Gotha, la page de garde porte deux inscriptions manuscrites, l'une en allemand gothique datée de décembre 1913 et de juin 1914, portant le tampon du consulat impérial de Bouchire, l'autre en anglais de Ronald Sinclair en 1960. Revêtue de l'inscription en caractères gothiques *Kaiserlich Deutsches Konsulat*, une photographie agrafée à la page de l'atlas montre un personnage qui prend la pose. Coiffé d'une sorte de bicorne, portant costume à galons à boutons dorés, l'homme porte au cou une lourde décoration et tient dans la main gauche une épée et dans l'autre un cigare qu'il est en train de fumer. La scène se passe au bas d'une volée d'escaliers menant au patio d'une habitation orientale qui abrite le consulat allemand de Bouchire. Dans cet habit protocolaire, le maître de céans n'a pas tout à fait l'expression requise d'un consul impérial en pareille circonstance. Si le cigare dénote une certaine décontraction, l'expression rêveuse et presque naïve du visage sur lequel flotte un vague sourire, dénote une personnalité originale et sympathique. Selon la mention manuscrite au dos de la photographie, cet homme est Wilhelm Wassmuss, le célèbre et charismatique agent allemand qui pendant la Première Guerre mondiale ralliait les tribus du sud de la Perse à la lutte anti-anglaise. La photographie, probablement donnée à Reginald Teague-Jones pour remplir les besoins de sa mission dans le golfe Persique en 1917, est celle d'un homme à abattre. Et la page du magnifique atlas constitue une véritable prise de guerre, reliquat d'un conflit qui oppose deux agents au service d'empires rivaux en Perse, pivot des rivalités eurasiatiques. Pour Reginald Teague-Jones, cette mission en Perse est inaugurale, car sa connaissance du persan et son goût pour l'aventure l'y ramèneront à plusieurs reprises. En 1917, versé comme second lieutenant dans la réserve des officiers de l'Indian Army, Reginald Teague-Jones est affecté au renseignement militaire et nommé pour opérer dans le golfe Persique. L'un des objectifs de cette mission est la capture de Wilhelm Wassmuss, le consul impérial et agent de subversion allemand qui semait la révolte contre la Grande-Bretagne parmi les tribus transfrontalières de la Perse, de l'Afghanistan et de l'Inde, en particulier parmi les tribus méridionales du Fars, au sud de l'Iran. Les activités de Wassmuss menaçant les lignes d'approvisionnement britanniques sur le front mésopotamien, il est fort logique que les Anglais aient mandaté un certain nombre d'agents et d'officiers à la poursuite de ce personnage. Reginald Teague-Jones qui, depuis quelques années, s'était mis à l'apprentissage de l'urdu et du persan, par ailleurs parfaitement germanophone, sera l'un d'entre eux. Si la rencontre entre le « Lawrence allemand » et Reginald Teague-Jones ne sera jamais que virtuelle à travers un atlas passé de l'un à l'autre, caressé et étudié par l'un et par l'autre, il est certain que les innovations de Wassmuss, intrépide agent opérationnel, ont inspiré les méthodes de l'agent Reginald Teague-Jones, notamment en Transcaspie. Dans cette première aventure persane, Wilhelm Wassmuss est une sorte d'*alter ego* de Reginald Teague-Jones, avec lequel il partage un goût prononcé pour le terrain et l'aventure et une grande capacité à se fondre dans le milieu où il agit au moyen de déguisements « ethniques ». Pour comprendre les enjeux de la mission de Reginald Teague-Jones en Perse, il faut décrire le contexte dans lequel elle s'insère pendant la Première Guerre mondiale.

La Grande Guerre et la Perse

A la veille de la Première Guerre mondiale, l'Etat persan est en pleine déliquescence. Dénué de pouvoir politique stable, de moyens financiers et d'armée, le pays parvient au terme de la révolution constitutionnaliste : débutée en décembre 1905, elle a contraint le shah à accorder une Constitution et l'institution d'un Parlement (*Madjlis*). Mais en 1912, la Constitution a été suspendue pour la seconde fois et le territoire de la Perse est soumis à la domination étrangère selon les mécanismes de la dépendance économique et financière. Après la défaite russe face au Japon en 1905, les rivalités impériales ont laissé place à la négociation comme en témoigne la signature de la convention anglo-russe du 31 août 1907. Sans porter formellement atteinte à l'indépendance et à l'intégrité de la Perse, elle procède à un partage du territoire en trois zones distinctes. Les régions septentrionales du pays constituent la zone d'influence russe incluant Téhéran, l'Azerbaïdjan iranien, Asterabad et le Khorassan (limitrophe de la Russie), et le littoral de la Caspienne avec le Gilan et le Mazandaran. La Grande-Bretagne s'est fait attribuer une zone d'influence dans le quart sud-est du pays, selon une ligne joignant Birdjand à Bandar Abbas en passant par Kerman. En étendant leur zone sur le Baloutchistan, les Britanniques sécurisent ainsi les abords immédiats de l'Inde et de l'Afghanistan et verrouillent le détroit d'Ormuz, porte d'entrée du golfe Persique. Quant à la vaste zone médiane, entre la zone russe et la zone britannique, elle est qualifiée de « zone neutre » par l'accord de 1907. Cependant, en 1915 de nouveaux accords, typiques de la diplomatie secrète pratiquée par les puissances de l'Entente, prévoient en échange de la reconnaissance par la Grande-Bretagne des ambitions territoriales russes en Anatolie, l'extension de la zone britannique au territoire déclaré neutre en 1907. L'accord permet aux Anglais de consolider leur mainmise sur l'ensemble de la Perse – sauf sur la zone d'influence russe au nord – et de mieux contrôler la zone sud-ouest où se trouvent les champs pétrolifères exploités par l'Anglo-Persian Oil Company (APOC) depuis la vente en 1909 des droits de la concession de Knox d'Arcy et les grandes villes comme Chiraz ou Ispahan. L'accord de 1915 contribue ainsi à faire du golfe Persique un « lac anglais ».

L'Iran pendant la Première Guerre mondiale : théorie et pratique de la « neutralité »

En proie aux rivalités des puissances, aux conséquences de la révolution constitutionnaliste et à la montée de la dissidence des chefs religieux de l'islam chiite, la Perse revêt depuis 1912 une importance géostratégique nouvelle pour la Grande-Bretagne. C'est en effet en 1912 que les navires de l'amirauté britannique passent d'un système de chauffe au charbon à la chauffe au mazout. Dès lors, les gisements pétroliers de Perse suscitent d'autant plus de convoitises qu'ils constituent une source de ravitaillement directe et indépendante des autres puissances de l'Entente. Sur fond d'une rivalité anglo-russe persistant en Perse en dépit de l'Entente qui place en 1914 dans le même camp de belligérants la Grande-Bretagne et la

Russie, l'Etat persan poursuit un inexorable processus de décadence. Placé sur le trône le jour de ses 16 ans le 21 juillet 1914, Ahmad Shah (1898-1930), dernier souverain de la dynastie Qajar, va être le désastreux symbole[3] d'un Etat qui a virtuellement cessé d'exister. Si la Perse s'est transformée en protectorat russe au nord et britannique au sud, elle s'affirme cependant neutre dans le premier conflit mondial malgré les Britanniques et les Russes qui la pressent d'intégrer le camp de l'Entente. Sage décision qui semble affranchir la Perse de ses puissances tutélaires, la neutralité persane révèle l'hostilité de la grande majorité des Persans à l'égard de l'Entente. Comment peut-il en être autrement alors que l'Angleterre et la Russie occupent le pays et que l'Empire ottoman, ennemi héréditaire mais Etat musulman, s'engage dans la guerre aux côtés des Empires centraux ? Qu'il s'agisse de la solidarité islamique qui bientôt proclame le djihad contre l'Entente ou du sursaut national que suscitent les entorses perpétuelles faites à sa souveraineté, tous les facteurs – abstraction faite des divergences entre sunnisme et chiisme – concourent à faire de la neutralité de la Perse une neutralité favorable à la Triple Alliance. Conscients d'être universellement détestés en Perse – la propagande soviétique ne se privera pas plus tard d'exploiter ce thème comme le montre le film de Bek-Nazarev tourné à Erevan, *Khaspiuch* (1927) qui a pour argument la rivalité anglo-russe en Perse et la question du monopole des tabacs en 1891 –, les Britanniques s'accommodent de cette neutralité pour une raison stratégique majeure : la possibilité de préserver en temps de guerre une source d'approvisionnement en pétrole indépendante des Etats-Unis.

Le tournant de 1915 qui en Europe semble faire pencher l'issue de la guerre en faveur des puissances centrales, pousse à l'engagement de pourparlers secrets avec les Allemands en vue d'une alliance. Mais celle-ci se révèle difficile, tant les exigences de garantie de souveraineté et d'intégrité territoriale de l'Etat persan et les ambitions conquérantes de l'Empire ottoman sont difficiles à concilier. En outre, cet accord supposait que l'Allemagne consente à un important engagement financier afin de briser le processus de dépendance qui, par le biais des dettes, liait la Perse à la Russie et à la Grande-Bretagne. Dans ce contexte, la politique intérieure de la Perse est entièrement subordonnée à l'affrontement des puissances belligérantes. Sous le prétexte de parer à l'éventualité d'un coup d'Etat pro-allemand à Téhéran, un corps d'armée russe de 8 000 cavaliers et 6 000 fantassins, dirigé par le général Baratov, marche sur Qazvin, en novembre 1915. Dans une situation de grande confusion, les Alliés parviennent à faire renouveler les gages de la neutralité persane, notamment par la nomination de ministres pro-britanniques dans le gouvernement. Quant aux patriotes iraniens, exaspérés par la tutelle toujours plus pesante des Russes et des Britanniques, ils quittent Téhéran accompagnés de l'ambassadeur allemand pour rejoindre Qom où ils fondent un Comité de défense nationale placé sous la direction de Soleyman Mirza. En dépit du soutien des forces de la gendarmerie et des renforts de l'armée ottomane, ce Comité ne peut résister à l'avance du général Baratov qui entre à Ispahan le 16 mars 1916. Désormais réfugié à Kermanshah dans l'ouest du pays, à proximité de la Mésopotamie ottomane, le Comité de défense nationale, qui revendique le statut de gouvernement en exil, bénéficie de la protection allemande. Dirigé par le gouverneur de la région, Nezam os-Saltana, doté d'une armée « nationale » mal équipée de 8 000 hommes et dont le commandement, formé d'officiers ottomans et de chefs tribaux, évoque celui de l'armée mexicaine, ce gouvernement national suspendu au soutien de l'Alliance ne survivra pas au-delà de 1917.

Djihad et casques à pointe

De la même manière, les rêves d'expansion germanique en Orient auxquels furent associés les dirigeants jeunes-turcs de l'Empire ottoman sont délimités dans un temps et un espace précis : celui du territoire de l'Afghanistan et de la Perse où, jusqu'en 1917, les Allemands vont tenter d'ouvrir une brèche dans le sous-continent indien. Nouvelle venue parmi les puissances impérialistes au Moyen-Orient, l'Allemagne investit financièrement l'Empire ottoman depuis la fin du XIXe siècle. Née de la conjonction des activités de la Deutsche Bank et des prouesses technologiques de l'industrie allemande – Siemens en premier lieu –, la célèbre *Bagdadbahn*, le chemin de fer de Bagdad, établit une liaison directe de Berlin à Bagdad le 2 juin 1914. En effet, c'est à cette date qu'est achevé le tronçon de 1 600 kilomètres, reliant Konya en Anatolie à Bagdad, au cœur de la Mésopotamie, via Adana, Alep et Mossoul. Chef d'œuvre d'ingénierie, la *Bagdadbahn* remplissait un but commercial et stratégique : établir une liaison terrestre vers l'Orient et, au-delà, vers l'Inde, sans emprunter le canal de Suez au cas où un conflit en bloquerait l'accès aux navires allemands. Le projet originel, jamais réalisé, prévoyait de prolonger la ligne jusqu'à Bassorah et d'établir un port au fond du golfe Persique, sur les plages désertiques de l'émirat du Koweit[4]. Ce projet suscita l'opposition des Britanniques : lord Curzon fit pression auprès de la Sublime Porte et un agent politique, le colonel Malcom Meade, fut envoyé au Koweit afin de faire capoter le projet allemand. De fait, depuis le début du XXe siècle, le golfe Persique était investi par un réseau de consuls et d'agents allemands et, à côté des ingénieurs de chemins de fer, les activités d'une petite firme d'import-export, comme celle de Robert Wonckhaus, avaient suscité les inquiétudes britanniques. Vraisemblablement soutenue par des fonds de la Wilhelmstrasse, cette firme ne tarda pas ouvrir de 1899 à 1906 des bureaux à Bahrein, Bouchire, Bassorah, Mohammera et Bandar Abbas. Egalement à partir de 1906, une compagnie maritime allemande assura le service régulier d'une ligne de navigation destinée aux passagers et au fret entre l'Allemagne et le Golfe. Dès 1904, un jeune officier anglais, le major Percy Cox, est dépêché dans la région du Golfe pour remédier à ces menaces d'intrusion germanique.

Dominant les rives du Bosphore, l'ambassade allemande de Constantinople, est le centre névralgique d'une politique orientale animée par une diplomatie intense entre l'Allemagne et l'Empire ottoman et par des liens d'amitié avec des membres du gouvernement jeune-turc. Enver Pacha avait été attaché militaire à Berlin et l'ambassadeur allemand à Constantinople, le baron Konrad von Wangenheim, est un intime du Kaiser. Quelques acteurs déterminants tels von Moltke et Thyssen, vont donner forme aux rêves impériaux de Guillaume II dont le plan est de soulever les tribus et les peuples d'Orient contre les puissances rivales de l'Allemagne, et d'abord contre la Grande-Bretagne. La Perse, plaque tournante de ce djihad germanique, est conçue comme un objectif en soi et comme une base donnant accès à l'Afghanistan et, au-delà, à l'Inde. Peu après l'entrée en guerre de l'Empire ottoman aux côtés de l'Allemagne (2 novembre 1914), le sultan calife proclame le 23 novembre, à l'intention du monde musulman, la guerre sainte contre les puissances de l'Entente. Cela donne aux responsables allemands la possibilité d'utiliser le territoire ottoman pour organiser la subversion anti-britannique partout en Orient. Cette idée enthousiasme Guillaume II qui, le 30 juillet 1914, écrit dans une note marginale qu'« il faut arracher à l'Angleterre son masque simulant son caractère pacifique et chrétien (...). Nos consuls en Turquie et aux Indes, nos agents doivent dresser tout le monde musulman contre ce peuple de boutiquiers rusés et détestés ; car si nous devons verser tout notre sang que l'Angleterre perde au moins les Indes. » Et à l'émir d'Afghanistan, il écrit : « Je souhaite voir indépendants les peuples musulmans et leur assurer une liberté d'action. Ce n'est pas temporairement mais aussi à l'avenir que je tiens à cœur d'aider ces peuples dans leur lutte pour l'indépendance et mon gouvernement les appuiera[5]. » Dès le début de la guerre, la propagande allemande développe à l'intention de la Perse le thème d'une parenté historique alliant l'empereur Guillaume II à Cyrus le Grand : le nom le plus ancien de la Germanie n'était-il pas la « Cyrmanie », directement dérivé de Cyrus ? Néanmoins, l'opinion répandue dans les bazars demeurait incrédule devant une propagande qui alla jusqu'à faire entendre que Guillaume II, « *Hâjj Vilhem* », s'était converti à l'islam... Au-delà de la propagande, les autorités politiques et militaires allemandes[6] aident à la création d'un *Persisches Komitee* sous la direction de Taqizâda, une des figures de la révolution constitutionnaliste. Elles entreprennent de lancer diverses expéditions, les unes destinées à susciter des soulèvements anti-britanniques et anti-russes en Perse, les autres à franchir les lignes anglaises vers l'Afghanistan afin d'inciter l'émir et les tribus transfrontalières de la province du Nord-Ouest à prendre la tête d'une rébellion contre la domination britannique en Inde. Né de la collaboration avec les autorités ottomanes, ce plan a reçu très tôt un début de concrétisation, puisque les Allemands ont fait partir une première expédition pour Bagdad, le 6 septembre 1914. A partir de là, trois aventuriers allemands, un géographe, l'autre zoologue et le dernier ancien consul impérial à Bouchire, le capitaine Oskar Ritter von Niedermayer, Erich Zugmayer et enfin Wilhelm Wassmuss, ont pris la tête d'opérations ambitieuses à travers le territoire persan. Une seconde mission est quant à elle spécialement mandatée pour détruire les installations pétrolières du sud et pour tenter de soulever les chiites du sud mésopotamien contre les Anglais. Bientôt des désaccords entre Allemands et Turcs ne tardèrent pas à ôter toute cohérence à ces grandioses projets politiques, mais laissèrent en revanche une étonnante liberté d'action aux quelques hommes qui en étaient les missionnaires. Arrivé à Kermanshah en avril 1915, Niedermayer, rejoint à Ispahan par von Hentig, parviendra à convaincre le clergé local de prêcher le djihad contre les Russes et les Britanniques, avant de poursuivre sa route jusqu'à Kaboul. Pendant ce temps, Zugmayer pénètre le territoire entre Kerman et Yezd, prenant le contrôle du télégraphe et pillant les succursales de l'Imperial Bank of Persia au fur et à mesure de sa progression. Quant à Wilhelm Wassmuss, il investit les régions du sud et l'arrière-pays de Bouchire, la région du Tangistan, où il avait noué un véritable réseau d'amitiés avec les tribus locales. Disposant d'une position de force à Chiraz, à Kermanshah et dans la plupart des villes, à l'exception de Téhéran, les Allemands sont ainsi parvenus, à la fin de l'année 1915, à établir leur contrôle sur la quasi-totalité du territoire persan. Cette année-là, Reginald Teague-Jones se trouve encore dans la province de la Frontière du Nord-Ouest. Mais la poursuite des efforts de reconquête britanniques, notamment dans le sud, l'amènera sur le territoire persan en 1917.

Une force de police dans le sud : les South Persia Rifles (SPR)

Outre les tentatives d'ingérence visant à défaire à Téhéran les gouvernements et à placer des personnalités favorables à l'influence anglaise aux postes ministériels, les Britanniques menèrent à partir de 1916 une stratégie de reconquête dans les régions méridionales et orientales de la Perse. Si celle-ci est opposée ouvertement à l'Allemagne, elle a également pour objectif la neutralisation de l'influence de la Russie, alliée jusqu'en octobre 1917 mais, de fait, redoutable rivale de la puissance britannique en Perse. Puissance d'ailleurs bien entamée car début 1916, la plupart des consuls russes et britanniques ont été contraints de quitter les villes de la Perse centrale et méridionale, les Anglais ne parvenant à protéger efficacement que l'essentiel, à savoir la région pétrolière d'Ahvaz et d'Abadan, grâce à l'appui de la plupart des Bakhtyaris et des tribus arabophones des Banu Ka'b. Mais ce solide dispositif tribal n'empêcha pas l'insaisissable Wassmuss d'orchestrer des actions de sabotage, comme le dynamitage d'un pipe-line en 1915, bloquant ainsi la production durant plusieurs mois[7]. Entre autres actions d'éclat menées par les « flibustiers » allemands, l'assassinat du vice-consul de Russie à Ispahan, du vice-consul de Grande-Bretagne à Chiraz et l'occupation de sept des filiales de l'Imperial Bank of Persia – Kermanshah, Hamadan, Sultanabad, Ispahan, Chiraz, Yezd et Kerman – remettaient en question la présence britannique dans sa zone d'influence, hormis le contrôle des ports assuré par des troupes et des vaisseaux de guerre. Sous prétexte de restaurer l'autorité du gouvernement central, le rétablissement du contrôle britannique en Perse devient un objectif primordial. Lancée à partir du gouvernement britannique de l'Inde et orchestrée sur place par Marling, l'ambassadeur britannique à Téhéran, cette stratégie de reconquête ne pouvait reposer ni sur les forces persanes, ni sur les forces russes qui dirigeaient dans le nord l'action de la brigade cosaque. Certes, la protection du flanc oriental de la Perse par une force russo-britannique déployée à l'est, l'East Persia Cordon, montrait qu'une coopération entre Anglais et Russes était possible, mais cette force dont le but était d'empêcher les agents allemands de pénétrer sur le territoire afghan, n'aurait commencé à être véritablement efficace[8] qu'après le passage de Zugmayer ! Pourquoi l'East Persia Cordon connut-il un tel retard ? Voici ce qu'en dit Christopher Sykes[9] : « Comment il se fait que jusqu'en juillet 1915, ni les Anglais ni les Russes ne songèrent à fermer la frontière de l'Afghanistan, c'est une chose qui demeure encore un mystère. Le fait est qu'ils n'en firent rien et se virent soudain contraints à des mesures précipitées. La crainte de soulever la colère des Persans en introduisant des troupes en Perse y était bien entendu pour quelque chose, mais il n'y avait plus désormais d'autre alternative. Il y eut une correspondance fébrile avec l'Inde, puis des conférences avec les Russes, à la suite desquelles il fut décidé que ceux-ci tiendraient la moitié nord et nous la moitié sud de la frontière, les Russes occupant une ligne allant de Serakhs, point de convergence de leur frontière avec celles de Perse et d'Afghanistan, par Meched, Tourbet et Kain jusqu'à Birdjand, et nous de Birdjand par Neh et le Sistan jusqu'à Kouh i Malik i Siah à la frontière du Baloutchistan. Ce fut le début d'une véritable course à la frontière qui dura jusqu'à la fin juillet. La partie nord de cette ligne court à travers une contrée rude mais présentant des ressources suffisantes pour permettre une rapide organisation. La tâche des Russes était donc moins malaisée que celle des Anglais, car les provinces du sud-est de la Perse sont peut-être de tous les lieux du monde ceux que brûle le plus impitoyablement un soleil dévastateur. Il n'y avait pas de route alors et nos troupes ne pouvaient se rendre sur leurs positions qu'à dos de chameau. La hâte désespérée qui s'empara des Anglais devant l'énormité d'une telle tâche conduisit à envisager des solutions toutes plus inconsidérées l'une que l'autre : quelqu'un proposa d'envoyer des officiers isolés dans les oasis avec le titre de consuls et la mission d'agiter les tribus dans un sens favorable aux Alliés ; ce projet fut abandonné devant les protestations du gouvernement persan. Finalement, après une série d'aventures héroïco-comiques, le cordon militaire fut établi sans solution de continuité avant que Niedermayer ait pu passer la frontière. A la pénurie de toutes choses s'ajoutait à ce moment un des plus épouvantables fléaux du Sistan, le vent des 120 jours. Un vent régulier soulevant avec lui une tempête de sable qui dure 4 mois souffle en effet à cette époque sur tout le sud-est de la Perse. »

La nécessité de créer un corps d'armée britannique dont le gouvernement central de Téhéran aurait reconnu la légitimité conduisit donc à l'organisation de forces de police dans le sud de la Perse, les South Persia Rifles (les SPR ou pour les Iraniens, les *Espiâr*), soit au départ 8 000 hommes, issus pour l'essentiel d'un corps expéditionnaire indo-britannique. L'organisation de cette force fut confiée au général sir Percy Sykes (1867-1945) qui, après s'être distingué au cours de la guerre sud-africaine, était devenu un expert de la Perse orientale dont il connaissait aussi bien le segment méridional – il avait été consul à Kerman et à Sistan – que septentrional, ayant été pendant huit ans consul général à Meched. Nommé pendant la Première Guerre mondiale dans le Turkestan chinois, sir Percy Sykes avait été rappelé d'urgence à Delhi en janvier 1916 pour être informé qu'il avait été nommé inspecteur général des South Persia Rifles et que sa première mission consistait à lever, instruire et entretenir une force armée recrutée dans le pays. « Ainsi expédié de l'Inde en sentinelle avancée, sans une mitrailleuse, avec quelques mousquetons, trois officiers anglais, trois indiens et une escorte de vingt-cinq Sowars indiens, il arriva en mars à Bandar Abbas, enrôla 53 hommes en une seule journée et arbora crânement le drapeau anglais[10]. » Tout comme Wassmuss, sir Percy Sykes dispose sur place de réseaux et d'anciennes amitiés. Lors d'une conférence qu'il prononça en avril 1921 devant un parterre choisi de la Royal Geographical Society – avec entre autres le général Edmund Barrow et sir Arthur Hirtzel –, il rappela : « A mon arrivée à Bandar Abbas en mars 1916, je fus accueilli par beaucoup de mes anciens amis et grâce à leur aide, l'énergie de mes officiers fut largement récompensée par le plus grand nombre possible de recrues, alors même qu'à Delhi, mes chances de réussir avaient été jugées très faibles. Douze jours après mon arrivée, le drapeau persan flottait sur le camp des South Persia Rifles. Dans un court laps de temps, cette force fut capable de garder Bandar Abbas ainsi qu'une section importante de la route caravanière[11]. » Evoluant en terrain difficile par une chaleur très éprouvante, le corps expéditionnaire des SPR parviendra à reprendre le contrôle du sud persan en réalisant à partir de Bandar Abbas un mouvement tournant dont l'étape finale était Chiraz. Dès juillet 1916, les Anglais reprenaient le contrôle de Kerman, point stratégique contrôlant les voies de l'Afghanistan et du Baloutchistan, ce qui permit de recruter localement une nouvelle brigade des SPR. En août, ils étaient à Yezd au terme d'une marche de 220 miles à travers une sauvage vallée dont sir Percy Sykes connaissait chaque recoin. Le 11 septembre, les SPR parvenaient à établir la jonction avec les forces russes d'Ispahan et le 11 novembre enfin, sir Percy Sykes faisait son entrée à Chiraz en compagnie du nouveau gouverneur, Farman Farma, prince de sang et héritier Qadjar. Officiellement reconnus par le gouvernement persan en mars 1917, les SPR laissés entièrement à la capacité de recrutement improvisé de sir Percy Sykes reçurent enfin des renforts puisés dans les forces militaires de l'Inde britannique[12]. En 1917, la nouvelle assignation de Reginald Teague-Jones dans le golfe Persique s'inscrit donc dans le contexte général d'une reconquête britannique en Perse méridionale. Fraîchement débarqué à Bandar Abbas où stationne désormais un régiment des SPR, il séjourne au camp de Naiband dans les environs immédiats de la ville, avant de s'enfoncer plus profondément dans le golfe Persique, à la poursuite de Wilhelm Wassmuss.

Les tribulations du « Lawrence allemand » dans le golfe Persique

« Les rapports de mes agents m'arrivent de toutes parts, des colporteurs du sud de la Russie, des négociants en chevaux afghans, des marchands turcomans, des pèlerins sur la route de La Mecque, des cheikhs en Afrique du Nord, des marins de la mer Noire, des bergers mongols, des fakirs indiens, des marchands grecs du golfe tout autant que les messages chiffrés de mes consuls. L'Orient est en train d'attendre une révélation. Une étoile est en train de se lever en Occident. Les Allemands le savent et c'est avec cette carte qu'ils ont l'intention d'étonner le monde[13]. » Proche de la fiction de John Buchan, le « système » du renseignement britannique en Perse permit d'informer, à défaut d'y remédier, Londres et Delhi des agissements de la politique allemande. Celle-ci connut durant la Première Guerre mondiale des temps forts et des temps faibles, si bien que les actions subversives de Wilhelm Wassmuss s'intègrent dans le cadre d'un plan concerté de la politique allemande et dans celui d'une aventure personnelle. Prototype de l'agent opérationnel, Wilhelm Wassmuss est un modèle et un contre-modèle pour Reginald Teague-Jones qui plus tard n'hésitera pas à reprendre quelques-unes de ses méthodes, comme le déguisement ethnique et la « micro-diplomatie » tribale. Commencée dans le temps fort de l'offensive allemande, du début de l'année 1915 au printemps 1916, l'action de Wassmuss perdure en Perse au-delà de la reprise des activités allemandes, facilitée par la pénétration des troupes turques de l'été 1916 à février 1917. Ainsi au printemps 1916, Raymond Lecomte, ministre plénipotentiaire français à Téhéran, note que « la Perse se trouve donc aujourd'hui à peu près complètement rendue à la santé, le virus allemand ne sévit plus que dans la région qui s'étend des montagnes de Chiraz aux rivages du golfe Persique. C'est là que se trouve Wassmuss[14]. » Qui est au juste Wassmuss, cet aventurier révélé sur les rives du golfe Persique ? Comment parvint-il jusqu'au bout à déjouer les autorités britanniques ? En quoi sa mission en Perse, en dépit de son échec, a-t-elle eu pour Reginald Teague-Jones une certaine valeur initiatique?

Wassmuss, un modèle d'agent opérationnel

« Ainsi drapé dans sa dignité, Wassmuss parcourait le Tangistan de hameau en hameau. Son aspect en imposait : il portait les cheveux longs et mettait ainsi en valeur son vaste front ; ses yeux vifs et pénétrants, quoiqu'il les tînt généralement levés comme s'il voulait s'abstraire dans ses pensées ; ses traits réguliers donnaient une impression de grande force personnelle. En dépit de sa taille courte, un peu massive, il n'était pas dénué d'élégance ; il était excellent cavalier. Tel il plaisait aux nomades[15]. » Ce portrait physique et psychologique de « Wassmuss de Perse » résume les quelques éléments connus de la biographie de cet extravagant agent d'influence. Né en 1880 à Ohlendorf, au fond de la vallée de Gopslau dans le Harz, au sud-est d'Hanovre, Wilhelm Wassmuss était entré après ses études universitaires à l'Auswärtiges Amt en 1906. Envoyé d'abord avec un grade subalterne à Madagascar, Wilhelm Wassmuss avait été ensuite promu vice-consul puis consul à Bouchire dans le golfe Persique. A l'époque, la mission de Wassmuss, soumise à l'observation attentive du major Percy Cox, consiste à obtenir pour la marine allemande dans le golfe, des avantages égaux à ceux possédés par les Anglais. Wassmuss cependant ne s'attarde pas à Bouchire et retourne en 1910 à Madagascar où il mène une vie retirée, désormais presque entièrement consacrée à l'étude obsessionnelle des contrées désertiques de l'Iran et de ses peuplades. Efforts couronnés de succès semble-t-il puisqu'en 1913 Wassmuss est de nouveau nommé à Bouchire, triste petite ville malsaine et étouffante détenant une position géostratégique avantageuse. Située à plus de quatre cents kilomètres au sud de Téhéran, Bouchire est l'un des principaux ports maritimes de la Perse, ouvert sur le golfe Persique. Fondée en 1736 par Nadir Shah, Bouchire avait été rapidement annexée à la sphère d'influence britannique et dès 1763, l'East India Company s'était fait octroyer le droit d'y établir une base commerciale à laquelle s'ajouta une base navale facilement obtenue par la Royal Navy à la fin du XVIIIe siècle. Au XIXe siècle, la fonction commerciale et portuaire de la ville avait continué à se développer en même temps que la prépondérance britannique dans la région. Bouchire est occupée par les Anglais en 1856 tout comme elle le sera de nouveau en 1915, au moment où les manigances de Wassmuss avaient atteint leur point culminant. Bouchire est en fait l'une des « échelles » du golfe Persique, « villes maudites, comptant de 10 000 à 15 000 habitants, par lesquelles l'influence anglaise se cramponne à la Perse[16] ». Le climat y est proprement infernal. Un été torride, avec ses vents chauds portant la poussière d'Arabie, fait fuir la majeure partie des habitants tandis que l'hiver est rendu un peu plus supportable par le vent du nord-ouest, le *tchemal*, qui amène quelques pluies. Les maisons de Bouchire deviennent alors habitables dans les chambres basses aérées par les *badgir* ou « tours de vent » dressées sur les habitations. Le fond de la population locale n'est pas à proprement parler persan mais plutôt arabe et africain. Formé d'immenses grèves de galets, de plaines de sables et de marnes empestant le pétrole et le sulfure, le littoral du golfe Persique présente l'aspect d'une façade maritime désolée et Bouchire n'est qu'un modeste havre abrité dans une dépression côtière où poussent quelques palmiers dattiers. Les Européens y sont rares et dans l'atmosphère languissante de la colonie britannique de Bouchire, Wassmuss à la veille de la Première Guerre mondiale fait figure d'hôte flamboyant. D'après le témoignage de Christopher Sykes, Allemands et Anglais se fréquentaient alors. « Notre colonie de Bouchire qui manquait de distractions aimait à se réunir dans le jardin de Wassmuss autour de grands pots de bière[17]. » Dans les torpeurs d'une douce ivresse, Wilhelm Wassmuss, lui, rêve de l'hinterland sauvage et fantastique situé au nord et au nord-ouest de Bouchire, le fameux pays des défilés du Déchistan et du Tangistan. Il explore inlassablement cet arrière-pays, à partir de la ville d'Ahram et noue de solides réseaux d'amitiés parmi les nomades tangistanis pour lesquels il nourrit une réelle passion. Wassmuss parle en effet désormais le persan classique tout comme le dialecte tangistani et compte parmi ses premiers amis Hussein, le cheikh de Kutah, Ghazanfar es-Saltaneh, le cheikh de Borazdjan, ainsi que Zar Khidair, le cheikh d'Ahram considéré comme une grande figure du Tangistan. Animé par un enthousiasme sincère, Wilhelm Wassmuss entretient une certaine relation d'intimité avec les tribus dont il ne tarde pas à adopter le costume : un lourd manteau en poil de chameau et un petit chapeau rond. En juillet 1914, lorsque la guerre éclate en Europe, les Britanniques, qui avaient rendu service au gouvernement du Fars en jugulant temporairement le brigandage, sont encore les maîtres de la région. En apparence, les événements ne semblent pas affecter la vie de la petite colonie européenne de Bouchire et le 4 août 1914, Wassmuss est même invité à dîner à la légation de Grande-Bretagne. Mais cette fois-ci, il décline élégamment l'invitation et quitte la Perse pour prendre le chemin de Constantinople, confiant le consulat allemand de Bouchire à un certain Dr Listermann. A l'ambassade de Constantinople, une réunion orchestrée sous les auspices de l'ambassadeur Wangenheim précise les modalités pratiques d'un plan qui va bien au-delà des espérances de Wassmuss. Dans le cadre de la nouvelle politique allemande, il est chargé d'organiser une véritable guérilla en Perse méridionale contre les Britanniques. Pour mener à bien cette mission directement commanditée par Guillaume II, Wassmuss reçoit de l'or, nécessaire à l'achat des armes et des consciences, mais aucun entraînement. Parmi les premiers agents opérationnels de la Grande Guerre, avant Lawrence d'Arabie, Wassmuss a littéralement improvisé sa mission de subversion sur le terrain du Tangistan. Embarqués sur un steamer, le *Pioneer*, qui a servi à la fois les Ottomans et les Britanniques pendant la guerre, Wilhelm Wassmuss et ses compagnons entreprirent de descendre le cours du Tigre jusqu'à un point situé au sud de Kut al-Amara, où les Britanniques venaient d'être défaits par les Ottomans, à environ 160 kilomètres au sud-est de Bagdad. De là, Wassmuss franchit la frontière turco-persane le 1er février 1915, et gagne Chiraz où il a été nommé consul. Capturé le 5 mars 1915 par les hommes d'un chef tribal pro-britannique, Wassmuss parvient à s'échapper et à gagner Borazjan, non loin de Bouchire, alors contrôlée par un gouverneur germanophile. En représailles, les Britanniques procèdent à Bouchire à l'arrestation de Listermann – arrêté puis déporté en Inde – et s'emparent des archives du consulat qui contenaient le détail de la mission von Niedermayer. Etrange personnalité que ce Wassmuss de Perse qui, avec son physique un peu trapu et son regard bleu, à la fois mélancolique et exalté, exerce un réel charisme. Patriote allemand, mystique, mégalomane, fanatiquement attaché à la mission orientale de l'Allemagne, Wassmuss est un acteur qui aime se déguiser, capable de mensonge et de duplicité et défenseur vertueux du principe de la prépondérance germanique. Son action efficace auprès des tribus du Tangistan et sa capacité à déjouer les Anglais, motivent la mission de Reginald Teague-Jones en 1917. Agent porté par ses convictions, Wilhelm Wassmuss manque singulièrement de prudence et de professionnalisme : dans ses bagages abandonnés derrière lui lors de sa première fuite, Wassmuss oublie le code chiffré des Allemands pendant la guerre. Tombé aux mains des Anglais, l'exemplaire oublié par Wassmuss permit de déchiffrer le célèbre télégramme Zimmermann (16 janvier 1917) qui devait jouer un rôle si décisif dans l'entrée en guerre des Etats-Unis le 2 avril 1917. La bévue de Wilhelm Wassmuss a donc pesé sur l'issue du premier conflit mondial… Les Britanniques, qui offraient pour sa capture une récompense de 500 000 dollars, ne parviendront pas à l'arrêter avant la fin de la guerre.

A bonne distance de Chiraz, Wassmuss, dans sa fuite, se dépouille de ses vêtements persans pour reprendre l'habit européen, le seul qui, pense-t-il, convient désormais à son statut de fugitif. Il endosse cette fois l'identité d'un certain « Mister Witt », soi-disant prospecteur de l'Anglo-Persian Oil Company, et s'efforce de parler le persan avec l'accent anglais ! Il parvient à suivre la route qui traverse la chaîne des Bakhtiaris depuis les puits de pétrole jusqu'à Ispahan sans être démasqué, si bien qu'en mars 1919, les Britanniques ont totalement perdu sa trace. Wassmuss poursuit sa route vers le nord et se montre même en public à Kachan, lors de la fête du Noruz, le nouvel an persan. Repéré par un opérateur de télégraphe arménien qui déjoue son projet de se rendre à Koum, Wassmuss est finalement arrêté par les Anglais. Emprisonné puis relâché à l'automne 1919, Wassmuss rentre à Berlin via Alexandrie, Marseille et Cologne. Lui qui avait été le promoteur du projet de « libération » des tribus du sud persan, il fait littéralement le siège de l'Auswärtiges Amt afin que la république de Weimar honore les promesses de soutien qui avaient été formulées pendant la guerre. Vaines tentatives qui mettent en lumière l'évidente sincérité de Wassmuss. D'ailleurs, Wassmuss est de retour à Bouchire en 1924 pour son voyage de noces où son arrivée, presque inaperçue, est tolérée par les Anglais. Impatient de reprendre la route du Tangistan, il est reconnu et honoré dès le premier village. A Bouchire, il fait la connaissance de Herr Wilhelm Mayer, un agriculeur qui avait tenté sa chance en Australie dans l'élevage des moutons. Les deux hommes montent un projet d'exploitation agricole et Wassmuss espère être à nouveau nommé consul, ce qui lui est refusé. En décembre 1924, il tente de monter sa propre ferme à Chahgoudak, aux abords de Bouchire. Avec son épouse, il compte vivre du produit de sa terre et rétribuer les hommes des tribus qui lui avaient offert leur soutien durant la guerre. C'était sans compter la versatilité des tribus locales revenues à l'allégeance britannique. En dépit de l'excellente qualité du sol, les palmiers dattiers de Wassmuss ne poussent pas – un chef local, le cheikh Nasser, venait derrière lui déchausser les jeunes arbres ! – et le couple Wassmuss sombre bientôt dans la misère. Confronté à la trahison des cheikhs, Wassmuss et sa femme sont alors contraints de quitter Chahgoudak. Rentré à Berlin, Wilhelm Wassmuss meurt misérable et oublié de tous en novembre 1931.

Reginald Teague-Jones sur les traces de Wassmuss

En dehors de la brève note manuscrite inscrite sur la page de l'atlas subtilisé à Wilhelm Wassmuss, aucune source écrite ne permet d'étayer les détails de la mission de Reginald Teague-Jones. La note en question, rédigée à Miami en 1960, évoque en quelques lignes et bien des années après le sens de cette mission dans le golfe Persique. « En 1917, je fus nommé dans le golfe Persique et en tant qu'officier de renseignements dans le golfe Persique, l'un de mes objectifs principaux était la capture de Wassmuss. Sa "liquidation" était si impérative qu'en juin 1917, je reçus une lettre personnelle du CGS (*Chief of General Staff*) de Simla, le général Kirkpatrick, me donnant l'ordre de tout faire pour procéder à l'arrestation de Wassmus "mort ou vif". NB : je réussis effectivement à capturer son bras droit Bruggmann, mais tout ce que je parvins jamais à avoir de Wassmuss fut cet atlas. Je l'ai conservé pendant toutes ces années, mais à présent, alors que je me trouve sur le point de quitter les Etats-Unis, je l'ai offert à la bibliothèque publique de Miami, ne conservant que cette page de garde revêtue de la signature de Wassmus[18]. » Des photographies dans la collection de Ronald Sinclair conservée à l'Imperial War Museum ajoutent quelques pièces aux souvenirs de cette mission dans le golfe Persique. Paisible scène prise à Naiband dans le golfe Persique près de Bandar Abbas, l'une d'entre elles pourrait avoir été prise par Reginald Teague-Jones dans l'un des camps des SPR surveillant le détroit d'Ormuz où, arrivant de l'Inde, il débarqua dans le courant de l'année 1917. La scène est curieuse : trois officiers britanniques, têtes nues sous un auvent de paille, ont déposé leur casque colonial et sont absorbés par un ouvrage de « broderie », sous l'œil vaguement amusé d'un indigène et d'un âne. Penchés sur leur ouvrage, les trois hommes se livrent à des travaux d'aiguille dans le coin supérieur gauche de la bordure de trois tapis persans. Si la photographie en noir et blanc ne permet pas d'en saisir les couleurs chatoyantes, les trois tapis présentent le schéma des tapis tribaux de Perse méridionale. Sont-ils en train de broder leur nom, une date, un toponyme dans cette bordure qui est en effet traditionnellement le lieu d'inscriptions diverses : versets du Coran, vers ou dédicaces, dates de fabrication ou mentions du lieu de production. Il faut rappeler d'ailleurs que l'industrie du tapis entre dans le domaine de la stratégie allemande qui avec la fondation de la PETAG (Persiche Teppich Gesellschaft AG), établie avant guerre à Tabriz, vise non seulement à l'ouverture de nouveaux marchés mais encore à établir l'influence politique allemande en Azerbaïdjan iranien. Est-ce un hasard si Schünemann qui, à la fin février 1915, aide à l'établissement à Kermanshah d'une base pour l'expédition de Niedermayer, avait été le directeur de la PETAG à Tabriz en 1911 ? Nul doute que pendant la guerre l'usine de la PETAG qui bénéficiait du statut d'extraterritorialité joua un rôle politique important en Perse septentrionale. Le tapis joue enfin un rôle non négligeable dans le renseignement : en Perse, c'est le moyen le plus naturel de pénétrer dans le bazar, véritable baromètre des tensions politiques et sociales.

Venant de l'Inde, Reginald Teague-Jones est probablement arrivé dans le golfe Persique par la voie maritime, par le golfe d'Oman. Pour parvenir à Naiband, à proximité de Bandar Abbas, véritable position de contrôle du détroit d'Ormuz, verrou du golfe Persique, il a admiré avant de parvenir à la « serrée » de Bandar Abbas les hautes falaises et les reliefs ruiniformes tombant à pic dans les eaux peu profondes. Cette côte sauvage dispense peu d'abris et la navigation est particulièrement périlleuse dans une zone infestée par les pirates. Mais, depuis le XIXe siècle, à mesure qu'ils consolidaient leur empire des Indes, les Britanniques surveillent de plus près ce couloir d'accès à Bombay. Pour mettre un terme à la piraterie, la police est assurée par des frégates britanniques. On pourvoit les ports persans de résidents anglais tandis que les liens d'amitié sont resserrés avec le sultan de Mascate. Bientôt Bahreïn est occupé et Koweït placée sous occupation anglaise. Lorsqu'en 1914, les Britanniques parviennent à prendre le contrôle de Bassorah, le golfe Persique est effectivement devenu un « lac anglais ». Parvenir jusqu'à Naiband n'a donc pas été très difficile même si la côte est toujours plus ou moins infestée de pirates et le désert parcouru par des tribus hostiles. Perché en haut d'une falaise, Naiband abrite une communauté de pasteurs sédentaires vivant des revenus de l'agriculture locale – les palmiers dattiers – et de l'élevage. Indispensable point d'eau dans ce secteur, le camp de Naiband où débarque Reginald Teague-Jones en 1917 est donc un point de ralliement. En juin 1917, lorsque Reginald Teague-Jones recevait, depuis Simla, l'ordre du général Kirkpatrick d'arrêter à tout prix Wilhelm Wassmuss, le général Sykes de son côté voyait avec un certain soulagement se renforcer les effectifs de gradés à la tête des South Persian Rifles. Pour renforcer les SPR, on avait fait venir d'Inde le régiment des XVIe Rajputs ainsi que trois escadrons de la cavalerie de Burma montés sur de petits poneys très robustes. Renforts appréciables car jusqu'au printemps 1917, les perspectives avaient été sombres pour les Anglais. Fin 1916, la tentative du général Sykes pour ouvrir la route du golfe s'est soldée par un échec et dans le sud, en mars 1917, la nouvelle de la révolution russe a ajourné provisoirement tout projet. C'est dans ce contexte que Wassmuss déploie ses ultimes manœuvres et c'est pour les déjouer que Teague-Jones se lance à sa poursuite.

Wassmuss a quitté à la fin de l'année 1916 l'hinterland de Bouchire pour se rendre à Kazeroun. Amaigri, les cheveux prématurément blanchis, son apparence a considérablement changé et il ressemble à ce point à un Persan qu'il ne craint plus de rencontrer par inadvertance un Anglais dans les localités qu'il traverse. Il poursuit ses manœuvres dans le Tangistan, n'abandonne pas la partie, espérant toujours que Sowlat al-Dowla ou même le loyal Qawam al-Molk se dresseront contre l'ingérence britannique. Pour tenter de rejoindre le Tangistan sur les traces de Wassmuss, Reginald Teague-Jones dut emprunter la route de l'ouest en traversant le Tang-i-Zagh que les Britanniques entreprennent alors de transformer en voie praticable par l'automobile. Mais, dans sa poursuite de Wassmuss dans les arides défilés du Tangistan, Reginald Teague-Jones est à cheval. Sa folle poursuite sur les traces de

Wassmuss s'inscrit dans la géographie grandiose de la bordure littorale de l'Iran du Sud. Théâtre de l'épopée de Wassmuss dans le sud de la Perse, le Tangistan mérite une description à part. Alignant crêtes et dépressions parallèles sans que l'érosion parvienne à « percer » la plupart des vallées longitudinales, ces chaînes montagneuses se présentent comme une succession de dépressions fermées sauf lorsqu'un torrent est parvenu à percer les crêtes, ouvrant ainsi des gorges spectaculaires, les *tangs*, qui pour autant ne se prêtent pas au passage. Ainsi, pour passer d'une vallée à une autre, on est contraint de franchir de terribles cols rocheux, les *kotals*. La route des Kotals menant de Bouchire à Chiraz à travers les terres basses du Déchistan, les défilés et les gorges du Tangistan jusqu'aux dépressions fermées de haute altitude du Serhad, était l'un des principaux axes de circulation empruntés par Wassmuss. Cette fameuse route des Kotals qui passe « par de terribles sentiers qui escaladent les chaînes : les uns semblables au lit d'un torrent alpin, d'autres s'éboulant sans cesse dans la traversée d'une bande de gypse, enfin le “col Maudit”, accessible par une débandade de lacets courant dans le dédale de bancs de marnes et grès superposés : c'est l'escalade successive, degré par degré, d'un énorme escalier[19] », écrit à ce sujet le géographe Raoul Blanchard. Terrible route que les Anglais remplaceront en 1918-1919 par une bonne piste reliant Bouchire à Chiraz et permettant le passage d'une automobile, la route qu'empruntera dix ans plus tard Reginald Teague-Jones lors de son périple automobile en Perse. Apre pays décharné aux formes fantastiques créées par le travail de l'érosion dans les couches de gypse disposées dans des marnes de couleur verte ou rouge, l'aride Tangistan stimule l'imaginaire romantique de Wassmuss et les instincts de chasseur de Reginald Teague-Jones.

Dans cette première mission opérationnelle, il n'est pas le premier, loin s'en faut, à se lancer à la poursuite de Wassmuss : un certain capitaine Noel, également connaisseur de la Perse et de la province de la Frontière du Nord-Ouest, l'a précédé. Est-il seul ou accompagné ? De son côté, Wassmuss, qui n'a eu aucun contact avec ses compatriotes depuis 1915, est rejoint au printemps 1917 par trois Allemands arrivant du Turkestan. L'un meurt à Ahram, mais le second est le fameux Bruggmann arrêté par Reginald Teague-Jones et expédié en Inde où il sera interné jusqu'à la fin de la guerre. Reginald Teague-Jones fait brièvement allusion à cet épisode dans le récit d'une mission transcaucasienne[20] qui l'amène en Géorgie en février 1921, à la veille de la soviétisation. Lors d'un banquet auquel participent Noé Jordania, le représentant de la mission française, M. Chevalier et les Allemands von Rauscher, von Druffel, Anders et le commissaire Scheinmann, Reginald Teague-Jones se rappelle avoir échangé au sujet de Wassmuss et de son compagnon quelques propos avec son voisin de table. « A ma gauche, von Druffel essayait poliment de prendre part à notre conversation mais il ne paraissait pas du tout à son aise. Il admit ne connaître aucune autre langue que la sienne mais il commença à se dégeler quand il s'aperçut que je parlais l'allemand et se réchauffa considérablement quand il commença à comparer nos activités respectives en Perse pendant la guerre, à l'époque où j'essayais de poursuivre le fourbe Herr Wassmuss.

"Mais vous n'êtes jamais parvenu à l'attraper, me dit-il avec un sourire malicieux.

— Non, mais j'ai arrêté son associé, Bruggmann.

— Ah oui ?" et son sourire s'évanouit, "je me suis toujours demandé ce qu'il était advenu de lui.

— Il a été expédié en Inde, répondis-je.

— Ach so", et son sourire revient. "Gott sei Dank, je pensais qu'il était mort." »

Quant au troisième compagnon de Wassmuss, Spiller, il resta avec Wassmuss jusqu'à la fin de son aventure. Car Wassmuss redouble d'efforts à la fin de l'année 1917 et au début 1918, sous l'impulsion d'un événement fondamental : la conclusion du traité de Brest-Litovsk, paix séparée qui, en Perse comme ailleurs, semble annoncer une victoire allemande et prévoit l'évacuation des troupes russes de la Perse. Reginald Teague-

Jones poursuit Wassmuss, lancé sur la trace incertaine de ses grandes chevauchées à travers le Tangistan et le pays de Kazeroun, un Wassmuss toujours exalté comptant sur la loyauté des tribus locales. Mais Wassmuss a perdu son atlas tombé entre les mains de Reginald Teague-Jones et a en même temps perdu de vue le sens général de sa mission. En effet, si la signature d'une paix séparée avec la Russie bolchevique ressuscita brièvement les projets allemands en Perse, la formule capitale de la domination pangermaniste rêvée par Guillaume II, « de Hambourg au golfe Persique » dont Wassmuss se voyait le maillon indispensable, avait fait son temps. Reginald Teague-Jones percevait-il l'aspect pathétique de cette folle poursuite à travers le Tangistan ? Ou au contraire, considérait-il Wassmuss comme la majorité des Anglais, à savoir « un féroce aventurier et un traître de la pire sorte. Son amitié pour les Persans n'était que pose et hypocrisie. Les plus modérés d'opinion le considéraient tout au plus comme un pauvre fou, un romantique attardé qui avait pris sa tâche trop à cœur, supercherie démodée que les Allemands avaient tout au plus jugée bonne pour des Persans[21]. » Si en 1918, Reginald Teague-Jones abandonne la trace du fugitif sans gloire qu'est devenu Wassmuss, ce dernier lui inspire néanmoins des techniques opérationnelles qu'il utilisera dans le nord de la Perse où l'appelle une nouvelle mission en 1918.

La Perse et la révolution russe

Encore accentuée pendant la dernière année de la guerre, la décomposition de l'Etat persan en 1918 laisse libre cours aux forces antagonistes activées par la révolution russe et ses répercussions caucasiennes et par l'approfondissement de l'ingérence britannique, la Grande-Bretagne ayant la charge du Caucase à partir de décembre 1917. Reginald Teague-Jones, qui, en mai 1918, rejoint Meched au nord de la Perse, change de mission et de théâtre d'opérations. Les Britanniques en effet sont alors moins inquiets des dernières tentatives d'influence allemandes dans le golfe que de la révolution bolchevique qui non seulement conduit à la désintégration de l'Empire russe, mais encore menace de bouleverser par contagion l'ensemble de l'échiquier eurasiatique. Certes, en signant la paix de Brest-Litovsk (3 mars 1918), le gouvernement bolchevique consent à l'évacuation de l'armée russe du territoire persan, tout comme il cède aux Turcs les districts de Kars et d'Ardahan. Mais cette renonciation aux principes d'expansion de la diplomatie tsariste est une arme à double tranchant : aux yeux des experts orientalistes du nouveau régime, la Perse pourrait être l'un des terrains possibles, le premier peut-être, du rêve d'expansion révolutionnaire. Dans la nouvelle configuration du Grand Jeu, la Perse est donc plus que jamais une pièce cruciale d'où, dans le courant de l'année 1918, les Britanniques vont chercher à déployer leurs forces d'intervention en Transcaucasie ainsi qu'en Transcaspie. La trajectoire de Reginald Teague-Jones qui, après sa mission dans le golfe Persique, approche désormais le nord de la Perse et s'inscrit donc dans ce contexte général qui rend encore plus appréciables les services d'un agent parfaitement russophone. Probablement de retour à Simla au début de l'année 1918 où il fut instruit de sa nouvelle mission, Reginald Teague-Jones revient en Perse via le Baloutchistan par le chemin de fer qui de Lahore ou Quetta permet d'atteindre Nouchki, puis Mashki Chah sur la frontière persane.

Sur la route de Meched

La dernière année de la guerre fut sans doute la plus pénible de toutes en Perse, ce pays neutre qui pourtant n'était pas demeuré en dehors du conflit. Situation paradoxale car si les troupes russes se retirent officiellement du territoire persan, les troupes d'occupation ottomane sont quant à elles encore présentes dans le nord, en Azerbaïdjan iranien jusqu'à Zendjan et localement relayées par les Kurdes jusqu'à la ligne Hamadan-Qazvin tenue par les Britanniques. Le retrait des troupes russes confirme la mainmise britannique sur le pays mais les Anglais ne contrôlent alors en réalité qu'une partie du territoire : Téhéran, la frontière orientale tenue par l'East Persia Cordon, et le sud désormais tenu et pacifié par les South Persia Rifles. Le reste du pays, en particulier les provinces centrales, était aux mains des chefs locaux et de bandes de pillards. Routes défoncées, ponts détruits, population en proie à une grave famine et aux épidémies de grippe et de typhus, déliquescence ou absence d'Etat, dette et dépendance financière, la situation de la Perse en 1918 présente tous les ingrédients nécessaires à un coup d'Etat ou à une révolution. L'agitation des provinces du nord, en particulier de l'Azerbaïdjan iranien à proximité du foyer révolutionnaire de Bakou, fait planer désormais la menace de l'expansion communiste, une crainte aggravée par la reprise en 1917 de la rébellion des Jangalis dirigée par Kutchuk Khan dans la région caspienne du Gilan. Le spectre d'une mainmise germanique sur le pays a donc cédé le pas à la menace de l'expansion communiste. La Perse conserve ainsi un rôle essentiel aux yeux des Britanniques, mais leur zone d'intérêt géostratégique est désormais située plutôt au nord du pays. Dans cette zone, les relations entre les Anglais et la brigade cosaque persane placée sous le commandement du colonel Staroselsky[22], demeuré fidèle au régime tsariste mais très antibritannique par conviction, évoluent considérablement. Bénéficiant à partir de la révolution bolchevique de l'aide financière britannique, la brigade cosaque persane, qui place tous ses espoirs du côté des Blancs et dans la restauration du régime impérial, a alors pour mission de saboter les relations entre l'Iran et le nouveau régime soviétique et de tenter de mettre un terme à la rébellion des Jangalis. En mars 1919, la Norperforce dirigée par le général Champain rejoindra la brigade cosaque de Staroselsky en vue d'une attaque coordonnée contre les rebelles. D'autre part, pour tenter de sauver le Caucase et, en particulier Bakou, de la double menace turque et bolchevique, les Britanniques envoient un corps expéditionnaire, la

Dunsterforce, dirigée par le général Dunsterville, qui pour rejoindre Bakou traversa la Perse sans même aviser le gouvernement de Téhéran. Enfin, la mission du général Malleson, la Malmiss, est chargée de contenir une avance éventuelle germano-turque au-delà de la Caspienne : par le nord de la Perse, elle est chargée d'établir des contacts en Transcaspie afin d'empêcher les Turcs d'accéder au port de Krasnovodsk et, au-delà, au chemin de fer transcaspien. Ainsi la Perse, elle-même au bord d'une explosion révolutionnaire, est devenue la base arrière du nouveau combat que mènent les puissances alliées contre le régime bolchevique. Au printemps 1918, la mission en solitaire de Reginald Teague-Jones s'inscrit dans ce tableau.

Mission solitaire certes, mais les quartiers généraux de Simla ont en réalité mis au point plusieurs missions dans la partie septentrionale de la Perse, les unes vouées au renseignement opérationnel, les autres destinées à renforcer le dispositif militaire britannique. Lorsque Reginald Teague-Jones, le 28 avril 1918, s'embarque dans le train qui va le mener de Nouchki au terminus de la ligne à Mashki Chah, dans le désert un peu au-delà de la frontière indo-persane, il apprend à Dalbandin qu'il est devancé par un certain major Bingham dont la caravane transportant les effets personnels comprenait pas moins de douze chameaux ! Attaché à son confort en toutes circonstances, Bingham n'a visiblement pas pour but de mener une mission discrète et Reginald Teague-Jones s'en amuse. « Un de ces “conspirateurs” de Delhi, Bingham était à présent lui aussi en route vers Meched, sa mission consistant moins en renseignement qu'en explorations pour sonder les éventuelles possibilités de créer une mission militaire[23]. » Surtout ce major Bingham semait un vent de pessimisme parmi les Britanniques postés dans la région : selon lui, les Turcs avaient tout simplement traversé le Caucase, s'apprêtaient à envahir l'Asie centrale et pourraient bien faire leur apparition dans le Sistan, réalisant ainsi le plan pantouraniste d'Enver Pacha. Selon Bingham, « rien mais absolument rien ne pourrait les arrêter. L'Afghanistan se soulèverait au moindre signal venant des Turcs et le

Baloutchistan suivrait. Aucun d'entre nous, pauvres hères de l'East Persia Cordon, n'avait la moindre chance d'en revenir vivant[24]. » Descendu au terminus de la ligne à Mashki Chah – prolongement achevé en 1916 de la ligne Quetta-Nouchki et réponse à l'initiative russe d'établir un chemin de fer reliant Merv à la frontière nord-ouest de l'Afghanistan – où un chauffeur était venu le chercher au volant d'une Ford, Reginald Teague-Jones entre en territoire persan. C'est le début d'une équipée aventureuse, plein nord à travers le Baloutchistan persan et le Sistan dans une contrée désertique à peu près dénuée de route. « Je découvris bientôt que mon chauffeur indien avait une connaissance très primaire de la conduite. Sa connaissance de la conduite automobile était encore plus élémentaire que la mienne. Et surtout, ce qui était beaucoup plus sérieux, il ne semblait pas avoir la moindre idée de la route. En fait d'ailleurs, il n'y avait pas de route, même pas une piste, à part les nombreux sentiers de chèvres qui se croisaient un peu partout et qui bien sûr, n'étaient d'aucune utilité. J'avais sur moi une carte à grande échelle et un compas, mais cette carte me plaçait presque toujours hors du bon chemin. Sur cette carte courait la ligne pointillée de l'Indo-European Telegraph Line. Comme elle était orientée sud-est, nord-ouest, je décidais donc de prendre plein nord jusqu'à ce que nous croisions cette ligne télégraphique[25]. » Une perte de temps supplémentaire car la carte s'avéra fausse une fois de plus mais finalement Reginald Teague-Jones et son chauffeur parviennent à Saindak, puis décident de rejoindre sans plus attendre Robat où le général Dale, commandant des forces de l'East Persia Cordon, était annoncé. Des kilomètres d'une route morne le long de la frontière de l'Afghanistan. « Je n'avais jamais été aussi près du territoire afghan et je me fis un devoir de traverser la ligne juste pour dire que j'avais effectivement été en Afghanistan. » Contrée désolée, oubliée d'Allah, hostile à la vie animale et végétale, où la sécheresse combine ses effets avec ceux d'épizooties saisonnières particulièrement fatales aux chameaux, moyens de transport indispensables. Pour cette raison, les tribus évacuaient leurs troupeaux pendant les mois d'été vers des régions réputées plus sûres. « Mais la guerre ne prend pas en compte de tels facteurs. Les unités indiennes de l'East Persia Cordon devaient être ravitaillées et cela se faisait au moyen d'un système de convois réguliers de chameaux en grand nombre. Les hommes des tribus répugnaient à apporter leurs bêtes vers ces régions écrasées de chaleur et demandaient pour cela des sommes exorbitantes. Ils les obtinrent mais dans chaque convoi, le taux de mortalité était incroyablement élevé et ce terrible gaspillage de la vie animale n'était rendu que trop évident par les milliers de squelettes blanchis qui parsemaient la section méridionale de cette longue route caravanière vers Meched[26]. » Arrivé à Robat le 2 mai 1918, presque en même temps que le général Dale, Reginald Teague-Jones y fait également la rencontre d'un certain lieutenant Ward, un jeune subalterne qu'il avait croisé au quartier général de Delhi. Discret et ostensiblement plongé dans l'étude de cartes géographiques, « tout ce qu'on savait de lui était qu'il était arrivé avec des instructions du War Office. Ward ne daignait donner aucune information sur lui-même et d'ailleurs, le jour suivant, il était parti, d'après ce que je compris, pour quelque affaire à Peshawar. Et maintenant, je découvrais qu'il prenait la même direction que moi. J'étais très content de découvrir que j'allais avoir un compagnon mais très perturbé d'entendre de la bouche de Ward qu'il n'y avait aucun moyen de transport et donc que nous devrions attendre entre dix et quatorze jours à Robat pour prendre le prochain convoi. Ensuite seulement nous pourrions avancer avec les chameaux par lentes étapes[27]. » Reginald Teague-Jones, qui n'a pas de temps à perdre, fit immédiatement valoir l'urgence de sa mission et demanda au général Dale de lui procurer une voiture. Requête qui se heurte au refus catégorique du général, ce dernier ne prenant en compte ni l'urgence de la mission, ni le fait que Reginald Teague-Jones n'était pas un jeune officier subalterne mais bien « un Political Officer indépendant agissant directement sur l'ordre de Simla[28] ». Il envoie d'ailleurs à ses supérieurs un long rapport sur la route qu'il a empruntée jusqu'à Robat ainsi qu'une lettre décrivant l'attitude peu coopératrice du général

Dale. Et en attendant les chameaux nécessaires à la poursuite de l'aventure, il faut s'armer de tout le courage et le flegme nécessaires. « Robat est un coin pestilentiel maudit des dieux dont l'atmosphère poussiéreuse est rendue encore plus déprimante par la présence de myriades de mouches. Je n'en avais jamais vu autant. Je pensais qu'elles étaient déjà assez insupportables à la Frontière du Nord-Ouest où les chevaux et les ânes campés à votre porte les attiraient de près ou de loin, mais Robat de ce point de vue se distinguait tout à fait. Si dans les postes de la Frontière, une flopée de mouches en comptait des milliers, ici à Robat elle en comptait des dizaines de milliers. C'était pratiquement impossible de boire du thé. On jetait le breuvage trouble de la première tasse et quand on prenait la théière pour verser le thé, les mouches venaient littéralement avec. Elles vous couvraient les bras et le cou, noircissaient le papier sur lequel vous étiez en train d'écrire et littéralement vous conduisaient au désespoir. Nous revêtions presque tous des filets autour de nos visages et aussi sur nos mains quand nous étions au repos[29]. » Autant ne pas faire de vieux os à Robat…

Au terme d'une route éprouvante, parcourue à dos de chameau, Reginald Teague-Jones et son compagnon approchent enfin, le 17 mai 1918, de Nasratabad, capitale du Sistan aux bords du lac Hamoun, où ils sont reçus par le consul britannique, le colonel Prideaux, dont la fraîcheur et la tenue blanche et immaculée contrastent avec la crasse des deux voyageurs. Le lac Hamoun est aujourd'hui victime d'une catastrophe écologique comparable à celle de la mer d'Aral et se trouve réduit à quatre plans d'eau mais, à l'époque, sa superficie était estimée à 150 000 miles carrés, bien que les dimensions du lac soient en réalité impossibles à évaluer tant elles varient selon le temps, la saison ou l'année. Situé dans une zone géostratégique sensible, le lac Hamoun marque le point de rencontre des frontières de trois pays – l'Inde (mais aujourd'hui le Pakistan), l'Afghanistan et la Perse –, ce que les spécialistes de géopolitique appellent une « triade ». Tributaire d'au moins deux rivières saisonnières, le Halil et le Bampur, le lac Hamoun, essentiel à l'irrigation et à la vie de la région du Sistan, n'a qu'un seul tributaire pérenne, le Hilmend, « père du Sistan », long comme la Loire depuis les hautes montagnes d'Afghanistan où il prend ses sources jusqu'à l'énorme delta qu'il a accumulé dans la cuvette du Hamoun. Ressource essentielle, le lac Hamoun est traversé par la frontière perso-afghane. En 1872, les Britanniques avaient fixé la frontière le long du bras principal du Hilmend dans le delta, situation qui se traduit en 1905 par l'octroi à l'Afghanistan des deux tiers des eaux du delta du Hilmend contre un tiers seulement à la région plus densément peuplée et cultivée du Sistan persan, créant ainsi les conditions géopolitiques d'une « guerre de l'eau » entre les deux pays. Lac d'eau douce, le lac Hamoun est un gigantesque étang, sec en hiver, plein à la saison des hautes eaux, précisément celle où y passe Reginald Teague-Jones. En l'absence de gué, la traversée du Hamoun se fera sur des *toutins*, embarcations faites de longs paquets de joncs séchés attachés ensemble et que l'on pousse à la perche. La traversée dure pas moins de quatre heures, une occasion pour les deux hommes d'admirer la civilisation du Sistan deltaïque, si ce n'étaient les myriades de moustiques. Ils sont conduits par des Sayads, population de pêcheurs qui vivent des ressources variées du lac et sont seuls à même de les conduire par des chenaux tortueux traversant d'énormes forêts de roseaux, larges de plusieurs kilomètres que l'on appelle les *naïzars*. Les deux hommes ne s'attardent pas, prennent immédiatement la route de Neh, puis atteignent Birdjand le 20 mai 1918. A Birdjand, nouvelle rencontre et nouvelles escarmouches avec l'irascible général Dale qui se soucie peu de la nécessité pour Reginald Teague-Jones de rallier Meched au plus vite. Les deux hommes repartent finalement à cheval, atteignent Kaïn puis Turbat-i-Heideri où déjà l'influence russe est perceptible dans les costumes – hautes bottes et *kaftans* –, les articles en vente au bazar, ainsi que les enseignes parfois en caractères cyrilliques des échoppes. Reginald Teague-Jones y fait la rencontre du consul russe, un certain Maximov, remplaçant de l'ancien consul tsariste dont il rencontre également la femme, demeurée là car elle y avait une maison et un verger, « ce qui était toujours mieux que de vivre sous les bolcheviks ». Le 29 mai 1918, Ward et Reginald Teague-Jones font leur entrée dans la ville sainte de Meched et se rendent immédiatement au consulat général de Grande-Bretagne.

Meched : Teague-Jones aux avant-postes du Turkestan russe

Au printemps 1918, Meched, capitale commerciale du Khorassan oriental et ville sainte du chiisme persan, comportait une colonie britannique relativement importante, mais point de mission militaire. Reginald Teague-Jones et Ward, son compagnon de fortune, arrivent à Meched, tous deux chargés d'une mission en solitaire qui doit les mener au-delà de la frontière dans le Turkestan russe. Ils précèdent donc la Malmiss, cette mission militaire dirigée par le général Malleson qui quitta Quetta en juin 1918 en direction de la province du Khorassan, empruntant la même route que Reginald Teague-Jones dont les rapports donnaient un descriptif détaillé. Arrivée à Meched à la mi-juillet, la mission militaire dirigée par Malleson[30] avait pour objectif de surveiller l'évolution de la situation de la Transcaspie – placée sous la double menace des Turcs et des bolcheviks –, de prendre toutes les mesures nécessaires contre la pénétration éventuelle d'agents ennemis par l'ouest de l'Afghanistan ou le Baloutchistan, de garder un œil sur Herat et, enfin, d'empêcher par tous les moyens les Turcs d'utiliser le chemin de fer transcaspien au cas où Bakou tomberait aux mains de l'Armée verte de Nouri Pacha. Malleson, qui était plutôt *desk general* que militaire de campagne, avait fait l'essentiel de sa carrière dans les services de renseignements de l'Indian Army et dans l'équipe de lord Kitchener de 1904 à 1914. Bon connaisseur de la Perse et de l'Aghanistan – il avait notamment produit une étude très complète des voies de communication dans l'Asie moyenne –, « son choix en tant que commandant de la mission à Meched était dû évidemment à ses connaissances exceptionnelles ainsi qu'à ses capacités d'officier de renseignements, bien plus qu'à son expérience en tant que commandant de troupes sur le terrain, un rôle pour lequel il n'était clairement pas pressenti à Simla lorsque fut envisagé le projet d'envoyer une mission dans le nord-est de la Perse[31] ». Dans le cours ultérieur de la mission de Reginald Teague-Jones, le général Malleson deviendra sur le terrain à partir de la mi-juillet 1918 un interlocuteur incontournable. Reginald Teague-Jones, on le verra, ne le tient pas en grande estime.

Meched, « lieu du martyre » et du tombeau de l'imam Reza (Ali ibn Musa al-Rida), objet du grand pèlerinage chiite, est un centre névralgique de la Perse sur le plan religieux et politique. Les Russes l'avaient expérimenté lorsqu'en 1912, ils bombardèrent le sanctuaire de l'imam Reza, causant chez les chiites un ressentiment persistant. Porte de la Perse du Nord-Est, maintes fois détruite par les invasions et les terribles séismes qui sévissent dans les montagnes proches et maintes fois reconstruite, Meched n'est pas loin de Koutchan d'où les Russes ont aménagé, en 1885, une route de poste qui, franchissant un haut col du Kopet Dagh, permet de gagner Achkhabad dans le Turkestan russe. Cette situation géographique fait de Meched une base arrière idéale pour toute mission de subversion menée par les Britanniques dans le territoire du Turkestan russe. Point de ralliement, le consulat général de Grande-Bretagne est un lieu paradisiaque et enchanteur : une maison coloniale où l'on accède par un patio aux blanches colonnettes, littéralement enfouie sous la végétation exubérante d'un jardin à l'anglaise : de magnifiques rosiers, un potager, une vache, des courts de tennis et de badminton, les agréments du lieu sont appréciables après une route aussi éprouvante. Accueilli par l'attaché militaire à la porte du consulat, le colonel Redl – un homme extrêmement irritable –, Reginald Teague-Jones a immédiatement avec lui une conversation en tête à tête qui révèle la teneur de la mystérieuse mission de Ward. Aventurier en herbe ayant obtenu une commission dans la Rifle Brigade, Ward lors d'un séjour à Londres avait contacté le War Office par l'intermédiaire d'un officier qui travaillait au sein de la section russe du renseignement. De sa propre initiative, Ward avait réussi à convaincre les responsables compétents du War Office de donner leur aval à son plan qui consistait à pénétrer en territoire transcaspien, faire sauter un grand pont entre Achkhabad et Krasnovodsk et rendre ainsi le chemin de fer transcaspien inutilisable en cas d'avance turque dans la région. « Concernant la question de détruire ce pont d'un point de vue technique, Ward prétendit avoir une certaine expérience des explosifs. Où avait-il eu cette expérience, personne ne semblait le lui avoir demandé, on le crut sur parole. Et voilà Ward envoyé en mission autour du monde avec la bénédiction du War Office, via le Canada et le Japon afin que nul ne soupçonne son ultime destination au Turkestan. » Il se retrouva ainsi à Delhi où Reginald Teague-Jones fit sa connaissance et, comme signalé plus haut, « il disparut à Peshawar pour de très rapides séances d'instruction sur les explosifs, et incidemment eut aussi l'occasion de renouer rapidement avec la pratique du pachtou. Il apparut qu'il avait une caisse d'explosifs dans les bagages qui le suivaient quelque part derrière lui et à sa demande pressante, Redl envoya un télégramme au terminus du train pour accélérer leur livraison. Maintenant que le terrible secret de Ward avait été dit, il n'y avait évidemment plus entre nous aucune autre forme de réserve. Alors que je l'admirais pour la manière dont il avait gardé pour lui toute cette affaire, je ne pouvais m'empêcher de penser qu'il n'avait pas la moindre chance de réaliser, fût-ce la moindre parcelle du plan qu'il avait entrepris. En premier lieu, il n'avait la connaissance d'aucune langue en dehors de quelques bribes de pachtou et quelques chansons paillardes en français. En second lieu, bien qu'il ait eu par certains aspects un esprit pratique, il manquait d'expérience et semblait tout à fait incapable de se dépatouiller tout seul. Je suis convaincu que si je ne l'avais pas embarqué à Robat, il n'aurait jamais pu trouver seul son chemin vers Meched[32]. »

Au consulat de Meched, le maître de céans est le colonel Grey, le type même du consul moderne selon Reginald Teague-Jones, dont les manières aristocratiques s'alliaient à une bonne connaissance du pays. Grey a passé quelque temps dans le golfe Persique et parle couramment le français, le persan et l'arabe. D'un tempérament nerveux, il supporte apparemment très mal la compagnie du colonel Redl qui, au lieu de vivre dans sa propre maison, toute proche, au-delà du merveilleux jardin, avait choisi d'élire domicile au consulat où l'intrigante Mrs Redl supervisait la bonne marche de la maisonnée. Parmi les autres Britanniques présents au printemps 1918 à Meched, le capitaine Sydney Jarvis qui, avec son compagnon A. Gordon, avait accompli un long périple à travers la Russie révolutionnaire et connu une véritable odyssée. Partis de Petrograd en mars 1918, les deux hommes, qui faisaient partie des militaires de la mission britannique détachée auprès du quartier général de l'armée russe, étaient des interprètes, Jarvis ayant été avant guerre ingénieur d'une firme britannique active en Russie. Après février 1918 et le démantèlement de cette mission, Jarvis et Gordon rallient Tiflis le 11 mars où ils rejoignent la mission britannique du colonel Pike, puis Bakou le 5 avril où les derniers Européens se préparent à fuir. De là, Jarvis et Gordon embarquent sur le steamer *Kokot* et débarquent à Krasnovodsk. Le 21 avril 1918, ils sont à Meched, d'où Jarvis s'est ensuite rendu à Téhéran. Selon Reginald Teague-Jones, « Redl avait été impressionné par l'expérience qu'avait Jarvis de la Russie, une expérience qui lui faisait personnellement défaut, et particulièrement par le fait que Jarvis avait eu une connaissance des aspects post-révolutionnaires de la Russie et avait eu même à parler avec des bolcheviks. Redl avait demandé que l'on puisse garder Jarvis à Meched et il était entendu qu'il reviendrait bientôt de Téhéran[33]. » Avant l'arrivée de la Malmiss, un petit détachement de l'Indian Army, fort mal équipé à cause de la négligence du général Dale, constituait un effectif militaire plutôt réduit et singulièrement inopérant, alors que les Britanniques étaient confrontés à des enjeux complexes. « La question qui occupait les esprits aussi bien des Turcs que de nous-mêmes au début du mois de juin 1918, était premièrement, de savoir si les autorités bolcheviques en Transcaspie chercheraient à s'opposer à une avance turque vers l'est de la Caspienne, et deuxièmement, au cas où les bolcheviks ne tenteraient pas de s'opposer à une telle avance, si les Britanniques seraient capables de s'interposer indépendamment des bolcheviks. Les bolcheviks eux-mêmes ne savaient quelle attitude adopter. A un moment, ils voulaient combattre le Turc. A un autre moment, après le traité de paix facilité par l'argent turc et allemand, ils se refusaient à poursuivre tout combat. Nous fûmes également informés qu'il y avait un grand nombre d'agents allemands, autrichiens et turcs à Achkhabad qui semblaient être en bons termes avec les commissaires bolcheviques, mais à quel jeu jouaient-ils, nous n'avions aucun moyen de le savoir. Nos renseignements en provenance de l'autre côté de la frontière étaient honteusement maigres et cela ne plaidait pas en faveur de l'organisation de Redl. En fait, j'étais véritablement intrigué par ce que Redl avait bien pu faire pendant tout ce temps, alors qu'il était dans un centre aussi important que Meched, et pourtant ignorant totalement ce qui se passait réellement de l'autre côté de la frontière. Le colonel Grey était bien informé de la situation interne à Meched et dans le Khorassan en général, mais je fus surpris de constater que lui aussi ne connaissait pratiquement rien sur les événements actuels en Transcaspie. D'ailleurs, il admettait franchement qu'il consacrait toute son attention sur la situation et les événements dans son propre district et envisageait ceux qui survenaient sur le territoire de la Russie comme n'étant absolument pas de son ressort[34]. »

En fait, si Reginald Teague-Jones a pour mission de gagner le territoire du Turkestan russe, il est amené à analyser les développements de la politique locale dans la région de Meched et à tisser des réseaux potentiellement utiles. Sur les instances de Grey, il doit s'intéresser aux activités du Tsentrosoïouz, une coopérative commerciale russe basée à Moscou envoyant au début du mois de juin 1918 une délégation formée de huit Juifs russes venant d'Achkhabad qui, après avoir séjourné quelques jours à Meched, a essaimé dans les villes voisines de Nichahpour, Koutchan et Sabzewar. Officiellement, leur mission était d'acheter une cargaison de grains, de raisins et de coton. A Koutchan, Khabat et Vaksine, membres de cette délégation commerciale, ont acheté un *sarai*, un entrepôt commercial dont Reginald Teague-Jones soupçonne les autres finalités. S'étant fait un allié de l'agent commercial britannique de Koutchan, un Arménien nommé Hovsepiants, Reginald Teague-Jones s'emploie d'une part à « propager le prestige britannique » en achetant une cargaison de pain destinée aux affamés de la ville et d'autre part, à entrer par effraction dans le *sarai* acheté par la délégation soviétique pour en explorer les secrets. « Le *sarai* était exceptionnellement grand et on était frappé dès le premier abord par les avantages de sa structure qui pouvaient rapidement le transformer en fort. Il était entouré des hautes murailles habituelles mais, ce qui aurait été dans un *sarai* ordinaire, les étables destinées aux mules et aux chevaux et les entrepôts destinés aux grains, étaient en fait des grandes pièces avec un sol en pierre et des montants de fenêtres en bois. Ces aménagements venaient d'être réalisés (...) un coin du *sarai* avait été reconstruit comme si le propriétaire avait l'intention d'y installer une mitrailleuse. De l'extérieur, le *sarai* ressemblait à un poste typique de la frontière, hormis le fait qu'il n'y avait pas encore de meurtrières. La situation était admirable pour un tel usage vu que le *sarai* avait été construit dans une position isolée aux limites des abords de la ville, le long de la route principale[35]. » Autant dire que la mission commerciale agissait pour le compte des services secrets de la Russie soviétique. Cette hypothèse concorde avec les activités des agents bolcheviques en Perse, de part et d'autre d'une frontière poreuse[36]. Egalement concordante avec le lieu et la période, la stratégie d'instrumentalisation des minorités en Perse du Nord à laquelle s'essaient les Russes comme les Britanniques. Reginald Teague-Jones doit également assister Ward « toujours obsédé par son pont dont la destruction était la seule raison d'être de son formidable voyage autour du monde », une mission dont l'urgence était d'autant plus ressentie à Simla que les Turcs avançaient maintenant en Transcaucasie. Comment gagner le Turkestan depuis la Perse avec la cargaison nécessaire d'explosifs, sans amis, ni complices ?

Reginald Teague-Jones déploie en ce mois de juin 1918 une énergie considérable à trouver ou à créer des réseaux de complicité. Les Arméniens dont les réseaux marchands s'étendent jusqu'à Achkhabad et qui y auraient constitué une milice urbaine de 700 hommes pourraient être une bonne option, mais, après réflexion, Reginald Teague-Jones s'en détourne. Selon ses propres termes, il évolue ensuite vers un plan encore plus audacieux qui consiste à acheter les services de brigands kurdes susceptibles de l'accompagner à travers les montagnes par des sentiers de contrebande jusqu'à un point précis du chemin de fer. Ensuite, Ward n'aurait plus qu'à faire sauter la voie. Décidé à trouver « le type adéquat de brigand kurde », il en interviewe en effet quelques-uns dont le plus remarquable est le chef Khuda Verdi surnommé par ses amis et ses ennemis « Khuddu », un authentique égorgeur, un vrai bandit de grand chemin qui patronnait la contrebande entre la Perse et la Transcaspie. Un visage de loup cruel surmonté d'un énorme *papakh*, Khuddu, vêtu d'un long kaftan d'où émergeaient deux poignards circassiens, des molletières et des mocassins, force le respect et l'admiration de Reginald Teague-Jones. Immédiatement, le Kurde lui demande de l'aider à éliminer une ou deux personnes, dont le gouverneur de Koutchan qu'il lui semblait impossible d'assassiner lui-même en raison de sa position officielle. Bien que Reginald Teague-Jones l'assure de sa sincère sympathie sans donner une suite quelconque à sa demande, il apparut bien vite que la variante kurde devait être également abandonnée. « Mais de mes conversations avec Khuddu, j'arrivais néanmoins à la conclusion qu'il était possible de s'aventurer dans les montagnes avec un groupe de coupe-gorge et quelques mules chargées d'une cargaison d'explosifs, mais ceci seulement jusqu'à la frontière. De l'autre côté, les Kurdes seraient en dehors de leur territoire. Ils seraient traités en raiders et tout ce que je pouvais au plus attendre d'eux serait de se ruer vers le chemin de fer, me laisser là avec le matériel et retourner à la frontière aussi vite que possible. Ensuite que deviendrais-je, échoué sur la ligne de chemin de fer en territoire hostile nanti d'un lourd chargement d'explosifs dont je ne savais que faire ? Je serais arrêté par le premier groupe de Turkmènes passant par là, tué sur-le-champ ou emmené à Achkhabad et montré comme une curiosité ou comme un espion qui avait été assez idiot pour se faire attraper. Tout cela, bien sûr, si je n'avais pas été auparavant assassiné dans les montagnes persanes par les Kurdes eux-mêmes[37]. » De retour à Meched, le 24 juin 1918, Reginald Teague-Jones décide donc de soumettre à Redl son ultime résolution : il se propose de se rendre lui-même à Achkhabad afin de se rendre compte de la situation. Ayant reçu l'aval de Simla, il est décidé que Jarvis, le seul à avoir récemment traversé le territoire russe, le devancera. Le 3 juillet 1918, Reginald Teague-Jones, ayant adopté le costume d'un marchand arménien de Perse accompagné de son factotum, Goulab Hussein, prend la route des montagnes qui, au nord-ouest de Meched, ouvre le chemin d'Achkhabad.

– 4 –

Achkhabad et l'épisode transcaspien

Le 1er juillet 1918, Reginald Teague-Jones et Goulab Hussein, accompagnés du serviteur Din Mouhammed, quittent Meched à dos de mules, en direction du Turkménistan. Pour assurer leur sécurité et garder le secret de leur mission, les deux hommes ont choisi au bazar de Meched les pièces d'un déguisement apte à tromper l'attention de la population locale. Si Goulab Hussein peut facilement passer pour un Persan – venu d'Inde, il est de confession chiite et parle couramment le persan –, Reginald Teague-Jones, lui, a choisi le costume d'un marchand arménien. Ce costume improvisé consiste en un long manteau fermé d'une épaisse ceinture ou d'une large cape. Une écharpe, une toque ou un turban, complètent cet habit arménien, employé depuis le XVIe siècle dans l'Orient musulman par les missionnaires, les marchands et les voyageurs européens[1] comme un passeport informel. Reginald Teague-Jones, agent opérationnel en route vers le Turkménistan, reprend ainsi une tradition ancienne qui imposait aux chrétiens, ambassadeurs ou moines, marchands ou simples voyageurs, de circuler en habit arménien. Trois hommes et quatre mules chargées du matériel sommaire destiné au campement s'acheminent à travers les collines, prélude aux aventures transcaspiennes. Ce trek impose de voyager légèrement, mais Reginald Teague-Jones a tout de même emporté un lit de camp – pour éviter les paillasses crasseuses des caravansérails –, un réchaud qui permettra à Din Mouhammed de cuisiner ses repas et trois *chagals* – des outres – rapportées depuis Quetta au cas où l'eau, pourtant abondante dans la région, viendrait à manquer. Enfin, Reginald Teague-Jones s'est vu confier pour cette mission une quantité considérable de *nikolayevsky*, des roubles datant du régime tsariste, qui avaient encore cours en 1918 dans certaines régions de la Russie révolutionnaire. « La doublure de mon manteau était remplie de ces billets, mais l'essentiel de l'argent se trouvait dans la troisième *chagal*. Aux yeux de n'importe qui elle ressemblait exactement aux deux autres, en dehors du fait que si on la pressait, il n'en sortait pas de l'eau[2]. » Après les collines, viennent les hautes montagnes qui séparent la région persane du Khorassan de la Transcaspie. Jusqu'à Khakistar, poste de douane sur cette piste caravanière, la randonnée se déroule sans encombres, laissant à Reginald Teague-Jones le loisir d'observer et de repérer des terrains plats susceptibles de servir de terrains d'atterrissage. A Khakistar, au poste de quarantaine pour les voyageurs arrivant de Russie où le choléra commence à sévir, Reginald Teague-Jones tombe sur une certaine « Madame Popova », « belle-sœur d'une femme très charmante dont j'avais fait la connaissance à Meched » et qui lui donne des nouvelles assez alarmantes sur la situation générale à Achkhabad, tenue encore par les bolcheviks en ce début du mois de juillet 1918. Les dires de cette dame sont en partie confirmés par Jarvis de retour de sa mission à Achkhabad. Retournant à Meched, c'est au poste de Khakistar que Jarvis est en mesure de faire à Reginald Teague-Jones un rapport assez détaillé sur la situation à Achkhabad. Truffée d'agents allemands et turcs, la ville est aux mains des bolcheviks. Jarvis est parvenu à rentrer en contact avec eux de la façon la plus amicale possible, sans pour autant les détromper sur la présence – imaginaire – d'un corps d'armée britannique posté à Meched et prêt à envahir la Transcaspie ! Sans détours, il les a interrogés sur la manière dont le soviet local envisageait l'éventualité d'une invasion turque en Transcaspie. Pour finir, Jarvis a l'impression que les bolcheviks « sont main dans la main avec les Allemands et les Turcs qui incontestablement sont très affairés en Transcaspie. Les Allemands achètent frénétiquement des cargaisons de coton et essaient de mettre la main sur tous les stocks disponibles dans la contrée. Quant aux Turcs, ils sont très occupés à semer leur propagande parmi les Turkmènes et d'autres populations musulmanes, situation qui rend cet endroit plutôt risqué pour un Anglais[3]. » L'entrevue de Khakistar précise et modifie les plans de Reginald Teague-Jones sensible à la valeur militaire du coton, cultivé en abondance en Asie centrale et utilisé pendant la Première Guerre mondiale dans l'élaboration d'un explosif redoutable, le fulmicoton (mélange de coton et de poudre à canon). Plutôt que de se rendre directement à Achkhabad où Jarvis venait de faire une première reconnaissance, il décide de se rendre directement à Krasnovodsk, port de la Caspienne et point de départ du chemin de fer transcaspien dont la position stratégique lui paraît essentielle pour réaliser un plan mirifique : organiser une « conspiration du coton » contre les Allemands. « A partir de ce moment, je rêvais continuellement de coton. Je me voyais arrivant à Krasnovodsk à la recherche de chargements de coton sur les docks et je me voyais avec Goulab Hussein les arroser de pétrole et y mettre le feu en pleine nuit. Je développais ce plan jusqu'à me voir enflammer le port entier de Krasnovodsk ; j'étais décidé à entreprendre cette action qui rendrait inutiles désormais la destruction du pont et tout ce problème du transport des explosifs[4]. » Atteindre la première gare sur la ligne du Transcaspien – Kaakhka où le train passe en principe à 15 h 30 – et foncer vers Krasnovodsk, tel est l'objectif de Reginald Teague-Jones le 6 juillet 1918. S'ouvre alors l'un des chapitres les plus complexes de son existence d'agent opérationnel, car « l'épisode transcaspien », selon la formule de son ami C.H. Ellis, concerne deux théâtres d'opération « interactifs » dans la tourmente de l'été 1918, d'une part Bakou, et d'autre part la Transcaspie. La complexité de ces événements impose d'évoquer séparément, dans le chapitre suivant, les événements de Bakou où Reginald Teague-Jones se rendra à plusieurs reprises durant cet été 1918.

Une mission secrète aux portes de l'Asie centrale en 1918

Aux lendemains de la révolution, le Turkestan russe, territoire du futur Turkménistan soviétique, ne présente pas le décorum futuriste qu'on lui connaît depuis la fin de l'Empire soviétique. Loin des édifices architecturaux de style « persico-palladien » édifiés grâce aux revenus du gaz et du pétrole par Bouygues Turkmen à la gloire du chef de la nation turkmène, Saparmurat Niazov (1940-2006), Achkhabad en 1918 n'est encore qu'une bourgade poussiéreuse et arriérée au cœur d'un Turkménistan colonial, voué par les Russes à la monoculture du coton, véritable « or blanc » de l'Asie centrale. C'est par le fameux chemin de fer transcaspien que Reginald Teague-Jones aborde cet univers âpre et en grande partie désertique, durant l'été 1918.

Le Transcaspien : premières impressions

Arrivé de bon matin à la station de Kaakhka le 7 juillet 1918 et bien décidé à ne rater ni le train, ni l'ouverture du buffet de la gare – unique possibilité de se restaurer dans toute la ville –, Reginald Teague-Jones assis sur une malle attend de voir surgir au loin, vers l'est, les jets de vapeur du Transcaspien. A l'horizon, le soleil se lève sur les montagnes du Kopet Dagh dont le Transcaspien suit la ligne sur ce segment de la frontière avec la Perse. Rencontre entre la modernité et une nature primitive, l'éclat brillant des rails en acier paraît incongru sur le sol désolé. Rien de commun avec les représentations de l'enfance de Reginald Teague-Jones forgées par les récits de voyages et d'aventures, les images et les vignettes glissées dans les plaques de chocolat évoquant l'épopée du Transsibérien et du Transcaspien. A Saint-Pétersbourg, il avait assisté enfant à des parades où le tsar, entouré par les grands-ducs, recevait le salut de vaillants cavaliers cosaques et turkmènes. Impressions assez fortes pour éveiller la passion de l'Orient. Or, la réalité est décevante et le chemin de fer, dans son apparente banalité, est loin de correspondre aux représentations de son enfance. « Les impressions de la jeunesse sont fortes et durables, et voyager en Asie centrale était depuis lors resté l'une de mes plus grandes ambitions. Et maintenant, j'y étais et c'était ça ![5] » Ligne stratégique permettant le contrôle politique du Turkestan, son développement économique et le verrouillage de l'Asie centrale dans le cadre du Grand Jeu opposant la Russie et la Grande-Bretagne, la construction de la ligne de chemin de fer transcaspienne a été supervisée par le général M.N. Annenkov à partir de 1880. Moyen de désenclavement de l'Asie centrale russe – il devait rejoindre les lignes déjà existantes en Sibérie –, le Transcaspien modifie l'organisation de l'espace et suscite la naissance ou le développement des villes situées sur son tracé. Le port caspien d'Ouzoun-Ada n'étant pas accessible aux navires de gros gabarit, c'est le port de Krasnovodsk plus au nord qui a été choisi pour devenir la tête de ligne. Ceci impose des aménagements, la construction d'un port en eaux profondes et d'une splendide gare dont l'architecture de style éclectique évoque aux voyageurs l'Orient à venir. La ligne transcaspienne part de Krasnovodsk en direction du sud-est à travers le désert du Karakoum vers les montagnes du Kopet Dagh en passant par Kizil-Arvat, Achkhabad et Kaakhka, au plus près de la frontière persane. La ligne bifurque ensuite vers le nord-est en direction de Tachkent. La ville de Merv est reliée en 1885, Tchardjoui en 1886, porte d'entrée de l'émirat de Boukhara où l'émir refuse le passage du cheval d'acier. Tachkent, capitale du gouvernorat, est atteinte en 1899. Le tracé du Transcaspien suit la route mythique des caravanes vers Samarcande, suscitant l'essor de quelques villes – Achkhabad qui abritait 2 500 habitants en 1881 en compte près de 20 000 en 1897 –, et marque le lent déclin du transport caravanier. Information importante pour Reginald Teague-Jones, à Kizil-Arvat se trouvent d'importants dépôts ferroviaires, des ateliers de réparation et une communauté implantée sur place d'employés russes du chemin de fer.

En dépit de sa déception Reginald Teague-Jones perçoit le caractère de l'Asie centrale au moment où, le train en provenance de Tachkent arrivé en gare, une foule bigarrée descend du train pour partir à l'assaut du buffet. « Je n'avais jamais vu un tel spectacle. Cela aurait pu tout aussi bien être une scène sortie d'une comédie musicale londonienne. Il y avait des paysans russes vêtus de chemises rouges, des Arméniens et des Persans, des Cosaques et des soldats de l'Armée rouge, des commerçants de Sart et des Boukhariotes, des Turkmènes coiffés de leurs gigantesques papakhs. Dans cette foule, on voyait aussi de jolies jeunes filles et des femmes vêtues à la dernière mode de Paris. Toute cette foule bigarrée prit le buffet d'assaut, commandant des tasses de thé, des quignons de pain noir et des platées de soupe. On ne sait comment tous parvinrent à être servis, mais Asiatiques, Européens, Mongols et Moscovites s'assirent littéralement au coude à coude et purent ainsi satisfaire leur faim[6]. » Monté dans le train, installé près d'une fenêtre pour tenter de repérer le long de la voie les points stratégiques comme les ponts et les conduits souterrains servant à l'irrigation, Reginald Teague-Jones fait alors le premier d'une longue série de voyages à bord du Transcaspien. Durant tout l'été 1918 en effet, il se déplace continuellement entre Kaakhka, Achkhabad, Krasnovodsk et, de l'autre côté de la Caspienne, à Bakou[7]. En gare d'Achkhabad où règne une certaine effervescence, le train s'arrête longuement. Des soldats rouges montent dans le train. Angoisse ! Heureusement pour Reginald Teague-Jones, les Rouges, véritables soudards, se contentent d'importuner les voyageurs. Reginald Teague-Jones reviendra à Achkhabad, « séjour de l'amour », en réalité une oasis transformée par la conquête russe en une ville coloniale moderne, avec des rues parallèles pavées bordées d'acacias délimitant des blocs réguliers, une bibliothèque municipale et une école de formation technique du chemin de fer. La ville, dont un tiers de la population est formé de Persans parmi lesquels bon nombre d'adeptes de la secte Babi, comportait également un embryon d'industrie avec ses ateliers de nettoyage du coton, ses tanneries, ses briqueteries et une usine d'eau minérale.

D'ailleurs la seule chose que Reginald Teague-Jones, affamé, peut y acheter est précisément une bouteille d'eau minérale... Après un long arrêt, le train repart. Reginald Teague-Jones, soulagé, peut s'adonner, en toute discrétion, à l'observation de la voie « mais, en dehors de quelques conduits, je ne vis rien d'intéressant et certainement pas quoi que ce soit qu'on eût pu se donner la peine de faire sauter[8] ». Le fameux pont de Ward devait se trouver quelque part du côté de Krasnovodsk. La nuit tombant, le repérage devient impossible et c'est à minuit que le train fait son entrée en gare de Krasnovodsk. Station d'origine du Transcaspien comptant moins de 10 000 habitants en 1918, Krasnovodsk au pied de collines décharnées, éventrées, çà et là, par des exploitations de gypse, occupe un site brûlant en bordure du golfe baigné alors par des eaux limpides. Lieu de transbordement obligatoire des passagers et des marchandises entre la Transcaspie et le Caucase, Krasnovodsk n'est pas à proprement parler une ville hospitalière : l'eau potable y est fournie par distillation de l'eau de mer, les scorpions y pullulent et la population locale n'a été fixée que par l'activité des docks. Elle n'est donc pas autochtone : ce sont pour la plupart des Persans venus chercher du travail comme portefaix (*ambaly*). Là encore, Reginald Teague-Jones ne s'attarde pas et s'embarque immédiatement pour Bakou. Les événements qui l'attirent de l'autre côté de la Caspienne doivent toutefois être mis en relation avec la situation politique de la Transcaspie proprement dite où il est d'ailleurs de retour deux jours plus tard, le 12 juillet 1918.

De retour à Krasnovodsk, Reginald Teague-Jones ne fait pas sauter de pont, mais il met immédiatement en œuvre l'un des objectifs de cette mission opérationnelle en Asie centrale : entraver l'action des agents germaniques dans la région en s'attaquant à la « question du coton ». « Lors de mon voyage de Kaakhka à Krasnovodsk, j'avais vu des balles de coton empilées sur les bas-côtés de chaque station. A Krasnovodsk, les abords de la voie étaient pleins de chargements entiers de coton et il y avait encore des tombereaux entiers de balles de coton empilées les unes sur les autres, aussi bien le long de la voie ferrée que sur les quais. A Bakou, j'avais appris la présence à Astrakhan d'une mission allemande dont l'objectif était de s'assurer le contrôle de la plus grande partie possible de la récolte en coton du Turkestan. Ils s'étaient complètement gagné les autorités soviétiques et le soviet de Bakou coopérait avec eux au point de leur envoyer les navires disponibles pour le transport à travers la Caspienne[9]. » Grâce à quelques contacts à Krasnovodsk, un certain Dr Arkannikov et surtout Nikolaï Nikolaïevitch Semov, Reginald Teague-Jones parvient en une journée à monter une « conspiration du coton » dont les conséquences pourraient s'avérer aussi intéressantes que le sabotage d'un pont. Intervenant dans l'élaboration de la nitrocellulose et de la « poudre B » (ou encore « poudre blanche » ou « Vieille poudre » du nom de son inventeur, le chimiste français Paul Vieille), utilisée comme explosif et pour alimenter les armes à feu tel le fameux fusil Lebel modèle 1886, largement répandu pendant la Première Guerre mondiale, le coton est un matériau stratégique convoité. D'où le complot orchestré par Reginald Teague-Jones pour détourner cette cargaison de coton dont les Allemands à Krasnovodsk viennent de faire l'acquisition et surveillent le chargement sur des navires en partance pour Astrakhan. Grâce à la complicité d'un ami de Semov, introduit à la station télégraphique de Krasnovodsk dont les pannes étaient fréquentes, un plan est rapidement élaboré. « Le plan était donc que la station radio de Krasnovodsk devait recevoir des instructions télégraphiques depuis Astrakhan, annulant l'opération de chargement des bateaux, puis serait en panne. D. savait comment la mettre facilement hors d'usage et avec un peu de bakchich, il ne trouvait pas difficile de faire en sorte que le message nécessaire soit reçu et délivré de manière adéquate aux autorités locales[10]. » Le message en question, libellé grâce aux connaissances de D. en la matière, ordonnait au Comité exécutif de Krasnovodsk de cesser immédiatement tout chargement de coton et de garder tous les navires disponibles pour le transport de pétrole et de mazout vers Astrakhan. Promptement mis en œuvre, le plan fonctionne à merveille : conformément aux fausses « instructions » d'Astrakhan, le chargement s'arrête, les navires déjà chargés sont déchargés, les balles de coton s'empilent sur le quai… Teague-Jones jubile secrètement ! La suite de cette histoire révélera un autre usage du coton plusieurs mois plus tard, « quand les opérations militaires se transformèrent en une véritable "guerre de chemin de fer", ces nombreuses balles de coton devinrent utiles pour la protection des wagons. Il y avait une pénurie de tôles d'acier et les seules que les ateliers de chemins de fer étaient en mesure de produire étaient en métal souple qui bien sûr ne pouvaient résister aux balles. Un jour un ingénieur russe vint me voir avec un projet d'utiliser le coton comme un revêtement protecteur pour rendre les wagons résistants aux balles et par conséquent utilisables pour les trains blindés. L'idée semblait assez réalisable et le spécimen fut achevé, revêtu de ses tôles en métal, ses sinistres meurtrières et ses cloisons doubles avec une épaisse couche de coton entre les deux. Je fus invité à inspecter ce dernier-né des ateliers ferroviaires de Kizil-Arvat et une démonstration pratique fut organisée. On suggéra que je m'enferme avec l'ingénieur à l'intérieur du wagon, puis que deux mitrailleuses ouvrent le feu. L'ingénieur avait l'air d'être prêt à obéir, mais je suggérai que les mitrailleuses tirent d'abord sur le wagon vide. Ce qu'ils firent. Nous montâmes ensuite dans le wagon pour l'inspecter et découvrîmes que chaque balle avait bel et bien traversé le wagon. Pourquoi ? Le revêtement de coton avait été seulement compressé à la main ![11] » alors qu'une compression hydraulique eût été nécessaire. De retour à Achkhabad le 14 juillet 1918, n'ayant toujours pas aperçu la moindre trace de pont, Reginald Teague-Jones apprend que les autorités bolcheviques ont été renversées par une coalition de travailleurs locaux du chemin de fer. Ce coup d'Etat qui avait eu lieu dans la soirée du 12 juillet modifiait considérablement le contexte dans cette région de l'Asie centrale. Pour Reginald Teague-Jones, il s'agit désormais de rentrer au plus vite à Meched, y rapporter les éléments favorables à une éventuelle action britannique. Retour épique par le même chemin parsemé d'embûches rocambolesques qu'à l'aller : trouver des montures et un muletier à Kaakhka, franchir la frontière et passer outre les formalités de quarantaine. Reginald Teague-Jones, persuadé de l'urgence de la situation, s'impose une randonnée nocturne en compagnie d'une monture vite épuisée qu'il lui faut tirer, pousser et même, à la fin du voyage, porter ! A presque minuit, tombant à moitié mort devant la porte du consulat de Meched, Reginald Teague-Jones trouve Redl, Jarvis et Bingham encore éveillés et disposés à écouter son récit. Faut-il envoyer sans attendre un rapport en Inde, s'enquiert Reginald Teague-Jones. « Non, ce ne sera pas la peine, s'entend-il répondre par Redl. J'ai oublié de vous le dire, nous avons un général ici qui vient juste d'arriver d'Inde. Le général Malleson a pris la direction de la Mission. Il est déjà parti se coucher et je ne crois pas qu'il aimerait être dérangé. Mais il voudra certainement vous voir demain matin ! Un général ! Au lit ! Et il ne doit pas être dérangé ![12] » Reginald Teague-Jones l'apprend à ses dépens : l'urgence de la situation en Transcaspie n'était pas comprise par tous.

La situation en Transcaspie depuis la révolution russe : de l'offensive rouge à l'émergence d'un pouvoir turkmène

En quoi la situation était-elle nouvelle et offrait-elle une opportunité d'action pour les Britanniques ? Le changement de pouvoir à Achkhabad survenait à la suite de nombreux troubles qu'avait connus l'Asie centrale depuis la révolution de février 1917. A Tachkent, après la chute du tsarisme, le Gouvernement provisoire avait déposé le gouverneur général du Turkestan, le général A. Kouropatkine, et nommé à sa place en tant que commissaire du Turkestan un ami personnel de Kerenski. Il conserve ce poste jusqu'à l'apparition des bolcheviks dans la région en novembre 1917, date à laquelle il est remplacé par le « commissaire » Kolesov[13]. Des événements similaires se produisent à Achkhabad où un soviet contrôlé par les bolcheviks se forme puis se délite. Toutefois, un nouveau soviet mieux contrôlé par les bolcheviks – alors même qu'une large partie de la population russe locale est acquise à la cause des mencheviks – parvient à tenir Achkhabad jusqu'en juillet 1918. Mais la formation en février de la même année d'une union turkestanaise anti-rouge regroupant des *djadids* turkmènes, des conservateurs musulmans et des sociaux-démocrates mencheviks russes sous la direction de Oraz Serdar, l'un des fils des chefs turkmènes qui avaient résisté face à la conquête russe lors de la bataille de Gök-Tepe (1881), manifeste l'existence de forces hostiles au bolchevisme. Depuis le 17 juin 1918, des mouvements anti-bolcheviks sont apparus, d'abord à Kizil-Arvat où le commissaire Fralov est tué et ses gardes rouges, annihilés. Une autre révolte survient à Achkhabad où les dirigeants bolcheviques sont arrêtés et tués le 12 juillet 1918. Telle une traînée de poudre, le mouvement se répand le long du chemin de fer transcaspien et en l'espace de quelques jours, la région entière comprise entre Krasnovodsk et Tchardjoui est débarrassée de la tutelle des bolcheviks.

Cette défaite laisse le pouvoir à un nouveau « parti », sans ligne politique précise bien que qualifié de « menchevik » et, à Achkhabad, à un comité exécutif provisoire d'une trentaine de membres, essentiellement des travailleurs du chemin de fer. Quant aux bolcheviks, repliés sur Tachkent, ils rassemblent leurs forces pour lancer de nouvelles offensives à Kaakhka, point névralgique sur la ligne de chemin de fer où se dérouleront les plus violents combats. L'accord signé à Meched, le 19 août 1918, entre la mission militaire britannique désormais dirigée par le général Malleson et le comité exécutif d'Achkhabad prévoit l'assistance militaire britannique grâce à l'envoi de troupes supplétives d'Inde. Reginald Teague-Jones n'a pas été pour rien dans la conclusion de cet accord qui grâce à l'arrivée rapide des troupes indiennes parvient à sauver la position de Kaakhka. Néanmoins, les bolcheviks avancent depuis Tachkent jusqu'à Tchardjoui d'où ils lancent sans succès décisif, dans le courant de l'année 1918, une série d'attaques répétées sur Kaakhka. Délogés de Merv, et bientôt graduellement de Tchardjoui, les bolcheviks ne semblent plus aussi menaçants. Dans ce contexte de calme relatif, le comité d'Achkhabad décide alors de devenir le 5 novembre 1918 le Gouvernement provisoire de Transcaspie. Ce gouvernement devra également tenir compte de l'évolution des élites politiques musulmanes, pour partie ralliées au mouvement jadidiste.

En Asie centrale depuis le début de la révolution, deux orientations politiques étaient apparues parmi les populations musulmanes : une tendance « progressiste » plutôt libérale et en partie ralliée au courant constitutionnel-démocrate (KD) et une mouvance politico-religieuse formée par la *Choura*. Constituée par les dirigeants des oulémas et par des mollahs influents, visant non seulement à la propagation de l'islam mais encore à lui donner une dimension politique, la *Choura* cherche à réaliser l'union des peuples musulmans, leur émancipation du joug des infidèles, la recherche dans le Coran des principes réglementant non seulement la morale, mais encore la vie publique. La 42e sourate du Coran exhorte les croyants à conduire leurs affaires par le principe de la « consultation mutuelle », la *Choura*, ce qui s'est traduit au fil de l'histoire des Etats musulmans par des institutions fort différentes : Conseil d'Etat, conseillers du souverain, parlement, cour de justice, la *Choura* devient même en Asie centrale, le soviet ! Reginald Teague-Jones note que les dirigeants de la *Choura* semblent plutôt accorder leurs faveurs politiques aux intérêts allemands, ce qui les rapproche temporairement des bolcheviks. Mais, arrivés au pouvoir en même temps que le pouvoir bolchevik, les oulémas influents de la *Choura Islam* ne tardent pas à manifester des désaccords fondamentaux. Plus que l'aspect antireligieux du bolchevisme, ceux-ci concernent surtout des motifs politiques. « Les oulémas se déclarèrent comme le gouvernement mahométan, et arguant du fait qu'ils étaient les représentants élus de la grande majorité de la population du Turkestan, demandèrent que le contrôle suprême de l'Etat leur soit octroyé. Les bolcheviks refusèrent de reconnaître les oulémas et en appelèrent à la classe ouvrière musulmane. Cette dernière cependant resta fidèle à ses dirigeants religieux et soutint leur aspiration au pouvoir, proclamant en même temps l'autonomie du Turkestan. Ainsi, pour les bolcheviks, il ne restait plus qu'à renverser les oulémas. Ce qu'ils firent[14]. »

Au même moment apparaissaient à Achkhabad, alors sous la tutelle bolchevique, différents comités musulmans. Loin de reproduire les lignes de fracture politiques nées de la révolution d'Octobre, les tendances de ce nationalisme turkmène naissant traduisent la situation coloniale de l'Asie centrale. Les deux comités d'Achkhabad, le Comité provincial musulman d'une part, et le Comité exécutif municipal de l'autre, ont tous deux pour objectif d'acquérir le pouvoir en Transcaspie. Mais leurs avis divergent concernant l'attitude à adopter vis-à-vis de la tutelle russe. Les uns – comme Mahtoum Qouli Khan, un chef riche et influent – ne voulaient pas porter atteinte aux affaires internes de la Russie. Les autres, plus « nationalistes », voudraient profiter de l'affaiblissement de la colonisation russe pour établir une nation turkmène au sein d'une république indépendante du Turkestan. Telle est l'option représentée par Oraz Serdar, président du Comité provincial musulman, assisté de Ovazbaïev. « Tous deux étaient des propagandistes actifs du mouvement progressiste. Tous deux nourrissaient des solides sympathies pro-turques et répandaient le mot d'ordre de la Transcaspie aux Turkmènes[15]. » Quant au Comité municipal musulman, il était présidé par deux Turcs caucasiens, Khanlar Beg Agaïev et Salman Askerov. Ces deux comités ne purent survivre au conflit qui ne tarda pas à les opposer aux bolcheviks locaux : à la dissolution de la *Choura-ul-Islam* de Tachkent succéda bientôt la dissolution des deux comités d'Achkhabad dont les dirigeants durent s'enfuir. Khanlar Beg Agaïev et Salman Askerov s'enfuirent vers le Caucase tandis que Oraz Serdar et Ovazbaïev cherchèrent refuge dans leurs villages. Ils en sortiront pour prendre une part active au renversement du pouvoir bolchevik en juillet 1918 et revenir à Achkhabad où ils sont chaleureusement accueillis par les mencheviks locaux. La situation du Turkestan n'en reste pas moins confuse, théâtre d'une guerre civile qui oppose non seulement les bolcheviks à leurs adversaires locaux, mais encore les Turkmènes au colonisateur russe et les campagnes aux villes… La brève expérience du gouvernement autonome du Khokand en décembre 1917, anéantie par les bolcheviks deux mois plus tard, suscite ce commentaire sous la plume de Reginald Teague-Jones. Après « le conflit avec les musulmans à Tachkent et à Khokand, les bolcheviks lancèrent un massacre généralisé contre la population indigène. Ces excès ressemblaient plus à du pur hooliganisme qu'à un mouvement politique. Les musulmans furent entièrement assimilés à des contre-révolutionnaires. Les riches indigènes furent volés et tués. La tribu des Sartes qui était la plus riche fut la cible principale de cette campagne. L'attaque contre Samarcande fut organisée par Fralov qui connut plus tard une mort violente à Kizil-Arvat. Un grand nombre de Sartes furent massacrés et la ville pillée de la manière la plus barbare. Un traitement similaire fut réservé à Tchardjoui où le célèbre Allah Yar tomba sur la ville avec ses brigands turkmènes[16]. »

Achkhabad libérée des bolcheviks le 12 juillet 1918, cinq jours à peine après le passage de Reginald Teague-Jones, est donc le théâtre d'une situation politique et militaire dont les Britanniques peuvent tirer profit. Dès les premiers jours de septembre 1918, une nouvelle assemblée turkmène se rassemble à Bezmein, un village près d'Achkhabad. Bientôt appelée Comité exécutif central turkmène, cette assemblée est dirigée par Ovazbaïev. Oraz Serdar quant à lui, dirige vaillamment les Turkmènes dans les opérations militaires contre les bolcheviks mais, manquant d'artillerie, les forces turkmènes et mencheviks combinées sont expulsées de Bairam Ali, près de Merv, point de jonction du chemin de fer transcaspien. Achkhabad menacée serait à nouveau tombée sous la coupe des bolcheviks sans l'intervention des troupes britanniques basées à Meched. En vertu de l'accord du 19 août 1918, un détachement de troupes indiennes pénètre en Transcaspie, parvient à stopper l'avance des bolcheviks, puis à les repousser dans la région de Tchardjoui. Reginald Teague-Jones de même que Ward participent à cette bataille de Kaakhka[17] dont l'issue est décisive. Ward n'en ressortira pas vivant, quant à Reginald Teague-Jones, sérieusement blessé à la cuisse, il garde une pénible impression d'incompétence du côté des mencheviks russes, et même de trahison du côté turkmène, le feu venant parfois de l'arrière ! En effet, « l'arrivée des troupes britanniques fut ressentie de façon très mitigée par les Turkmènes qui commençaient à se considérer comme le principal pouvoir en Transcaspie, et, bien qu'heureux de bénéficier de l'assistance procurée par les troupes britanniques, ils ne pouvaient envisager leur présence dans le pays qu'avec une certaine suspicion. Alors qu'une grande partie des Turkmènes désirait restaurer la paix et l'ordre dans le pays, le parti progressiste nourrissait de fortes sympathies pro-turques. Les Turcs avançaient victorieusement dans le Caucase, la chute de Bakou était imminente, et il y avait peu de doute sur le fait que dans quelques semaines, les forces turques feraient leur apparition en Transcaspie. Le projet de créer dans un proche avenir un khanat turkmène autonome se précisait. L'animosité à l'égard des troupes britanniques s'affaiblit néanmoins lorsque les Turkmènes constatèrent leurs qualités combattantes et comprirent qu'elles avaient en fait sauvé la position. Néanmoins, la crainte que les Britanniques puissent occuper la Transcaspie et ainsi dérober aux Turkmènes ce qu'ils commençaient à considérer comme leur héritage légitime perdurait[18]. » Ce climat de méfiance à l'égard des Anglais domine également les relations avec les Russes présents dans cette coalition hétéroclite et envers qui les Turkmènes manifestent quotidiennement leur esprit d'indépendance, notamment au sein du Comité turkmène de Bezmein. Ainsi, la crainte commune d'un retour du bolchevisme est le seul ciment susceptible d'unir politiquement les représentants de ces groupes sociaux aux intérêts divergents. Et c'est auprès d'un gouvernement transcaspien constitué de la sorte que Reginald Teague-Jones devient, le 30 août 1918, représentant politique de la Grande-Bretagne.

Brève histoire d'un gouvernement éphémère : le gouvernement transcaspien

La préhistoire du gouvernement transcaspien suit la chute des bolcheviks le 12 juillet 1918 et reproduit la « légitimité ferroviaire » qui préside dans cette zone à toute velléité de contrôle politique. C'est ainsi qu'un Comité des employés et des travailleurs du chemin de fer, rapidement formé, se retrouva bientôt à la direction des affaires sans avoir pour autant aucune ligne politique définie. « Personne ne savait ce qu'il était et ce pour quoi il agissait[19]. » Baptisé Comité exécutif au début du mois d'août, le comité assume des fonctions de gouvernement : constitué de représentants de diverses unions professionnelles d'Achkhabad et d'autres villes, d'autres individus choisis pour leur compétence spécifique y furent également adjoints. Certains d'entre eux furent élus pour devenir membres d'un présidium doté d'un droit d'initiative en matière législative et dont les membres sont des « commissaires » selon une terminologie commune avec les bolcheviks. Début novembre cependant, la forme de ce qui s'appelle désormais le Gouvernement provisoire transcaspien est mieux fixée. Il est formé de deux entités, le Comité exécutif et le Conseil des directeurs. Le Comité exécutif est doté des pleins pouvoirs administratifs, décide la politique générale du gouvernement, entre en relations commerciales avec des puissances étrangères et exerce son contrôle sur le Conseil des directeurs. Ce dernier est purement un organe exécutif formé par les chefs de département. Il est responsable devant le Comité exécutif en tant qu'organe, et chaque directeur est aussi responsable pour chaque action engagée par son département. Les portraits croqués par Reginald Teague-Jones des dirigeants de ce gouvernement transcaspien auprès de qui il joue désormais le rôle d'agent de liaison sont délectables. En tête, le président du comité : « Nous ne parvînmes jamais à l'appeler Premier ministre, le camarade Fountikov. Avant que le coup d'Etat de juillet ne le propulse au premier plan, Fountikov n'avait jamais été autre chose qu'un conducteur de train sur le chemin de fer de l'Asie centrale. Au cours de sa vie, il n'y a pas de doute qu'il avait été quelqu'un de très fiable et lorsqu'il était à jeun, certainement un excellent conducteur de train, mais en tant que Premier ministre, il était vraiment tout à fait incompétent. Ses manières étaient on ne peut plus grossières. Tout à fait analphabète mais comme beaucoup de gens de cette espèce, il était aussi insupportablement verbeux, répandait la rhétorique bon marché qu'affectionnent tant les révolutionnaires, en particulier en Russie. Sa plus grande faiblesse était la boisson et bien que la vodka comme les autres alcools forts étaient censés être interdits, Fountikov néanmoins – F. F. Fountikov comme nous l'appelions généralement et comme il s'appelait fréquemment lui-même – était très rarement sobre. Je suppose qu'il s'imaginait que la boisson encourageait sa verve rhétorique. En tout cas, il ouvrait rarement la bouche sans passer totalement pour un âne[20]. » En tant que représentant politique en charge de toutes les relations directes et des négociations entre le gouvernement transcaspien et la mission Malleson à Meched – fonction dont il a été investi officiellement le 30 août 1918 –, Reginald Teague-Jones n'a pas souvent affaire à Fountikov. L'interlocuteur désigné par le gouvernement transcaspien pour être le « ministre des Affaires étrangères » est Lev Alexandrovitch Zimine, ancien instituteur venant de Merv et orientaliste très au fait des questions concernant l'Orient et l'Islam. Personnage tchékhovien, en vérité irritable et plutôt étroit d'esprit, Reginald Teague-Jones juge ce SR de droite honnête homme mais sans grand talent politique. Dans quelques rares moments de découragement, Reginald Teague-Jones avouera être sujet à un accès de « *Ziminitis* »... Autre personnage de premier plan, Kourilev, vice-président du Comité exécutif, un Russe de naissance, est le bras droit de Fountikov, orateur doué exerçant une grande influence sur le président et son administration. « Lui aussi employé de chemin de fer, un garçon plutôt intelligent, beaucoup moins ennuyeux que Fountikov, il avait un solide sens de l'humour. C'est sa fonction qui révéla Kourilev. Cela lui donna une importance considérable aux yeux de la population, en particulier sur ses camarades du chemin de fer. De plus, cela lui donna le droit de transporter partout un énorme revolver qu'il tenait dressé sur son genou quand il s'asseyait sur une chaise ou quand il conduisait son équipage. En plus du revolver, il avait toujours sur lui une grande serviette en cuir remplie de nombreuses "résolutions", "propositions", "estimations" et autres "projets". Quand il était en conversation et qu'il voulait se référer à l'un ou l'autre de ces documents, il renversait sur la table la totalité de sa serviette, mais jamais il ne parvenait à trouver le document qu'il cherchait. Kourilev aimait endosser le rôle de l'homme fort et silencieux, mais malheureusement, il n'était jamais ni fort, ni silencieux et, je dois l'ajouter, n'était absolument pas courageux. Bien que des termes comme "action drastique", "mesures répressives" et "punitions sévères" lui soient souvent venus à la bouche, je suis absolument certain qu'il n'aurait pas fait de mal à une mouche et se serait plutôt enfui que d'avoir à affronter de manière personnelle aucun danger[21]. » Parmi les autres membres du gouvernement, le comte Alexeï I. Dorrer, frère cadet d'une figure prééminente du parti SR, victime de la première heure de la répression menée par les bolcheviks à Tachkent, apporte avec son titre de « Graf » une touche de raffinement. Reginald Teague-Jones le juge charmant mais faible de caractère ; il semble avoir apprécié les soins et l'hospitalité de sa femme, la comtesse Victoria Vladimirovna, alors qu'il était blessé. Autre membre assez haut en couleur du gouvernement transcaspien, Dokhov – un SR typique selon Reginald Teague-Jones, tout en théorie et aucun esprit pratique – est un bigame invétéré et coureur de jupons. Ses affaires de femmes lui ont créé tant d'ennuis à Achkhabad que sa nomination à Meched en tant que représentant permanent du gouvernement transcaspien tombe à point nommé. Enfin, il manquait à ce gouvernement disparate un agent de renseignements. Simion Lvovitch Droujkine, un avocat juif affilié au parti SR, était arrivé dans des circonstances mystérieuses et plutôt suspectes à Krasnovodsk le 10 septembre 1918 en provenance d'Astrakhan, puis s'était rendu directement à Achkhabad où le contact s'était établi avec le comte

Dorrer. Après avoir nettoyé Achkhabad de toutes les personnes suspectées d'être des agents bolcheviques, Simion Droujkine fut donc nommé chef du contre-espionnage et rapidement considéré comme l'une des personnalités importantes du gouvernement transcaspien. Tel qu'il était, ce gouvernement transcaspien ne pouvait fonctionner sans aide militaire et financière. En novembre 1918, un accord officiel associe le gouvernement transcaspien à une Union Caucase-Caspienne sous la houlette du général Bicherakov nommé pour la circonstance commandant en chef des forces conjointes de la Caspienne et du Caucase. Mais cette union des forces militaires hostiles au bolchevisme ne parvint à exister que sur le papier et les troupes de renfort espérées ne parvinrent pas à Achkhabad. Quant aux finances, elles étaient dans un état si catastrophique qu'à la fin du mois de décembre 1918, le gouvernement reconnaît son incapacité à contrôler la Transcaspie. La propagande des bolcheviks se déploie alors à grande échelle tandis que le mécontentement se répand, notamment parmi les employés du chemin de fer transcaspien en attente de salaires impayés depuis des mois. Naturellement, les cheminots et les employés du Transcaspien sont les premiers à être gagnés par cette vague rouge. Le 1er janvier 1919, un meeting organisé à Achkhabad révèle non seulement la montée en puissance du bolchevisme mais encore la force du sentiment anti-britannique. En conséquence, les autorités anglaises proclamèrent l'état d'urgence et, en accord avec les membres du gouvernement transcaspien, aidèrent à la formation d'un Comité de salut public de cinq membres dont l'objectif prioritaire est de repousser l'avance des bolcheviks. Début 1919, ce qui reste du gouvernement transcaspien espère obtenir une aide de l'armée de Denikine au Caucase. La position d'Achkhabad est de plus en plus difficile : pour ne pas dépendre d'une hypothétique aide financière extérieure et surtout pour payer les employés du chemin de fer, il faut créer une monnaie, émettre des billets. Comme nous le verrons, Reginald Teague-Jones est à la fois témoin et acteur de cet « épisode transcaspien » aux accents de tragicomédie. Une fois les Britanniques partis au printemps 1919, les bolcheviks n'auront aucun mal à venir à bout des armées blanches. Achkhabad tombe sous leur contrôle en juillet 1919, Krasnovodsk en février 1920.

Reginald Teague-Jones,
« Political Representative in Transcaspia »

L'épisode transcaspien, si court fut-il, à peine quelques mois entre l'été 1918 et le printemps 1919, occupe une place centrale dans la longue vie de Reginald Teague-Jones. Jeune agent opérationnel, Reginald Teague-Jones noue durant ces quelques mois des amitiés discrètes et indéfectibles avec Jarvis et surtout Ellis, également actifs dans le système du renseignement britannique. Bien que contemporains, ces hommes ne ressemblent pas à Lawrence d'Arabie : ni héroïsme, ni gloriole, encore moins de sagesse philosophique transmise par les hommes des tribus et du désert. Dans cet Orient turkmène qui décourage toute inclination au romantisme, Reginald Teague-Jones connaît pourtant l'amour. Du moins peut-on le supposer, puisqu'il épousera la jeune et jolie « petite » Valia Alexeïeva rencontrée entre Krasnovodsk et Bakou, qu'il embauche comme secrétaire à Achkhabad avant de l'emmener à Londres. Visage plein et bronzé d'une Russe habillée d'une chemise de toile, la tête recouverte d'un fichu, Valia est une toute jeune fille dans l'éclat de sa fraîcheur. Sans façons, Reginald Teague-Jones l'épouse après en avoir obtenu la permission des autorités militaires. Un mariage militaire avec escorte de cavalerie et fêtes « à la russe » arrosées de vodka. Si ce premier mariage s'achève par un divorce au début des années 1920, c'est elle que Reginald Teague-Jones va retrouver pour finir ses jours à Plymouth, soixante ans plus tard. Geste plus éloquent qu'une confidence à laquelle jamais il ne se livre sur ce chapitre de sa vie privée... Mais, à la fin de l'année 1918, Reginald Teague-Jones est surtout découragé, aux antipodes de l'exaltation amoureuse, saisi par le « *Blues transcaspiana* », moment où, en toute lucidité, cette mission lui paraît tout à fait absurde. Le voici installé dans son quartier général à Achkhabad où il a élu domicile dans une demeure louée par le gouvernement transcaspien à un riche marchand persan. A l'étage, une grande chambre dotée d'un large balcon, et au rez-de-chaussée, un salon de réception rempli de tableaux représentant des danseuses circassiennes nues pour lesquelles le propriétaire des lieux nourrissait un penchant particulier. « Le peintre appartenait à une école tout à fait réaliste et ses femmes étaient très certainement charmantes et séduisantes ; dans la chaleur de l'été centre-asiatique, elles produisaient un effet troublant. Mais à présent, nous étions dans la profondeur d'un hiver anormalement rigoureux et ma maisonnée était toujours sans fuel, ni bois pour se chauffer. Je portais un trench en laine toute la journée à l'intérieur de la maison et la nuit, je l'étendais également sur moi. Même à l'intérieur, notre respiration produisait de la buée dans l'air glacé qui pénétrait dans tout l'édifice[22]. » De quelle guerre Reginald Teague-Jones est-il témoin et acteur à Achkhabad en cet hiver 1918 ?

« *This is a railway war* »

La guerre transcaspienne est une guerre de chemin de fer comme le répète Reginald Teague-Jones dans sa correspondance et ses rapports. Pour les belligérants, forces « transcaspiennes » d'un côté, bolcheviks de l'autre, le contrôle du territoire et la stratégie militaire dépendent des positions acquises le long du chemin de fer. « C'est une guerre de chemin de fer. Les deux forces adverses vivent dans les trains, s'avancent puis se retirent seulement le long du chemin de fer. La seule fois où nous avons suggéré la possibilité de quitter la ligne et d'occuper le terrain, les Russes n'ont pas du tout apprécié cette idée[23]. » En effet, le contrôle de la steppe qui est le domaine des Turkmènes pose d'autres problèmes, d'ordre stratégique et politique. Avec son duel quotidien, son protocole répétitif, la guerre du chemin de fer commande le reste du territoire dans cette zone désertique où les routes sont absentes et les points d'eau rares. Cette guerre transcaspienne que Reginald Teague-Jones trouve drôle sous beaucoup d'aspects, présente un mélange d'archaïsme et de modernité. Elle mobilise la cavalerie britannique ou turkmène, mais elle n'exclut pas la reconnaissance aérienne bien que les forces transcaspiennes ne disposent en tout et pour tout que d'un seul avion. Elle comporte des spécificités qui la distinguent d'autres théâtres d'opérations ferroviaires comme en Afrique du Sud pendant la guerre des Boers ou sur le front occidental pendant la Première Guerre mondiale.

Du côté des forces transcaspiennes, le train blindé n° 1 est un modèle du genre. Véritable forteresse de métal roulant, blindée de métal et de coton compressé, il est formé de deux plates-formes à l'avant lourdement chargées de matériel et de rails, suivies par une autre plate-forme transportant le canon à obus. Comme la ligne du Transcaspien ne traverse aucun tunnel, l'équipement n'est pas limité en hauteur. La voiture suivante, le wagon passager, comporte sur son toit deux mitrailleuses, poste à partir duquel le commandant fait feu et contrôle les signaux. Viennent ensuite la puissante locomotive blindée marchant au pétrole et, juste après, un wagon passagers entièrement blindé, muni de meurtrières, faisant fonction de quartiers et de cuisine, et à l'arrière deux autres wagons pilotes et une dernière plate-forme transportant un obusier. Ainsi était constitué le train blindé n° 1 à bord duquel Reginald Teague-Jones arpenta maintes fois la portion du Transcaspien comprise entre Achkhabad et Merv. Dans le camp adverse, les bolcheviks disposaient de chevaux de bataille similaires. Cette guerre du chemin de fer consistait en manœuvres ferroviaires quotidiennes aux abords des courbes – généralement sur ce tronçon du Transcaspien leur rayon de courbure est compris entre 300 et 500 sagènes, c'est-à-dire 600 et 1 000 mètres – décrites par la voie ferrée. Reginald Teague-Jones dépeint avec beaucoup d'humour le rituel quotidien. « La guerre est brutale, mais elle a également ses côtés amusants, et l'un des aspects les plus drôles de cette guerre de trains était le duel quotidien des trains blindés (...). A cette époque, les Transcaspiens possédaient trois trains blindés, l'un d'entre eux surmonté d'un obusier pris à la forteresse de Kushk et aussi d'un canon et de mitrailleuses. Il s'agissait du principal "train de bataille", les deux autres étant gardés en réserve. Les bolcheviks avaient des trains blindés similaires, mais on leur attribuait des engins de tir d'une plus grande portée. De toute façon, ils tiraient de façon si exécrable que cela ne faisait pas une grande différence. Les opérations journalières étaient d'une grande simplicité. Entre notre position et celle de l'ennemi, la ligne traçait une courbe et passait à travers une section légèrement encaissée qui formait plus ou moins un abri. Les trains blindés aiment toujours les courbes et les encaissements parce que cela leur permet d'avancer furtivement hors de la portée de l'ennemi. Certainement comme l'autruche qui se met la tête dans le sable, ils se sentaient ainsi plus en sécurité. Alors le train transcaspien avance bravement, fumant et crachant de la fumée jusqu'à la fin du virage dans lequel il avait élu domicile. Là, il s'arrête le temps d'un round et repart promptement en arrière pour rentrer directement chez lui. L'étiquette et les règles locales de ce jeu supposaient que l'ennemi attende un peu et, après une pause raisonnable, leur train réalisait un mouvement similaire et accomplissait son tir du jour contre les Transcaspiens. Après avoir observé cette opération pendant quelques jours, on comprenait parfaitement l'origine du vieux proverbe "the daily round, the common task". Je dois ajouter que les tirs étaient très désordonnés et habituellement ils ne provoquaient pas beaucoup de dommages. Le grand avantage était qu'on s'amusait des deux côtés sans trop de difficultés et l'honneur était sauf[24]. » Tel ne fut pas le cas à la station de Dushak, position stratégique à partir de laquelle la ligne du Transcaspien forme un coude vers le nord-est en direction de Merv, Tchardjoui et Samarcande. Fin octobre 1918, un train bolchevique y fit son entrée : les Transcaspiens répliquèrent par un tir d'obus et l'un d'entre eux tomba sur leur wagon à munitions, provoquant un véritable désastre non seulement sur le matériel roulant mais encore dans la station elle-même. A l'issue de cette bataille, les bolcheviks durent se retirer jusqu'à Karabatta, première station à l'ouest de Merv, tandis que les Britanniques purent s'avancer jusqu'à Tedjen où Reginald Teague-Jones constate les ravages causés par les bolcheviks. A son ami Ronald Mac Donell, basé à Enzeli, il écrit : « Tu ne peux pas t'imaginer la manière dont ils ont pillé Tedjen. Ils se sont même donné la peine d'enlever les serrures et les charnières des portes. L'endroit était pratiquement ravagé. Les Turcomans sont entrés après le départ des bolcheviks et après avoir assassiné une partie de la population mâle, enlevèrent les femmes pour les emporter dans la steppe. Le même scénario de saccage et de pillage a été réalisé à Merv jusqu'à ce que l'endroit soit complètement dépouillé de tout objet d'une valeur quelconque. Les bolcheviks transportent dans leurs trains le produit de leur pillage jusques et y compris des pianos à queue. De la même manière, leurs femmes et leurs familles vivent avec eux. C'est une drôle de guerre[25]. » Basé à Kaakhka et en correspondance constante avec Reginald Teague-Jones, le lieutenant-colonel Knollys[26] à la tête du régiment des 19e Punjabis décrit également ces longues processions de trains sur le Transcaspien, précédées ou suivies selon les cas par les fameux trains blindés. L'eau y était transportée dans de gigantesques barriques, les cantines étaient disposées dans des wagons à l'air libre tandis que le train transportait hommes, chevaux, fourrage et nourriture, armes, planche à billets et dans le cas des bolcheviks le produit de leur pillage ainsi qu'un grand nombre de femmes. Les bolcheviks, de l'unique point de vue de l'offre sexuelle, disposaient incontestablement d'un grand avantage sur les Anglais dont les trains hôpitaux avec leurs équipes d'infirmières et même un « wagon-église », offraient une image bien plus austère. Reginald Teague-Jones ne se prive pas de faire quelques commentaires ironiques sur le fait que les bolcheviks transportaient leurs femmes avec eux. « J'ai dit leurs femmes, mais je dois corriger cela, car en fait la plupart des femmes n'étaient en aucun cas les leurs et certainement pas leurs femmes légitimes. Quelques-unes parmi elles, c'est vrai, étaient là volontairement. Plusieurs avaient de fait pris part aux combats et comptaient même parmi les victimes. Mais toutes les autres, les pauvres, avaient été enlevées et amenées là de force, femmes et filles de l'intelligentsia de Tachkent et d'ailleurs[27]. » Guerre d'escarmouche, la guerre du chemin de fer suscite bientôt une tactique éprouvée. Arrêtée à l'abri d'un virage, la locomotive ahane et crache par intervalles rapprochés de longs jets de vapeur qui servent d'écran derrière lequel le convoi avance ou recule, obligeant l'ennemi à tirer à l'aveugle. Le sabotage de la voie en faisant sauter rails et canaux était également une pratique fréquente, mais la présence de cheminots expérimentés permettait une rapide remise en état. Méthode plus sournoise engendrant davantage de dégâts, apparemment employée dans les deux camps, celle qui consistait à écarter imperceptiblement et graduellement les rails aboutissait à précipiter la locomotive dans les traverses. Enfin et surtout, la question du combustible départage les trains en lice. Si les Transcaspiens disposent en principe de résidus pétroliers stockés à Krasnovodsk, les bolcheviks eux, sont réduits à toutes sortes d'expédients pour chauffer leurs machines. A défaut de mazout, ils utilisent les maigres arbustes du désert turkmène – les *saxauls* – alors que, plus au nord sur le front d'Aktiubinsk, ils adaptent les locomotives à l'usage d'un combustible improvisé dont la nature préfigure les problèmes de l'écologie soviétique. Il s'agit de poissons pêchés dans la mer d'Aral ! A la fin de l'année 1918, Transcaspiens et bolcheviks contrôlent chacun un segment du chemin de fer. Aux Anglais revient la portion stratégique du Transcaspien, de la Caspienne à Dushak, longeant la falaise nord-est du plateau iranien, voie ferrée de pénétration qui, prolongée, aboutirait à l'Inde. Les bolcheviks de leur côté contrôlent, au gré des avancées et des reculs de leurs positions, l'autre section au nord de Dushak, Merv et Tchardjoui. Plutôt commerciale et administrative que stratégique, cette portion du Transcaspien sera plus tard reliée au Transsibérien via le chemin de fer de l'Aral. Elle commande l'intérieur du continent eurasiatique et l'accès à la Russie. Point stratégique, Tchardjoui contrôle le pont du Transcaspien au-dessus du fleuve Amou-Daria. Mais pour y parvenir, les kilomètres de voie rectiligne traversant les dunes du Kara-Koum sont les plus difficiles à conquérir car la menace permanente de l'ensablement a nécessité dès 1889 de rehausser la voie au moyen d'un remblai. Ce segment du Transcaspien qu'il fallait plus fréquemment faire déblayer à la pelle et parcourir à découvert, offrait donc un terrain plus difficile à la guerre des trains.

Un gouvernement ferroviaire

Représentant du gouvernement de Sa Majesté à Achkhabad à partir du 30 août 1918, Reginald Teague-Jones devient le dirigeant local d'un gouvernement ferroviaire. La fonction de *Political Officer* supposait en effet de se concilier les employés du chemin de fer transcaspien dont le rôle politique était tout aussi déterminant que leur intervention pratique dans la guerre des trains. Cheminots et employés du chemin de fer et des ateliers ferroviaires assemblés au sein du soviet de Tachkent ou d'Achkhabad avaient fait, et défait dans certains cas, le pouvoir bolchevique. Uniques représentants d'un prolétariat turkmène, leur soutien politique tout comme leurs compétences professionnelles sont indispensables au maintien de la présence britannique et à la poursuite de la guerre ferroviaire. Ils conduisent et entretiennent quotidiennement les machines, réparent et surveillent chaque tronçon de la voie, déblaient le sable qui l'envahit constamment, il n'y a donc rien d'étonnant que le président du gouvernement transcaspien, Fountikov, soit un conducteur de train tandis que le représentant de ce même gouvernement à Krasnovodsk, Vassili Kuhn, soit un ingénieur du chemin de fer. En tant qu'officier politique, Reginald Teague-Jones doit donc obtenir, sous la menace constante d'une grève, la collaboration de ces hommes dont les salaires n'ont pas été payés depuis des mois. A cela s'ajoute la nécessité d'organiser matériellement l'accueil de troupes britanniques et indiennes à Achkhabad. Ces quelques mois durant lesquels Reginald Teague-Jones déploie une activité incessante sont très bien documentés car, contrairement à la procédure habituelle, il a conservé sa correspondance originale. A partir d'Achkhabad où il est posté, Reginald Teague-Jones organise l'intervention britannique en Transcaspie en maintenant un contact permanent avec le lieutenant-colonel Fleming à Krasnovodsk, le lieutenant-colonel Knollys à Kaakhka et Redl à Meched où se tient la base arrière de la mission Malleson.

Les forces armées britanniques et indiennes envoyées à Achkhabad sont soumises à leur arrivée à un régime plutôt sévère : l'hôpital russe du chemin de fer est sale et mal équipé et surtout en l'absence d'interprètes, le personnel russe qui n'a aucune expérience des hindous et de leurs coutumes se montre totalement dépassé. Il sera avantageusement remplacé par l'hôpital de Bakou récemment évacué à Achkhabad, dont le personnel, en partie arménien, était bien plus expérimenté. La nourriture, les rations, le logement des hommes comme des officiers, toutes ces questions matérielles absorbent Reginald Teague-Jones au cours du mois d'octobre 1918. A Redl, il confesse que « l'argent qui m'a été confié à des fins de service secret a été dépensé à des postes qui en aucun cas ne correspondent à des missions de service secret[28] ». Une grande partie des approvisionnements vient par chemin de fer de Krasnovodsk où Fleming se débat chaque jour avec Kuhn, le représentant local du gouvernement transcaspien. En ces temps de guerre et de révolution, la pénurie règne dans tous les domaines à Krasnovodsk comme à Achkhabad. Les autorités britanniques sont donc sollicitées sans cesse : pourraient-elles consentir à un prêt à Enzeli afin que le gouvernement transcaspien puisse importer de Perse une cargaison de bois et de riz ? Il faut dès lors se préoccuper du faible cours du rouble en krans persans, procéder à la réception des cargaisons et en expédier une partie à Achkhabad où, à l'approche de l'hiver, le bois de chauffage vient également à manquer. Tchardjoui sur les rives de l'Amou-Daria, seule région productrice de bois, est aux mains des bolcheviks et l'hiver s'annonce d'autant plus rude que le carburant comme le grain destiné aux bêtes de somme viennent à manquer. A Fleming, Reginald Teague-Jones écrit que « la question la plus vitale en ce qui nous concerne est l'approvisionnement en benzine. Comme vous le savez, il n'y en a pas en Transcaspie. Le Comité a perdu une occasion d'en acheter avant la chute de Bakou et maintenant ils sont complètement désemparés. A présent, j'essaie de les persuader d'envoyer un navire à Gouriev (Atyrau)[29] où nous savons qu'il y a un stock considérable. Le port sera bientôt gelé et nous savons que les bolcheviks essaient aussi de se rendre là-bas, alors nous devons nous dépêcher[30]. » Cette question vitale de l'approvisionnement est encore aggravée par l'afflux de réfugiés venus de Petrovsk, port du littoral occidental de la Caspienne (aujourd'hui Makhachkala) où le général cosaque Bicherakov a pris la tête des forces contre-révolutionnaires. Sur cette question, Reginald Teague-Jones écrit à Fleming : « J'avoue que je commençais à avoir peur d'une pénurie, ce qui entamerait notre prestige, nous rendrait impopulaires plus sûrement que tout autre facteur. Je ne sais pas jusqu'à quel point Kuhn a réussi à persuader Bicherakov de nous aider afin qu'on nous approvisionne en grains depuis Petrovsk. Jusqu'ici, il nous a fait plusieurs envois, mais il a aussi envoyé autant de réfugiés ce qui neutralise plus ou moins les avantages qu'on aurait pu en obtenir[31]. » Quelques jours plus tard, Reginald Teague-Jones apprenait que Bicherakov ne tenait plus, face à l'avance des forces turques, que le secteur limité de Petrovsk avec 7 000 hommes plutôt indisciplinés et portés sur la bouteille. Fin octobre, une trentaine de steamers se tiennent prêts dans le port de Petrovsk pour une évacuation immédiate, éventualité que l'arrivée récente à Krasnovodsk de Mme Bicherakov rend plausible. A Krasnovodsk, à partir du 1er novembre 1918, les autorités britanniques font contrôler les navires venant de Petrovsk, n'admettant que ceux qui apportent réellement de l'approvisionnement et renvoyant sans état d'âme ceux qui transportent troupes ou réfugiés. Autant de motifs de tensions entre Reginald Teague-Jones et les membres du comité d'Achkhabad qui, bien que disposés à laisser aux Britanniques le contrôle exclusif de Krasnovodsk, contestent leur droit à refuser l'entrée du port aux forces alliées. Un embargo identique est également appliqué aux navires en provenance de Bakou, suspectés d'amener dans leur cargaison des bolcheviks indésirables. A Krasnovodsk comme à Achkhabad, l'agitation bolchevique avait repris en effet toute sa vigueur dans le milieu des cheminots et des ouvriers du chemin de fer dès l'automne 1918.

Face à la montée de la contestation chez les cheminots et les ouvriers du chemin de fer transcaspien, en attente de leurs salaires depuis des semaines, Reginald Teague-Jones doit soutenir à bout de bras le gouvernement transcaspien dans un contexte de plus en plus hostile aux « exploiteurs capitalistes des masses laborieuses ». Traité de « représentant maudit de l'impérialisme décadent », il doit trouver les expédients nécessaires et tenter de « gouverner » une Transcapie plongée dans le chaos politique. A la propagande bolchevique menée par des agents infiltrés sous des couvertures diverses – par exemple des instituteurs à Kizil-Arvat – il faut opposer des arguments concrets, soutenir les finances du gouvernement transcaspien et, avant tout, payer les salaires des employés du chemin de fer. Fin novembre 1918, à l'instigation du gouvernement de l'Inde et avec l'approbation du quartier général londonien des services de renseignements de Whitehall, il fut décidé de tenter un antidote à la subversion idéologique : l'argent. Certes, la mission britannique n'en dispose guère sur place « mais s'il n'y avait guère d'argent disponible, nous devions donc le créer. En d'autres termes, il fut décidé que nous devrions imprimer nos propres billets, sous la forme de billets à ordre. Nous imprimerions des billets d'une valeur de 500 roubles sachant que la somme de cette première impression atteignait un total de 5 millions de roubles. Cela voulait donc dire que nous allions devoir produire et émettre exactement 10 000 billets. On me laissait le soin de mettre ce plan en pratique[32]. » La première étape consistait à imprimer des billets et d'abord à trouver le papier adéquat. A Achkhabad, il était difficile en ce mois de novembre 1918 de trouver du papier filigrané susceptible de décourager les faussaires et il fallut bien sûr se contenter d'un papier de très mauvaise qualité. Reginald Teague-Jones, excellent dessinateur, en conçut ensuite l'esthétique simplifiée par les moyens techniques élémentaires de l'imprimerie locale d'Achkhabad. La multiplication des émissions monétaires en Asie centrale pendant la période de la guerre civile avait encouragé, surtout du côté bolchevique, une certaine recherche esthétique. Cette même démarche anime les Britanniques qui, avec les moyens du bord, se débrouillent pour composer puis imprimer en anglais, en russe et en turkmène ces fameux roubles transcaspiens. Reginald Teague-Jones se montre à la hauteur de la situation. Il supervise les essais, surveille l'impression, prend garde à la fraude et garde sous clé la matrice servant à l'impression. Il fallut encore qu'il signe personnellement à la main en compagnie d'un autre officier chacun de ces 10 000 billets pourtant facilement falsifiables et d'ailleurs rapidement falsifiés. Que de nuits blanches passées à signer ces dérisoires bouts de papier que la population locale pourtant attendait avec tant d'impatience et sans lesquels le chemin de fer transcaspien aurait rapidement cessé de fonctionner ! Cette mesure palliative parvint momentanément à sauver la situation au point que même l'assommant Zimine commença à se montrer un peu plus optimiste. Tel n'est pas le cas de Reginald Teague-Jones qui confie à Fleming à la mi-décembre 1918 : « Nous continuons à survivre ici. C'est une sorte d'existence primitive. Le gouvernement essaie laborieusement de rassembler un peu de pouvoir. Grâce à la présence de nos troupes, il est capable d'avoir un peu d'autorité. Je peux néanmoins percevoir une augmentation sensible de l'opinion "mieux vaut les bolcheviks que les Britanniques" et nous avons eu un certain nombre de proclamations bolcheviques affichées en ville (...). J'essaie de ne pas être trop pessimiste, mais ce pays ne peut pas vivre sans argent. Aucun gouvernement ne peut perdurer tout en se montrant incapable de nourrir et de protéger ses sujets, et ce gouvernement en est strictement incapable. Nous verrons[33], voilà tout ce que je peux dire à présent[34]. » Rôle difficile à tenir que celui de représentant de la Grande-Bretagne en Transcaspie alors que l'aide financière pourtant prévue par les termes de l'accord d'août 1918 tarde à se concrétiser. Faute d'une véritable stratégie britannique en Transcaspie, d'une intention claire qui eût supposé un engagement plus ferme de la mission Malleson, notamment sur le plan financier, Reginald Teague-Jones est donc réduit sur le terrain à soutenir un gouvernement fantoche au titre d'une mission militaire britannique qui lui apparaît de plus en plus comme une énorme plaisanterie. Sentiment d'absurde, mais aussi sentiment de solitude, renforcés par la brève visite du général Malleson et de son équipe vers la mi-décembre avant de repartir passer Noël à Meched. « Je regrettais le départ du staff, en particulier Ellis et Jarvis, parce que c'étaient des individus très sympathiques et compétents et leur présence agissait sur moi comme un tonifiant. Avant leur arrivée, j'étais devenu très renfermé et je souffrais du "blues transcaspiana", une sorte d'accès de "Ziminitis". Je prenais la vie un peu trop au sérieux et j'avais vraiment besoin de changement mais avec l'arrivée de ces compagnons si agréables, mon blues disparut et je recommençais à voir le côté amusant des choses. Franchement, surtout pendant cette période, il devenait de plus en plus difficile de trouver un côté drôle à cette situation[35]. »

La formation d'un système de renseignements en Transcaspie

Outre le gouvernement et l'intendance, Reginald Teague-Jones devait monter en Transcaspie un système de renseignements cohérent. La Malmiss n'avait au départ d'autre vocation militaire que celle du renseignement. La mission solitaire de Reginald Teague-Jones en était l'avant-poste, tout comme l'était à la même époque le consulat de Percy Etherton à Kashgar[36] qui surveillait depuis le Xinjiang les développements politiques dans l'Asie centrale russe. En tant qu'agent de renseignements britannique, Reginald Teague-Jones se trouve en septembre 1918 à la jonction de plusieurs réseaux de renseignements. Le comité d'Achkhabad tout d'abord était censé avoir un bureau de contre-espionnage mais Reginald Teague-Jones le juge sans valeur et inutile. Un second réseau

– mystérieusement désigné comme le « bureau TU » – couvre le vaste territoire du Turkestan. Reginald Teague-Jones n'en donne pas l'organigramme – marchands, tribus, Européens, Russes blancs et autres – mais le juge d'une meilleure efficacité. Il révèle qu'Achkhabad pullule d'agents turcs et vit sous la menace constante d'une conspiration bolchevique : on y compte, en septembre 1918, au moins 800 bolcheviks actifs. La nécessité de mettre en œuvre un système cohérent de contre-espionnage imposa donc d'amalgamer le bureau TU au bureau local d'Achkhabad sans que pour autant la question du financement britannique fût clarifiée. « L'argument défendu était que dans la situation présente, politiquement si dangereuse, il était vital de mettre en œuvre toutes les mesures possibles afin de venir à bout des activités grandissantes des agents ennemis au milieu de nous. Cela n'est possible qu'avec de l'argent. Il était absolument essentiel que des fonds soient disponibles pour remplir cet objectif sans devoir justifier ces dépenses devant le Comité », écrit Reginald Teague-Jones au colonel Redl[37]. Une troisième organisation séparée et pilotée personnellement par lui devait opérer dans le secteur de la Caspienne, y compris Bakou où il se rend à de nombreuses reprises durant cette période. Pour Reginald Teague-Jones, l'enjeu est d'unifier la structure du renseignement à Achkhabad et d'obtenir de Malleson et de ses supérieurs les financements nécessaires et une certaine liberté d'action. « Un schéma de contre-espionnage ou, pour dire plus franchement, de renseignement, est indispensable. Nous devons l'avoir. Jusqu'ici, le seul travail valable a été accompli par nos amis qui, il faut leur rendre justice, ont travaillé et travaillent toujours très dur, et non sans remporter de bons résultats, comme le montrent les arrestations de nombreux individus[38]. » Le réseau des « amis » repose sur une poignée de Britanniques – Ellis, Jarvis et au-delà sans doute, Bailey, Gordon, Etherton – qui avaient recruté leurs agents à travers l'Asie centrale jusqu'aux confins du Xinjiang parmi les marchands, les anciens (*aksakals*), les Russes blancs ou les chefs tribaux.

A Achkhabad, Reginald Teague-Jones dispose d'une position privilégiée surveillant à l'ouest la Caspienne et à l'est la frontière stratégique de l'Afghanistan, neutre dans la guerre mondiale mais courtisé par divers représentants des puissances belligérantes. Fin septembre 1918, il est informé de la situation en Afghanistan par le colonel Zikov, commandant d'un détachement à Kushk, un poste militaire situé sur la frontière entre le Turkestan russe et l'Afghanistan, et terminus d'un embranchement stratégique du Transcaspien bifurquant plein sud à partir de Merv qui vient de tomber aux mains des bolcheviks. Zikov dont la plupart des officiers ont été sauvagement massacrés a miraculeusement survécu et réussit à rejoindre Merv grâce à l'aide de quelques amis turkmènes. Reginald Teague-Jones s'empresse de transmettre à Meched son témoignage. « Les bolcheviks ont pris une grande quantité d'armes et de munitions à Kushk, y compris six mitrailleuses qu'ils utilisent à présent sur le front de Kaakhka. Les trains circulent de Kushk vers Merv. Zikov a réussi à rejoindre cette ville où il est resté caché pendant dix jours. Selon lui, il n'y a pas de mots pour décrire l'état de chaos dans lequel est plongé cette ville. Les bolcheviks s'y sont comportés avec la dernière sauvagerie. Les excès de la révolte des Boxers semblent complètement insignifiants au regard des cruautés auxquelles se sont livrés les bolcheviks à Merv. Apparemment, ils ont massacré sans considération ni d'âge ni de sexe et ont pillé en masse d'une manière qui rendrait justice aux Huns. Ils ont levé une "contribution" de 250 000 pouds de blé sur cette ville infortunée et sont à présent occupés à déménager de Tachkent tout ce qui pourrait avoir de la valeur. Nous entendons parler d'un grand nombre de trains stationnés à Dushak mais d'après le rapport d'un individu qui vient juste d'y passer, il s'y trouve aussi un grand nombre de wagons remplis de biens pillés, y compris des pianos. » Au colonel Redl, Reginald Teague-Jones transmet également l'analyse personnelle de Zikov sur la situation en Afghanistan : « Zikov qui a une connaissance intime de la frontière afghane pense personnellement que l'Afghanistan ne rentrera pas dans la guerre. Il admet que les agents allemands, autrichiens et turcs sont très actifs là-bas mais il dit que les Afghans n'ont pas l'intention d'interférer, sauf si les Turcs faisaient leur apparition en Transcaspie. Zikov rapporte l'existence dans le voisinage de Kushk sur le territoire afghan d'un détachement monté formé d'éléments mixtes, des prisonniers afghans, turcs et autrichiens. Cela peut tout simplement dire que ces prisonniers ont dérivé là depuis la Sibérie et qu'ils ont intégré les rangs parce que c'était le moyen le plus simple de gagner leur vie. L'attitude des officiels afghans sur la frontière est amicale à l'égard des Russes sauf avec les bolcheviks qu'ils regardent comme des brigands de la pire espèce[39]. » Situé à 66 miles seulement de Herat, le poste militaire avancé de Kushk revêt une importance stratégique. Pour surveiller les développements politiques en Afghanistan, Reginald Teague-Jones monte un système d'agents entre Achkhabad, Herat et Meymena plus au nord mais dans un secteur toujours très proche de la frontière russe. De ce système établi en terrain difficile en septembre 1918, il ne peut espérer obtenir les premiers rapports avant un mois ; par la suite, les rapports lui parviendront à une fréquence hebdomadaire, mais en décembre il ne dispose plus d'aucun agent en Afghanistan. A l'ouest, Reginald Teague-Jones dispose à partir d'Achakhabad d'une position intéressante pour investir un secteur difficile de la frontière entre le Turkestan russe et la Perse, le pays Yomoute, dans la basse vallée de l'Atrek où il essaie également de monter une « agence ». Le système du renseignement britannique sur le littoral caspien est monté par Reginald Teague-Jones entre septembre et décembre 1918 : il repose sur un réseau d'agents disposés à la fois sur le littoral et dans le district d'Asterabad. Ainsi, la mission de Reginald Teague-Jones à Achkhabad en tant qu'agent de renseignements ne se limite pas au seul Turkestan russe. Son champ d'investigation comprend également les hinterlands frontaliers du nord de la Perse et de l'Afghanistan, zone d'influence russe où les Britanniques n'avaient jamais eu l'occasion de s'aventurer.

Une fois recruté, moyennant finances, un réseau d'informateurs fiables dont il reçoit rapports écrits, cartes ou comptes-rendus oraux en russe ou en persan, Reginald Teague-Jones dispose de l'information brute notée dans son carnet de route. Ces documents ne subsistent qu'exceptionnellement dans ses archives personnelles, les règles élémentaires du renseignement imposant de les détruire au fur et à mesure. Le système de transmission – télégraphe, téléphone et chemin de fer de transcaspien – permet un transit direct de l'information entre Reginald Teague-Jones à Achkhabad, le lieutenant-colonel Fleming à Krasnovodsk, le colonel Redl au consulat de Meched et le lieutenant-colonel Knollys posté plus en avant sur la ligne à Kaakhka. Outre le chiffre – indispensable, mais fastidieux et incertain eu égard aux interruptions imprévisibles du télégraphe entre Krasnovodsk, Achkhabad et Meched –, d'autres modes de communication sont utilisés selon le niveau de confidentialité des informations. Pragmatique, Reginald Teague-Jones suggère à Fleming d'envoyer les messages non confidentiels en russe ou en anglais transcrit en caractères russes. « Personne sur la ligne ne connaît l'anglais et il y a peu de dangers que de tels messages tombent entre de mauvaises mains[40]. » Ces messages transitent quotidiennement par le train entre Krasnovodsk et Achkhabad, un ou deux hommes étant affectés à cette navette, nantis d'une petite somme pour pourvoir à leur nourriture pendant le voyage. A l'est d'Achkhabad, ce système postal fonctionne beaucoup moins régulièrement si l'on en croit les plaintes réitérées du colonel Knollys à Kaakhka même si, plus en avant sur la ligne du Transcaspien à proximité du front, le transit rapide de l'information est encore possible. Enfin, sur le terrain, la mission militaire britannique en Transcaspie a besoin d'interprètes traduisant du russe vers l'anglais, une compétence rare en Russie et plus encore en Transcaspie. Le lieutenant-colonel Knollys à Kaakhka presse Reginald Teague-Jones de lui trouver des interprètes en précisant qu'il se débrouillera le cas échéant avec un interprète russe-français. Leur rôle est crucial dans le renseignement et il s'agit très souvent d'Arméniens que Knollys juge « inutiles puisqu'ils filent toujours au moment où on a besoin d'eux[41] ». La réponse que lui fait Reginald Teague-Jones est instructive. « Les interprètes que je vous ai envoyés sont les seuls que j'ai pu trouver. Nous avions un grand nombre de candidats, mais ils étaient totalement nuls. J'ai télégraphié à Enzeli pour qu'ils nous aident. Krasnovodsk réclame également des interprètes. Tous les officiers russophones qui étaient là-bas avec le colonel Battine sont retournés à Kazvin, et il reste un seul interprète. Je vous ai trouvé deux hommes ici. L'un parle le français, mais je vous l'envoie avec beaucoup d'hésitation sachant qu'on le considère comme étant un peu fou. Il ne m'a pas l'air d'être un foudre de guerre et je ne l'aurais certainement pas distingué comme une personnalité mais c'est encore ce que j'ai trouvé de mieux. Le deuxième me semble beaucoup plus prometteur et quand vous en aurez fini avec lui, renvoyez-le-moi s'il vous plaît. Il parle assez bien l'anglais et aussi le français et le turc (...). Ce Karibian vient de Bakou[42]. » Du désastre de Bakou a également réchappé de justesse miss Valia Alexeïeva arrivée à Achkhabad à la fin du mois d'octobre. Débarquée à Enzeli de l'un des derniers navires en provenance de Bakou, elle a pu facilement reprendre contact avec Reginald Teague-Jones par l'intermédiaire de la mission militaire britannique désormais dirigée par le général Thompson. Selon toute vraisemblance, elle avait déjà été engagée dans tous les sens du terme par Reginald Teague-Jones depuis leur rencontre de l'été 1918. Il était donc naturel qu'elle devienne la secrétaire de la mission britannique à Achkhabad et vraisemblable qu'elle y ait exercé d'autres compétences que celles d'une simple sténodactylo russophone. Sa venue ainsi que celle du capitaine Haines, un officier britannique ayant des notions pratiques de la langue russe et affecté à la logistique et aux tâches d'organisation, soulage considérablement Reginald Teague-Jones, écrasé par des tâches si nombreuses qu'on se demande où il pouvait trouver le temps de rédiger ses rapports, sa correspondance quotidienne et son journal de route. Au moins, pouvait-il à présent se consacrer aux « affaires d'Etat »...

De l'improvisation à la retraite : l'épisode transcaspien

Plongé dans le chaos d'un Turkestan en proie aux tensions de la révolution et de la guerre civile faisant suite elles-mêmes à la grande révolte de 1916, Reginald Teague-Jones se trouve à l'automne 1918 dans un avant-poste qui lui permet d'observer non seulement les développements militaires mais surtout les problèmes politiques de la Transcaspie. Plus grave que les combats militaires, le problème capital auquel se heurtent les autorités de l'Asie centrale dès 1918 est celui des aspirations propres aux indigènes[43]. La question politique essentielle est celle des Turkmènes dont l'identité nationale émergente est canalisée dans différents courants politiques et fractionnée par des luttes tribales. Inévitablement confronté à la question turkmène, dès lors que les Turkmènes sont engagés dans la lutte anti-bolchevique au Turkestan, Reginald Teague-Jones observe, écoute ses interlocuteurs et produit une expertise. Sur la toile de fond de la question complexe du nationalisme turkmène, se dessine une stratégie d'instrumentalisation simple. Pour les Britanniques, il est essentiel d'obtenir des Turkmènes collaboration et assistance dans une période cruciale qui voit se développer pendant l'été 1918 le mouvement de révolte des *basmatchis* (« brigands ») dans les régions méridionales de l'Asie centrale et l'effondrement momentané des ambitions turques avec la capitulation ottomane, l'armistice de Moudros étant signé le 30 octobre 1918.

La question turkmène : une stratégie d'instrumentalisation ?

Passé les premières semaines de son séjour en Transcaspie en tant que représentant politique de la Grande-Bretagne, Reginald Teague-Jones n'avait pas tardé à être informé dès l'automne 1918 des difficultés qu'éprouvaient les autorités transcaspiennes à l'égard des Turkmènes. Requis par Zimine pour formuler un avis sur ce problème, Reginald Teague-Jones se garde bien de conseiller le gouvernement transcaspien arguant de son ignorance de la population indigène dont il ne connaît, selon son propre aveu, ni les coutumes, ni la langue. Modestie toute diplomatique à l'égard des autorités transcaspiennes, mais les notes, longues et documentées, sur la question turkmène qu'il adresse au lieutenant-colonel Knollys à Kaakhka – où lors de la bataille contre les bolcheviks, le comportement des Turkmènes avait à juste titre attiré des soupçons de trahison – ainsi qu'au colonel Fleming à Krasnovodsk, prouvent que ces lacunes ont été vite comblées. Les autorités militaires britanniques ne pouvaient rester indifférentes à la question turkmène. Ils avaient conclu sur le front une alliance militaire étroite avec le colonel Oraz Serdar dont les régiments turkmènes, aussi mauvais combattants fussent-ils, n'étaient pas pires que la grande majorité des conscrits russes. Le désir d'indépendance des chefs turkmènes dans une Transcaspie peuplée majoritairement de Turkmènes[44], et en proie à une anarchie grandissante, ne pouvait laisser Reginald Teague-Jones indifférent. Sa fine compréhension de la politique tribale en milieu colonial, expérimentée sur d'autres terrains, trouve en Transcaspie un nouveau champ d'application. L'échiquier tribal, complexe, est traversé par des lignes de fracture multiples entre anti-bolcheviks et *jadids* ralliés au bolchevisme, sentiment anti-russe et partisans de l'ancien régime, nationalisme tribal et sentiment pro-turc. Pour sa part, Reginald Teague-Jones distingue deux tendances parmi les Turkmènes opposant le « parti de l'ancien régime » et le « nouveau parti progressiste » dont Ovazbaïev est le représentant le plus actif et le plus turcophile. Celui-ci, un « Jeune Turkmène » ayant servi dans les rangs du régiment turkmène de l'armée du tsar, est devenu après la démobilisation secrétaire d'un comité musulman transcaspien. Ayant réussi à lever un corps d'hommes armés, Ovazbaïev ne disposait pas cependant d'une grande influence sur sa tribu. Gravitant autour de Merv, la tribu Khansha, branche la plus ancienne et la plus influente des tribus turkmènes, rassemblait sous son autorité près des deux tiers des Turkmènes : une femme en avait pris la tête, mais elle fut tuée par les bolcheviks à Merv. Remplacée par son fils Yussif Khan, ce dernier est rapidement éliminé laissant la direction de la tribu Khansha à Mahtoum Qouli Khan, « un vieux Turkmène de la vieille école. C'était un ferme soutien de l'ancien régime et il était convaincu que les Russes rétabliraient leur pouvoir dans le Turkestan. Quand le comité turkmène fut formé, il refusa au motif qu'il ne voulait pas agir contre les Russes. Il avait perdu son influence depuis qu'Ovazbaïev occupait le devant de la scène, mais avait en réalité plus de partisans que Hadji Mourad ou Ovazbaïev lui-même. Ses hommes cependant se trouvaient sans armes et donc étaient à la merci du parti progressiste[45]. » La majorité des Turkmènes étaient ralliés à la tribu Khansha et à ses vues conservatrices, mais le parti d'Ovazbaïev, auquel se rallie le colonel Oraz Serdar doté d'un prestige considérable comme fils de Tikma Sardar, héros de la résistance turkmène contre les Russes à la bataille de Gök-Tepe en 1881, représente une tendance nettement turcophile. Selon Reginald Teague-Jones, il ne faisait aucun doute qu'Ovazbaïev était en communication avec des agents turcs et qu'il avait réussi à placer sous son influence Oraz Serdar, faible de caractère et influençable. « Ovazbaïev n'a pas vraiment d'influence établie sur la tribu mais grâce à une erreur stupide du Comité qui lui a donné il n'y a pas très longtemps une somme rondelette de deux millions, il a été en mesure de rassembler autour de lui une bande de partisans qui ira ou n'ira pas au combat selon ses ordres. Le Comité a considéré qu'Ovazbaïev se battra pour eux aussi longtemps que cela lui conviendra et se tournera vers les Russes au moment où cela lui servira[46]. » Enfin, un autre chef turkmène, ancien lieutenant-colonel des tirailleurs du Turkestan dans l'armée russe, Hadji Mourad, avait occupé les fonctions de commissaire dans le soviet bolchevique avant son expulsion d'Achkhabad, puis était devenu le principal assistant d'Oraz Serdar. Fondateur du Comité central exécutif turkmène au village de Bezmein, à quelques kilomètres d'Achkhabad, nommé plus tard membre du gouvernement provisoire de Transcaspie, Hadji Mourad défendait, au moins jusqu'à la capitulation ottomane, des opinions très favorables aux Turcs.

La montée du sentiment national turkmène, si composite fut-il, associée au désir grandissant d'indépendance des chefs turkmènes posaient naturellement au représentant politique de la Grande-Bretagne à Achkhabad un problème difficile. Sur le front, les Anglais collaboraient étroitement avec Oraz Serdar, mais une partie des Turkmènes sous le leadership de Hadji Mourad se désolidarisait d'ores et déjà du gouvernement transcaspien. D'autre part, l'anéantissement de l'autorité russe laissait libre cours à l'instinct de pillage des tribus turkmènes dont les agissements mettaient le gouvernement transcaspien en difficulté : trains pris d'assaut par des Turkmènes armés, passagers dévalisés, attaques à main armée au bazar d'Achkhabad, raid à Tedjen où la population russe est massacrée, ces épisodes s'inscrivent dans le droit fil des actions de brigandage des *basmatchis*. Incapable de soumettre à son autorité les chefs turkmènes, le gouvernement transcaspien se tourna vers Reginald Teague-Jones, lui demandant soutien et conseil. « Jusqu'à présent, j'avais réussi à ne pas me mêler des affaires qui concernaient l'administration intérieure et je prenais bien garde à ne pas me laisser impliquer dans de telles questions. Néanmoins, j'étais impressionné par les dangers potentiels que recélait une telle crise intervenue entre les Russes et les Turkmènes et, en conséquence, je fis le 28 octobre une brève visite sur le front, alors situé à Tedjen, afin de discuter de toute cette question avec les autorités militaires[47]. » Cette visite consista, d'une part, à préciser le tableau politique des tribus turkmènes auprès du colonel Knollys – qui ne peut tenir le front sans leur coopération – et, d'autre part, à calmer les revendications de ces mêmes Turkmènes convaincus que les autorités d'Achkhabad au nom duquel ils étaient censés se battre étaient en train de leur ravir le pouvoir. Le même jour, Reginald Teague-Jones de retour à Achkhabad était informé d'une tentative de complot menée par Hadji Mourad et son Comité turkmène contre les autorités transcaspiennes. Situation sérieuse qui requérait tous ses talents diplomatiques : il n'avait plus qu'à se rendre à cheval, escorté de deux *sowars*, à la maison de Hadji Mourad, calmer ses récriminations à l'encontre du gouvernement transcaspien et l'amener à un compromis. D'abord surpris par cette visite impromptue, Hadji Mourad se laissa finalement convaincre. De son côté, Zimine, persuadé par Reginald Teague-Jones de la nécessité de maintenir à tout prix l'alliance avec les Turkmènes, était parvenu à convaincre les autres membres du gouvernement transcaspien d'adopter une attitude plus conciliante à leur égard. La « crise turkmène » était momentanément surmontée…

En janvier 1919, Reginald Teague-Jones remplira de nouveau une mission de diplomatie tribale chez les Turkmènes et composera avec les rivalités de leurs chefs au moment où le gouvernement transcaspien décidait d'attribuer deux sièges à la représentation des Turkmènes. Venus en train des régions les plus lointaines, ou à cheval depuis leurs *aouls* respectifs, les chefs turkmènes rassemblés en délégation débarquèrent chez Reginald Teague-Jones, dans le salon orné de danseuses nues plus que jamais incongrues en cette circonstance. « Ils étaient là à présent, rassemblés dans la grande salle et comme ils rentraient, beaucoup d'entre eux avec des poignards fixés à leurs ceintures, je ne pouvais pas m'empêcher de penser à Ali Baba et les Quarante Voleurs. Quand ils furent assemblés, je les rejoignis et me mêlai à la foule. Je reconnus plusieurs chefs tribaux. Hadji Mourad et Ovazbaïev étaient là tous deux et me présentèrent de nombreux chefs, sans doute parmi leurs vassaux. Aucun de ceux-là ne parlait le russe, mais on se débrouilla pour échanger des salutations et des compliments en persan soutenus par quelques bribes de turki. On pouvait remarquer que la foule était grossièrement divisée en deux groupes, l'un constitué par les partisans de Hadji Mourad et Ovazbaïev et l'autre par ceux de Mahtoum Qouli Khan autour duquel était rassemblé un groupe d'aksakals et de barbes blanches. Certains parmi eux étaient des hommes superbes avec des traits typiquement mongols qui exprimaient une grande intelligence. Il semblait clair que les anciens et les meilleurs des Teke turkmènes soutenaient Mahtoum Qouli Khan. Franchement j'en étais très heureux parce que cela concordait avec ce qu'on m'avait constamment répété, à savoir que, bien que plus discret et moins éduqué que Hadji Mourad, Mahtoum

Qouli Khan disposait toujours de la plus grande influence parmi la tribu[48]. » L'objectif de cette double délégation de Turkmènes était d'obtenir l'appui des Anglais dont chacune des fractions cherchait à se prévaloir. Contre toute attente, Hadji Mourad et Ovazbaïev furent élus à un moment critique pour l'existence du gouvernement transcaspien constitué alors en Comité de salut public. Une nomination dont le sens politique n'échappe pas à Reginald Teague-Jones qui aurait préféré voir Ovazbaïev occuper une fonction de chef militaire au front. Et en effet, en janvier 1919, Ovazbaïev soumet à Reginald Teague-Jones un plan pour créer un Turkménistan indépendant constitué par une série de principautés (khanats) juxtaposées, correspondant aux aires d'influence tribales en Transcaspie et dans l'ensemble du Turkestan. Partant du principe que la Grande-Bretagne avait reconnu *de facto* l'indépendance de l'Azerbaïdjan, proclamée le 27 mai 1918, Ovazbaïev considérait que la Grande-Bretagne reconnaîtrait de même l'indépendance turkmène. Incrédule, Reginald Teague-Jones prend connaissance de ce plan qui délimitait les zones d'influence des principaux chefs tribaux. « Hadji Mourad avait sa sphère d'influence et le territoire restant était attribué à Aziz Khan de Tedjen, à Allahyar le pillard (dont on supposait qu'il avait été pendu mais qui en fait était bien vivant) et Junaid Khan, le ravageur de Khiva. Même l'émir de Boukhara était inclus dans ce schéma, sans doute pour harmoniser le tout[49]. » Reginald Teague-Jones n'a plus qu'à temporiser, rire et offrir des cigarettes. A moins d'avoir l'audace d'un Lawrence d'Arabie, il ne peut endosser personnellement ce plan d'un Turkménistan indépendant, ni surtout convaincre les autorités britanniques de le faire. Mais qu'importe, une amitié véritable est née entre les deux hommes. L'exotisme des soldats de l'Indian Army inspire de l'étonnement chez les Turkmènes tout comme la relation « presque fraternelle » – paternaliste dirait-on aujourd'hui – qui liait les officiers britanniques aux *sepoys* indiens. « Je lui racontais des histoires de l'Inde et de la Frontière du Nord-Ouest. Cela le fit bien rire quand je lui dis qu'à l'occasion, nous avions aussi des problèmes avec nos propres tribus.

"Nous n'avons pas fini d'en voir dans ce pays, me dit-il. N'oubliez pas qu'aujourd'hui, chaque Turkmène est un homme armé. Et tout le pays est entre nos mains...

— Sauf le chemin de fer, osai-je répliquer.

— Oui sauf le chemin de fer ; mais qu'est-ce que le chemin de fer après tout ? Nos ancêtres vivaient sans lui et dans tous les cas, nous disposons de toute la steppe pour nous étendre[50]." »

Un service de renseignement en pays yomoute

Effectivement, si à Achkhabad, Reginald Teague-Jones est parvenu à rétablir une sorte d'équilibre, les rapports qui lui parviennent de Krasnovodsk montrent la précarité de la situation. A Krasnovodsk où la propagande bolchevique gagne du terrain à partir des ateliers ferroviaires, a eu lieu, le 30 novembre 1918, un coup d'Etat qui a failli emporter Kuhn, le représentant local du gouvernement transcaspien. Tête de ligne du Transcaspien et port stratégique sur la Caspienne, Krasnovodsk et plus largement le littoral sud-est de la mer Caspienne nécessitaient une surveillance particulière. Là, se trouve le territoire des Yomoutes, seconde tribu en nombre chez les Turkmènes, après les Teke. Alors qu'au XVIIIe siècle, cette tribu était centrée autour du khanat de Khiva, elle a occupé au XIXe siècle des territoires plus à l'ouest jusqu'à atteindre la péninsule de Mangychlak et le littoral persan de la Caspienne. Les Yomoutes occupent ainsi une position stratégique le long de la frontière qui suit le cours de l'Atrek, mais aussi dans le golfe de Krasnovodsk, fermé par une myriade d'îles dont les plus importantes, Tcheleken et Ogourtchinski, sont de véritables repaires. Tcheleken est le domaine insulaire de Khan Yomoutski transformé en véritable cache d'armes : les agitateurs bolcheviques de Krasnovodsk recherchent donc son alliance. Quant à l'île toute proche d'Ogourtchinski, elle sert de camp d'entraînement à des jeunes recrues yomoutes, d'abord chauffées à blanc par la perspective d'une invasion turque puis, après la capitulation ottomane, inspirées par l'exemple de l'Azerbaïdjan indépendant. Reginald Teague-Jones comme Fleming redoutent les agissements de ces Yomoutes, surarmés, susceptibles de se soulever à tout instant depuis la région d'Asterabad en Iran du Nord et d'enflammer la steppe turkmène. Une agence de renseignements spécialement dévolue à ce secteur de la Caspienne était donc nécessaire. Dès la mi-septembre, Reginald Teague-Jones s'était attelé à cette tâche en recrutant fort cher un agent de grande valeur, « Desiatnik », alias Tchaïka, dont il doit justifier les émoluments auprès du colonel Redl. « Je voulais aussi vous demander quelque chose à propos du renseignement dans la région d'Asterabad et sur le littoral caspien, au sud de Krasnovodsk. Lorsque vers la mi-septembre je reçus des instructions pour organiser le renseignement dans la zone caspienne, je pris des mesures afin de rentrer en contact avec différentes personnes que je connaissais à Bakou et qui étaient à ce moment-là à Petrovsk. Mais comme j'étais personnellement dans l'impossibilité de me rendre à Krasnovodsk, je ne suis en fait jamais rentré en contact avec elles et, avec le changement de la situation politique, je laissai tomber mon travail en ce sens. Néanmoins, la région méridionale de la Caspienne réclamait, et réclame toujours, la plus grande attention. J'ai organisé un réseau d'agents de renseignements répartis dans différents lieux aussi bien sur la côte que dans la région d'Asterabad. J'ai calculé que cette organisation me coûterait environ 7 000 roubles par mois, en comprenant la paie des agents, plus des dépenses incidentes. La tête de ce réseau est un homme que j'appelle "Desiatnik". Il est bien connu dans cette zone et je le connais moi-même très bien. Il a envoyé bon nombre de rapports très utiles (...). "Desiatnik" souligne le fait qu'à cause de la dévaluation du rouble, il a été obligé de payer ses agents beaucoup plus que les sommes qu'il m'avait indiquées au départ (...). Attachons-nous toujours autant d'importance au renseignement sur cette région, ou du moins, suffisamment d'importance pour justifier la dépense d'une telle somme ?[51] »

Après la défaite ottomane, les Turcs ne sont plus menaçants et un soulèvement général des Yomoutes paraît moins vraisemblable. Faut-il garder l'agent « Desiatnik » alias Tchaïka et avec lui le réseau de cinq agents de renseignements entre Asterabad, Bandar-e Gaz en Perse et Hassan Qouli, de l'autre côté de la frontière, en pays turkmène ? D'abord incertain sur ce point, Reginald Teague-Jones affirme sa conviction à Fleming : « Sans aucun doute, je pense qu'aussi longtemps que nous avons nos troupes basées ici, nous devons garder un œil vigilant sur la steppe yomoute. Je suis d'accord avec vous sur le fait que des troubles se fomentent dans cette région. J'ai pensé un moment qu'avec la chute de la Turquie, les musulmans locaux comprendraient que la partie était perdue et qu'ils abandonneraient leurs rêves pan-islamistes. Loin de là ! Chaque jour qui passe les persuade un peu plus de la faiblesse irrémédiable des Russes et le sentiment en faveur de l'indépendance ne cesse de grandir. La seule chose qui pourrait rétablir l'ordre en Transcaspie serait une main de fer, et il n'y en a guère en ce moment[52]. » L'agent Tchaïka, un colon russe trempant dans le commerce à Bandar-e Gaz, pourrait être encore utile, même s'il ne s'agit plus de surveiller l'activité des agents turcs, mais de prendre la mesure, parmi les Yomoutes, des aspirations indépendantistes turkmènes. Le système mis en place par Reginald Teague-Jones fonctionne à merveille. Les rapports de Tchaïka – jugés de très grande qualité par leur commanditaire – arrivent régulièrement. Tchaïka les confie aux capitaines des navires circulant entre Hassan Qouli et Krasnovodsk, lesquels les remettent en main propre à N.N. Semov, l'homme de confiance des Britanniques à Krasnovodsk.

Avec la fin du danger turc mais l'existence du danger bolchevique, les autorités britanniques sont confrontées à des choix politiques, au moment où leur présence ne se justifie plus par la guerre mondiale, mais par « l'intervention étrangère » contre les Rouges. Dès lors, l'affirmation du sentiment national turkmène a une valeur instrumentale, même si Fleming comme Teague-Jones manifestent à l'égard des tribus turkmènes une grande méfiance, pour ne pas dire un certain mépris. En pratique, il s'agit d'abord de désarmer autant que faire se peut les Yomoutes. Le 16 décembre 1918, Fleming a reçu de la Norperforce l'autorisation de désarmer les gens des îles Tcheleken et Ogourtchinski et projette d'organiser « un raid afin de mettre de l'ordre là-bas. La présence d'un si grand nombre d'armes si près de Krasnovodsk rend la situation difficile[53]. » Mais, fin décembre, l'opération de nettoyage, sans cesse remise, n'a toujours pas eu lieu, faute de disposer d'un steamer convenable. « Si seulement j'avais un navire comme le Perlaga, je désarmerais les gens de l'île de Tcheleken et cela nous ferait un peu d'air par ici[54] », écrit-il à Reginald Teague-Jones. En attendant, les troubles continuent à Tcheleken, où fin janvier 1919, des Turkmènes originaires de trois villages des environs ont brûlé tous les postes téléphoniques ainsi que toutes les structures en bois appartenant aux champs pétrolifères, mettant ainsi gravement en danger la poursuite de l'exploitation. Les Britanniques tentent d'endiguer les troubles, procèdent à des arrestations dans le pays Yomoute aux abords du port de Hassan Qouli et de la frontière persane. Il revient à Reginald Teague-Jones, sans illusions sur les récentes manifestations d'amitié des chefs turkmènes après la capitulation ottomane, de faire l'analyse politique de la situation. « Jusqu'alors ils avaient adopté une attitude plutôt dédaigneuse, mais à présent ils manifestaient un vif désir de faire notre connaissance et incidemment bien sûr de sonder notre politique. Ils parvinrent à la conclusion qu'en tout cas nous étions beaucoup plus tolérants que les Russes, et le fait que nous avions plus ou moins reconnu le gouvernement de l'Azerbaïdjan à Bakou leur laissait penser que nous soutiendrons les Turkmènes en Transcaspie, même contre les Russes si nécessaire. Ovazbaïev, qui est une tête brûlée et ne représente d'autre fraction de la population turkmène que son propre détachement, se montre si assuré de notre soutien qu'il annonce publiquement ce qu'il considère comme les objectifs turkmènes mais qui ne représentent rien d'autre en réalité que ses propres ambitions personnelles. Ainsi, la formation d'un gouvernement dont la grande majorité serait formée de

Turkmènes ou de Turcs caucasiens, et l'envoi immédiat d'un représentant à la Conférence de la paix en Europe, tout cela semble possible grâce à l'aide britannique. Les élucubrations personnelles d'Ovazbaïev sont sans danger, mais quand il commence soudainement à se croire investi d'une mission au nom des Turkmènes en tant que membre du Comité de salut public, il est grand temps de commencer à le contrôler. On lui signifia ainsi qu'en aucune circonstance, nous ne lui permettrions de rentrer dans le Comité si nous devions poursuivre nos relations avec ce dernier. Après avoir reçu des conseils paternels et s'être entendu dire qu'il ferait mieux de retourner au front et s'abstenir de se mêler de politique, Ovazbaïev s'en alla. A présent, le sentiment de "l'intelligentsia" turkmène tel qu'il est représenté par Hadji Mourad, Ovazbaïev et Cie, est la désillusion et le désappointement. Ils réalisent que notre interprétation de l'autodétermination des peuples ne suppose pas d'élever au statut de nation civilisée une tribu sauvage, et qu'ils doivent compter à nouveau sur leurs propres ressources[55]. »

La Malmiss : fin de partie

L'épisode transcaspien, une campagne militaire improvisée durant la dernière année de la guerre mondiale « sans aucun plan, ni aucune politique clairement définie[56] » avec peu de moyens humains et financiers, n'a sans doute pas laissé une trace glorieuse dans les annales de l'histoire militaire britannique. Pourtant, il peut être considéré comme emblématique d'un *modus operandi* : la puissance britannique à cette époque ne s'engage pas massivement mais dispose sur le terrain de quelques individus solitaires laissés à leur capacité de plus ou moins libre improvisation. Tel fut, comme on a pu le constater, le cas de Reginald Teague-Jones, laissé seul à Achkhabad dans sa fonction d'agent politique et confronté à une relation difficile avec sa hiérarchie. Non qu'il n'en soit pas respectueux mais s'il apprécie l'humour et le flegme d'un général Dunsterville, il ne se prive pas de dresser un portrait peu flatteur, pour ne pas dire franchement critique, du général Malleson, son supérieur au sein de la hiérarchie militaire comme dans celle du renseignement. Malleson, qui avait fait carrière de 1904 à 1914 dans les services de renseignements du quartier général de l'Indian Army et dans l'équipe de lord Kitchener, était un familier des affaires de la Perse et de l'Afghanistan[57]. Il avait notamment visité Kaboul avec la mission de sir Louis Dane en 1904 et réalisé une étude complète du système de communications dans la zone centre-asiatique. En dehors d'une courte période durant laquelle il servit en 1915-1916 contre les Allemands en Afrique orientale, Malleson avait fait l'essentiel de sa carrière militaire comme *desk general*. Selon la formulation prudente de Charles H. Ellis, ami et collègue de Reginald Teague-Jones, il avait la réputation d'être buté, peu sociable, reclus dans la solitude de son travail et méticuleux à l'extrême. Ellis ajoute que la nomination même de Malleson révélait la nature de la Malmiss : une mission de renseignements et non une mission militaire destinée au combat. Critique, Reginald Teague-Jones note que sa « principale qualité reposait dans son habileté à s'approprier les idées des autres et tirer avantage du travail des autres. Telle avait été sa réputation auparavant : son commandement à Meched et en Transcaspie donnait certainement de la substance à ce jugement[58]. » Il mentionne également le fait que le service du chiffre à Meched avait horreur des interminables télégrammes du général Malleson qu'il fallait expédier en Inde et qui le maintenaient éveillé jour et nuit. « Il devint de notoriété publique que n'importe quel propos tenu au bazar par un agent quelconque ou un chamelier serait l'objet d'un long télégramme officiel », poursuit malicieusement Reginald Teague-Jones[59]. Et c'était effectivement l'une des fiertés de Malleson que d'avoir mis en place dans le Turkestan russe un réseau de renseignements exceptionnellement efficace. Il prétendait avoir placé des hommes partout où il le jugeait nécessaire, dans chaque train et dans chaque gare le long du Transcaspien. Pourtant, force est de constater qu'il semble préférer le séjour hospitalier de Meched au terrain, où il ne se rendra pour la première fois que le

24 novembre 1918, pour disparaître ensuite et ne plus rendre visite à ses troupes avant trois mois. On comprend dans ces conditions que l'hyperactivité et l'esprit d'initiative de Reginald Teague-Jones aient été mis à rude épreuve par un sentiment de vacuité, du reste ressenti par tous, au sein de la Malmiss. « Pour n'importe quel individu doté d'un peu de sens de l'humour, la mission en elle-même était une véritable plaisanterie. Je ne pense pas que le général lui-même ait été doté du moindre sens de l'humour. Un matin au petit-déjeuner, je l'ai sévèrement blessé en remarquant que le thé était trop léger. Il apparut que la théière dont je m'étais emparé contenait un thé très spécial, un pur Darjeeling qu'il destinait exclusivement à son propre usage. Le général grommela en proférant quelque remarque caustique sur l'incapacité de certaines personnes à apprécier la qualité d'un véritable thé[60]. »

Le sens de l'humour très limité du général Malleson ne le disposait pas davantage à goûter la fréquentation des révolutionnaires de tous poils que comportait le gouvernement transcaspien, des démagogues qu'il considérait – bolcheviks, mencheviks et SR confondus – avec une égale méfiance. Fin décembre 1918, il reçut de Zimine une véritable supplique dans laquelle il lui demandait les moyens d'avancer les troupes britanniques et transcaspiennes de Merv jusqu'à Tchardjoui[61] sur l'Amou-Daria, position alors détenue par les bolcheviks. C'est en effet à Tchardjoui que le chemin de fer transcaspien franchit, par un pont initialement en bois, l'Amou-Daria, le plus grand et le plus impétueux fleuve d'Asie centrale gonflé de ses nombreux affluents issus des neiges du Pamir et du versant septentrional de l'Hindou-Kouch. Sans autre passage possible sur une distance de 200 verstes, Tchardjoui est évidemment une position stratégique qui a, en outre, l'avantage de permettre une communication directe avec Boukhara où la population épuisée par l'occupation bolchevique devrait accueillir les Britanniques à bras ouverts. Selon Zimine, « le général Malleson pendant sa visite au front a été assuré de la véracité de ces propos tenus par Oraz Serdar, le commandant en chef, un ami personnel de l'émir de Boukhara ». Le ministre des Affaires étrangères du gouvernement transcaspien ajoute enfin qu'un tel mouvement des troupes britanniques n'engendrera pas, comme les Anglais semblent le craindre, un sentiment d'hostilité en Afghanistan. « Le gouvernement transcaspien est constamment en relation avec Herat et les derniers rapports que nous avons reçus disent que tout est parfaitement calme, le prestige de la Grande-Bretagne y étant plus grand qu'il n'a jamais été. Si les Afghans sont demeurés loyaux pendant la guerre en dépit des agents allemands, il ne peut donc y avoir de risque de complications supplémentaires maintenant que la Grande-Bretagne est au sommet de sa gloire et apparaît comme la nation la plus puissante du monde. » Tel était donc, avec ses erreurs de jugement – une troisième guerre anglo-afghane éclatera effectivement en dépit de ses prévisions optimistes en mai 1919 – et son raisonnement géopolitique, le grandiose plan que l'orientaliste Zimine – un révolutionnaire anti-impérialiste et anti-britannique dans l'âme – soumit à Malleson le 22 décembre 1918, peu avant que le gouvernement transcaspien n'affronte une ultime crise interne. En janvier 1919, les forces transcaspiennes, au plus bas, semblent avoir perdu tout espoir d'une intervention alliée. Pourquoi les Alliés qui occupent le Caucase et Bakou s'avèrent-ils incapables d'envoyer sur le front transcaspien un seul aéroplane et deux canons lourds au moment où, de l'autre côté du front, les troupes bolcheviques semblent sur le point de se déliter ?

Fin janvier 1919, les renseignements récoltés par Reginald Teague-Jones[62] montrent que les bolcheviks sont, en effet, loin d'être à leur avantage. Selon un de ses agents qui rapporte les propos d'un transfuge, les forces bolcheviques divisées en quatre détachements montés et dotées de 35 mitrailleuses (dont certaines hors d'usage) n'excèdent pas à ce moment-là 7 000 hommes. Ce sont en majorité des Magyars et des Kirghizes mais aussi des Russes, des Arméniens, des Persans et une minorité de Turkmènes, beaucoup de musulmans démoralisés et prêts à se rendre au moindre signe de défaillance. Sur le terrain, cette armée bolchevique ne dispose d'aucun commandement unifié. Chaque détachement décide, de manière indépendante, de passer ou non à l'attaque, mais pratique en revanche, de manière unanime, pillage et réquisition de bétail dans les villages, tandis que dans les villes de Samarcande et de Tachkent la pénurie de carburant, de bois et des denrées de première nécessité impose le rationnement. « On meurt de froid et de faim à Tachkent. Les habitants prient pour que les Britanniques viennent au plus vite », rapporte l'agent de Reginald Teague-Jones. « Les bolcheviks n'ont pratiquement pas de réserve à l'arrière, toutes leurs troupes du secteur étant stationnées sur le tronçon entre Utch-Adji et Tchardjoui. Selon le propre aveu des bolcheviks, s'il était tenté contre eux une manœuvre de contournement, ils seraient contraints à la retraite, et ainsi il serait mis fin à leur force. » Si ce renseignement est fiable – et il faut le croire puisque Reginald Teague-Jones a conservé ce document dans ses archives personnelles –, il faut conclure que la décision du retrait britannique fondée sur l'expertise du général Milne appelé à remplacer Malleson en février 1919, découle non d'un rapport de forces défavorable sur le terrain, mais bien d'une décision politique qui limite la zone de responsabilité britannique à la Transcaucasie. D'ailleurs, les trois républiques indépendantes de Géorgie, d'Arménie et d'Azerbaïdjan sont placées sous « l'obédience » du général Thomson en charge de l'Azerbaïdjan, du Daghestan et du général Forestier-Walker basé à Batoum et chargé du maintien de l'ordre en Arménie et en Géorgie. On ne s'étonnera donc pas de retrouver Reginald Teague-Jones en Transcaucasie durant la période 1919-1921.

Pour l'heure, l'épisode transcaspien avait pris fin. Episode sans gloire, Reginald Teague-Jones en a bien conscience, lui qui a clairement informé le général Milne du sort qui incomberait à la Transcaspie dès lors que les troupes britanniques auraient amorcé leur mouvement de retrait. « La dernière question du général Milne fut : qu'arrivera-t-il si nous retirons nos troupes ? Je lui répondis que sans l'ombre d'un doute la résistance transcaspienne s'effondrerait immédiatement et que les bolcheviks réoccuperaient entièrement le pays. Je mentionnai ensuite la requête adressée au gouvernement britannique pour continuer la coopération de nos troupes et l'appel à une aide humanitaire formulée par les Transcaspiens tout en défendant autant que je le pus l'idée que nous restions dans les parages un peu plus longtemps[63]. » Mais Reginald Teague-Jones n'est qu'un modeste agent politique et non un décideur et c'est avec un sentiment de tristesse mêlée d'amertume qu'il lui faut quitter la Transcaspie avec les ultimes marques de distinction que le gouvernement transcaspien était encore capable de déployer en son honneur : un train spécial, une délégation formée de cheminots et de civils exprimant leur profonde reconnaissance pour ce qui avait été fait ou plutôt tenté d'être fait. Reginald Teague-Jones reçut également des mains de Hadji Mourad un cadeau d'adieu exprimant la gratitude et l'estime que lui portaient les tribus turkmènes : il s'agissait du fouet personnel de son père, un chef teke qui l'avait utilisé lors de la bataille de Gök-Tepe ! Reginald Teague-Jones le conservera toute sa vie jusqu'à ce qu'il lui soit dérobé plus de soixante ans plus tard lors de son ultime voyage, de Marbella à Plymouth. Ainsi, les Britanniques quittaient un théâtre d'action jugé marginal. Ils laissaient cette partie de l'Asie centrale à son sort et à l'inévitable soviétisation, alors que la valeur géostratégique de ce territoire situé entre la Russie, la Chine, l'Inde et l'Iran n'a pas cessé de s'affirmer jusqu'au XXIe siècle. « Je regardais la platitude désolée du paysage tout en évoquant le passé écoulé avec un sentiment mêlé de soulagement et de tristesse. Pendant des années, alors que j'étais tout jeune garçon, j'avais rêvé d'aller en Asie centrale. C'est vrai, je n'avais vu qu'une petite partie de celle-ci et encore, dans des circonstances on ne peut moins favorables, mais je ressentais malgré tout son charme d'antan. Peut-être un jour, reviendrai-je dans des conditions plus heureuses mais pour l'instant j'en avais vu assez. Le rêve transcaspien avait commencé comme une tragédie et finissait comme une tragédie. Rideau ![64] »

– 5 –

La légende des 26 Commissaires : Teague-Jones, héros maléfique ?

« C'est par une telle nuit
Et un tel brouillard
Que nous a fusillés
Un détachement anglais[1]. »

« Le train est arrivé à Kizil-Arvat – deux cent quarante-deuxième verste depuis la Caspienne –, à sept heures treize minutes du soir au lieu de sept heures. Ce léger retard a provoqué treize objurgations du baron, une par minute[2]. »

Bakou, janvier 1990. Dans les remous de l'effondrement de l'Empire soviétique et de l'affrontement arméno-azéri exacerbé par la question du Haut-Karabagh, un groupe de manifestants exaltés se livre au saccage d'un monument soviétique. Du groupe statuaire sculpté dans le granit rouge, se détache nettement la figure de Stepan Chahoumian, un bolchevik de la première heure, compagnon de Lénine. Conformément aux principes du réalisme socialiste, le sculpteur Merkourov a cherché à évoquer dans une pose à la fois héroïque et sacrificielle, l'exécution le 20 septembre 1918, dans le désert du Kara-Koum (Turkménistan), des célèbres 26 commissaires de Bakou. La destruction de ce monument qui symbolisait le régime soviétique dans sa durée – décidé en novembre 1923, il avait été édifié en février 1958 sur le square de la place des 26 Commissaires à Bakou – réduisait également à néant un chapitre essentiel de l'histoire de la révolution en Transcaucasie, du moins du catéchisme révolutionnaire censé illustrer à la fois l'aube des temps révolutionnaires et la solidarité des peuples caucasiens. Avec la fin du régime soviétique en 1990-1991, les manifestants de Bakou, chauffés à blanc par le conflit du Haut-Karabagh, s'en prenaient non seulement à un symbole du pouvoir soviétique, mais aussi au voisin arménien car sept des « 26 Commissaires » – expression à laquelle il faut bien souscrire par commodité, même si ce groupe de fuyards rescapés de la Commune de Bakou ne comportait pas que des « commissaires », ni même que des bolcheviks – célébrés par le monument étaient en effet des bolcheviks arméniens. Au démantèlement de la légende des 26 Commissaires est associé également l'une des périodes les plus marquantes de la vie de Reginald Teague-Jones. Placé au centre du réquisitoire des autorités soviétiques qui firent de lui le coupable principal, Reginald Teague-Jones incarnerait à lui seul tous les méfaits de l'impérialisme britannique. L'affaire de l'exécution des 26 Commissaires, épisode des premiers temps révolutionnaires en Transcaucasie et en Asie centrale, hissé au rang d'épopée par une historiographie soviétique abondante et univoque, se situe dans le triple contexte de la fin de la Première Guerre mondiale, de l'intervention étrangère dans le dernier lambeau du front oriental en Transcaucasie et du Grand Jeu en Asie centrale. L'implication personnelle de Reginald Teague-Jones, diabolisé par la propagande et poursuivi durant toute son existence par l'ombre funeste de ces 26 commissaires, appelait une tentative de révision historique à laquelle s'est livré dès les années 1980 Brian Pearce, auteur d'une contre-enquête minutieuse et systématique. Plus récemment, en 2009, l'exhumation à Bakou des restes de 26 commissaires a suscité en Azerbaïdjan, en Arménie et en Russie des commentaires de nature à remettre en cause la thèse traditionnelle de la culpabilité britannique. Reste à camper le décor, celui d'une guerre sur un théâtre d'opérations reculé où la ligne de chemin de fer résume l'essentiel des enjeux militaires et politiques. Que s'est-il donc passé à la 207e verste de la ligne du Transcaspien en direction d'Achkhabad, entre les stations Pereval et Akhtcha-Kouym, le 20 septembre 1918 ? Pour le comprendre, il faut revenir en arrière, dans le temps et dans l'espace, car cette histoire commence à Bakou à la fin de la Première Guerre mondiale.

Bakou : 1918

Paysage avant la bataille

Ville frontière située aux confins de l'Empire russe, de l'Empire ottoman et de la Perse, Bakou, principal port de Transcaucasie et capitale mondiale du pétrole au tournant du siècle, constitue un enjeu géostratégique. Protégée par la péninsule d'Apchéron dont la forme avance comme un fer de lance dans la Caspienne, au fond d'une baie fermée par un cordon d'îles, Bakou est le meilleur havre de la Caspienne. Mais si, de loin, en arrivant de Krasnovodsk, porte de l'Asie centrale et tête de ligne du chemin de fer transcaspien, le site de Bakou offre le visage d'une sorte de Riviera orientale que Reginald Teague-Jones ne manquera pas de photographier lors de ses voyages transcaspiens, cette illusion ne pouvait être qu'éphémère car depuis le XIXe siècle, la ville empeste le pétrole. Objet d'adoration et de culte depuis l'Antiquité, le phénomène du « feu éternel » et des fontaines jaillissantes trouve une explication géomorphologique. Formée en nappes dans des couches plissées de sables et de grès poreux, « l'huile de pierre » (*petrolea*) s'est accumulée sous la pression des gaz qui l'accompagnent au sommet des plis anticlinaux, prête à s'échapper lorsque l'érosion ou le forage la mettent en contact avec l'extérieur. Le long de ces voûtes, les dégagements de gaz ou de naphte produisent ainsi le « feu éternel ». A Bakou, prospection et exploitation se sont surtout concentrées depuis la fin du XIXe siècle sur deux anticlinaux, à Balakhany au nord de la ville, et au sud à Bibi-Eybat. Depuis l'introduction de la technique du forage à Bakou en 1872, c'est là que se dressent des forêts de derricks dont les parois sont parfois éventrées par des fontaines jaillissantes de naphte mêlé de pierres et de sable qui bondissent jusqu'à 100 mètres, inondent les environs et allument parfois de grandioses et redoutables incendies. Le pétrole de Bakou doit son développement à sa capacité à fournir d'excellents résidus après distillation. Grâce à sa composition, il fournit en abondance *mazout* – terme russe désignant les résidus, le mazout concurrençant désormais le charbon – et huiles de graissage, une particularité de nature qui distingue le pétrole de Bakou du pétrole américain. Destiné à la Russie comme aux exportations, le pétrole de Bakou, transporté vers Astrakhan, puis par la Volga et ses affluents, fournit à l'Empire russe avant la guerre pétrole lampant, essence et matériel de graissage et surtout le chauffage destiné à l'industrie, au fonctionnement des bateaux à vapeur et d'une bonne moitié des lignes de chemins de fer de l'Empire.

Annexée définitivement à l'Empire russe en 1813, Bakou a été dotée par les Russes d'un statut de capitale administrative qui explique la première phase de sa croissance, la population de la ville passant de 8 000 habitants en 1850 à 14 500 habitants en 1870. Mais le boom pétrolier de la fin du XIXe siècle a fait de Bakou une véritable ville-champignon dont la population passe de 111 094 habitants en 1897 à 260 000 habitants en 1917. Cette croissance démographique concordant avec l'expansion des exploitations pétrolières – avec une production de 11 millions de tonnes, Bakou est devenue en 1901 le premier producteur mondial du pétrole – contribue à l'extension de l'espace urbain intégrant désormais les villages tatars des alentours car la population du gouvernement de Bakou est majoritairement musulmane. En revanche, la population urbaine tend à devenir de plus en plus cosmopolite car l'exploitation pétrolière a attiré ouvriers et paysans russes, ukrainiens et arméniens et provoqué une immigration massive de « Persans » voués à une condition misérable. Acteurs du boom pétrolier, d'audacieux entrepreneurs, véritables pionniers du capitalisme, ont bâti à Bakou des fortunes fabuleuses qu'ils soient arméniens comme Der Goukassov (fondateur de la Société Caspienne), Mantachev, Khatissov, Lianozov ou Avetissov, juifs comme Salomon ou azéris comme Nagiev, Tagiev et Assadoullaev. Ces exploitants originaires de Transcaucasie doivent cependant affronter de redoutables concurrents venus de l'extérieur. Fondateurs de la « Société industrielle et commerciale de la Caspienne et de la mer Noire », les Rothschild de Paris ont investi des capitaux énormes à Bakou et contrôlent dès 1889 la moitié des exportations. Quant aux trois frères Nobel (Alfred, Emil, Ludvig), fils d'un génial inventeur suédois installé en Russie, ils sont en 1879 les fondateurs de la « Société anonyme d'exploitation du naphte Nobel Frères », une société dont le statut est assimilé à celui d'une firme russe et dont l'emblème reproduit l'image du temple des Adorateurs du feu à Sourakhany. Bakou est une ville double insérée l'une dans l'autre « comme un noyau dans un fruit » selon les termes de Kurban Saïd[3] dont le célèbre roman d'amour *Ali et Nino* se déroule presque entièrement à Bakou pendant la Première Guerre mondiale. La ville intérieure, vieille ville de l'Islam entourée de remparts, est constituée d'un agrégat de maisons basses et d'un labyrinthe de ruelles grimpant à l'assaut de la citadelle et du palais des Shirvan-Shahs. La ville extérieure née du boom s'en distingue aisément avec ses alignements de rues, ses immeubles en pierre de taille, ses trottoirs, ses boutiques, ses tramways. Elle porte les marques d'un zonage communautaire distinguant le quartier musulman à l'ouest de la vieille ville du quartier arménien (*Armenikend*) au nord-est. Dans la ville européenne, le quartier administratif se distingue du quartier des affaires, véritable centre de décision économique comportant banques et sièges de sociétés industrielles, maisons de commerce, églises, imprimeries ainsi que les extravagants palais construits par les magnats du pétrole, fervents amateurs d'éclectisme. Ainsi, le palais Ismaïlia construit pour Nagiev reproduisait le plan du Palazzo Contarini de Venise tandis que la résidence de Tagiev empruntait le style Renaissance italienne. L'origine de ces fortunes se situe à quelques verstes à peine du centre de la ville dans les forêts de derricks de Bibi-Eybat, Balakhany, Sabountchy, Ramany, dans les raffineries de la Ville noire (*tchernyj gorod*) dont les rues noircies de fumée suintent de suie et de « goût du pétrole ». La majorité des ouvriers du pétrole vit sur place dans des abris de fortune – niches, tanières répugnantes, baraquements collectifs – et offre le tableau misérable d'un véritable *lumpenproletariat.* Non loin de là, entre la Ville noire et la Ville blanche, la célèbre Villa Petrolea des frères Nobel, quartier de bâtiments modernes et résidence occasionnelle des Nobel comportant des logements, un théâtre, un *club-house* destiné au personnel administratif, est installée au cœur d'un gigantesque domaine ceint par un mur de bonne hauteur, oasis préservée et irriguée par de l'eau de mer dessalée à grands frais…

Bakou, enjeu géostratégique

La mission de Reginald Teague-Jones destinée pour partie à établir un contact avec les forces anti-bolcheviques dans la région transcaspienne s'inscrit dans l'évolution même de l'intervention britannique. Initialement destinées à contrecarrer une éventuelle avance germano-turque à travers le Caucase vers l'Inde et l'Afghanistan, les missions britanniques – Dunsterforce et Malmiss – devinrent sur le terrain les prémices de l'intervention étrangère contre le régime bolchevique. Ellis écrivait en 1963 dans un probable souci d'apaisement qu'aucune de ces missions n'avait été planifiée comme une manœuvre anti-bolchevique, pas plus qu'elle ne résultait du traditionnel conflit d'intérêts opposant la Grande-Bretagne à la Russie dans le cadre du Grand Jeu. « En tant qu'opérations militaires, elles furent des manœuvres tactiques fondées sur un minimum de troupes et destinées à improviser dans l'urgence créée par l'effondrement russe et l'avance ennemie vers l'Est.

Dans ce contexte, une implication avec les forces révolutionnaires ou contre-révolutionnaires dans le territoire russe pouvait difficilement être évitée[4]. »

Bien que Bakou ait constitué dès novembre 1914 un but de guerre symbolique répondant aux idéaux du pan-turquisme de certains jeunes-turcs, la ville n'est réellement devenue un objectif stratégique qu'à partir d'octobre 1917 et de l'effondrement du front caucasien, désormais abandonné par les soldats russes. Le ministre de la Guerre Enver Pacha a lancé dès février 1918 l'armée ottomane avec pour objectifs la libération des terres irrédentes (Kars, Ardahan, Batoum), le soulèvement des populations musulmanes et la marche sur Bakou et l'Asie centrale. Dans la situation confuse qui est celle de la Transcaucasie en 1918, en pleine dérive entre guerre civile, intervention étrangère et victoire provisoire des mouvements nationaux, Bakou devient un enjeu stratégique. Afin de contenir l'avance des Turcs, les Anglais tentent une opération de revers par la Perse, commandée par le général Dunsterville dont le corps expéditionnaire fait une brève incursion dans la ville en août 1918 au terme d'une traversée épique de la Caspienne. « Un général anglais sur la Caspienne, seule mer jamais fendue auparavant par la quille d'un navire britannique, à bord d'un vaisseau baptisé du nom d'un président sud-africain alors ennemi, naviguant depuis un port persan, battant pavillon serbe, afin de délivrer des Turcs la population arménienne d'une ville russe révolutionnaire », selon les termes humoristiques de Dunsterville rapportés par Reginald Teague-Jones[5].

D'autre part, les Allemands signataires du traité de Brest-Litovsk se sont entendus avec le gouvernement bolchevique pour prendre le contrôle de Bakou et des exploitations de pétrole avant que les Turcs ne prennent la ville[6], une perspective qui explique que les Britanniques envisagent au début du mois d'août 1918 de procéder à la destruction des installations pétrolières[7] par bombardement aérien. Reginald Teague-Jones rappelle ainsi l'étrange concours de circonstances qui conduisit à la présence des Allemands à Bakou en août 1918. « Le gouvernement allemand avait conclu un accord avec Moscou concernant le contrôle de Bakou et l'exploitation du pétrole là-bas. En conséquence, une mission militaire allemande fut envoyée via Astrakhan à Bakou. Aucune complication ne semblait à prévoir que ce soit par Moscou ou par Berlin puisque aussi bien les villes d'Astrakhan que de Bakou étaient contrôlées en juillet 1918 par les communistes. Ainsi, les Allemands avaient comme projet de s'emparer de Bakou avant que leurs alliés turcs ne fassent la conquête de la ville. La mission embarqua sur un bateau à Astrakhan vers la fin juillet. Ni les Allemands, ni le Comité bolchevique d'Astrakhan n'étaient encore au courant que les dictateurs SR avaient mis fin au régime bolchevique à Bakou. Le 4 août, la mission allemande arriva à Bakou et débarqua en secret du bateau sur le débarcadère, et à leur grande surprise ses membres furent rapidement arrêtés et mis sous les verrous[8]. » À la veille de l'entrée de Dunsterville dans Bakou, les plans de bombardement anglais furent abandonnés : une telle mesure aurait définitivement éloigné de la puissance anglaise les ouvriers tatars déjà réputés pro-turcs. Surtout, l'accord conclu à Meched entre les Anglais et un éphémère « gouvernement transcaspien » afin de parer « au danger des bolcheviks et des Turcs-Germains » témoigne une fois encore de l'importance accordée à la défense de Bakou, « porte de l'Asie centrale russe d'où dépend une grande partie de la vie économique et la puissance militaire du Turkestan russe et de la Transcaspie ». En échange de facilités stratégiques accordées aux Anglais dans la Caspienne – contrôle du port de Krasnovodsk et du chemin de fer transcaspien – ceux-ci s'engageaient à apporter une aide militaire au gouvernement transcaspien, à défendre Bakou jusqu'au bout, à évacuer dans la mesure du possible les stocks de mazout et de naphte sur l'autre rive de la Caspienne, à Krasnovodsk[9]. Ainsi, Reginald Teague-Jones explore le 2 août 1918 la baie d'Ufra, à quelques kilomètres à peine de Krasnovodsk, où se trouvaient les réservoirs des principales compagnies pétrolières, afin d'évaluer les stocks et les moyens d'obtenir du fuel au cas où Bakou serait occupé par l'ennemi. Nul doute qu'il rédigea un rapport circonstancié sur cette question, photographies à l'appui, sur la base de renseignements qui lui furent fournis par Vladimir N. Alexeïev, le père de la jeune Valia dont il avait fait récemment la connaissance[10]. Car durant l'été 1918, Reginald Teague-Jones envoyé pour une mission solitaire en Asie centrale parcourt en train, à six reprises au moins, la distance entre Achkhabad et Krasnovodsk. Et par trois fois, il emprunte dans des circonstances rocambolesques le *parakhod* assurant la liaison entre Krasnovodsk et Bakou. Arrivé au terme d'une éprouvante tempête sur la Caspienne, Reginald Teague-Jones débarque à Bakou le 10 juillet 1918 affamé, dans une ville assiégée où tout manque. A l'hôtel Europe, les serveurs arméniens lui demandant anxieusement si « les Anglais viendraient les sauver » et Reginald Teague-Jones ne tarde pas au terme de sa rencontre avec le consul britannique MacDonnell, à se forger une idée de la situation, « *indeed, a pretty kettle of fish*[11] » selon ses propres termes. Situation inextricable sur le plan politique car en juillet 1918, cinq « gouvernements » différents – bolcheviks, dictature centro-caspienne, Arméniens, flotte de la Caspienne et anti-bolcheviks – s'affrontent dans une ville traversée par des tensions exceptionnelles. En effet, la société urbaine de Bakou n'avait jamais vraiment retrouvé le calme depuis la révolution de 1905. Et si les fameuses guerres arméno-tatares ont représenté un paroxysme des affrontements interethniques, les grèves, elles, ont été incessantes jusqu'au déclenchement du premier conflit mondial. Tandis que prisonniers et réfugiés affluent vers Bakou, le front caucasien est dès le début de la guerre un test de la loyauté de la population azérie de l'Empire russe. Les premiers flux de population furent d'abord déterminés par l'avancée victorieuse de l'armée russe en Anatolie orientale. Cantonnés dans des baraquements construits sur l'île aride de Narguine, fermant la baie de Bakou, les prisonniers de guerre ottomans furent isolés de la population urbaine de Bakou où une majeure partie de la population tatare aurait pu ressentir des élans de solidarité. Peu d'entre eux parvinrent à survivre aux épidémies de typhus qui sévissaient alors dans toute la Russie. D'autre part, les réfugiés arméniens, rescapés du génocide de 1915 et dispersés désormais en

Transcaucasie, échouèrent en partie à Bakou. Conséquences des victoires initiales de l'armée russe, ces premiers flux de populations ne pouvaient qu'exaspérer les tensions urbaines. Enfin, Bakou voit affluer des soldats démobilisés de l'armée russe, incapables de rentrer chez eux à cause de l'interruption des voies de communication[12].

Le siège de Bakou

Assiégée de l'extérieur par l'Armée de l'islam, la ville l'est également de l'intérieur par une grande partie de la population tatare qui se solidarise avec « l'ennemi » aux portes de la ville. Formé au début de l'année 1918, un corps d'armée tatar de 8 000 hommes rejoindra l'Armée de l'islam au moment de l'avance victorieuse des troupes turques sur Bakou. Dans la ville assiégée, tous les cochers disparurent en même temps, rejoignant les villages tatars des environs en attendant l'arrivée des Turcs. Au moment de la première visite de Reginald Teague-Jones à Bakou, le 10 juillet 1918, les Turcs n'étaient plus qu'à une quarantaine de miles et les forces censées les combattre montraient tous les signes de désintégration. Dans Bakou assiégée, la population endure le manque de nourriture et d'eau, car les Turcs, avertis des principes élémentaires de poliorcétique avaient coupé la conduite d'alimentation à Cholar, imposant la remise en service des anciennes chaudières de dessalement de l'eau de mer[13]. A Bakou, ville coloniale des confins méridionaux de l'Empire russe, s'affrontent enfin le nationalisme émergent des Azéris – distinct du panislamisme et du panturquisme[14] – et celui des Arméniens dont la population s'élève à 63 000 en 1917. Troisième « ville arménienne » après Constantinople et Tiflis, la fortune de quelques rois du pétrole a contribué à structurer la communauté arménienne face aux Azéris. Les magnats emploient par exemple dans leurs firmes des milliers de salariés immigrés arméniens, contribuant ainsi à renforcer l'« ethnicité » des exploitations pétrolières et par conséquent à focaliser la compétition sociale entre les communautés. Les pogroms anti-arméniens et l'incendie d'août 1905, lors de l'atroce guerre arméno-tatare de 1905-1906, avaient abouti à la destruction de la quasi-totalité des puits de pétrole des firmes arméniennes, privant de leur emploi les ouvriers arméniens contraints de retourner dans leurs villages. En 1918, ces souvenirs sont encore d'autant plus vifs que le sentiment mêlé de crainte et de haine du Turc est encore exacerbé par la déportation et l'extermination des Arméniens d'Anatolie orientale en 1915 et par l'avance imminente de l'Armée de l'islam au cours du printemps et de l'été 1918. Depuis la fin de 1917, toutes les populations de Bakou – Russes, musulmans, Géorgiens et Arméniens – se sont dotées de conseils nationaux. Présidé par un dachnak, Abraham Gulghandanian, le conseil national arménien de Bakou est devenu une structure politique et militaire dotée d'une milice formée de recrues entraînées. Ce contingent de 4 000 hommes, formé de soldats arméniens démobilisés du front austro-allemand, doit se tenir prêt à assurer l'autodéfense de la population arménienne au cas où les Tatars attaqueraient. Ainsi, lors des fameux « jours de Mars » 1918, la rébellion des musulmans et du Moussavat contre le soviet de Bakou n'a été réprimée par les bolcheviks qu'avec l'aide de cette milice où les dachnaks étaient prépondérants, entraînant 3 000 morts – en majorité musulmans – et le pillage des quartiers musulmans de la ville où les miliciens arméniens étaient entrés. Appelant des représailles, les massacres perpétrés au cours des « jours de Mars » annonçaient une nouvelle flambée de guerre urbaine à l'issue du siège de Bakou.

C'est à la fin du mois de juillet 1918 que Reginald Teague-Jones fait sa réapparition à Bakou : il doit rendre compte de la situation alors que la ville est coupée du reste du Caucase et ne dispose plus de communication télégraphique avec Enzeli en Perse. Embarqué le 30 juillet 1918 sur le vapeur *Arkhangelsk*, Reginald Teague-Jones rencontre à cette occasion Valia Alexeïeva, une jeune Russe de Krasnovodsk – sa famille habitait à Ufra où son père Vladimir Nikolaïevitch Alexeïev semble avoir exercé quelque responsabilité dans la gestion des stocks pétroliers – qui allait rejoindre son oncle, employé de l'entreprise Nobel à Bakou. Pour l'heure, après avoir accompagné Valia jusqu'à la maison de l'oncle dans la Ville noire, Reginald Teague-Jones trouve la ville en état de panique. La rumeur d'une entrée imminente des Turcs, déjà massés aux portes de la ville, amène des milliers d'Arméniens sur le port, cherchant à fuir par n'importe quel moyen, à s'embarquer sur un vapeur. Reginald Teague-Jones, lui, se met en quête d'une carte des défenses portuaires de Bakou. Son projet, qui a reçu à Meched, l'aval de Malleson, consisterait à léguer à l'assaillant un port miné, rendu inutilisable. Exprimant quelques regrets à l'égard de Valia Alexeïeva demeurée dans les confins de la Ville noire où il ne pouvait plus guère aller la rechercher, il se mêle, déguisé en marchand, à la foule des réfugiés, essentiellement des Arméniens cherchant à s'embarquer. « Je savais que tout individu quittant le port devait être sujet à une fouille très stricte et je savais parfaitement bien qu'un individu suspect comme moi, car j'étais toujours dans un banal costume de marchand, intercepté avec une importante carte militaire en sa possession, serait fusillé sans autre forme de procès[15]. » Et l'affaire, en effet, faillit mal tourner quand il se retrouva confronté nez à nez avec un Rouge prêt à intercepter tous les hommes jeunes et valides susceptibles d'être envoyés sur le front de la défense de Bakou. Néanmoins, le 1er août 1918, Reginald Teague-Jones est de retour à Krasnovodsk et le 3 de nouveau à Achkhabad. En réalité, la bataille de Bakou ne faisait que commencer.

Durant tout le mois d'août et jusqu'aux premières semaines de septembre 1918, des combats acharnés se livrent à l'ouest de la ville, aux alentours des quartiers tatars de Tchemberikend et des portes du Loup entre les Turcs et les défenseurs de Bakou auxquels s'est joint, depuis début août, le corps expéditionnaire commandé par Dunsterville. Craignant autant l'intervention des habitants des villages tatars de la banlieue de Bakou que l'entrée des soldats turcs, la population arménienne de Bakou connaît d'avance le sort qui lui sera réservé au cas où la ville tomberait. Reginald Teague-Jones, apprenant que les premiers détachements de la Dunsterforce avaient fait leur entrée à Bakou, débarque de nouveau sur le quai, le 7 août 1918. A l'hôtel Europe, il rencontre immédiatement les colonels Stokes et Keyworth chargés du commandement du détachement avancé de la Dunsterforce. Lors de cette première entrevue au sommet de l'escalier principal de l'hôtel, Reginald Teague-Jones apprend les circonstances tragi-comiques qui ont conduit *in extremis* à sauver provisoirement Bakou des mains de Turcs le 1er août. Les Turcs, sûrs de la victoire, au lieu d'avancer rapidement, se mirent à marcher tranquillement, descendant paresseusement les collines environnantes. Commissaire militaire extraordinaire de la région de Bakou, Grigori K. Petrov – destiné à devenir l'un des 26 Commissaires – était en train de rassembler armements et munitions en vue de l'évacuation. « Petrov était réputé pour ses humeurs, un vrai tempérament de *prima donna* dont le comportement était totalement imprévisible. Au lieu d'embarquer les canons, il ouvrit le feu sur les Turcs. L'ennemi complètement pris par surprise battit en retraite immédiatement. » Ajoutant à la confusion générale, l'arrivée d'un steamer en provenance d'Astrakhan, avec à son bord bon nombre d'officiers allemands demandant leur chemin pour se rendre au quartier général de l'armée turque (« *so very German !* »), fut fraîchement accueillie. Enfin, Reginald Teague-Jones apprend de la bouche de Valia Alexeïeva que les Tatars avaient failli investir la Ville noire, où elle demeurait avec son oncle. « Je ne crois pas qu'aucun d'entre eux aient pu se réjouir, car ils vivaient dans l'un des quartiers arméniens, et on ne peut pas vraiment se fier aux Tatars pour faire la distinction dans la masse de ceux qu'ils massacrent[16] », note avec son flegme habituel Reginald Teague-Jones.

Si l'évolution des opérations militaires avait permis de suspendre provisoirement, dans des circonstances presque miraculeuses, une issue inexorable, la situation politique de Bakou, bien que toujours très complexe, avait elle aussi considérablement évolué pendant l'absence de Reginald Teague-Jones. En effet, le 26 juillet 1918, un coup d'Etat a mis fin au gouvernement bolchevique – la fameuse « Commune de Bakou – et a établi à sa place une « dictature centro-caspienne ». Un bref retour en arrière est ici nécessaire pour comprendre le contexte d'un événement qui allait s'avérer d'une importance cruciale dans la vie de Reginald Teague-Jones. Il faut remonter pour cela au début de l'année 1917 où, à Bakou comme à Petrograd, la révolution de Février a installé une situation de double pouvoir : d'une part, une douma municipale dominée par les libéraux, d'autre part, un soviet ouvrier de tendance modérée où sont représentés tous les courants socialistes. Cependant, la réalité du pouvoir se trouve dans la rue où ouvriers et soldats se radicalisent sous l'influence des orateurs bolcheviques. Ces derniers sont minoritaires et faiblement représentés dans le soviet de Bakou où dominent les SR, les mencheviks et les dachnaks arméniens. Au cours du printemps et de l'été 1917, les bolcheviks commencent à étendre leur influence. Dirigés par Stepan Chahoumian, contre-théoricien de l'autonomie nationale, et un bolchevik géorgien, Prokofij Djaparidze, dirigeant de l'organisation locale du POSDR pendant la révolution de 1905, puis secrétaire de l'Union des ouvriers du pétrole de 1906 à 1909, les bolcheviks tirent parti du mécontentement ouvrier. Auréolés d'un certain prestige après le succès de la grève générale du 27 septembre 1917, les bolcheviks dirigés par Chahoumian, lui-même nommé par Lénine commissaire pour les Affaires caucasiennes, ne poussent pas après octobre 1917 à l'insurrection armée comme à Petrograd. Partisan du maintien à Bakou du système de coalition des partis de gauche, Chahoumian dénonce la « guerre défensiste » tandis que les musulmans et le Moussavat attendent l'arrivée des Turcs pour se débarrasser des bolcheviks (dont les représentants sont des allogènes) et de leurs alliés « tactiques » à Bakou, les dachnaks arméniens. Cette alliance de circonstance viendra à bout de la résistance des musulmans de Bakou en mars 1918, les « jours de Mars » se soldant par la victoire provisoire des bolcheviks et des dachnaks dans une ville partiellement désertée par sa population musulmane. Ce sont ces événements qui ouvrirent la voie à un bref épisode, glorifié par l'historiographie soviétique sous le nom de « Commune de Bakou » par référence à la Commune de Paris, au cours duquel, d'avril à juillet 1918, les bolcheviks et les SR de gauche prirent le contrôle du soviet de Bakou et menèrent une courte expérience d'administration municipale. Formé le 25 avril 1918, le Conseil des commissaires du peuple, tous bolcheviks ou SR de gauche, présidé par Chahoumian a pour objectif proclamé l'instauration du pouvoir soviétique en Transcaucasie. Il procède à la nationalisation des pêcheries et de la flotte de la Caspienne, du pétrole et des terres, mesures hâtivement appliquées qui désorganisent encore davantage la production et le ravitaillement et mécontentent la bourgeoisie libérale et les socialistes modérés. En mai 1918, la Commune de Bakou dénonce l'« acte de trahison » que représente à l'égard de la Russie soviétique la déclaration d'indépendance de la république fédérative transcaucasienne et refuse de reconnaître l'indépendance de la Géorgie, de l'Arménie, de l'Azerbaïdjan. Alors que durant l'été 1918, Bakou est la dernière ville à lutter contre les forces ottomanes, une sorte d'armée municipale constituée sous l'autorité de la Commune avec des effectifs majoritairement issus des milices arméniennes – 10 à 12 000 hommes arrachés à l'autorité du Conseil national arménien – prend le nom d'Armée rouge. Constituée à 70 % d'effectifs arméniens, cette Armée rouge semble déterminée à mener la défense de Bakou, ce qui ne l'empêche pas d'être défaite face aux troupes régulières ottomanes près de la rivière Koura (27-30 juin 1918). Alors qu'à la mi-juillet, les troupes turques sont aux portes de Bakou, un débat a lieu au soviet sur la question de l'intervention anglaise que Chahoumian est contraint d'accepter[17] après un vote à 23 voix de majorité. A l'invitation d'une « dictature centro-caspienne » établie le 26 juillet 1918, formée de SR de droite et soutenue par les dachnaks et les mencheviks, la Dunsterforce fait son entrée dans la ville en ayant pour mission de prendre le contrôle de la flotte de la Caspienne, d'assurer la défense de Bakou et le contrôle de Krasnovodsk. Ainsi s'était donc achevée, le 26 juillet 1918, la Commune de Bakou glorifiée par l'historiographie soviétique comme le prélude de l'installation du pouvoir bolchevique en Transcaucasie deux ans plus tard. De la destinée fatale des 26 Commissaires, il sera amplement question plus loin.

Reginald Teague-Jones, toujours vêtu de son déguisement défraîchi de marchand, doit désormais assumer des fonctions plus officielles auprès des représentants de la Dunsterforce. Etant l'un des rares officiers anglais russophones susceptibles d'assurer les conversations avec les officiers russes ou arméniens, ayant de surcroît acquis la connaissance de ce terrain particulièrement complexe, Reginald Teague-Jones resta donc auprès de Dunsterville pendant presque toute la durée de l'occupation britannique de Bakou. Car bien entendu, il ne remplit pas seulement des fonctions de traducteur ou de diplomate à l'échelle locale. Dès l'arrivée de Dunsterville arrivant d'Enzeli à bord du *Kruger*, le 17 août 1918, Reginald Teague-Jones dit avoir ajouté à ses fonctions usuelles celle d'officier de renseignements. « Dans cette fonction, j'étais personnellement responsable d'obtenir des renseignements et dans ce but, je recrutais de nombreux agents. J'avais travaillé au renseignement pendant une dizaine de jours lorsque le colonel Stokes m'informa que Malleson s'inquiétait du fait que je ne sois pas de retour en Transcaspie. Il avait reçu plusieurs pneumatiques de Meched demandant mon retour immédiat mais avait répondu qu'il se trouvait dans l'impossibilité de me laisser partir. Malleson là-dessus envoya une dépêche à Simla qui, en retour, envoya une dépêche à Dunsterville. Ce dernier protesta mais Malleson, arguant de la situation très critique de la Transcaspie, répéta que ma présence était impérativement requise à Achkhabad[18]. » Reginald Teague-Jones, qui ne cache pas ses sentiments très mitigés à l'égard de Malleson et sa sympathie évidente à l'égard de Dunsterville, fut contraint de quitter Bakou au moment le plus critique. A cette amère déception, exprimée dans ses carnets, s'ajoute probablement celle, silencieuse, d'être séparé de Valia. De cette rencontre, Reginald Teague-Jones ne parle pas davantage, mais on devine que le contexte tragi-comique des événements de Bakou lui a donné un relief particulier que seule est susceptible de produire la rencontre du sens russe de l'absurde avec le sens de l'humour anglais. Reginald Teague-Jones quitte donc Bakou le 24 août 1918. « Alors qu'il avait fréquemment revêtu les apparences d'une comédie, le drame de Bakou ne s'est jamais libéré de cette atmosphère constante de tragédie. Les plus ordinaires d'entre nous étions appelés à jouer de vrais rôles dans ce drame. Bien que, par moments, nous étions plus inclinés à rire dans ses phases les plus grotesques et les plus fantastiques, en même temps, nous étions constamment rappelés à l'ordre par le pressentiment du désastre à venir[19]. » En effet, deux jours après son départ le 24 août 1918, l'Armée de l'islam lance un assaut déterminant dans le secteur le plus faiblement défendu de Bakou[20].

Abandonnant leur quartier général à l'hôtel Europe, régulièrement placé sous les tirs des batteries turques, les Anglais évacuent Bakou par mer le 13 septembre. En même temps, les Arméniens tentent de prendre la fuite à bord des quelques bateaux encore amarrés aux quais de la Ville noire. Bakou tombe aux mains de l'Armée de l'islam le 15 septembre. Pendant trois jours, le haut commandement turc lâche la bride à une partie de ses troupes et à la population tatare assoiffée de vengeance, qui se répandent dans la ville pendant trois jours et trois nuits. Massacre de la population d'Armenikend, viol des femmes, enlèvements de jeunes filles, pillages, le bilan des ces « massacres de Septembre » peut raisonnablement être évalué à 15 000 morts. Cherchant à échapper au massacre, certains Arméniens cherchèrent refuge dans le domaine de la Villa Petrolea à deux ou trois verstes de la ville. L'*ousadba* des frères Nobel dans son immense domaine clôturé par un haut mur de pierre, semblait un refuge favorable d'autant que les membres de l'administration de la firme qui vivaient là avec leur famille étaient pour la plupart des étrangers[21]. A l'issue de ces trois jours, ordre fut donné de mettre un terme aux massacres. Menaçant de pendaison tous ceux qui seraient pris en flagrant délit, le commandement turc fit dresser des potences dans différents quartiers de la ville. Ainsi, « ce n'est que le 17, dans la matinée, que le commandement ottoman a fait entrer sa gendarmerie et a vigoureusement sévi pour réprimer le désordre. Des soldats turcs – une vingtaine – et des Tatars ont été pendus ou fusillés et leurs corps exposés sur les places publiques. Il eût été plus simple et plus humain de faire précéder les troupes par la prévôté, mais les Turcs avaient besoin de donner à leurs auxiliaires tatars cette marque de bienveillance, en leur permettant le meurtre et le pillage pendant deux jours[22]. » En octobre 1918, à Bakou, dont les rues désertées et les maisons condamnées évoquent l'image d'une ville fantomatique, le commandement turc a pris ses quartiers[23] dans les riches demeures arméniennes épargnées par la destruction. Ainsi, « dans le contexte de désintégration générale de l'ordre politique et social en 1918, les loyautés ethniques avaient fait leur réapparition à Bakou avec une force nouvelle[24] ». La prise de Bakou par l'Armée de l'islam déclencha l'exode des Arméniens fuyant vers la Perse dans la crainte de nouveaux massacres. A Enzeli, on comptait, début octobre 1918, 8 000 réfugiés arméniens en provenance de Bakou selon le témoignage du vice-consul français à Recht[25].

Le drame des 26 Commissaires : anatomie d'une exécution

A la lisière du désert du Kara-Koum, le long de la voie du chemin de fer transcaspien, s'élève, à peu près à mi-chemin entre Krasnovodsk et Kizil-Arvat, une lugubre stèle funéraire qu'à l'époque soviétique chaque train de passage sur cette ligne avait coutume de saluer à coups de sirène. En dépit de la désolation absolue du décor, perdu dans la vaste étendue aride des *barkhans* – ces dunes sablonneuses du Kara-Koum déplacées par les grands vents du nord – où ne survivent que de maigres épineux et le fameux *saksaul* dont les vigoureuses et profondes racines ont la vertu, recherchée aux abords de la ligne de chemin de fer, de fixer le sol mouvant, l'endroit est un haut lieu de la civilisation soviétique. Erigé sur le lieu même de l'exécution des 26 Commissaires de Bakou, le monument énumère le nom des commissaires martyrs et dénonce la culpabilité des impérialistes britanniques, ainsi que des SR et des mencheviks. Le monument érigé en novembre 1932 rend tangible, immobile dans la fournaise des étés ou dans le déchaînement des grands vents, un événement fondamental de l'épopée révolutionnaire. A Krasnovodsk, point de départ de la ligne du Transcaspien et de cette tragédie, un musée des 26 Commissaires ouvert sur la place Lénine de ce port de la Caspienne, complète le dispositif pédagogique destiné à l'édification des masses turkmènes. L'événement survenu ici le 20 septembre 1918 est un événement phare dont les conséquences allaient peser lourdement sur la vie de Reginald Teague-Jones, directement accusé du crime par les autorités soviétiques. Son changement de nom en mai 1922 – il devient alors Ronald Sinclair –, tout comme la peur, semble-t-il avérée jusqu'à la fin de son existence, « que les bolcheviks ne viennent lui régler son compte », attestent la gravité de l'accusation, bien que sur le coup il ne semble pas avoir accordé à cet événement, intervenu parmi beaucoup d'autres, une attention particulière.

Un drame politique, un dénouement ferroviaire

« J'étais le conducteur de ce train à bord duquel les commissaires de Bakou en état d'arrestation avaient quitté Krasnovodsk en direction de Poltoratsk. Les prisonniers étaient dans le wagon postal tandis que dans l'autre wagon, de seconde classe, se trouvaient les membres du comité de grève de Krasnovodsk et le commandement des Turkmènes. Le train était composé en tout de deux wagons.

A la station Pereval, Germash vint s'asseoir à côté de moi avec un garde. Sur le trajet entre Pereval et Akhtcha-Kouym, sur ordre de Germash j'ai arrêté le train. Parmi les membres présents du comité, il y avait Germarsh, Sedykh, Piotrovich (Achkhabad) et d'autres que je ne connais pas. Les personnes arrêtées ont été sorties du wagon à cet endroit et conduites derrière la colline. Je n'ai pas assisté à l'exécution. Les cadavres ont été enterrés sur place. Le train s'est arrêté entre 45 et 50 minutes. Nous avons ensuite poursuivi jusqu'à Poltoratsk. Nous avons été arrêtés environ 12 h à Kyzil-Arvat. L'arrêt eut lieu le matin. Avec moi dans la locomotive, il y avait mon aide Kourachov Alexandre. Le train que j'ai conduit de Poltorask à Krasnovodsk était composé des deux mêmes wagons[26]. » Un des rares témoignages directs de l'exécution des 26 Commissaires de Bakou, la déposition de Chtchegolioutine fait résonner le témoignage d'Alexeï Dirdikine, un cheminot de la ligne transcaspienne dont la présence, à l'aube de cette journée du 20 septembre 1918, nous permet de visionner la scène[27]. Peu avant l'aube, ce cheminot marchait le long de la ligne du Transcaspien, lorsque tout à coup il fut surpris d'entendre un train arrivant de Krasnovodsk. Roulant tous feux éteints, ce train imprévu à un horaire si matinal effraie l'homme qui se réfugie derrière un buisson. Au lieu de poursuivre sa route, le train s'arrête silencieusement dans l'obscurité. Immédiatement, les portes de l'un des wagons s'ouvrent. Des gardes puis un groupe de prisonniers – les 26 commissaires –, mains attachées dans le dos, descendent sur la voie. Un ordre est aboyé et les prisonniers sont conduits vers la dune, dans le désert, à une distance toute proche. On les aligne au sommet de la crête, les uns aveuglés, les autres non. Certains protestent, mais l'ordre de la fusillade est déjà donné. Certains survivent, ils sont impitoyablement achevés. Les corps sont traînés vers le creux de la dune, on les recouvre de quelques pelletées de sable et les gardes sur le point de rejoindre le train jettent un dernier regard sur les lieux lorsqu'ils avisent le cheminot toujours embusqué. Embarrassé, celui-ci fait mine de demander des explications, mais il est immédiatement enjoint au silence. Malgré leur attitude menaçante, les gardes cependant reprennent place à bord du train qui s'ébranle dans la direction d'Achkhabad, laissant le cheminot terrifié. Pressant le pas pour rentrer chez lui, il tombe en chemin sur un groupe d'employés du chemin de fer qu'il connaît bien. Il leur raconte la scène et retourne avec eux vers le lieu de l'exécution. Horrifiés par leur découverte, les hommes creusent rapidement des tombes, marmonnent quelques prières et quittent rapidement l'endroit, fermement décidés à ne parler à personne de leur macabre découverte. Le lendemain, le corps sans vie d'Alexeï Dirdikine est retrouvé dans les alentours… La scène a beau être cinématographique – elle rappelle dans son souffle tragique la scène du film de Nikolaï Chengelaïa – c'est là le principal caractère de vérité de ce témoignage par ailleurs invérifiable. Car l'exécution des 26 Commissaires de Bakou est un chapitre essentiel de l'épopée révolutionnaire : elle met en scène des héros-martyrs, en réalité des seconds couteaux du bolchevisme transcaucasien (sept Arméniens, neuf Russes, deux Géorgiens, quatre Juifs, un Letton, un Grec et deux Azéris) à l'exception de Stepan Chahoumian qui a côtoyé Lénine de près et s'est fait remarquer avant guerre pour ses positions radicales sur la question nationale, et leurs bourreaux non identifiés à ce jour. Comment s'est forgée la mythologie des 26 Commissaires ? Comment Reginald Teague-Jones en est-il venu à jouer le rôle principal dans le scénario élaboré dans le courant des années 1920 par les autorités soviétiques ? Pourquoi, enfin, la thèse de la culpabilité britannique a-t-elle fini par supplanter auprès des autorités soviétiques toute autre hypothèse, notamment celle, pourtant vraisemblable, de la responsabilité des SR et des mencheviks[28] ?

L'affaire des 26 Commissaires, objet en Union soviétique d'une abondante historiographie dénonçant l'impérialisme britannique et son incarnation dans la personne de Reginald Teague-Jones, a fait l'objet d'une contre-enquête systématique, menée au cours des années 1980, par Brian Pearce. Selon cet historien, « bien que l'on n'ait pas une idée claire et précise de ce qui s'est réellement passé, il n'y a pas le moindre doute que l'histoire soviétique est fausse. On ne peut qu'être frappé à la lecture des nombreuses et diverses variantes des récits soviétiques sur le destin des commissaires, par les contradictions et les impossibilités qu'ils comportent[29]. » La conviction de Brian Pearce, celle d'un érudit de l'histoire russe de la période révolutionnaire et d'un ancien communiste, s'est forgée au terme d'une enquête minutieuse que seule une recherche systématique dans les archives soviétiques est susceptible de compléter. Cependant, pour comprendre l'affaire des 26 Commissaires dans laquelle Reginald Teague-Jones s'est trouvé impliqué, il faut revenir sur la situation intérieure fort complexe de Bakou depuis le milieu du mois de juillet 1918. A la mi-juillet, les troupes turques sont aux portes de Bakou et assiègent la ville. Depuis le 25 avril, la Commune de Bakou, c'est-à-dire le Conseil des commissaires du peuple de Bakou, mène une expérience d'administration municipale dans une situation particulièrement confuse. Pour conjurer le défaitisme, Stepan Chahoumian a subordonné tous les organes du soviet de Bakou au contrôle de la Tcheka, mais il ne peut empêcher les SR et les dachnaks, obsédés par l'imminence d'une nouvelle tragédie arménienne, de demander que l'on fasse appel aux Anglais. Dunsterville à la tête d'une colonne de 1 500 hommes est arrivé à Enzeli, port persan sur la Caspienne[30]. Sa mission est d'empêcher la pénétration allemande et turque en Transcaucasie, de protéger Bakou et de prévenir toute tentative de traverser la Caspienne. Un débat crucial a lieu au soviet de Bakou le 25 juillet. Pour Stepan Chahoumian qui a reçu de Staline des instructions ambiguës mais une mise en garde claire contre « l'impérialisme franco-britannique », faire appel aux Anglais signifie se séparer de la Russie soviétique[31] et se soumettre à la tutelle britannique. A l'inverse, selon les dachnaks et les partisans de l'intervention anglaise qui ne souhaitent pas pour autant rompre avec le pouvoir central soviétique, si Bakou tombe aux mains des Turcs, la ville sera de toute façon perdue pour la Russie. Lors du vote historique du 25 juillet 1918, le soviet de Bakou se prononce à une courte majorité pour l'intervention anglaise contre l'avis de Stepan Chahoumian, des bolcheviks, des SR et des dachnaks de gauche. L'attaque turque commence le 30 juillet. Dès le lendemain, les 26 commissaires de Bakou doivent abandonner le pouvoir à une « dictature centro-caspienne » de SR de droite, soutenue par les dachnaks et les mencheviks. Un sursaut de résistance a lieu dans le contexte évoqué plus haut jusqu'à l'arrivée de la Dunsterforce le 17 août 1918. Qu'advint-il pendant ce temps des 26 commissaires ? Avec l'accord bon gré, mal gré de la dictature centro-caspienne, les bolcheviks étaient censés évacuer troupes et armements vers Astrakhan afin de les mettre à la disposition de la Russie soviétique. Anastase Mikoyan témoigne : « Le 14 août dans l'après-midi, 17 bateaux emportant nos troupes et nos armements quittèrent l'un après l'autre le port de Bakou. Le *Kolesnikov* ouvrait la route. Il portait à son bord les commissaires du peuple et de nombreux autres responsables. Sur le quai, nous leur fîmes nos adieux en pensant que le voyage serait bon. Avant le départ des derniers bateaux nous nous en allâmes. D'un instant à l'autre un détachement de la "dictature" pouvait faire irruption sur la place et nous arrêter (...). Dès le 14 août, les vaisseaux de la "dictature" prirent en chasse les bateaux soviétiques. Ils réussirent d'abord à en intercepter quatre, puis tous les autres près de l'île de Jiloï et les reconduisirent de force au port militaire. Les troupes furent désarmées et, sur les mêmes bâtiments, envoyées à Astrakhan. Les commissaires de Bakou et d'autres dirigeants, en tout 35 personnes, furent arrêtés et emprisonnés[32]. » Emprisonnés depuis le 14 août, ils ne feront qu'entendre le martèlement rapproché des batteries turques tandis que la bataille finale de Bakou s'engage début septembre. Dans ses mémoires, Anastase Mikoyan raconte en détail les démarches qu'il entreprit alors auprès des membres de la dictature centro-caspienne afin de libérer les commissaires dont le sort doit être décidé avant l'arrivée des Turcs. Si quelques jours auparavant, il avait été décidé de les déférer en cour martiale, dans l'urgence de la situation, A. Velunts transmet à Lev Dalin, adjoint au chef du contre-espionnage, l'ordre d'évacuation des « commissaires de Bakou ». Ce groupe comprend en réalité une quinzaine de « commissaires » dont tous ne sont pas bolcheviks et des agents subalternes de la Commune de Bakou, y compris de simples chauffeurs ! Finalement, Anastase Mikoyan réussit *in extremis* à faire délivrer les prisonniers et assure momentanément leur salut en les faisant embarquer sur le *Turkmen*, un navire commandé par un capitaine dachnak, Tatevos Amirian (Amirov), frère de Arsen Amirian, l'un des 26 commissaires. Anastase Mikoyan poursuit ses souvenirs : « Nous nous dirigeâmes vers le quai pour trouver le bateau en question. Il était bondé de réfugiés et de soldats en armes. Sur l'ordre d'Amirov, le pont supérieur et la cabine des officiers avaient été réservés aux commissaires et à ceux qui étaient avec eux. Amirov s'y était également installé. Le bateau allait partir d'un instant à l'autre[33] »… vers une destination indécise et pourtant fatale. Point de départ du voyage ou plutôt d'une errance à travers la mer Caspienne. Ayant à son bord réfugiés, marins et bolcheviks, le vapeur *Turkmen* résume, avec ses tensions politiques et sociales, le drame de la révolution russe, de la guerre civile et de l'intervention étrangère. Navire à la dérive tout comme la Transcaucasie et la Transcaspie, fragments détachés de l'Empire russe à la faveur de la révolution d'octobre 1917, le *Turkmen* est le théâtre flottant de ces temps de guerre et de révolution emportant au milieu de la Caspienne la complexité du jeu politique caucasien. Dans un contexte où l'anarchie et l'improvisation déterminent à peu près chaque décision, élucider les responsabilités diluées du drame des 26 Commissaires est une tâche à peu près impossible. Pourtant, les récits officiels soviétiques ont mis invariablement l'accent sur la responsabilité britannique, et sur celle de Reginald Teague-Jones en particulier. Voilà qui incite à scruter l'enchaînement des événements d'un peu plus près.

Passagers pour Krasnovodsk

Préliminaire au drame de l'exécution en plein désert du Kara-Koum, le voyage des 26 commissaires, en compagnie d'autres individus favorables au régime bolchevique, à bord du *Turkmen*, de Bakou à Krasnovodsk, port turkmène situé sur la rive orientale de la Caspienne, est un fait établi. La question des circonstances de l'embarquement des commissaires sommairement racontées dans les premiers récits soviétiques comme une opération menée sous le contrôle des forces britanniques dirigées par Dunsterville a été ensuite largement nuancée[34]. Ce qui demeure néanmoins dans la version soviétique des faits, c'est que le steamer destiné à se rendre à Astrakhan où les bolcheviks auraient trouvé un refuge sûr, fut détourné vers Krasnovodsk, port contrôlé par des forces hostiles au régime soviétique, sur l'injonction de deux officiers anglais qui se trouvaient également à bord. Ce détournement vers Krasnovodsk, préliminaire fatal au drame des 26 commissaires, est une étape de l'histoire que Brian Pearce a tenté d'éclaircir en retrouvant la trace de ces deux officiers dont la présence est mentionnée dans les mémoires de Dunsterville, *The Adventures of Dunsterforce* (1920). Il s'agit du major H.B. Suttor et du sergent A.L. Bullen, tous deux membres du contingent australien, demeurés à Bakou après l'évacuation de la Dunsterforce et embarqués dans le flot des réfugiés cherchant le salut vers Krasnovodsk. La présence à bord de ces deux officiers a permis aux historiens soviétiques de fournir une explication plausible au détournement vers une destination où, de toute évidence, les 26 commissaires et leurs comparses ne seraient pas bien accueillis, puisque Krasnovodsk était alors contrôlée par les forces anti-soviétiques. On doit à Brian Pearce d'avoir retrouvé et publié le rapport du major Suttor[35], seul témoignage direct d'un passager à bord du *Turkmen.* Témoin avec A.L. Bullen de la chute de Bakou et des premiers massacres d'Arméniens – le 15 septembre au matin, H.B. Suttor découvre, horrifié à la gare de Sabountchy 200 à 300 cadavres d'Arméniens, hommes, femmes et enfants massacrés par les Tatars –, H.B. Suttor et son compagnon, pris dans la débâcle, alors que de lourds combats continuent du côté de la Ville noire, arrivent le 15 septembre au matin au centre de Bakou, dans une ville livrée au chaos. Le pétrole flambe, les obus tombent de tous côtés, la foule affolée par les balles qui sifflent de toutes parts court en tous sens et cherche à monter à bord des deux derniers vapeurs en partance, déjà submergés par la masse des fuyards. Aucune chance pour les deux officiers anglais de s'embarquer, mais une nouvelle charge d'obus tirée par les Turcs crée la diversion attendue : ils parviennent à se hisser à bord d'un navire dont l'ancre était déjà levée, retenu encore au quai par deux amarres. Par quatre fois, l'équipage du navire, le *Turkmen*, répète la manœuvre, lève l'ancre puis la jette à nouveau et tente de revenir à quai. Il apparut plus tard que le bateau investi par les bolcheviks attendait sept autres de leurs comparses demeurés dans l'enfer de Bakou. Pendant ce temps, les deux officiers anglais, désormais découverts, prennent la mesure de l'hostilité de leurs compagnons de bord. On leur dit de quitter le navire – mais de quelle manière ? – et finalement H.B. Suttor décide de parler au capitaine. « Le pont était plein de bolcheviks qui ne paraissaient pas particulièrement heureux de me voir, plus tard je découvris que Sharmeon (Chahoumian), Petrov et Agarnski (Djaparidze) étaient dans cette foule. Le capitaine (Tatevos Amirian ?), qui parlait assez bien l'anglais, me dit qu'il devait se rendre là où ces gens le diraient, il ne semblait pas particulièrement apprécier sa situation et il me recommanda la plus grande prudence. Je lui dis que j'avais donné l'ordre à mes hommes (?) de tirer sur le premier homme qui sur le pont m'avait pris à parti et je lui demandai de traduire mes propos pour les autres. Il me répondit que les bolcheviks avaient deux mitrailleuses à bord et qu'en ce qui le concernait, il ne pouvait strictement rien faire. Il m'informa aussi du fait que les bolcheviks tentaient de parvenir à un arrangement avec les Turcs afin d'être autorisés à rentrer à Bakou avec la garantie de ne pas être arrêtés », perspective que nos deux Anglais ne durent guère trouver réjouissante. Et de fait, toujours selon le témoignage de H.B. Suttor, le parcours erratique du *Turkmen* à travers la Caspienne laisse supposer que des négociations étaient alors en cours : naviguant plein nord à pleine vapeur pendant quatre heures, le *Turkmen* jette l'ancre près d'un phare, puis repart plein sud. H.B. Suttor et son compagnon pensèrent alors que les bolcheviks étaient parvenus à un accord avec Bakou désormais investie par les Turcs. Apparemment résignés à leur sort, H.B. Suttor et son compagnon décident qu'une telle perspective nécessite un peu de repos et de sommeil. Brutalement réveillé par un bolchevik deux heures plus tard, H.B. Suttor se rend immédiatement compte en observant les étoiles que le *Turkmen* file désormais plein nord ! « Le bolchevik qui me réveilla se mit à me poser des questions sur le lieu où je désirais me rendre, son anglais n'était pas très bon mais je saisissais quelques mots de russe. Il parlait beaucoup du problème de l'eau, mais je ne parvenais pas à comprendre ce qu'il entendait et donc nous allâmes voir le capitaine ; je compris alors qu'on manquait d'eau, les bolcheviks voulaient se rendre à Astrakhan mais le capitaine ne pouvait satisfaire leur désir compte tenu du manque d'eau[36]. » Les circonstances évoquées ici par H.B. Suttor – un steamer a en effet besoin d'eau ! – sont sensiblement différentes de celles qu'évoque Anastase Mikoyan qui soutient que, en ces temps révolutionnaires, le pouvoir appartient au soviet. Or, le soviet des marins du navire *Turkmen*, majoritairement composé de SR, aurait décidé de mettre le cap sur Krasnovodsk parce que la pénurie alimentaire n'y régnait pas comme à Astrakhan. En dépit des tentatives de Chahoumian, « les marins s'entêtaient sans vouloir se soumettre à l'avis de personne. Le mécanicien du bateau, un contre-révolutionnaire fieffé, leur dictait sa loi. De plus, les réfugiés qui se trouvaient à bord ainsi que de nombreux soldats soutenaient l'attitude du comité de navire. Tous étaient contre nous : l'équipage, les soldats en armes et les réfugiés qui occupaient tout le navire (moins le pont supérieur). Nous n'apprîmes que plus tard à quelle campagne effrénée s'étaient livrés parmi les soldats et les réfugiés, les commandants dachnaks qui avaient réussi à entrer en collusion avec deux officiers anglais du détachement du général Dunsterville qui se trouvaient à bord[37]. » Bien différente, la version de H.B. Suttor rapporte effectivement une conversation avec un bolchevik et confesse, avec un mélange de fierté et de naïveté, une manœuvre rusée. Interrogé sur le nombre des troupes britanniques stationnées à Krasnovodsk, sachant le port de Petrovsk (Makhachkala, aujourd'hui la capitale du Dagestan) tenu par le général Bicherakov, adversaire des bolcheviks, et n'ayant d'autre part aucun désir de se rendre à Astrakhan, H.B. Suttor répondit que les Anglais avaient quitté Krasnovodsk en même temps que Bakou. Tout au long de l'interrogatoire, il se tint à cette affirmation qu'il savait parfaitement fausse. Il affirme que les bolcheviks n'avaient pas l'air d'y croire, mais sa conscience n'en est pas troublée pour autant… épuisé, il retourne se coucher. Miracle ! à son réveil, au matin du 16 septembre, le soleil se lève droit devant le navire, le *Turkmen* traçait donc sa route plein est vers Krasnovodsk. Arrivé à destination, tard le soir même « nous fûmes pris dans la lumière d'un projecteur tandis qu'un remorqueur arriva à une distance rapprochée. On nous héla de jeter l'ancre immédiatement et que personne n'avait le droit de quitter le navire. Comme le remorqueur s'approchait, je criai que j'étais un officier britannique et que je les rejoignais. Ils ne semblèrent pas nous croire mais Bullen et moi rejoignîmes le remorqueur. On nous amena immédiatement à la cabine en dessous où je rencontrai le colonel Battine et même auprès de lui, j'éprouvai des difficultés à prouver mon identité[38]. » Les deux officiers anglais sont finalement débarqués tandis que le *Turkmen* est dirigé vers le petit port d'Ufra non loin de Krasnovodsk. Dans ces eaux incroyablement transparentes, au bord de la côte découpée de montagnes arides de la presqu'île de Krasnovodsk, Reginald Teague-Jones avait pris quelques semaines auparavant un délicieux bain de mer et recueilli auprès de Vladimir Nikolaïevitch Alexeïev, le père de Valia, des renseignements utiles sur l'état des stocks pétroliers d'Ufra. Loin de la population bigarrée des quais de Krasnovodsk, photographiée dans le courant de l'année 1918 par Reginald Teague-Jones, mêlant les hauts bonnets turkmènes, les casquettes russes et quelques képis britanniques, c'est finalement à Ufra, deux miles et demi plus loin, que le *Turkmen* parvient à sa destination finale. Anastase Mikoyan se rappelle le tableau surprenant de l'arrivée. « Des deux côtés du quai se tenaient des files de soldats en bonnets turkmènes, baïonnettes au canon, et, devant eux, deux ou trois officiers, un détachement de milice et le détachement de choc des SR locaux. Un peu en retrait se tenait une batterie anglaise et sur le quai plusieurs officiers anglais faisaient les cent pas dont les deux officiers qui avaient quitté le bateau ; cependant ils ne se mêlaient de rien ouvertement (...). Nous nous réunîmes au carré des officiers. Chahoumian déclara que, vu les circonstances, il valait mieux descendre et se mêler aux réfugiés, essayer de franchir les postes de contrôle, de gagner la ville et de s'y dissimuler pour se diriger ensuite sur Astrakhan ou Tachkent[39]. » Les commissaires eurent-ils vraiment l'espoir de passer ? La chose était improbable et le comité d'accueil organisé par Kuhn à Ufra procéda rapidement à leur arrestation. Immédiatement transmise à Achkhabad où se trouvait alors Reginald Teague-Jones, la nouvelle de l'arrestation des commissaires fit grand bruit à Krasnovodsk. Représentant de l'autorité anti-bolchevique locale, Kuhn et le comité de Krasnovodsk se trouvaient confrontés à un problème : la prison locale était déjà pleine et la perspective d'avoir des prisonniers, dont certains étaient des bolcheviks de « haut rang », tel Chahoumian, représentait un risque de déstabilisation politique. La décision reviendrait donc aux autorités supérieures, c'est-à-dire au gouvernement transcaspien, basé à Achkhabad, et à leur allié britannique. C'est à ce point précis de l'affaire des 26 Commissaires que Reginald Teague-Jones, aux prises avec les acteurs de la politique turkmène, entre en scène.

Des responsabilités diluées

Officier de liaison et de renseignements dans le cadre de la mission du général Malleson basée à Meched en Iran du Nord, Reginald Teague-Jones, en mission solitaire au Turkménistan et à Bakou durant l'été 1918, était alors chargé d'établir des relations et de mener des négociations entre le Comité d'Achkhabad – le comité exécutif du gouvernement transcaspien – et la mission Malleson – la Malmiss – à Meched. Tâche difficile si on en croit le caractère ubuesque de ses interlocuteurs à commencer par Fountikov, président du comité exécutif de la dictature centro-caspienne, conducteur de train du chemin de fer transcaspien, propulsé à la fonction de « Premier ministre », et son adjoint Kourilev, lui aussi employé du chemin de fer. Quant à Reginald Teague-Jones, sa mission consistait au Turkménistan à monter un système de renseignements digne de ce nom, de manière à mettre en échec la double menace turque et bolchevique. Il s'agit également de superviser les activités du gouvernement transcaspien, en état de crise permanente tant sur le plan militaire et politique que sur le plan économique. « Inutile de dire que je n'eus jamais aucun moment de repos, mais je n'eus pas à me plaindre à aucun moment de la monotonie de l'existence », rappelle-t-il dans ses carnets[40]. Au moment où les 26 commissaires sont débarqués à Krasnovodsk, Reginald Teague-Jones est à Achkhabad, après avoir pris part à de violents combats contre les Rouges à Kaakhka, plus à l'est sur la ligne du Transcaspien. Blessé à la jambe le 29 août 1918, il se traîne sur des béquilles, fait qui au moins invalide la version cinématographique des événements des *26 Commissaires* de Nikolaï Chengelaïa représentant Reginald Teague-Jones assistant à l'ordre d'exécution dans les dunes du désert du Kara-Koum et poursuivant dans la dune le dernier commissaire survivant, armé d'un revolver, en laissant de profondes traces dans le sable. Pour autant que l'on puisse en juger d'après la collection de télégrammes conservée dans les archives de l'Imperial War Museum à Londres, le problème des 26 commissaires était loin d'être le sujet de préoccupation majeur de Reginald Teague-Jones à la fin du mois de septembre 1918. Sans doute est-ce là son tort principal, car c'est en quittant prématurément l'une des inénarrables réunions du comité d'Achkhabad que fut décidé, en son absence, le sort des 26 commissaires. Pas plus que Kuhn à Krasnovodsk, les autorités transcaspiennes d'Achkhabad n'avaient montré le moindre désir de prendre en charge ces prisonniers. La prison d'Achkhabad, tout comme celle de Krasnovodsk, n'était-elle pas elle aussi pleine à craquer ? Ils prirent cependant l'initiative d'envoyer un télégramme au représentant du gouvernement transcaspien à Meched afin qu'il demande au général Malleson des instructions concernant le sort des 26 commissaires arrêtés. Reginald Teague-Jones lui-même n'avait appris l'arrestation des commissaires que le 18 septembre et avait de son côté transmis l'information au général Malleson. Selon ce dernier, les commissaires devaient être pris en charge par les autorités britanniques et éventuellement évacués en Inde. Dokhov promit de transmettre ce souhait au gouvernement d'Achkhabad tout en émettant quelques doutes car, selon lui, il était fort probable que les prisonniers avaient déjà été fusillés. De son côté, le général Malleson envoya un télégramme à Reginald Teague-Jones le 18 septembre confirmant qu'il avait donné ses instructions au délégué du gouvernement transcaspien à Meched et lui demandant en retour de lui télégraphier les intentions du gouvernement transcaspien à cet égard. Au commandant en chef du *General Staff* à Simla, il télégraphiait le même jour l'information suivante : « Il a été demandé au gouvernement d'Achkhabad de mettre à ma disposition les chefs bolcheviques afin de les expédier en Inde puisque leur présence en Transcaspie est très dangereuse en ce moment quand probablement la moitié des Russes est sur le point une fois de plus de retourner leur veste au moindre signe de succès ennemi[41]. » De l'état de versatilité politique extrême des populations locales, le général Malleson avait été probablement informé par Reginald Teague-Jones, son seul et unique agent de renseignements. Ce dernier, à Achkhabad, avait été convoqué par Fountikov le soir du 18 septembre à une réunion au cours de laquelle le sort toujours en suspens des commissaires devait être fixé. Dans sa fameuse lettre de justification rédigée en 1922[42], Reginald Teague-Jones raconte ce moment à la fois décisif et absurde. « J'assistais à la réunion. Etaient présents le président Fountikov, le vice-président Kourilev, le ministre des Affaires étrangères Zimine et un ou deux autres encore dont je ne parviens pas à me souvenir. Le comité une fois rassemblé, le président (qui était à moitié saoul) fit une déclaration pour dire qu'ils avaient été informés par Meched du fait que le général Malleson avait décliné toute volonté de prendre en charge les prisonniers ou, en tout cas, avait exprimé son peu d'inclination à le faire et, en conséquence, il avait déclaré au représentant d'Achkhabad que son gouvernement devait prendre ses propres arrangements. Il fut ensuite question du fait que la prison locale était pleine, que Krasnovodsk avait refusé de garder les prisonniers pour la même raison et qu'en conséquence, il n'y avait pas d'autre alternative que de les fusiller. Fountikov et Kourilev étaient favorables à cette suggestion tandis que Zimine s'y opposait. Les discussions continuèrent interminablement et finalement je quittai la réunion avant qu'une décision soit prise. » Ce n'est que le lendemain soir, après avoir soumis Fountikov à un interrogatoire serré, que Reginald Teague-Jones fut informé du fait qu'il avait été décidé de les fusiller et que Kourilev avait été détaché pour procéder aux arrangements nécessaires, à Krasnovodsk au cours de la nuit précédente. Fountikov, dans l'un de ses rares moments de sobriété et sans user pour une fois de ses exaspérantes formules rhétoriques, déclara à Reginald Teague-Jones trois jours plus tard que « la majorité des prisonniers avait été tranquillement fusillée », formulation que Reginald Teague-Jones retranscrivit exactement à l'adresse du général Malleson, le 23 septembre. A son tour, ce dernier télégraphia en Inde l'information selon laquelle les « 26 leaders bolcheviques » – formulation erronée car les 26 fusillés n'étaient pas tous bolcheviques, ni des figures politiques de premier plan – de Bakou avaient été fusillés, n'épargnant que cinq ou six bolcheviks de moindre envergure. Selon Brian Pearce, la liste des 26 prisonniers sélectionnés pour l'exécution avait été établie selon un document saisi par les autorités de Krasnovodsk au moment de leur arrestation. Ce document établi à la prison de Bakou comportait les noms des prisonniers à qui devaient être délivrés des colis de nourriture. La nature fortuite de ce document explique ainsi que figurent parmi les 26 exécutés des personnalités politiques de moindre envergure, alors que d'autres, et au premier chef le jeune Anastase Mikoyan, échappèrent à la mort. Quoi qu'il en soit, pour le général Malleson qui reproduit peut-être ici l'analyse de Reginald Teague-Jones, l'exécution est « politiquement avantageuse dans la mesure où elle signifie que le gouvernement d'Achkhabad a brûlé ses vaisseaux vis-à-vis des bolcheviks[43] » et qu'aucune volte-face ne leur est plus possible. La chose d'ailleurs ne peut se comprendre sans avoir à l'esprit le degré de la violence déployée par les Rouges lors de leur avance, précisément pendant cette période, depuis Tachkent vers la steppe turkmène et la frontière afghane. Principal sujet de préoccupation ! C'est d'ailleurs à ce sujet que le 24 septembre, Reginald Teague-Jones écrit au colonel Redl à Meched. En cet instant, l'affaire des 26 Commissaires semble déjà oubliée. Rapportant la teneur d'une conversation avec Zikov à Kushk, à la frontière de l'Afghanistan, Reginald Teague-Jones rend compte des atrocités commises par les Rouges. « Cette place a été prise par les bolcheviks et la plupart de ses officiers ont été assassinés. Lui-même n'en réchappa que grâce à l'assistance amicale de quelques Turkmènes[44]. » Ces informations parmi beaucoup d'autres montrent que septembre 1918 est un tournant. La présence britannique, initialement motivée par la guerre toujours en cours contre l'Empire ottoman et l'Allemagne, permet de mener une autre guerre, celle de l'intervention étrangère contre la Russie bolchevique, la « croisade de Churchill » selon les termes de l'historien anglais Clifford Kinvig[45]. L'exécution des 26 commissaires qui, selon Reginald Teague-Jones, n'est imputable en aucune manière aux autorités britanniques, mais plutôt aux SR membres de la dictature centro-caspienne, est inscrite dans ce contexte. L'accusation formulée ultérieurement par les autorités soviétiques dans l'affaire des 26 Commissaires, contre la Grande-Bretagne en général et contre Reginald Teague-Jones en particulier, ne se comprend que dans ce contexte. Pourquoi les autorités soviétiques ont-elles négligé la responsabilité évidente des SR Fountikov, Kourilov, Zimine, Dokhov et Kuhn, pourtant poursuivis plus tard et exécutés, pour se fixer sur les Britanniques? Un motif paraît essentiel : faire de l'exécution des 26 commissaires l'acte inaugural de l'intervention britannique contre le régime soviétique. De crime fortuit, né de l'enchaînement d'événements imprévisibles et de décisions improvisées prises entre deux rasades de vodka, l'affaire des 26 Commissaires devenait un crime politique exemplaire, illustrant l'arbitraire des impérialistes anglais.

L'accusation ensuite s'est focalisée sur Reginald Teague-Jones à la suite du témoignage de Fountikov, désormais en prison au printemps 1919, à l'ex-SR Vadim Tchaïkine. Fountikov cherchait à sauver sa peau, tandis que les autorités soviétiques, probablement au courant des activités de Reginald Teague-Jones, trouvaient là l'occasion de mettre sur la touche un agent de renseignements anglais dont les capacités sur le terrain russe étaient exceptionnelles. Reginald Teague-Jones n'a porté, selon toute vraisemblance, aucune responsabilité dans l'exécution des 26 commissaires, en dehors d'avoir quitté trop tôt une réunion qui traînait en longueur. La figure de coupable élaborée au fil des ans par les autorités soviétiques, celle d'un homme aux mains tachées du sang des commissaires, a rempli la double fonction de propagande et de neutralisation. En examinant les étapes de la construction du réquisitoire soviétique, on peut évaluer l'incidence réelle de l'affaire des 26 Commissaires sur l'existence et la carrière ultérieure de Reginald Teague-Jones. Mais il nous faut auparavant pénétrer dans le lourd dossier de l'accusation.

« A malicious propaganda legend »
(Teague-Jones, novembre 1979)

« Le jour où la porte de la cour de derrière s'est cassée, il s'est exclamé : "oh ! les bolcheviks vont venir m'enlever..." Il avait vraiment peur et quant à moi, c'était la première fois que j'entendais parler des bolcheviks[46] », témoigne Ann Randall, l'infirmière qui prenait soin de Ronald Sinclair à la fin de son existence à Charlton House. Radotage de vieillard ? Expression d'une peur authentique ? Jamais en repos, l'esprit toujours aux aguets, tel un héros ou plutôt un anti-héros de roman d'espionnage, Ronald Sinclair l'innocent traqué par les émissaires de Staline ? L'image ne cadre pas tout à fait avec la liberté de mouvement de notre personnage qui tout au long de son existence parcourt le vaste monde, s'approchant d'ailleurs à diverses reprises des lisières du territoire soviétique. Sans autre précaution que celle d'un simple changement de nom intervenu en mai 1922 au moment de la publication du livre accusateur de Vadim Tchaïkine, Reginald Teague-Jones devenu Ronald Sinclair n'a jamais souhaité de son vivant s'expliquer davantage qu'il ne l'avait fait, en 1922, en demandant la protection officielle du Foreign Office. Il réclamait alors un désaveu officiel des autorités soviétiques ainsi que la destruction du livre de Vadim Tchaïkine, *Histoire de la Révolution*, dont le premier volume était entièrement consacré à l'exécution des 26 commissaires[47] et envisageait même des poursuites en diffamation « lorsqu'un gouvernement civilisé et responsable sera enfin établi en Russie ». Ronald Sinclair, qui assista au crépuscule de l'Empire soviétique et disparut presque en même temps que l'URSS, n'eut jamais l'occasion de demander cette réparation morale. Discret, il découragea encore cinquante ans après cette affaire – sans nier toutefois son identité – l'entreprise de clarification et de réfutation des thèses soviétiques menée par l'historien Brian Pearce. Poursuivant, sur les traces de C.H. Ellis, la « révision » de l'historiographie soviétique et la mise en perspective de « l'épisode transcaspien », Brian Pearce parvint en effet à retrouver en 1979 la trace de Reginald Teague-Jones, désormais Ronald Sinclair. Il lui adressa une lettre circonstanciée, où il demandait non seulement des précisions sur l'affaire des 26 Commissaires, mais encore des informations sur son parcours ultérieur. Car démonter la version soviétique de l'affaire des 26 Commissaires suppose, écrit-il, d'avoir une idée de « l'homme que les Soviétiques ont érigé en figure centrale dans leur sensationnelle histoire policière[48] ». La requête a beau être précise et bien tournée, elle ne reçut qu'une réponse polie et tout à fait décourageante. Sur le déroulement de la tragédie des 26 Commissaires, Reginald Teague-Jones se refusa à donner de plus amples détails – Brian Pearce l'invitait à préciser par exemple les motifs pour lesquels il avait quitté prématurément la fatale réunion du comité d'Achkhabad – et se borna à répéter ce qu'il avait clairement formulé en 1922. Aucune autorité britannique de l'époque, et a fortiori lui-même, n'a jamais pris part à la tragédie des 26 Commissaires, une affaire exclusivement russe dès ses prolégomènes. « Bien plus, il ne doit pas y avoir de doute dans votre esprit que ceux qui ont pris l'initiative de concocter et de formuler de telles accusations mensongères et de les agencer en bricolant une légende malsaine à des fins de propagande, ont agi en étant totalement avertis du fait qu'elles ne comportaient aucune part de vérité[49] », écrit-il encore en 1979. Il est ensuite question de l'inopportunité de revenir sur l'affaire des 26 Commissaires et de prudence. « En ressuscitant cette question, de la manière dont vous vous proposez de le faire, en publiant des articles, et même un livre (un livre ! quand l'attitude des autorités britanniques pourrait être racontée en trois courts paragraphes !), vous devez être bien averti du fait qu'une telle publication, qui ne serait utile à personne, aurait de surcroît l'effet inévitable d'enflammer les passions et de provoquer une nouvelle explosion d'accusations hostiles, et ceci à un moment où le gouvernement britannique cherche à préserver des relations pacifiques et, si possible, amicales avec le Kremlin[50]. » Diplomatie ou devoir de réserve, le refus de s'exprimer plus ouvertement sur l'histoire des 26 Commissaires est lié aussi à des considérations personnelles dont nous ne connaissons pas le détail. David Footman, ancien agent de l'Intelligence Service à qui Brian Pearce transmit le courrier de Ronald Sinclair, fit ce court commentaire : « *The old boy still seems full of spirit !* » Même dénuée de vérité, la légende soviétique des 26 Commissaires a bouleversé l'existence de Reginald Teague-Jones. Son montage – au sens presque cinématographique du terme – nécessite donc qu'on s'y arrête un instant car ce scénario a beau être fondé sur une fiction, il neutralise, à partir de 1921-1922, l'agent de renseignements sur le terrain où il excellait. L'intervention étrangère s'achevait et jamais à notre connaissance, Reginald Teague-Jones ne retourna en Russie.

Aux origines de l'accusation : l'enquête de Vadim Tchaïkine

La légende de la culpabilité de Reginald Teague-Jones repose en premier lieu sur le livre de Vadim Tchaïkine publié en 1922. Ce volumineux ouvrage, bourré d'annexes, comptes-rendus, transcriptions d'entretiens, télégrammes et documents d'archives, difficile à manier tant on peine à y trouver un plan quelconque, repose pourtant sur un fil conducteur[51]. Si le titre général annonce une histoire nécessairement « immédiate » de la révolution russe, le volume en question ne traite que de l'exécution des 26 commissaires de Bakou. Il est le fruit d'une enquête de terrain menée en 1919 en Transcaspie par Vadim Tchaïkine, membre du comité central du parti SR et député de l'Assemblée constituante de Fergana, dans un contexte particulier : depuis la mort tragique des 26 commissaires en septembre 1918, la situation de la Transcaspie avait encore changé. Si la plus grande partie du Turkestan et Tachkent étaient désormais sous contrôle des Rouges, les Anglais, eux, avaient repris le contrôle de Bakou, tandis que de l'autre côté de la Caspienne, la mission Malleson, autrefois basée à Meched en Iran, s'était avancée jusqu'à Achkhabad. En janvier 1919, les conflits au sein de la dictature centro-caspienne entre ses éléments russes et turkmènes conduisent les Britanniques à soutenir un coup d'Etat entraînant la chute du SR Fountikov et de quelques-uns de ses compagnons et leur emprisonnement à Achkhabad. Chassés d'Asie centrale par l'avance des bolcheviks, Vadim Tchaïkine arrive à Bakou au début de l'année 1919 en compagnie de Mustafa Tchokaiev, un notable musulman qui avait été à la tête du gouvernement autonome du Kokand récemment aboli par les Rouges. Tous deux se réclament d'un « Comité pour la convocation d'une Assemblée constituante du Turkestan » et appellent à l'aide les puissances alliées. C'est à ce titre qu'ils traversent la Caspienne afin de rencontrer le général Malleson à Achkhabad et de quémander son soutien. Mais, de l'aveu même de Vadim Tchaïkine, cette mission avait été commanditée par les mencheviks et les SR de Bakou afin d'élucider les circonstances du meurtre des 26 commissaires.

Il semble en effet que la rumeur d'une vengeance politique de l'un ou de l'autre de ces partis courait alors à Bakou. Arrivés à Achkhabad, nos deux compères se partagèrent les tâches. Tandis que Mustafa Tchokaiev partit à la rencontre du général Malleson, Vadim Tchaïkine, quant à lui, rendit visite au SR Zimine, un des seuls survivants du gouvernement précédent – on se souvient que Teague-Jones le mentionnait comme le seul membre du comité d'Achkhabad à s'être opposé à l'exécution des 26 commissaires –, maintenu dans ses fonctions de ministre des Affaires étrangères. Grâce à la recommandation de ce dernier, Tchaïkine fut autorisé à se rendre dans la prison d'Achkhabad et à y rencontrer Fountikov sans que les autorités britanniques expriment la moindre opposition. La transcription de cette conversation dans une geôle d'Achkhabad, surveillée par des soldats indiens, est le point de départ de l'accusation portée contre Reginald Teague-Jones. D'abord très suspicieux, le détenu d'Achkhabad et son compagnon d'infortune Sedykh se montrèrent plus conciliants envers Vadim Tchaïkine lorsque ce dernier leur fit part de ses réticences à l'égard du nouveau gouvernement et surtout les informa des vrais motifs de sa visite. Après leur avoir laissé une journée de réflexion, Tchaïkine revint à la prison le 2 mars 1919 où il fut en mesure de recueillir une déposition écrite de Fountikov, contresignée par Sedykh[52]. En trois pages manuscrites et cinq paragraphes, Fountikov rédigea une déposition passablement confuse qui le disculpe de toute responsabilité dans l'exécution des 26 commissaires. Qui dès lors a pris cette fatale décision ? Selon lui, le chef du service de renseignements du gouvernement transcaspien, un certain Droujkine, s'est concerté avec Teague-Jones pour exécuter les commissaires. Ils comptaient camoufler leur forfait en prétextant que les 26 commissaires avaient été évacués en Inde via Meched, et Fountikov insiste sur le fait qu'il s'est senti incapable de prévenir l'exécution qui eut lieu sur la ligne du Transcaspien à 207 verstes de Krasnovodsk. Il déclare ne pas pouvoir nommer sans leur assentiment les personnes embarquées sur le train ce jour-là – essentiellement des Russes et des Turkmènes « sans parti » – pour mener cette funeste tâche jusqu'à son terme. Enfin, après l'exécution, Droujkine et Teague-Jones, de retour à Achkhabad, auraient ouvertement exprimé leur satisfaction à Fountikov. Brian Pearce, que l'on peut considérer comme le meilleur commentateur de la prose de Tchaïkine, fait remarquer à juste titre que dans cette toute première version destinée à lever les suspicions qui pesaient alors sur les SR, Droujkine occupe avec Teague-Jones le rôle de coupable principal. Or précisément, ce Droujkine avait été l'un des artisans du coup d'Etat qui venait d'aboutir à l'emprisonnement de Fountikov… ce qui en faisait un bouc émissaire SR idéal. Plus vague encore, la déposition de Zimine, ce même 2 mars 1919, ajoute à la confusion de l'affaire. Il déclare n'avoir jamais été mis au courant de l'exécution, ne pas connaître les commanditaires du meurtre, mais Teague-Jones semble avoir été informé de l'exécution qui aurait reçu l'approbation de la mission britannique. Muni de ces témoignages récoltés sans que les autorités britanniques lui aient opposé aucune entrave, Vadim Tchaïkine rentra à Bakou en mars 1919. Il y rencontra Anastase Mikoyan miraculeusement sauvé de l'aventure de Krasnovodsk – n'avait-il pas échappé contrairement aux 26 commissaires au « train de la mort » ? – et fabuleusement intéressé par ce SR qu'il ne tient pas en grande estime mais dont l'enquête présente d'intéressantes capacités de nuisance. Anastase Mikoyan relata ainsi cette rencontre. « En mars 1919, Vadim Tchaïkine arriva à Bakou alors que nous étions tout juste sortis de prison. C'était un juriste de poids, membre du comité central du parti des SR, élu sur leur liste à l'Assemblée constituante du Turkestan. Il réussit à organiser une rencontre avec moi, qui se tint dans un appartement clandestin. Tchaïkine m'annonça qu'il avait passé plus d'un mois dans la zone transcaspienne et avait essayé de démêler les circonstances réelles de l'exécution des commissaires de Bakou. Il l'avait fait en tant que juriste et en tant que membre de son parti pour se convaincre personnellement qu'aucun membre de son parti au gouvernement n'avait trempé dans le crime. Il voulait être le premier à dévoiler les coupables s'il en était et, par là même, laver la honte qui rejaillissait sur tout le parti SR dans lequel il avait foi, même s'il n'approuvait pas toutes ses actions. Tchaïkine était convaincu que s'il n'y avait pas eu le commandement anglais derrière les SR du gouvernement transcaspien, ce dernier n'aurait jamais osé aller si loin. En conclusion, Tchaïkine me déclara qu'il considérait comme un devoir moral d'organiser une campagne internationale pour que les coupables soient dévoilés et jugés, qu'ils fussent citoyens de Russie ou d'Angleterre. Ce n'étaient pas des paroles en l'air, Tchaïkine entreprit immédiatement une action efficace en ce sens tant à Bakou qu'à Tiflis et nous le soutînmes tant que nous pûmes[53]. » Limpide, le témoignage de Mikoyan, un politique trop intelligent pour ne pas laisser entendre son scepticisme sur la possibilité d'identifier les vrais coupables dans cette affaire, montre d'autre part comment il jugea opportun d'exploiter l'enquête de Vadim Tchaïkine dans une campagne d'agit-prop contre l'impérialisme britannique menée alors par les bolcheviks en Transcaucasie. Dans les trois républiques indépendantes d'Azerbaïdjan, d'Arménie et de Géorgie, étaient en effet au pouvoir – moussavatistes, dachnaks et mencheviks – des partis qui leur étaient hostiles et soutenus à des degrés divers par la France et la Grande-Bretagne. Vadim Tchaïkine fut donc convoqué à Tiflis pour comparaître devant le général Thomson, gouverneur militaire britannique pour la Transcaucasie, afin de justifier ses allégations. Peu impressionné, Thomson acheva l'entrevue par une confrontation surprise entre Droujkine et Tchaïkine. Toute honte bue, Tchaïkine quitta la pièce sous les protestations de calomnie de son adversaire. Les autorités britanniques n'entreprirent cependant aucune action contre Vadim Tchaïkine : apparemment personne parmi les autorités anglaises ne semblait vouloir accorder plus d'attention à un personnage aussi peu crédible et en quête de notoriété. Sans doute était-ce là une erreur, car l'histoire de Vadim Tchaïkine avait frayé son chemin – grâce à Mikoyan ? – depuis les bolcheviks semi-clandestins de Bakou jusqu'aux bolcheviks de haut rang de la Russie soviétique. Radiodiffusée le 21 avril 1919, la note du commissaire aux Affaires étrangères Tchitcherine est un

Le général Wrangel photographié le 17 octobre 1920 par Reginald Teague-Jones au large de la Crimée.
« Voici le départ d'un magnifique soldat », p. 258.
(Imperial War Museum)

Le jeune Reginald Teague-Jones à Saint-Pétersbourg au moment de la révolution de 1905.
(Collection privée)

Page ci-contre.
Un Turkmène coiffé de son papakh photographié par Reginald Teague-Jones à Achkhabad en 1919.
(Imperial War Museum)

La jeune « petite » Valia Alexeieva, première épouse de Reginald Teague-Jones vers 1918. (Collection privée)

En haut. **Frontière du Nord-Ouest**, le pays Shirani en 1915. Photographie de Reginald Teague-Jones. (Imperial War Museum)

Ci-dessus. **Transcaspie :** Reginald Teague-Jones inspecte un train bolchevique sérieusement endommagé, 1918. (Imperial War Museum)

Page ci-contre, en haut. **Transcaspie :** la station de chemin de fer de Kaakhka en 1918. Au centre, Reginald Teague-Jones blessé à l'issue de la bataille de Kaakhka. (Imperial War Museum)

Ci-contre. **Pays Shirani** : une patrouille de la Frontier Constabulary en 1914-1915. (Imperial War Museum)

Le vol Londres-Karachi de la compagnie Imperial Airways (1929). (Imperial War Museum)

Chefs baloutches photographiés par Reginald Teague-Jones vers 1915. (Imperial War Museum)

Patrouille de la Frontier Constabulary dans le pays Shirani, frontière du Nord-Ouest, 1915. (Imperial War Museum)

Ci-dessous.
Dans une « nullah » au Waziristan en 1915. Photographie de Reginald Teague-Jones. (Imperial War Museum)

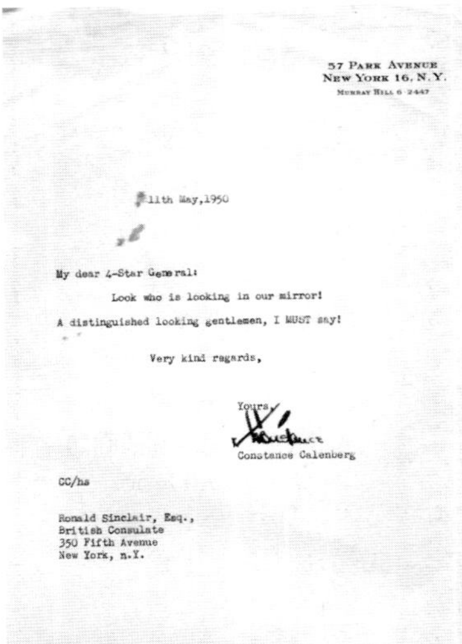

57 Park Avenue
New York 16, N.Y.
Murray Hill 6-2447

11th May,1950

My dear 4-Star General:

Look who is looking in our mirror!

A distinguished looking gentlemen, I MUST say!

Very kind regards,

Yours,

Constance

Constance Calenberg

CC/hs

Ronald Sinclair, Esq.,
British Consulate
350 Fifth Avenue
New York, n.Y.

Une lettre d'une admiratrice à propos d'un « gentleman très distingué ». (Collection privée)

Reginald Teague-Jones à la fin des années 1940. (Collection privée)

Reginald Teague-Jones de « l'autre côté du miroir », New York, 1950. (Collection privée)

nouveau tournant dans la campagne de propagande que les Soviétiques entendent mener. Reprenant à son compte l'histoire de Tchaïkine, Tchitcherine accuse le gouvernement britannique et met Reginald Teague-Jones au premier plan de l'accusation. Voici quelques extraits de l'intervention radiophonique de Tchitcherine : « Il a été fermement établi (...) que l'officier britannique Reginald Teague-Jones, en concertation avec certains contre-révolutionnaires russes de Transcaspie et en accord avec la volonté de la mission militaire britannique, a secrètement décidé d'assassiner les commissaires qui avaient été évacués de Bakou. Un communiqué officiel avait été rédigé à l'époque déclarant que les commissaires avaient été emmenés en Inde, mais en fait, le train qui les transportait fut arrêté au milieu du désert dans un lieu solitaire où l'escorte formée par les autorités britanniques et les contre-révolutionnaires russes agirent sur l'ordre qui leur avait été donné de fusiller les prisonniers et de les enterrer dans le désert[54]. » Publié deux jours plus tard dans les *Izvestia* du 23 avril 1919, le texte de Tchitcherine parut le même jour qu'un article de Staline, alors commissaire aux Nationalités, introduisant les propos de Tchaïkine repris d'un journal de Bakou. A dessein ou parce que la rigueur n'a jamais caractérisé sa plume, Staline ajoute à l'histoire des détails et des raccourcis frappants. Et Reginald Teague-Jones, de froid ordonnateur du meurtre, devient carrément le meurtrier des 26 commissaires. Staline n'hésitait pas à écrire que les commissaires avaient été fusillés « par le capitaine anglais Teague-Jones dans la nuit du 20 septembre 1918 sur la route de Krasnovodsk à Achkhabad où il les convoyait en tant que prisonniers de guerre[55] ». Ainsi, l'enquête de Tchaïkine poursuivit-elle sa carrière jusqu'à la publication de son livre à Moscou en 1922. Il est intéressant de mentionner que s'engage au même moment le procès des SR, un des premiers grands procès spectacles de l'époque de Lénine, où curieusement l'affaire des 26 Commissaires ne figure pas dans les dossiers de l'accusation. Aucun des SR impliqués de près ou de loin dans l'affaire des 26 Commissaires – y compris Vadim Tchaïkine lui-même, déporté et probablement exécuté en 1941 – ne survivra à la série d'exécutions qui s'ensuivit. Enfin, le 4 mai 1922, Reginald Teague-Jones devient par une procédure de *Deed Poll* Ronald Sinclair.

Fusillés ou décapités ?

Avec la soviétisation de la Transcaucasie, et plus particulièrement de l'Azerbaïdjan (27-28 avril 1920), l'affaire des 26 Commissaires devint à partir de 1920 une véritable affaire d'Etat dont la mémoire et le martyre furent établis puis entretenus par les toutes nouvelles autorités bolcheviques. C'est en septembre 1920 au moment même où se déroule à Bakou le fameux Congrès des peuples de l'Orient (1er-8 septembre 1920) rassemblant des délégués issus de 38 pays différents et auquel assistent entre autres le journaliste américain John Reed ou encore Enver Pacha, qui prendra la tête en 1921 de l'insurrection anti-soviétique des *basmatchis* à Boukhara, que furent rapatriées en grande pompe les dépouilles des 26 commissaires. Au terme d'une procession qui a commencé à la gare d'Achkhabad d'où sont partis les wagons funèbres ornés de slogans révolutionnaires, les dépouilles des 26 commissaires ont repris en sens inverse le chemin de fer transcaspien, puis le bateau qui de Krasnovodsk les ramène à Bakou où une foule bigarrée les accueille. Sur la place de la Liberté, écrasée de soleil, où les chatoyantes décorations des festivités du Congrès des peuples de l'Orient ont laissé la place aux tentures noires du deuil, les 26 cercueils, encadrés par une foule désordonnée, puis bientôt mise au pas par la cérémonie officielle, annoncent la naissance d'une mythologie politique et la légitimation du nouveau pouvoir soviétique en Transcaucasie. La voix de Nariman Narimanov s'élève : « Aujourd'hui nous portons dans la terre de l'Azerbaïdjan soviétique, nos meilleurs, nos chers camarades qui ont été jusqu'au dernier moment fidèles à leur mission révolutionnaire. Ces héros inflexibles et honnêtes ont été anéantis des mains de l'Angleterre, de cette Angleterre qui parle toujours de son humanité. Voilà le résultat de cette humanité : 26 tombes. Voilà qui montre bien à l'Orient de quoi est faite cette humanité. Que l'Orient l'apprenne ! Mais sachez que l'heure du châtiment a sonné. Hier l'Orient réuni en congrès a juré d'unir ses forces pour venir à bout de ces comploteurs mondiaux et dans un temps proche, l'Orient dépouillé se réveillera et fera tomber ce joug de ses épaules. Dormez chers camarades, l'idée pour laquelle vous vous êtes battus éclairera la terre entière[56]. »

Le décor urbain planté à Bakou pour le Congrès des peuples de l'Orient et pour les funérailles qui en constituent un moment solennel a suscité à l'évidence de grands préparatifs. La ville pavoisée de 1920 efface le souvenir de la ville effondrée de 1918. Affiches, images et fenêtres de la Kaurosta[57], illuminations électriques, arcs de triomphe enveloppés dans des mètres de tissu prélevé à l'usine Tagiev alors que le hall du théâtre Maïlov – l'opéra de Bakou fondé par la riche famille arménienne des Maïlian – choisi pour le congrès a été aménagé de manière à évoquer l'entrée d'une mosquée avec minaret et coupole[58]. Dans ce décor où se mêlent tapis orientaux réquisitionnés – dans toute la ville, une contribution minimale de trois tapis par famille avait été exigée –, lithographies de héros bolcheviques et images des 26 commissaires martyrs, dans une salle bondée jusqu'à la suffocation, le discours de Zinoviev contre le capitalisme et l'impérialisme tonne comme un véritable appel à la « guerre sainte ». « C'est le moment de déclarer la guerre sainte contre les capitalistes anglais et français. Camarades, rappelez-vous ce que ces brigands font dans le monde. (...) Camarades, il a été longuement question dernièrement de la guerre sainte. Les capitalistes essayèrent de représenter leur guerre comme sacrée et le firent croire au peuple. Quand ils parlèrent en 1914-1916 d'une guerre sainte, ce n'était qu'un bluff. Mais maintenant, camarades, vous devez proclamer ici une réelle guerre sainte contre les brigands français et anglais, contre le capitalisme (...). Camarades, frères, le temps est venu où vous pouvez déclarer hautement la guerre sainte contre tous les brigands et les oppresseurs. Le communisme international en appelle à vous aujourd'hui et vous dit : Frères, nous vous appelons pour déclarer la guerre sainte d'abord contre l'Anglais (longs applaudissements)[59]. » Autre épisode plaisamment rapporté par le journal *Kommunist*, une cérémonie de destruction par le feu d'effigies représentant l'impérialisme européen et américain, eut lieu sur l'une des principales places de Bakou. « Au milieu de la place se trouvaient des mannequins, représentant Lloyd George, Millerand, Wilson, ils étaient très bien imités avec des habits noirs, des décorations, des rubans, le vent secouait curieusement leurs habits. Le bourreau qui devait faire l'exécution s'assit près d'eux, il avait une bouteille de pétrole dans ses mains. Après avoir reçu l'ordre du tribunal de commencer, le bourreau donna à sentir aux trois effigies de l'huile qu'ils avaient tant aimé recevoir de Bakou. Il leur jeta ensuite le pétrole à la figure et ils commencèrent à brûler. Le portefeuille de Lloyd George plein de matières inflammables tomba à terre au milieu de la foule qui hurlait de joie. Le premier qui fut consumé fut Millerand et il resta là comme Louis XVI décapité car la tête de l'image tomba et roula de l'échafaud. Puis vint ensuite le tour de Lloyd George. Il tomba de sa chaise comme un homme dont le cœur est brisé. Mais Wilson demeura plus longtemps ce qui démontrait que l'Amérique n'est pas si près de la révolution comme l'Angleterre et la France. Après l'extinction du feu, les soldats se retirèrent. Tout ce qui se passa dans cette cérémonie était une image identique à la Révolution française, seulement il n'y eut point de *Caramaniola* (guillotine). » En ces temps de guerre sainte contre l'impérialisme britannique, comment l'affaire des 26 Commissaires aurait pu ne pas être évoquée devant le Congrès des peuples de l'Orient ? Dans son discours, Narimanov n'avait pas manqué de faire une allusion appuyée à la culpabilité britannique tout en ajoutant quelques « améliorations » à la version de Tchaïkine. A ce stade, l'hagiographie soviétique a abandonné toute vraisemblance historique. « Jusqu'au 14 septembre, nos chers camarades sont restés fièrement, bravement, honorablement à leurs postes jusqu'au dernier moment, et ensuite, lorsque les Turcs se sont rapprochés, les traîtres mencheviks et dachnaks les ont autorisés à partir à

Astrakhan. Alors qu'ils étaient en route, ces mêmes traîtres les ont arrêtés et ont changé la direction de leur navire vers Krasnovodsk. Nos camarades sont tombés entre les mains des scélérats anglais et furent fusillés par eux dans un lieu situé entre Achkhabad et Kizyl-Arvat[60]. » Comme le note Brian Pearce, absolument tous les éléments de cette déclaration sont faux jusques et y compris le lieu de l'exécution.

Pendant que la Grande-Bretagne, et plus précisément Reginald Teague-Jones, était soumis à la vindicte du communisme international et de l'Orient révolutionnaire, l'affaire des 26 Commissaires était également exploitée par le commissariat aux Affaires étrangères pour éconduire certaines requêtes britanniques. Une demande d'enquête sur l'affaire C.F. Davison, un homme d'affaires anglais exécuté par la Tcheka à Petrograd en 1920, fut refusée au motif qu'une telle demande appellerait naturellement une démarche similaire de la part du gouvernement soviétique « concernant les innombrables citoyens russes exécutés par les autorités britanniques avant la signature de l'accord commercial anglo-russe[61] ». En mai 1923, « l'ultimatum Curzon » porte de nouveau à l'attention des autorités soviétiques l'affaire Davison ainsi que celle de Mrs Stan Harding, une dame anglaise injustement emprisonnée. La requête provoque de nouveaux discours enflammés, notamment celui de Trotsky, devant le congrès des ouvriers de la métallurgie, dénonçant invariablement Reginald Teague-Jones comme le commanditaire du meurtre, mais confondant le général Thomson avec le général Malleson… Entre-temps, le processus judiciaire qui allait conduire à l'élimination de tous les protagonistes locaux de l'affaire des 26 Commissaires contribuait encore à la publicité de l'accusation retenue contre Reginald Teague-Jones. Ce processus judicaire, lui-même entouré d'une grande publicité et publié sous forme de morceaux choisis sous les auspices du parti communiste d'Azerbaïdjan en 1928[62], s'est déroulé en trois étapes. Dans un premier temps, une session du tribunal révolutionnaire militaire du front du Turkestan, présidée par un certain camarade Fonchtein, tenue du 19 au 26 avril 1921, permit d'auditionner 41 témoins. Puis eut lieu le procès Fountikov : rattrapé par son destin, Fountikov, qui avait été libéré in extremis en 1919 de la prison d'Achkhabad lorsque les forces anti-bolcheviques avaient évacué la ville, avait réussi à survivre incognito en Russie d'Europe jusqu'à son arrestation par le GPU début 1925. Ceci explique que son procès, le second concernant l'affaire des 26 Commissaires, n'eut lieu que du 17 au 27 avril 1926 à Bakou. Durant onze jours, cette session du Tribunal suprême de l'URSS qui conduira à l'exécution de Fountikov examina en détail non seulement les circonstances de la mort des 26 commissaires mais plus largement l'histoire de l'intervention britannique en Transcaucasie et en Transcaspie. Devant le juge Cameron, Fountikov se rétracte et, bien que le témoignage écrit produit par Tchaïkine soit versé aux pièces du dossier, il déclare n'avoir jamais été au courant du projet d'exécution. Préfiguration des procès staliniens ? L'accusé tente de se justifier, s'emmêle dans des protestations d'innocence et essaie de « coller » à la reconstitution d'une chaîne événementielle qui dans ces circonstances ne peut conduire qu'à réaffirmer la culpabilité de Reginald Teague-Jones. Le procès Fountikov ne fut pas le dernier : un troisième procès eut lieu à Bakou du 1er au 6 mars 1927. Cette fois, le Tribunal suprême de la RSS d'Azerbaïdjan jugeait l'un des acolytes de Fountikov, le conducteur de train Chtchegolioutine dont nous avons précédemment mentionné le témoignage. Visiblement innocent et soumis vraisemblablement à une moindre pression, le conducteur ne mentionne à bord du « train de la mort », ni la présence d'un officier anglais, ni celle de Fountikov qu'il connaissait pourtant de vue. Sans rentrer dans les arcanes de ces dossiers judiciaires qui conduiront à l'élimination pure et simple de tous les protagonistes proches ou lointains de l'affaire des 26 Commissaires, il n'est pas difficile de deviner la pression subie par les témoins. Diabolisée à souhait, la figure d'un Teague-Jones tortionnaire et oppresseur se précise au travers des témoignages les plus mineurs. Par exemple, I.K. Khrabov, assistant machiniste sur le chemin de fer transcaspien[63], déclare connaître le nom de Teague-Jones qu'il avait vu avant le meurtre des 26 commissaires. Quelque temps avant l'exécution, il aurait surpris une scène au cours de laquelle Teague-Jones tirait un cipaye par les cheveux ! Officier brutal et sans scrupules, oppression coloniale... Teague-Jones qu'on peine à reconnaître dans ce portrait caricatural est bien devenu le symbole diabolique de l'impérialisme britannique.

Depuis la chute de l'Union soviétique, de nouveaux éléments ont permis de lever un peu plus le voile sur le « mystère des 26 commissaires ». Brian Pearce, lecteur toujours attentif de la presse soviétique, mentionne le témoignage, paru dans *Zvezda* en 1989, d'un certain Souren Gazarian, emprisonné à Orel en 1940-1941 et dont l'un des camarades de cellule n'était autre que Vadim A. Tchaïkine, alors âgé de 55 ans et ancien membre du comité central du parti SR. Vadim Tchaïkine aurait évoqué son passé politique et confié à Souren Gazarian, arrêté lors des purges de 1937, que « la peinture de Brodski donnait une fausse impression de l'exécution des 26 commissaires : ils n'ont pas été fusillés, mais décapités par un seul et même bourreau, un Turkmène[64] ». Cette version des faits qui, si elle était avérée, innocenterait définitivement Reginald Teague-Jones, concorde avec des informations récemment transmises par Bakou aux Archives nationales d'Arménie. Probablement motivées par la volonté d'en finir avec une histoire « exogène » dont le principal héros, Stepan Chahoumian, était un Arménien, les autorités de Bakou se seraient ainsi décidées à accomplir un pas décisif. A Erevan, une émission radiophonique du type « Monsieur X » consacrée à Stepan Chahoumian[65] révèle à son tour que « en réalité, il n'y eut jamais la moindre fusillade. Celle-ci avait été tout simplement inventée. Les 26 commissaires n'ont pas été fusillés, ils ont été décapités comme de vulgaires bandits. Et leur mort a été causée par un même et unique bourreau, un Turkmène de grande taille et doté d'une force prodigieuse. Et c'est ce Turkmène qui avec son sabre les a tous décapités. Le fossé où furent enterrés les corps et les têtes tranchées des 26 commissaires a été ouvert en présence d'une délégation représentant le comité central exécutif de la Fédération de Russie (RSFSR) ainsi qu'une commission extraordinaire. On décida de cacher la réalité au peuple parce que cette dernière ne comportait aucune note héroïque. Et la scène de la fusillade fut imaginée : les commissaires dans une attitude héroïque, comme si un témoin était présent pour entendre leurs dernières clameurs. Le comité central a invité le peintre Brodski et lui a donné l'ordre de peindre cette toile. » Toile forcément édifiante car le sabre turkmène tombait fort inopportunément au moment où Bakou s'adressait à l'Orient révolutionnaire dans des discours tout vibrants de solidarité. Comment établir la gloire posthume des 26 commissaires, principal outil de légitimation du pouvoir soviétique en Transcaucasie en 1920, si en réalité des Turkmènes s'étaient rendus responsables de cette exécution particulièrement atroce ? Le supplice rapporté ici par deux sources différentes semble définitivement écarter l'éventualité d'une implication britannique. A-t-on enterré jusqu'au cou les malheureux prisonniers dans le sable, une pratique répandue semble-t-il dans les déserts d'Asie centrale, pour ensuite leur trancher tranquillement la tête ? Seul le rapport de la commission extraordinaire ayant procédé au transfert des dépouilles en septembre 1920 est susceptible d'apporter des éléments de réponse précis à cette question, tout comme la preuve définitive de l'innocence de Reginald Teague-Jones. A Bakou, la décision mise en œuvre en janvier 2009 de démanteler le monument funéraire des 26 commissaires et de transférer leurs dépouilles loin du centre dans le cimetière du Kovtsan[66] est à l'origine d'une autre révélation car seules 23 dépouilles ont pu être exhumées. L'absence constatée des restes de Stepan Chahoumian a immédiatement réactivé une autre légende : les Anglais n'auraient pas fusillé tous les commissaires et Chahoumian aurait été déporté en Inde, propos toutefois fermement démentis par sa petite-fille, Tatiana Chahoumian, directrice de l'Institut d'orientalisme de l'Académie des sciences à Moscou. Selon elle, l'absence de son grand-père s'expliquerait par une profanation survenue à la fin des années 1980 aux plus forts moments de l'affrontement arméno-azéri[67]

La mise en scène du coupable : Teague-Jones dans l'iconographie soviétique

Dans la martyrologie soviétique, les 26 Commissaires figurent en bonne place. Il est d'ailleurs intéressant de constater que le monument aux 26 Commissaires inaugure en quelque sorte le règne des statues[68] – représentant les figures vivantes ou mortes des gloires officielles – qui à la longue allait caractériser la civilisation soviétique. Lorsqu'en juillet 1923, le Foreign Office fut informé par Moscou qu'un monument aux 26 Commissaires allait être érigé à Bakou et que ce monument fut effectivement inauguré lors du sixième anniversaire de la « tragédie d'Akhcha-Kuim », le 20 septembre 1924, les 26 commissaires débutaient devant la postérité une carrière entretenue par des sculptures, des monuments et la toponymie à travers tout le territoire soviétique. En fait, on ne connaît pas la forme primitive de ce monument car les travaux d'installation « définitive » du groupe statuaire sculpté par Merkourov sur la place des 26 Commissaires à Bakou ne débutèrent vraiment qu'en février 1958. La stèle commémorative sur les lieux du crime au Turkménistan fut édifiée, quant à elle, en novembre 1932 mais le monument de Bakou apparemment avait pris du retard : l'œuvre de Merkourov commencée en 1924 ne fut achevée qu'en 1946. Artiste officiel, Sergeï D. Merkourov (1881-1952), renommé dans toute l'URSS pour ses sculptures en granit, en marbre et en bronze de Lénine et de Staline, s'était vu confier le projet, jamais réalisé, d'une colossale statue de Lénine mesurant 100 mètres de haut destinée à surplomber le palais des Soviets. Issu d'une famille de commerçants grecs d'Alexandropol, Merkourov était auréolé du prestige d'une formation européenne, et même parisienne, puisque avant guerre il serait passé par l'atelier de Rodin. Aujourd'hui, on ne peut procéder à une analyse *de visu* du monument sculpté par Merkourov à la gloire des 26 commissaires car le relief en granit a été détruit dans les circonstances évoquées plus haut. Ce monument doit être distingué du complexe mémoriel dédié aux 26 commissaires, inauguré à Bakou le 20 septembre 1968 à l'occasion du cinquantenaire de l'événement. On doit donc recourir aux rares photographies du monument de Bakou pour tenter de se faire une idée exacte de sa disposition : en particulier, il n'est pas aisé de situer l'endroit exact où le groupe statuaire s'insérait dans le monument de 1958 ou de savoir s'il formait un ensemble distinct. L'étude du haut-relief de Merkourov est néanmoins possible : la formation classique du sculpteur se perçoit tant dans les formes que dans la composition diagonale et ascendante de l'œuvre dramatique et théâtrale dans laquelle se détache la figure nettement reconnaissable de Stepan Chahoumian. Si le haut-relief met en scène les 26 commissaires – sont-ils d'ailleurs exactement 26 sur le monument ? – avec un certain réalisme notamment pour quelques visages, réalisés d'après des photographies, le groupe statuaire ne semble avoir mis en scène aucun bourreau, ni officier anglais. Poses étudiées, anatomies dénudées d'héros antiques, le haut-relief de Merkourov a beau souscrire à la rhétorique du réalisme socialiste, il était essentiellement un monument symbolique d'où la figure de Reginald Teague-Jones est demeurée absente.

Reginald Teague-Jones, en compagnie d'autres officiers anglais, semble en revanche avoir été représenté dans l'imposant tableau (285 sur 176,5 cm) de Isaac I. Brodski (1884-1939) intitulé *L'Exécution des 26 Commissaires* (1925) conservé au Musée des beaux-arts de Volgograd. Elève du grand peintre russe Repine, chef de file des Ambulants, auprès duquel il perfectionna sa formation de 1902 à 1907, Brodski s'était lancé dès le début des années 1920 dans un cycle de grandes compositions historiques intitulé *La Révolution en Russie*, dans lequel s'intègre la composition sur l'exécution des 26 commissaires. Auparavant Brodski avait peint *L'Ouverture du IIe congrès du Komintern* (1920-1924), et l'œuvre monumentale des 26 Commissaires sera bientôt suivie du *Discours de Lénine devant les ouvriers des usines Poutilov* (1926). Dans ce cycle de peintures officielles, le tableau montrant l'exécution des 26 commissaires est doublement intéressant du point de vue iconographique et historique. Brodski aurait pris l'initiative du sujet de cette grande peinture pseudo-historique dont il soumit le projet à Kirov, à l'époque secrétaire du parti communiste d'Azerbaïdjan. Kirov encouragea chaudement le projet, mit à la disposition de l'artiste les documents et les matériaux nécessaires, orchestrant ainsi son message politique, tandis que le présidium du soviet de Bakou se fit le commanditaire de l'œuvre. Dans la description initiale de son projet[69], Brodski avait déclaré qu'il avait l'intention de montrer les exécutants Kuhn, Kourilev et d'autres, sans faire mention d'aucun Britannique. Mais lorsqu'il envoya une esquisse préparatoire du tableau au soviet de Bakou, les autorités l'avertirent qu'« il montrait insuffisamment la participation des Anglais à l'exécution ». Les trois officiers anglais finalement représentés de profil sur le tableau, dans une pose d'observateurs à la fois cyniques et suffisants, représentent la volonté de l'artiste ou du commanditaire de personnaliser l'impérialisme britannique. Il est évident que l'un d'entre eux est censé représenter Reginald Teague-Jones assistant, imperturbable, à la fusillade. Ce type de peinture historicisante à l'époque soviétique tirait sa qualité de réalisme du fait que l'artiste avait travaillé en véritable reporter, d'après une documentation précise. Tout comme son maître Repine, Brodski savait peindre des compositions comportant de multiples personnages, voire des foules, tout en soulignant les individualités – parmi les quarante personnages du tableau, on reconnaît sans peine Chahoumian, Zevine, Aziz-Bekov, Fioletov, Korganov – par autant de portraits peints d'après des photographies. On sait que l'artiste ne disposait pas d'un tel support iconique pour peindre Reginald Teague-Jones, mais il faut reconnaître qu'en dépit du caractère fantaisiste de la scène, le type physique des officiers anglais représentés n'est pas totalement éloigné de la réalité. Pour camper cette scène héroïque, Brodski qui s'est rendu sur les lieux de l'exécution a peint un paysage dramatique. Le désert pelé dans la nuit finissante où pointe un vague soleil levant, correspond effectivement au cadre de l'événement représenté dans un registre chromatique de teintes bleues et roses, pâles et blafardes. Dans ce paysage qui symbolise peut-être aussi l'aube des temps nouveaux, les silhouettes des commissaires encore debout se détachent nettement. Selon la mythologie, ils seraient morts en s'écriant « Vive le Communisme ! » et l'artiste les a représentés en effet dans une pose théâtrale de défi et d'exclamation. Présenté pour la célébration du 200e anniversaire de l'Académie des sciences en septembre 1925, le tableau de Brodski qui reçut l'aval de Vorochilov fut exposé dans diverses villes soviétiques. En Géorgie, on réclama un exemplaire du tableau – Brodski en profita pour y apporter quelques retouches mineures sur le côté gauche afin de rendre plus distincts les officiers anglais – pour le montrer en exposition permanente. Peut-être est-ce ce tableau, tableau réaliste d'une scène irréelle, tableau aux qualités presque cinématographiques, que le metteur en scène géorgien Nikolaï Chengelaïa eut l'occasion de voir au musée de Tiflis ?

« Film dédié au prolétariat héroïque de Bakou », les *26 Commissaires* de Nikolaï Chengelaïa (1932) est, en quelque sorte, l'aboutissement des images de propagande concernant l'affaire des 26 Commissaires. Marqué par l'influence d'Eisenstein et par les principes du montage de Dziga Vertov[70], le film de Nikolaï Chengelaïa présente des qualités esthétiques mais d'innombrables erreurs historiques. Ce film de propagande impose des distorsions invraisemblables à la suite complexe des événements : c'est d'ailleurs davantage une fresque des luttes révolutionnaires à Bakou que l'histoire des 26 Commissaires suggérée par le titre. Ce film de fiction historique constitue néanmoins un passionnant document d'histoire sur le cinéma de propagande soviétique dont le thème central est la dénonciation de l'impérialisme britannique. En bonne logique, Nikolaï Chengelaïa se devait d'incarner celui-ci dans des personnages immédiatement identifiables. On n'est donc pas surpris que Reginald Teague-Jones figure dans la distribution sous le nom du « capitaine Johnson » joué par Kh. Ts. Veranikov. A ses côtés, le « général Denvil » représente le général Dunsterville, joué par un géant aux traits slaves, l'acteur R.I. Riazanov. Le film étant muet et les dialogues réduits à leur plus simple expression, le scénario attribue au personnage de Teague-Jones (alias Johnson) un fonction d'acolyte et de froid exécutant des volontés de Dunsterville. C'est ce dernier qui adresse à « Johnson » avec une expression lourde de sous-entendus l'ordre d'« aider à évacuer les prisonniers vers l'Inde ». Aisément reconnaissable, il assiste à l'exécution des 26 commissaires – une balise indique même le lieu devenu mythique de la 207e verste du Transcaspien ! – sans être toutefois représenté comme l'un des bourreaux. Par le truchement du montage qui fait alterner des images de la poursuite dans la dune – un homme pistolet au poing achève l'un des commissaires –, des traces dans le sable, des gros plans sur le visage de « Johnson » et des vues des pétroles jaillissant de Bakou, le film amène à identifier le seul responsable qui reste « Johnson ». Son rôle d'Anglais froid, cynique et cruel, ne laisse aucun doute aux yeux du spectateur enjoint à reconnaître, dans cette exécution « au cœur de l'Asie dans les sables du Turkménistan », un enjeu plus général rappelé par le carton final au terme d'une scène d'anthologie : « Rappelez-vous ce que Stepan (Chahoumian) a déclaré au Soviet : avec l'arrivée des Anglais commencera la lutte des impérialistes pour le pétrole. » L'arrivée de trois trains blindés – du nom d'Azizbekov, Chahoumian et Djaparidze – à la gare de Bakou, bombardant le steamer qui emporte les Britanniques en déroute, apporte la conclusion du film : « Vive l'Azerbaïdjan soviétique ! »

Il est vraisemblable que Reginald Teague-Jones n'eut jamais l'occasion de voir le film de Nikolaï Chengelaïa. Sans doute aurait-il été fort intéressé de se voir ainsi représenté sous les traits d'un Anglais ventripotent et cruel, fort éloigné de ce qu'il était. En définitive, le film de Chengelaïa, qui se cantonne à attribuer la responsabilité de l'exécution à Reginald Teague-Jones tout en laissant ce personnage singulièrement muet et inactif, est assez représentatif de l'ensemble des thèses soviétiques dans l'affaire des 26 Commissaires, une affaire de propagande avant tout dont le montage assez grossier affecta durablement les relations soviéto-britanniques et eut un indéniable pouvoir de nuisance sur l'homme qui en était la cible principale. Avec beaucoup de patience et de détermination,

Brian Pearce a démontré le caractère tout à fait improbable de la responsabilité personnelle de Reginald Teague-Jones dans l'exécution des 26 commissaires et les fondements inconsistants des accusations portées contre lui. Une question demeure cependant : jusqu'à quel point l'identité de Reginald Teague-Jones, décrit comme un « agent très important » en Asie centrale, était-elle connue des autorités soviétiques ? Est-ce sa fonction d'agent de renseignements parfaitement russophone, élevé avant guerre dans la bonne société de Saint-Pétersbourg, qui était visée derrière l'habillage grossier du drame de la 207e verste ? La réponse ne peut se trouver que dans les archives russes. Du côté britannique, le Foreign Office maintint constamment sa position y compris en 1930-1931[71] lorsque l'URSS annonça son intention de mettre de nouveau en avant la responsabilité britannique dans la tragédie des 26 Commissaires. La position britannique s'était exprimée alors de la façon suivante : « Il apparaît que non seulement les autorités britanniques n'ont aucune responsabilité concernant cette question, mais qu'au contraire, si tant est que nous soyons concernés par cette affaire, nous souhaitions que ces hommes se rendent à nous, éventuellement pour les interner en Inde, comme cela fut fait à cette époque pour d'autres officiels soviétiques. » Laissons le mot de la fin à Ellis, ami de Reginald Teague-Jones, dont un fragment d'autobiographie figure dans le dossier du major T.S.W. Jarvis conservé à la British Library. « En 1962, j'étais interprète pour une firme anglaise qui exposait à l'occasion d'une exposition commerciale à Sokolniki (Moscou). Un jour, un groupe d'officiels de haut rang venus du Kremlin visite les stands et juste avant qu'ils ne quittent l'exposition, Mikoyan me fit compliment pour mon russe, nous échangeâmes quelques mots et je lui lançai tout à coup : “Oui, Votre Excellence, beaucoup de choses se sont passées depuis les événements de Bakou.” Il eut l'air frappé, mais gardant son calme, il m'adressa juste un sourire lorsque j'allai le saluer au moment de son départ[72]. » Episode énigmatique qui apporte une conclusion provisoire à ce chapitre. Ce même Mikoyan, qui de Bakou à la déstalinisation a réussi à survivre à toutes les vicissitudes de l'histoire de l'URSS, mentionnera dans ses mémoires l'ouvrage de C.H. Ellis, *The Transcaspian Episode*, pour finalement conclure : « Aucun subterfuge ne pourra sauver les impérialistes anglais. Ils ne seront jamais lavés de la honte de la fin tragique des 26 commissaires[73]. » Que pouvait donc signifier son sourire ?

– 6 –

Dans la retraite des armées blanches : de Constantinople au Caucase (1919-1921)

> « On a la tête comme une marmite de soupe qui mijote au coin du feu. Des pensées circulent lentement dans un jus d'hébétitude épais. L'Arménie. Vision fugitive d'une carte des hostilités avec des petits drapeaux, russes, turcs, britanniques. C'est un très beau jeu. Les petits drapeaux avancent et reculent. Plus animé que les échecs. Et puis la carte des Services secrets. Une habileté extraordinaire. On va exploiter la religion de A pour qu'il se batte contre B ; on va acheter les hommes forts de D pour qu'ils attaquent A par l'arrière ; et quand ils ne pourront plus se relever, on découpera soigneusement la carte. »
>
> John Dos Passos, *Orient-Express*, Paris, Editions du Rocher, 1991, p. 109.

En février 1919, Reginald Teague-Jones quitte Achkhabad, déçu et quelque peu désabusé. Tant d'énergie consacrée en pure perte avec si peu de moyens engagés ont abouti à la décision du retrait britannique, prélude d'une soviétisation annoncée du Turkménistan. La guerre mondiale achevée et Reginald Teague-Jones n'étant encore assigné à aucune mission précise, il rentre à Londres en compagnie de Valia avec laquelle il s'installe provisoirement dans le sud-ouest de Londres, au 80 Philbeach Gardens, près d'Earls Court. Il est dans l'incertitude. Dans sa poche, une recommandation de son ami et complice de Meched et d'Achkhabad, T.S.W. Jarvis. Ce dernier recommande Reginald Teague-Jones – il emploie dès cette date le pseudonyme de Ronald Sinclair – à son frère, le capitaine C.S. Jarvis qui occupe alors une fonction importante au sein du War Office après avoir servi durant la guerre mondiale en France, en Egypte et en Palestine. Celui qui allait devenir en 1922, le gouverneur du Sinaï – une entité administrative territoriale du mandat britannique en Palestine – semblait à même d'orienter Reginald Teague-Jones vers une nouvelle mission susceptible de mobiliser ses compétences. T.S.W. Jarvis résumait ainsi à l'adresse de son frère les qualités de Reginald Teague-Jones : « Le porteur de cette lettre est le capitaine Ronald Sinclair, qui part maintenant en congé de maladie en Angleterre. Je voudrais juste porter à ta connaissance les faits suivants puisqu'il est trop modeste pour les raconter lui-même. J'ai servi avec Ronald Sinclair dans cette mission pendant sept mois. Tu sais sans doute quelque chose des difficultés que nous avons rencontrées et je te rappelle que nous étions là-bas bien avant que ces expéditions militaires hautement organisées à Arkhangelsk soient même envisagées. Sans budget, une poignée de soldats et avec pour seul interlocuteur le gouvernement de l'Inde, tu peux me croire sur parole qu'à plus d'une reprise, nous fûmes laissés dans le désespoir le plus absolu. Tu te souviens que les troupes turques et le commandement allemand étaient à Bakou et disposaient de vaisseaux sur la Caspienne. A l'est, nous étions pris en tenailles par le front des bolcheviks du Turkestan. Nos voies de communication avec l'Inde consistaient en 1 400 miles de pistes à travers le désert. Enfin, quoi qu'il en soit, tout va bien à présent et personne n'a fait plus pour cela que Ronald Sinclair. Parlant le russe à la perfection, il a été élevé à Petrograd, et connaissant absolument l'armée indienne et le fonctionnement de l'administration de l'Inde, tu peux te former une idée de la valeur des services qu'il a rendus. Pendant sept mois, il a été le symbole du prestige et de l'autorité de la Grande-Bretagne en Transcaspie. Comme tu sais, la mission militaire et tout son personnel, y compris ton propre frère, avaient leurs quartiers généraux à Meched en Perse, et donc tous les ordres de même que tout le système du renseignement passaient par Ronald Sinclair. Il a fait et défait les gouvernements et les comités de travailleurs et a reçu l'estime de toutes les classes de la population. Si tu entends parler d'un job en rapport avec la Russie, le Caucase ou l'Asie mineure, quel que soit ce travail, un seul homme peut l'accomplir, cet homme est Ronald Sinclair. Comme tu sais, après mes expériences de 1917 et de 1918, je considère que j'en connais un rayon sur les Russes de la nouvelle école mais honnêtement, il y a un certain nombre de jobs que je n'envisagerai même pas de me taper et pour lesquels je recommande sans hésiter Ronald Sinclair. S'il te plaît, rends compte de ces faits auprès de qui pourrait être utile à Ronald Sinclair. Présente-le aussi à Alec Layard et au colonel Byrns[1]. » De l'affaire des 26 Commissaires et des circonstances qui ont amené Reginald Teague-Jones à circuler sous un autre nom dès 1919, T.S.W. Jarvis ne souffle mot.

Constantinople, nid d'espions

En février 1919, quittant Achkhabad où son départ avait été célébré en grande pompe par des autorités transcaspiennes en sursis, Reginald Teague-Jones avait emprunté une dernière fois la ligne désormais familière du Transcaspien le menant à Krasnovodsk. Le temps presse, car à Londres, on lui a demandé de rentrer aussi vite que possible pour mettre au point une nouvelle assignation. S'embarquer sur un steamer, traverser la Caspienne, puis débarquer dans un Bakou ravagé par le passage des Turcs : un parcours devenu routinier qu'apparemment Reginald Teague-Jones acccomplit sans un soupçon de mélancolie. A l'hôtel Europe où il rencontre Mc Donell, il passe une nuit inconfortable dans un établissement ruiné par la guerre. Peu importe, il n'a guère le temps de s'attarder dans cette ville qui est devenue la capitale de l'Azerbaïdjan indépendant. Immédiatement, il prend le train qui emprunte la voie ferrée reliant Bakou à Batoum, sur la mer Noire. Le voyage est lent, marqué par de nombreux arrêts à travers l'Azerbaïdjan et la Géorgie, l'occasion pour Reginald Teague-Jones de découvrir les paysages de la Transcaucasie recouverte par une chape de neige hivernale. La ligne longe le piémont méridional de la chaîne caucasienne par la plaine de la Koura, attaque bravement la montagne à partir de Gandja, puis pénètre en territoire géorgien. Les étapes suivantes sont Tbilissi, Gori, Kutaisi, Samtredia et enfin Batoum. A Batoum, Reginald Teague-Jones s'embarque sur un vieux rafiot puant qui avait servi à transporter du bétail d'Amérique du Sud. De ce fait, le voyage à travers la mer Noire et le Bosphore n'a rien d'une croisière d'agrément. Après une courte escale à Constantinople, le bateau franchit les Dardanelles puis fait escale à Salonique. Là, Reginald Teague-Jones s'embarque sur le *Glengorn Castle*, un bateau hôpital qui le mène jusqu'à Tilbury au fond de l'estuaire de la Tamise, à un jet de pierre du centre de Londres où l'attendent les hautes instances des services de renseignements de Sa Majesté.

Sur les ruines de l'Empire ottoman : Constantinople en 1919

De brèves vacances londoniennes dont on ne sait si elles consistent en un congé maladie, une lune de miel avec Valia ou une suite de rencontres professionnelles entre Whitehall et le Mall, lui permettent de se présenter et probablement aussi de « caser » Valia dans un service de renseignements où les qualités d'une russophone étaient particulièrement recherchées. Au War Office, il va trouver C.S. Jarvis et rencontrer aussi un certain nombre d'« huiles » du Foreign Office et de l'India Office, toujours sur le pied de guerre. Certes, la guerre mondiale était finie, mais la Russie plongée en pleine guerre civile demeurait un sujet de préoccupation majeur, tandis qu'au Proche et au Moyen-Orient, notamment en Palestine, les Anglais étaient confrontés à de nouveaux troubles. Parmi ces différents terrains où la puissance britannique était engagée, Reginald Teague-Jones pouvait être particulièrement utile sur les marges méridionales de la Russie. En juillet 1919, les armées blanches du général Denikine avaient progressé à travers le nord du Caucase et rassemblaient leurs forces pour marcher sur Moscou. La situation semblait se retourner à l'avantage des Blancs au point qu'à Londres et à Paris, les experts présageaient la victoire des forces anti-bolcheviques et l'imminence de la chute du régime soviétique. « Puisque Denikine marchait sur Moscou, il fut décidé que je serais envoyé comme agent politique et comme il semblait avancer rapidement, je ne devais pas perdre une minute pour le rejoindre. Des mesures furent rapidement prises mais alors que deux ans auparavant, il avait été facile pour les huiles des quartiers généraux d'ordonner à la hâte, cette fois il était impossible de voyager rapidement dans une Europe ravagée par la guerre où les moyens de communication étaient complètement désorganisés. Il me fallut seize jours pour rejoindre Constantinople, et cela seulement pour apprendre que dans l'intervalle, le rapport de forces s'était inversé : au lieu de Denikine marchant sur Moscou, nous avions à présent Denikine et son armée blanche amorçant un mouvement de retraite en direction de la Crimée et de la mer Noire. » La fonction de Reginald Teague-Jones sera à la fois celle d'agent de renseignements (*political observer*) et celle d'officier de liaison entre le haut-commissaire – un ambassadeur britannique sera nommé un peu plus tard – et les forces navales et militaires dont disposaient les Britanniques en mer Noire. « Mes devoirs comprenaient également la liaison avec le général Denikine et son successeur, le général Wrangel, et de la même manière, je maintenais les relations avec les autorités d'occupation britanniques à Batoum et à Tiflis[2]. » En octobre 1919, la retraite de Denikine et des Blancs vers le sud, en direction de la mer Noire, inquiète évidemment les autorités britanniques basées en Transcaucasie : ce retournement militaire fait craindre une avance rapide des Rouges en Transcaucasie. Reginald Teague-Jones rappelle que « les experts ressentirent alors le besoin de revoir leurs prévisions initiales selon lesquelles le régime soviétique était sur le point de s'effondrer. A présent, ils prévoyaient que selon toute probabilité une Armée rouge déterminée envahirait les trois Etats sécessionnistes d'Azerbaïdjan, d'Arménie et de Géorgie et les ramènerait dans le giron soviétique. Les circonstances désignaient l'Azerbaïdjan comme le plus vulnérable (...)[3]. »

Si l'Armée de l'islam de Nouri Pacha avait continué un temps sur sa lancée vers l'est, l'armistice de Moudros (30 octobre 1918), qui marque la défaite de l'Empire ottoman, avait établi sur des bases solides la présence britannique dans presque toutes les régions de l'Empire ottoman ainsi qu'en Transcaucasie. Les conditions de l'armistice que l'Angleterre avait imposé à ses ennemis comme à ses alliés préfiguraient les conditions très dures du traité de Sèvres contre lequel Mustafa Kemal allait lever l'étendard de sa « guerre d'indépendance ». Outre la démobilisation immédiate de l'armée ottomane, la confiscation de la flotte de guerre, la reddition des forces encore actives dans les territoires arabes, l'armistice imposait l'ouverture des Dardanelles et du Bosphore et leur occupation militaire par les Alliés ainsi que le libre accès à la mer Noire. Ainsi, l'armistice de Moudros rendait les Alliés maîtres de la Turquie où ils sont présents partout au printemps 1919, à l'exception du nord-est de l'Anatolie où ils avaient renoncé à pénétrer en raison de la difficulté des communications. L'article 15 de l'armistice de Moudros précisait que « des officiers alliés seront placés pour contrôler tous les chemins de fer, y compris les parties du Transcaucasien actuellement sous le contrôle de la Turquie, qui devront être mis à la disposition libre et entière des autorités alliées en prenant en considération les besoins de la population. Il résulte de cette clause que les Alliés ont le droit d'occuper Batoum ; la Turquie ne fera aucune objection à l'occupation de Bakou par les Alliés[4]. » Les troupes anglaises contrôlent Constantinople et les détroits, occupent les principaux ports de la mer Noire, y compris Batoum où une division mène le combat contre les Rouges. A la fin de l'été 1919, lorsque Reginald Teague-Jones débarque pour la seconde fois à Constantinople, la capitale de l'Empire ottoman est soumise depuis novembre 1918 au régime d'occupation orchestré par les hauts-commissaires alliés, l'amiral Arthur G. Calthorpe et Louis Franchet d'Espèrey. Toutefois, c'est auprès de John de Robeck qui remplace Arthur G. Calthorpe dans ses fonctions de haut-commissaire à partir d'août 1919 que Reginald Teague-Jones jouera le rôle d'officier de liaison. Désormais, il gravite autour de l'ambassade britannique à Constantinople où sir Horace Rumbold est nommé en 1920. Ce dernier est l'interlocuteur du gouvernement du sultan Mehmet VI, dirigé par Ferid Pacha, dévoué aux Anglais mais dénué de toute réelle capacité politique. Coincé entre le projet allié de transformer la Turquie en un Etat croupion doté seulement d'une façade maritime « aveugle » sur la mer Noire et le programme nationaliste de Mustafa Kemal qui va bientôt lui dénier toute légitimité, le sultan dispose encore, à défaut d'autorité politique, du prestige religieux que lui confère la fonction de calife. Ce n'est pas auprès de lui que Reginald Teague-Jones a le plus à faire, même si durant son séjour à Constantinople, il fait plusieurs visites au Sérail. Ce qui lui inspire d'abord des commentaires d'ordre architectural[5]. « Ce n'est peut-être pas très rigoureux de suggérer que le Sérail n'est rien de plus en vérité qu'un mélange confus de kiosques insignifiants et disjoints les uns des autres. Une surface considérable est occupée par des cours et des quadrangles aussi réguliers que ceux d'un collège d'Oxford et c'est seulement quand on approche des arcanes du palais que la symétrie laisse la place à une variété bien plus pittoresque[6]. » Preuve de l'innocuité des relations diplomatiques entre le représentant de la puissance britannique et le sultan captif, « une version métrique du rapport envoyé par Horace Rumbold à lord Curzon décrivant sa première entrevue avec le calife le 27 février 1923 » se trouve dans les papiers de Reginald Teague-Jones[7]. Elle restitue sur un mode résolument humoristique la vacuité du Sérail et celle des propos échangés avec le dernier titulaire du pouvoir spirituel de l'Islam[8].

« Beefsteacks à la Hoover-Nansen »

Constantinople en 1919 n'est pas encore la mégalopole qu'est devenue Istanbul depuis la fin du XXe siècle. Avec son million d'habitants dont seule la moitié est musulmane, la ville compte encore nombre de minorités, principalement des Grecs, des Arméniens et des Juifs. L'occupation, effective depuis l'entrée des Français le 12 novembre 1918 et des Anglais le lendemain, a permis aux vainqueurs de la Première Guerre mondiale d'investir tous les secteurs de la ville entre Europe et Asie, d'une ville traversée par des tensions désormais irréductibles car, tandis que les minorités applaudissent, la population turque est humiliée. Chute de Constantinople où l'entrée du général Franchet d'Espèrey sur un cheval blanc le 8 février 1919 semble faire écho à l'entrée, cinq siècles plus tôt, de Mehmed le Conquérant en 1453. Chute de Byzance, chute de Constantinople, la ville dont Dostoïevski disait qu'elle « devait être nôtre » ne nourrit plus, en 1919, les rêves impérialistes des héritiers russes du courant slavophile. Les Russes, simples réfugiés ou aristocrates, militaires ou diplomates, fuyant la Russie bolchevique, y affluent pourtant en masse. Arrivés à Constantinople, ces cohortes de réfugiés, hommes ou femmes, ne trouvent pas d'emplois dans une ville qui ne peut pas même en donner à ses autochtones. Ces réfugiés démunis seront bientôt pris en charge par des associations philanthropiques et les organisations internationales. Les rues de Constantinople sont envahies de soldats russes en déroute, cherchant à survivre du petit commerce de détail : cigarettes, journaux, cartes postales ou ouvrages anciens constituent leur maigre butin. Parmi les peintres amateurs ou professionnels proposant des peintures de femmes nues ou des couchers de soleil sur le Bosphore, il n'était pas rare de voir sur la Grande Rue de Pera où Reginald Teague-Jones a élu domicile, un réfugié ayant réussi à évacuer par la Crimée tout ou partie de sa bibliothèque, tentant d'en vendre un à un les volumes pour quelques piastres à quelque passant américain ou anglais. Toutes les catégories de la société russe expatriée semblent s'être retrouvées dans les rues de Pera. Pour la plupart pauvres et démunis, certains ont réussi en ouvrant des cafés et des cabarets. Les Russes ont apporté pendant ces années à Constantinople l'exubérance de la vie nocturne. Du plus louche café de marins sur les quais, côtoyant le périmètre des prostituées, au café le plus chic comme Le Moscovite – l'adresse la plus courue de Pera –, ces établissements tenus par les Russes ont apporté une animation, une ambiance voire une économie de débauche dont Constantinople avait été jusque-là dépourvue. Elmer Davis, reporter au *New York Times*, semble avoir fait le tour de la question lorsqu'il écrit : « Le meilleur café à Constantinople est le Moscovite. Il appartient à quelques Russes qui avaient un peu d'argent fournissant ainsi du travail à d'autres Russes qui n'en avaient guère. Ce n'est pas qu'ils en tirent un revenu particulièrement brillant. Les prix y sont sensiblement plus bas que ce qu'ils auraient été dans un restaurant de cette classe à New York avant la prohibition ; quoi qu'il en soit, les employés y gagnent un salaire décent. Il y a un cabaret sophistiqué qui n'est pas mal, quoique la plupart des numéros proposés soient accomplis par des amateurs, des chanteurs de salons, des filles formées au ballet plutôt qu'à la pratique eurythmique. Les serveuses sont des filles – plutôt des jeunes femmes –, des aristocrates russes : la fille d'un général, la femme d'un colonel de la garde, une dame qui avant la guerre possédait la seule Rolls-Royce de Russie, du moins si le visiteur occasionnel peut se fier à ce qu'on lui raconte. Et de surcroît si l'on en croit les résidents, ces filles sont vertueuses. La plupart gagnent en tant que serveuses de quoi faire vivre leurs pères, leurs maris ou leurs enfants[9]. » Un jugement que le journaliste s'empresse de tempérer en mentionnant des cafés d'une classe inférieure où l'existence des filles dépendait d'un commerce moins vertueux : blondes, les femmes russes font des ravages. Aristocrates déchues prenant la commande, artistes dévoyées ou simples prostituées, nul n'a mieux dépeint la société russe de Constantinople durant ces années que Georges Simenon dont le talent a su rendre l'ambiance sombre du lupanar, celles des intrigues d'espionnage, des louches règlements de compte et des assassinats.

Reginald Teague-Jones côtoie cette société et s'il n'a guère de temps ou de goût pour la débauche, il apprécie les plaisirs offerts alors par Constantinople, ne fût-ce que le loisir de fréquenter, avec toute la distance apprise par un agent de renseignements, une société interlope et haute en couleur de déclassés flamboyants. Dans les papiers qu'il a conservés de cette époque, quelques « menus » habilement dessinés sur des nappes en papier caricaturent, sur un mode d'ailleurs franchement antisémite, les réceptions à l'ambassade russe de Constantinople. On devine une joyeuse compagnie d'Anglais attablée autour de moules farcies ou de poissons grillés, d'une crème de riz ou d'une pâtisserie orientale, s'amusant comme des potaches des intrigues russes. Ces menus commencent toujours par les traditionnels *zakouskis* arrosés de vodka, suivent soupes de poisson ou « œufs à la provençale à la Gagarine », filet sauté, côtelettes garnies ou des « beefsteacks à la Hoover-Nansen » avant de conclure avec des « gâteaux à la mode du général Wrangel ». L'un d'entre eux comporte la figure d'un homme en costume trois pièces et au profil sémite, la figure même de l'agent bolchevique, à qui la fréquentation de l'ambassade russe inspire la mise en garde suivante : « Major ? Regardez un peu par ici, je n'aime vraiment pas la compagnie de ces canailles de l'ambassade. Ils sont "pas bons". Tous des Cents Noirs ![10] » L'ambassade russe rassemble en effet toute la Russie émigrée. La résidence fastueuse de l'ambassadeur, témoignage des temps où la diplomatie russe convoitait Constantinople et les détroits, ne dispose plus d'aucune source de financement et se trouve littéralement occupée de la cave au grenier d'officiers russes et de réfugiés sans domicile. Selon Elmer Davis, « c'est en fait un refuge pour tous ces gens sans emploi. Les Wrangel vivent là dans un coin de l'immeuble et ont bourré là-dedans autant de membres de son armée qu'ils le pouvaient. Ce simple fait explique peut-être la raison pour laquelle soldats et civils, officiers et particuliers, hommes et femmes, tribus entières poussées de Crimée et réduites à l'exil, voient dans le général Wrangel bien plus qu'un commandant, presque un père. C'est un bon berger pour ce troupeau de moutons aux abois. Et c'est sans doute grâce à son exemple que les exilés russes se sont accrochés si bien les uns aux autres[11]. » Solidarités certes, mais aussi nœuds d'intrigues autour des généraux blancs et du prince Gagarine qui vivent dans la hantise des agents bolcheviques infiltrés et des complots. En avril 1920, l'assassinat dans la salle de billard de l'ambassade du général Romanovski, commandant de l'armée de Denikine, peu après la défaite des Blancs en Crimée, avait frappé les esprits. Si un général pouvait être assassiné à coups de revolver dans une pièce voisine de celle où l'ambassadeur, le général Denikine et quelques autres amis devisaient tranquillement, cela signifiait que l'ambassade russe n'était pas un lieu sûr. Le général Denikine et son épouse furent donc transférés sur un navire anglais sous la protection des Britanniques. Au début de son séjour à Constantinople, le général Wrangel vivait sur son yacht dans le Bosphore jusqu'à ce que celui-ci fût accidentellement coulé par un paquebot italien venant de la mer Noire dans des circonstances douteuses. Non que ce genre d'accidents ne soit fréquent dans le Bosphore, mais il ne s'en était jamais produit dans la zone réservée au stationnement des navires russes. L'épisode était donc d'autant plus bizarre que le paquebot italien était piloté par un Russe... Toujours est-il qu'à l'issue de cet incident qui ne fit aucune victime en dehors du yacht qui avait coulé à pic, le général Wrangel et sa femme la baronne Wrangel avaient élu domicile fin 1921 dans les locaux de l'ambassade russe de Constantinople. Le bruit courut un temps que la baronne Wrangel avait perdu des joyaux d'une valeur inestimable mais cette rumeur fut promptement démentie car, depuis longtemps déjà, la baronne avait dû se défaire de ses bijoux.

Impliqué activement dans le secours aux réfugiés bien que cette fonction ait été aussi une couverture, Reginald Teague-Jones est en constante relation avec la baronne Wrangel[12].

Absorbée par ses activités philanthropiques auprès des réfugiés russes de Constantinople, elle consacrait toute son énergie au British Refugee Relief Committee de Constantinople et rendait de temps en temps visite à son mari lorsque celui-ci au printemps 1920 avait lancé une dernière offensive contre les Rouges en Crimée. Reginald Teague-Jones la côtoyait « particulièrement pendant les premiers jours de la tragédie de l'évacuation quand l'énergie, la dévotion et la loyauté qu'elle nourrissait pour son pays, son mari et ces réfugiés dont elle partageait le sort, gagnèrent l'admiration et l'affection de tous ceux qui la connaissaient[13] ». Pendant toute la durée de son séjour à Constantinople, et surtout à partir de novembre 1920, Reginald Teague-Jones travailla dans le British Refugee Relief Committee. Ceci impliquait une collaboration constante avec les Français car les Britanniques ne s'occupaient que de la nourriture et du ravitaillement tandis que la question du logement relevait entièrement de la responsabilité des Français. Reginald Teague-Jones se rappelle dans ses carnets que « en tant que seul membre de notre Comité de secours à parler à la fois couramment le français et le russe, je ne pouvais décemment pas refuser d'assurer la liaison entre le Comité et les Français pour toutes les questions qui concernaient les réfugiés. Je fus donc en relation constante et étroite avec les services médicaux, les services de transport et autres des Français. Nos relations furent constamment amicales, dictées par un climat de coopération. Néanmoins au fur et à mesure que les semaines passaient, je remarquais que les Français montraient de moins en moins d'enthousiasme pour leur travail en faveur des Russes. Ils n'avaient pas eu de chance avec cette catégorie de réfugiés militaires qu'ils avaient installés dans le camp de Tuzla. Ils formaient une foule indisciplinée et grossière et après quelques incidents, les Français avaient été heureux d'emprunter les services d'un commandant britannique expérimenté en la personne du colonel Walshe (...). Je sentais bien que mes amis français étaient en train de perdre rapidement leurs illusions sur toute cette affaire de réfugiés russes. Sans aucun doute, le gouvernement français avait pensé, comme beaucoup d'autres, qu'il soutenait les gagnants, quand littéralement au cours d'une nuit, il décida de reconnaître de facto l'administration Wrangel. Sans doute ont-ils considéré que ce serait une manœuvre intelligente que de devancer les Anglo-Saxons et qu'ils pourraient ainsi s'assurer une position privilégiée avec ceux qu'ils supposaient être les futurs dirigeants de la Russie. A présent, ils réalisaient que non seulement ils avaient soutenu le mauvais cheval mais encore qu'ils avaient endossé des responsabilités qui étaient bien trop lourdes pour eux. Leur rêve avait tourné au cauchemar et à présent ils devaient chercher des moyens de les amoindrir, et peut-être qui sait, éventuellement d'y renoncer complètement[14]. » Les Français avaient par exemple ouvert des écoles pour les milliers d'enfants exilés ainsi que pour les adultes illettrés. Si la réalisation de ce projet montrait le savoir-faire des Français en la matière, se procurer de la nourriture n'en demeurait pas moins la préoccupation majeure des réfugiés russes. Depuis longtemps, fourrures et diamants avaient été dilapidés. S'il restait à vendre quelque plat en argent ou étui à cigarettes, une robe de bal fanée ou quelque autre témoignage des splendeurs du temps passé, ces objets étaient exposés et vendus au bazar russe de Constantinople.

Rencontre avec le général Wrangel

La mission de Reginald Teague-Jones à Constantinople ne se limitait pas à assister les réfugiés et à collaborer aux bonnes œuvres de la baronne Wrangel. L'un des volets politiques de sa mission consistait à assurer la liaison avec le général Denikine, puis un peu plus tard avec le général Wrangel, deux généraux blancs, militaires plus que politiques, dont les proches conseillers reconnaissaient qu'ils étaient d'une trempe tout à fait différente. Fin 1921, beaucoup considéraient que si le général Wrangel avait eu le commandement de Crimée depuis le début de l'offensive à la place du général Denikine, les Blancs auraient pu marcher sur Moscou. Tel était l'avis de Struve, ministre des Affaires étrangères du gouvernement Wrangel depuis l'abdication de Denikine, fin mars 1920. Partisan de la première heure du général Wrangel, Struve voyait en celui-ci la seule personnalité susceptible de remettre de l'ordre dans le mouvement anti-bolchevique et de mener à bien la contre-offensive contre les Rouges. Ainsi, les relations diplomatiques du gouvernement Wrangel étaient-elles d'une complexité extrême. La faiblesse des Blancs imposait le pragmatisme. Cela ne manquait pas dans le plan de Struve, son objectif étant d'atteindre une politique à « deux Russies » qui aurait permis à Wrangel de participer aux négociations engagées avec la Russie soviétique[15]. D'autre part, il fallait gagner le soutien diplomatique et économique des Alliés. On l'a vu, Reginald Teague-Jones considérait avec un certain scepticisme l'empressement des Français à reconnaître le gouvernement Wrangel, empressement qui ne reflétait pas les hésitations du gouvernement français dont les « différentes politiques étaient déterminées par plusieurs considérations contradictoires, dont la plus importante était peut-être la difficulté de savoir qui serait le plus à même d'assurer des compensations pour les actifs français saisis en Russie en 1917-1918 : le gouvernement soviétique ou les Blancs ? Quoi qu'il en soit, ni l'Angleterre, ni la France n'ont pensé que le bolchevisme puisse être un problème international et c'est pourquoi ni l'une ni l'autre n'étaient très disposées à apporter à la tête de pont anti-bolchevique le soutien qui était essentiel à la stratégie de Struve[16]. » De fait, le soutien militaire français reposait sur la base de propositions de contrats extrêmement onéreux qu'en aucun cas, le gouvernement Wrangel aurait pu honorer. Par ailleurs, la Grande-Bretagne annonça le 2 avril 1920 qu'elle ne soutiendrait plus les forces armées anti-bolcheviques et qu'elle demandait une trêve immédiate avec la Russie soviétique. Selon Struve, « le brusque revirement de la politique des Anglais en faveur d'un accord avec les bolcheviks s'explique par les événements de Perse et l'arrivée de Krassine. Cette politique nouvelle, critiquée, d'ailleurs, en Angleterre même, peut changer ; cependant, pour ce qui est de susciter un mouvement européen comme le prévoyait le télégramme 515, il n'y faut pas compter.

Maklakov et moi avons eu aujourd'hui une entrevue avec Millerand. Il déclare catégoriquement que jusqu'à présent la politique de la France reste inchangée. Néanmoins, il est nécessaire de l'aider à nous soutenir. Quant aux instances de l'Angleterre mieux vaut les prendre sans irritation comme des conseils amicaux auxquels il est impossible de se conformer. Il est indispensable de faire comprendre aux Anglais l'absolue impossibilité pour nous d'entrer en pourparlers directs avec les bolcheviks. Une médiation basée sur la capitulation ou même l'amnistie est également impossible. Par contre, il est nécessaire d'envisager la possibilité de pourparlers ultérieurs basés sur la reconnaissance de l'inviolabilité de notre territoire et du territoire cosaque et sur la liquidation des formations politiques dans la zone du Caucase, ce qui d'ailleurs intéresse l'Angleterre elle-même. A ce moment-là, nous pourrons opposer aux propositions anglaises de capitulation des conditions acceptables pour nous et susceptibles de donner satisfaction à l'armée. Ce point de vue ne rencontre aucune objection chez les Français. Ce qui importe pour eux c'est la netteté et la fermeté de notre politique intérieure, comme je vous l'ai télégraphié, et la volonté sincère d'agir de concert avec les Polonais[17]. » Tel était donc le contexte de la mission de Reginald Teague-Jones à un moment où la Grande-Bretagne, inspirée par des considérations pragmatiques, s'apprêtait une fois encore à appliquer avec prudence une politique de *non commitment.* Une mission informelle, aux marges de la diplomatie officielle, car si Reginald Teague-Jones regarde avec un certain scepticisme la question de la reconnaissance du gouvernement Wrangel, il est aussi personnellement sensible à la personnalité du général et au drame historique qui se joue en Crimée.

Reginald Teague-Jones rencontre en effet le général Wrangel à bord d'un navire de Sa Majesté au large de la Crimée, le 17 octobre 1920. Frappé par la personnalité tragique et magnifique du général Wrangel qui expose les conditions de la défaite annoncée des Blancs, Reginald Teague-Jones garde en mémoire cette rencontre marquante. Haute stature longiligne, noblesse des traits, silhouette altière, le général

Wrangel, aisément reconnaissable, s'oppose en tous points aux membres du gouvernement soviétique dont on trouve fréquemment les caricatures dans les papiers personnels de Reginald Teague-Jones. Celui-ci, sensible à la beauté physique du général, tira son portrait au terme d'une rencontre dont voici le récit. Sans illusions sur l'issue du conflit avec les Rouges, Wrangel tire d'ores et déjà, à la mi-octobre 1920, les conclusions qui s'imposent : les Blancs vont perdre car les Rouges sont en train d'augmenter considérablement leurs forces. Il confie à Reginald Teague-Jones qu'il « est vrai que de leur côté, ils ont beaucoup plus de victimes que nous, mais ils ont la capacité de toujours disposer de réserves nouvelles, ce que nous ne pouvons pas, et de plus ils sont en position d'exercer une pression continuelle sur nos défenses. Il y a quelques jours encore, j'avais conservé un certain optimisme, et même j'étais confiant dans le fait que je pourrais continuer à tenir Perekop qui comme vous le savez est situé sur un isthme étroit que 10 000 hommes déterminés devraient être capables de tenir contre des forces plusieurs fois plus importantes. Mais, tout dernièrement, nous avons eu un temps anormalement froid pour une période si peu avancée de l'hiver. Il y a juste quelques jours, la glace se formait sur les détroits et les golfes qui bordent en fait Perekop. Il m'apparut alors clairement que dans deux semaines tout au plus, l'ennemi serait capable de marcher sur la glace et de transporter son artillerie et ses moyens de transport et serait alors en mesure de lancer des attaques sur un grand nombre de points. A cause de leur supériorité écrasante en nombre, nous ne pouvons raisonnablement espérer pouvoir leur résister. Ce sont des faits, des faits froids et amers. Curieusement, peu de gens semblent avoir songé à ce problème de glace, mais bientôt, ils y penseront. Je dois donc me préparer au pire. Si Perekop nous échappe, alors d'ici quelques jours, toute la Crimée sera envahie. Nous nous battrons jusqu'à Sébastopol certes, mais là nous serons littéralement poussés à la mer », conclut amèrement le général Wrangel en ajoutant à l'adresse de Reginald Teague-Jones : « Je vous demande de bien vouloir expliquer la situation très clairement au général

Harrington et de l'avertir que bien que je ne puisse même deviner le nombre – grand ou petit – des blessés que nous devrons évacuer par la mer, j'ai hésité à commencer à réquisitionner des navires de peur de déclencher une panique générale. Mais il est probable que nous aurons sur les bras plusieurs milliers de militaires malades et blessés, sans parler des réfugiés civils, qui vont arriver en masse à Constantinople dans les semaines qui viennent. Nous allons certainement nous battre jusqu'au bout, mais ceci est l'avertissement que je veux que vous transmettiez à vos gens à Constantinople. Et maintenant, je dois me dépêcher de retourner au front[18]. » Ces propos poignants soulignent l'importance stratégique de Perekop, un village situé sur l'isthme qui relie la Crimée au reste de l'Ukraine. Localité fortifiée, Perekop était une position commandant le contrôle du khanat de Crimée. Durant l'une des guerres russo-turques, en 1736, les Russes avaient pris d'assaut les fortifications de Perekop, laissant la forteresse tatare en ruines et portant un coup sévère à l'indépendance du khanat de Crimée. Perekop s'avérera, conformément aux sombres prévisions du général Wrangel, être l'épisode clé de la guerre civile au terme duquel les Rouges parvinrent à pousser l'Armée blanche hors de Crimée. Le village qui occupait la position la plus septentrionale sur cet isthme qui sépare le golfe de Karkinitsk et le golfe de Sivach, fut pratiquement rayé de la carte après avoir été rasé par l'Armée rouge. En 1932, les autorités soviétiques construiront une nouvelle Perekop, Krasnoperekopsk (« Perekop la rouge »), située cette fois à une trentaine de kilomètres plus au sud, à l'extrémité méridionale de l'isthme.

Reprenant le récit de cette entrevue historique, Reginald Teague-Jones en restitue le climat d'urgence. Tout cela, se rappelle-t-il, « avait été dit très vite, et je jurai de transmettre les consignes du général. Nous fîmes irruption sur le quai où nous fûmes rejoints par le capitaine. Il nous assura que nous avions tout notre temps parce qu'il avait laissé ouvert le créneau horaire de navigation. "Son Excellence lui ferait-elle l'honneur à lui et à son équipage d'accepter un verre de départ ?" Mais le général déclina l'offre avec des remerciements et remit ce plaisir à une autre occasion. Pendant ce temps, le soleil commençait à approcher de la ligne de l'horizon, mais le pont était encore tout baigné de soleil. J'avais mon appareil de photo dans ma sacoche et je ressentis une impulsion soudaine. "Me ferez-vous s'il vous plaît la faveur de me permettre une rapide photographie ? Je suis sûr que la baronne aimerait en avoir une." Le général sourit. "Très bien mais faites en sorte que cela soit rapide." C'est alors que je pus le prendre alors qu'il était là, debout sur le pont. Quelques minutes plus tard, il me serrait les mains ainsi qu'au commandant et il descendait vers la vedette qui attendait. Le skipper et moi-même regardions cette grande et mince silhouette descendre la tête haute, avec assurance, jusqu'à ce qu'il nous adresse un dernier geste de salut, depuis cette embarcation qui l'emmenait promptement, à toute vitesse, vers le rivage. "Voici le départ d'un magnifique soldat", dis-je. "Oui" aquiesca le commandant "et un homme très courageux. Et maintenant rentrons et buvons un verre à sa santé en lui souhaitant toute la chance dont il va avoir désespérement besoin"[19]. » Telle est l'histoire de la photographie de Wrangel, prise par Reginald Teague-Jones à l'heure du crépuscule, le 17 octobre 1920.

La prophétie du général Wrangel quant à la situation en Crimée se réalisa dans les semaines qui suivirent sa brève rencontre avec Reginald Teague-Jones. Perekop, dont Wrangel espérait qu'elle tiendrait assez longtemps grâce aux fortifications, fut littéralement submergée par les attaques ininterrompues des Rouges. Pire que les Rouges, le froid avait atteint des records dans cette région (jusqu'à moins 16 °C) : faute de vêtements, les Blancs mouraient de froid quand ils ne mouraient pas au combat. Fin novembre, Wrangel confessait avoir perdu en deux semaines environ 25 000 hommes tués, blessés et malades sur les 50 000 dont il pouvait disposer sur ce front. Mais Wrangel peut se réjouir d'avoir réussi à évacuer ses hommes par voie de mer : ils seront 130 000 à arriver à *Tsar'grad* – c'est ainsi qu'il désigne Constantinople ! – en novembre 1920. A Struve, Wrangel confie qu'il éprouve, en dépit de cette retraite, une satisfaction morale comme il n'en a jamais connu à l'heure des plus brillantes victoires[20], car l'évacuation s'est déroulée en sauvant l'essentiel et, surtout, en gardant intact le moral de troupes. « La moindre apparition que je fais, même ici, sur la rade est saluée de tous les bateaux par de tels hurrahs que je n'en ai jamais entendu de semblables ni à Velikoknajeska, ni à Tsaritsyne. Si l'Europe cette fois-ci ne reste pas aveugle et si, ayant enfin compris le danger mondial que représente le bolchevisme, elle nous donne la possibilité de conserver l'Armée, notre retraite peut se transformer en victoire[21] », écrit-il encore à Struve le 24 novembre 1920. Les événements de Transcaucasie, dont Reginald Teague-Jones allait être le témoin en 1920-1921, allaient tragiquement prouver le contraire.

Dans l'imbroglio caucasien

Dans cette région jugée vitale par Reginald Teague-Jones, comment la situation avait-elle évolué ? Poussés par leur logique de restauration impériale, les Blancs comptaient reconquérir l'Empire russe par la Crimée et le Caucase où, depuis 1918, trois républiques indépendantes, l'Arménie, l'Azerbaïdjan et la Géorgie, avaient vu le jour. En effet, dans le sillage de la révolution d'octobre 1917 et la désertion des soldats russes, le front caucasien s'était effondré ouvrant une brèche dans laquelle s'était engouffrée l'armée ottomane[22]. Lancée par Enver Pacha, le ministre de la Guerre, l'offensive ottomane avait alors pour objectif de libérer les terres irrédentes turques ravies par la Russie (Kars, Ardahan, Batoum), de soulever les populations musulmanes, d'atteindre Bakou et de là, partir à la conquête de l'Asie centrale. Selon une convention sur l'action des Alliés en Russie, signée le 23 décembre 1917, la France et l'Angleterre se sont attribué deux zones d'influence. Si la Crimée revient à la France, le Caucase et la Transcaucasie échoient à la Grande-Bretagne qui a pour tâche d'organiser et de soutenir la résistance contre les Turcs et les bolcheviks dans la zone comprise entre mer Noire et mer Caspienne. Non seulement l'organisation de forces nationales en Transcaucasie – unités militaires géorgiennes, arméniennes et azéries – n'était pas parvenue à stopper l'offensive turque, mais elle avait révélé les profondes divergences qui séparaient les trois nationalités de Transcaucasie. Au printemps 1918, seuls les Arméniens s'étaient montrés déterminés à lutter contre le danger turc en menant une véritable « guerre arméno-turque » tandis qu'à Bakou, les Azéris s'apprêtaient au contraire à les accueillir à bras ouverts. Le 3 mars 1918, le traité de Brest-Litovsk, signé entre la Russie et les puissances centrales, stipule la rétrocession à l'Empire ottoman de Kars, Ardahan et Batoum sans tenir aucun compte de la volonté des peuples de Transcaucasie, acculés de ce fait à la sécession. Celle-ci prit d'abord la forme d'une éphémère Fédération transcaucasienne dont l'indépendance a été exigée par les Turcs le 9 avril 1918 : rapidement, son éclatement donna naissance à trois républiques indépendantes. La Géorgie qui a obtenu contre les Turcs la protection allemande proclame son indépendance le 26 mai 1918, suivie par l'Azerbaïdjan, le 27 mai 1918. C'est presque contraint et forcé que le Conseil national arménien proclame l'indépendance de l'Arménie, le 28 mai 1918, le jour même où dans la plaine de l'Ararat, à Sardarabad, les Arméniens parviennent à arrêter les Turcs aux portes d'Erevan. Bataille d'arrêt et non victoire. En réalité, ce sont les Turcs, maîtres du terrain, qui dictent les conditions des traités de Batoum signés le 4 juin 1918. Celles-ci sont draconiennes à l'égard de l'Arménie, réduite à un minuscule territoire de 10 000 kilomètres carrés. Si la Géorgie est un peu mieux lotie, les faveurs des Turcs s'expriment naturellement en faveur de l'Azerbaïdjan, gratifié d'un traité d'amitié. Durant l'été 1918, alors que Reginald Teague-Jones faisait d'incessants allers-retours entre Krasnovodsk et Bakou, l'objectif des Turcs était de s'emparer de Bakou avec l'aide des Azéris. Dans l'histoire manuscrite de sa mission au Caucase, Reginald Teague-Jones rappelle que les Anglais ne disposaient alors comme unique source d'information que des rapports émanant de la mission britannique de Tiflis dirigée par le colonel Pike. L'arrivée des Allemands à Tiflis avait mis un terme brutal à l'existence de cette mission contrainte de se replier à Vladikavkaz dans le Caucase du Nord où Pike avait péri aux mains des bolcheviks.

Back to Bakou

La fin de la guerre mondiale met un terme à la course vers Bakou des Allemands et des Turcs. Les trois républiques transcaucasiennes peuvent alors se consolider. La défaite ottomane permet aux Anglais de réoccuper l'Azerbaïdjan où commence à émerger une identité nationale azérie. De son côté, l'Arménie réussit à agrandir son territoire en annexant les provinces de Kars et Ardahan. En Géorgie, le parti menchevik fortement implanté se consacre à la construction de l'Etat géorgien. Les trois républiques sont des démocraties parlementaires et pluralistes inspirées du modèle occidental et sont gouvernées par des partis socialistes et/ou nationalistes hostiles au bolchevisme : le parti menchevik en Géorgie, le parti dachnak (Fédération révolutionnaire arménienne) en Arménie et le Moussavat en Azerbaïdjan. Toutes trois connaissent des difficultés intérieures considérables, mais la situation économique et sociale de l'Arménie, totalement enclavée et coupée du monde, submergée de réfugiés et d'orphelins du génocide de 1915, est particulièrement sévère durant l'hiver 1918-1919 où sévissent famines et épidémies. Bientôt prises en étau entre la menace soviétique et la guerre d'indépendance turque menée par Mustafa Kemal, les trois républiques sont par ailleurs confrontées à la question de leurs délimitations frontalières. Comme dans les Balkans, il est difficile de concilier les aspirations territoriales antagonistes de chacune des nations transcaucasiennes. Cette question entraîne en décembre 1918 une courte guerre entre l'Arménie et la Géorgie et des conflits permanents entre l'Arménie et l'Azerbaïdjan. De 1918 à 1921, Arméniens et Azéris se livrent de violents combats pour la possession des trois provinces limitrophes du Nakhitchevan, du Zanguezour et du Haut-Karabagh. Pour les Arméniens comme pour les Azéris, l'enjeu est la construction d'un véritable territoire national. En 1919, au moment où se réunissait à Paris la Conférence de la paix, les trois républiques transcaucasiennes attendaient la reconnaissance de leur indépendance par les Alliés, mais celle-ci tardait pour diverses raisons. Les Britanniques et les Français se montraient peu empressés à reconnaître l'indépendance des républiques transcaucasiennes aussi longtemps qu'ils gardaient l'espoir d'une victoire de Denikine. Contre un retour de l'impérialisme des Russes blancs, la Géorgie et l'Azerbaïdjan signent un pacte mutuel de défense, le 16 juin 1919, auquel l'Arménie refuse de se joindre. C'est lorsque la défaite des Blancs ne fait plus de doute que le Conseil suprême des alliés reconnaît *de facto* la Géorgie et l'Azerbaïdjan le 12 janvier 1920, puis l'Arménie une semaine plus tard. Mais parallèlement, les Alliés décident de n'envoyer aucune troupe en Transcaucasie pour prévenir la menace très réelle d'invasion bolchevique, mais de l'aider seulement en munitions et ravitaillement. Conformément à cette nouvelle orientation de la politique britannique – Lloyd George considérait que tout le Caucase faisait partie de la sphère d'influence soviétique –, les dernières troupes britanniques évacuent Batoum, le 9 juillet 1920, laissant les nations transcaucasiennes à un destin programmé. Mais l'absence de soutien militaire ne signifie pas le désintérêt politique. Comment expliquer autrement la présence au Caucase de Reginald Teague-Jones au moment où, une fois de plus, le terrain a été abandonné par la Grande-Bretagne ? En vérité, malgré le retrait des forces britanniques, la présence britannique n'a pas tout à fait disparu. A Tiflis, dirigée par sir Oliver Wardrop, une mission politique a été déléguée et c'est dans son sillage que Reginald Teague-Jones accomplit des missions en Transcaucasie dont le récit occupe une centaine de pages, demeurées inédites, dans ses archives. Mission de renseignements, et non mission opérationnelle, comme fut un temps sa mission d'agent politique en

Transcaspie, puisque la Transcaucasie est virtuellement laissée à elle-même depuis le début de l'année 1920.

Dans les archives de Reginald Teague-Jones, à la British Library, se trouve un cahier marron cartonné muni de feuillets carbone intercalaires. Il comporte la mention « secret » et recèle plusieurs dizaines de pages autographes de Reginald Teague-Jones sur la situation au Caucase et en Asie centrale, entre 1918 et 1922. Il s'agit d'un « cahier de bord » de Reginald Teague-Jones, le seul qu'il ait conservé à notre connaissance. Sa valeur est inestimable bien qu'il s'agisse de fragments et de notes éparses car il restitue des analyses « à chaud », sans autocensure, ni réécriture selon l'habitude professionnelle de leur auteur. C'est aussi un carnet de notes qui restitue, par son désordre même, l'ordre chaotique des événements militaires, les méthodes de l'agent de renseignements et laisse transparaître le jugement personnel de Reginald Teague-Jones, à la fois pragmatique et sympathique, discrètement, voire ouvertement en désaccord avec les décisions prises par les politiciens de Londres. Car depuis le retrait de Transcaspie – et plus encore la décision du retrait de Transcaucasie – les Rouges avancent et marquent des points. En février 1920, Krasnovodsk est tombée entre leurs mains : l'événement, prévisible, marque la soviétisation de la Transcaspie, mais pourrait également affecter, sur le versant occidental de la Caspienne, la Transcaucasie. Dans ces mois qui précèdent l'évacuation du Caucase par les Britanniques, Reginald Teague-Jones fait « brièvement les prévisions (...) suivantes. Tout dépend de l'attitude immédiate du gouvernement d'Azerbaïdjan. Il n'y a pas très longtemps les bolcheviks de Transcaspie se sont donné beaucoup de mal à convaincre les Azéris que leurs objectifs étaient communs quant à la question du panislamisme et que la liaison entre leurs deux gouvernements de part et d'autre de la Caspienne sera un pas important vers la réalisation de cet objectif. Ainsi, il peut paraître possible que le gouvernement de Bakou puisse, de prime abord, arriver à un accord avec les Rouges de Krasnovodsk. D'un autre côté, ne voudrait-il pas le faire que les Azéris y seraient contraints et forcés à cause de la force du parti bolchevik à Bakou. Le facteur essentiel est la navigation, car si les relations maritimes avec Krasnovodsk sont autorisées, alors on peut considérer que l'arrivée du bolchevisme à Bakou est inévitable. L'opinion de bon nombre de gens consiste à dire que si une révolution bolchevique survient à Bakou ou si les bolcheviks du Turkestan parviennent à y mettre le pied, l'influence allemande derrière les Rouges cherchera à les amener à un accord avec les Azéris et à les laisser libres de gouverner le pays, eux qui sont des Turcs et des alliés de l'Allemagne. Ainsi, les bolcheviks devraient se contenter d'une liaison avec la Géorgie. Dans ce dernier pays, la situation serait mûre en ce moment pour une éruption spontanée en faveur des bolcheviks (...) ainsi qu'à Batoum où pour de multiples raisons le terrain est plus fertile pour le bolchevisme qu'il y a douze mois. Beaucoup de gens ont exprimé l'idée que le seul espoir de sauver le Caucase serait pour les Britanniques d'avancer des troupes à Bakou et de tenir la Caspienne. On pense qu'avec les Britanniques sur la Caspienne, il n'y aura pas de batailles et que l'avance des Rouges en direction de l'ouest sera stoppée. Si nous ne tenons pas Bakou et incidemment, tout le Caucase, alors nos efforts pour tenir Batoum seule n'ont aucun sens[23]. » Le tableau dressé par Reginald Teague-Jones des forces politiques en Transcaucasie présente la variété des options possibles dans le cadre d'une éventuelle présence britannique dans la région caucasienne et transcaucasienne. En Azerbaïdjan, le Moussavat dont le principal dirigeant est Rassoul Zade représente le courant nationaliste, partisan de l'indépendance de l'Azerbaïdjan mais aussi de la conclusion d'un traité avec la Turquie. Ce parti dont l'existence remonte aux fameuses guerres arméno-tatares de 1905, né en grande partie de la réaction au nationalisme arménien représenté par le parti dachnak, s'en tient à une position pro-turque intransigeante. D'ailleurs, après l'effondrement du front russe au Caucase en 1917, les moussavatistes avaient réussi à ouvrir une voie d'invasion à l'armée ottomane, permettant à Nouri Pacha d'établir ses quartiers généraux à Elizabetpol. Parti dominant du gouvernement de l'Azerbaïdjan indépendant, le Moussavat doit cependant compter avec l'Ittihad, un parti directement d'orientation turque dont les intrigues, au moment même où commence à s'esquisser dans le secret l'alliance soviéto-kémaliste, intéressent au plus haut point Reginald Teague-Jones. Dans son carnet, il note que « les objectifs politiques de l'Ittihad sont la création d'un empire pan-islamique dont le centre serait l'Asie mineure. Le parti compte parmi ses adhérents à Bakou bon nombre de jeunes-turcs. Nouri Pacha lui-même se serait dernièrement jeté dans ce parti et cherche à affirmer la suprématie de l'Ittihad pan-islamique contre le Moussavat qu'il cherche à évincer du pouvoir. Son plan serait de coopérer étroitement avec Mustafa Kemal en créant une situation d'anarchie à travers la Turquie, l'Asie et le Caucase et ainsi contrecarrer les efforts des Alliés pour appliquer les termes du traité de paix avec la Turquie. En ce moment, ils considèrent qu'il est de leur intérêt de coopérer avec la montée de la menace bolchevique et des intrigues allemandes avec le projet de saper l'arrière de l'armée des volontaires. D'où les mesures actives prises à présent par le Moussavat pour susciter des soulèvements anti-russes au Dagestan et pour alimenter le sentiment anti-russe le plus amer possible parmi la population d'Azerbaïdjan. Tout cela bien sûr avec l'intention délibérée de provoquer une explosion de sentiment musulman qui devrait aboutir à l'expulsion de tous les étrangers, Russes inclus, du Caucase. En accord avec ces plans, nous avons ainsi pu observer que lorsque certains bolcheviks ont été arrêtés par le gouvernement azéri, leur libération était toujours demandée et finalement obtenue par les ittihadistes. Nouri Pacha et Karabekov ont fait continuellement de l'agitation contre le gouvernement dans les districts, leur propagande insistant sur la corruption et la mauvaise administration des moussavatistes et affirmant qu'il n'y aura ni paix, ni bien-être sans l'aide extérieure des Turcs[24]. » Face à ces deux partis, le Hummet, composé principalement de SR et de SD, ne joue pas un grand rôle dans la politique de l'Azerbaïdjan bien qu'il manifeste de nets penchants vers le bolchevisme et représente l'extrême gauche des révolutionnaires musulmans. D'ailleurs dans l'ensemble de la Transcaucasie, il n'existe nulle part en tant que parti régional comme l'est, par exemple, le menchévisme géorgien. Sauf exception, les bolcheviks transcaucasiens sont affiliés au parti bolchevique pan-russe, mais ils disposent localement d'agitateurs et de moyens de propagande. Cette situation de marginalité relative contraste cependant avec la réalité de la menace bolchevique. Pour Reginald Teague-Jones[25], les conditions sociales au Caucase en sont les premières responsables : les bolcheviks disposent d'un fort soutien auprès du prolétariat de Bakou tandis que dans les provinces, la population tatare manifeste son mécontentement à l'égard des autorités locales aux mains des *begs* depuis l'époque tsariste. Le mode de gouvernement, féodal et corrompu, demeurait inchangé tout comme leurs privilèges qu'ils continuaient à exercer au sein de leurs domaines. Ainsi, dans l'Azerbaïdjan moussavatiste indépendant, le climat de mécontentement social répandu dans les villes comme dans les campagnes favorise-t-il la montée d'un sentiment pro-bolchevique. Ailleurs en Transcaucasie, et particulièrement en Géorgie, pays pauvre et dépendant de l'aide extérieure qui ne possède ni industrie, ni agriculture digne de ce nom, « la grande majorité de la population est prête à bien accueillir les bolcheviks en sauveurs. La Géorgie ignore la réalité du pouvoir soviétique et est prête à croire aux promesses que font miroiter les agents bolcheviques sur la gratuité du pain, du logement et des vêtements. Avec l'arrivée des troupes soviétiques, les classes les plus pauvres qui constituent pratiquement toute la population vont s'empresser de leur mettre le pouvoir entre les mains afin qu'elles mettent un terme à leur existence misérable[26]. » Reginald Teague-Jones analyse aussi rapidement le cas du Dagestan traversé par des tensions sociales extrêmes : paysans sans terres dans les plaines, confréries musulmanes dans les montagnes infiltrées çà et là par les agitateurs bolcheviques, sentiment pro-turc enfin, la région semble hésiter comme l'Azerbaïdjan entre deux obédiences, celle des Soviets ou celle des Turcs.

Comment les Britanniques, sur la base de rapports aussi détaillés, mais décourageants, pouvaient-ils surmonter une telle situation ? « A partir de tous les éléments que nous avons en main, il faut accepter comme un fait que les bolcheviks ont en effet l'intention de conquérir la Transcaucasie. Que cela affecte le courant pan-islamiste ou non, cela portera un coup au prestige des Alliés, ce qui serait évidemment un désastre. Les Alliés, et en premier lieu les Britanniques, perdront leur accès à une grande partie du territoire alors qu'ils pourraient le tenir définitivement s'ils le voulaient. Pour sauver la situation, il faut agir immédiatement car le bolchevisme menace l'indépendance des Etats caucasiens et ce danger ne peut être combattu que par la coalition immédiate de l'Azerbaïdjan, de la Géorgie et de l'Arménie, fermement soutenue par les Alliés. Ces derniers doivent prêter main-forte, non pour des raisons philanthropiques sur le thème de la défense des petites nations, mais parce que leurs propres intérêts et, au moins, l'existence de l'Empire britannique l'exigent. Le problème est clair : soit une flambée générale et l'anarchie à travers tout le Caucase, soit une intervention prompte et effective de la part des Alliés[27]. » Or le retrait des troupes britanniques de Batoum à l'été 1920 coïncide avec une nouvelle phase de la politique britannique voulue par un Lloyd George favorable à la reprise du commerce avec la Russie soviétique (« nous commerçons bien avec les cannibales ! »)[28]. Si Moscou reconnaît la Géorgie le 7 mai 1920 et l'Arménie le 28 octobre 1920, alors qu'en novembre 1920, la SDN refusera de les admettre comme membres, ces mesures paraissent essentiellement tactiques. Abandonnées par les alliés, les républiques de Transcaucasie prises en étau entre l'Armée rouge et l'armée de Mustafa Kemal n'ont plus que quelques mois d'indépendance à vivre. Reginald Teague-Jones assiste à cette fin de partie en Transcaucasie.

En Géorgie à la veille de l'invasion rouge

C'est en janvier 1921 que Reginald Teague-Jones quitte Constantinople en compagnie du capitaine Rienold pour une mission vers la Géorgie. A Batoum où il prend le train pour

Tbilissi (Tiflis), Reginald Teague-Jones a d'emblée l'occasion de sentir le retour de la présence des bolcheviks dans la région, eux qui en avaient été chassés en 1918. « A notre grand amusement, nous nous rendîmes compte que l'autre coupé, séparé de nous seulement par une porte, était occupé par la mission bolchevique de Batoum formée de deux Juifs aux faces diaboliques accompagnés de deux Juives d'allure tout aussi désagréable. Nous nous installâmes confortablement pour la nuit et nous réveillâmes au point du jour dans un étrange silence. Les fenêtres étaient couvertes de glace et c'est avec difficulté qu'on pouvait apercevoir à travers la buée le paysage profondément enfoui sous la neige qui continuait d'ailleurs à tomber[29]. » A Tbilissi, Reginald Teague-Jones est accueilli par le représentant britannique, le colonel Stokes, qui dirigeait la mission militaire britannique en Transcaucasie. Celle-ci s'est installée dans la maison d'un riche Géorgien, Arkady Khostaria, qui avait obtenu par l'entremise du tsar en 1916 une concession pétrolière dans le nord de la Perse. Riche et excentrique, Khostaria avait commandé à Londres auprès du taxidermiste londonien Rowland Ward une tête de léopard et une tête d'éléphant dont il avait orné sa demeure. Tbilissi, capitale de la Géorgie indépendante, est sur le point de tomber aux mains des bolcheviks, mais Reginald Teague-Jones semble beaucoup s'amuser et goûter aux plaisirs d'une ville cosmopolite et détentrice du statut de capitale politique et culturelle du Caucase. Le Premier ministre de la république indépendante d'Arménie, Alexandre Khatissian, avait été avant la guerre maire de Tbilissi, souvenir d'une époque où les Arméniens étaient presque majoritaires dans la ville. Reginald Teague-Jones prend le temps de parcourir la ville accrochée aux flancs encaissés de la vallée de la Koura, de Sololaki à Avlabari de l'autre côté du fleuve, où s'élèvent une église arménienne ainsi que le théâtre arménien, en passant par le pittoresque quartier des bains à Abanotoubani. Stokes entraîne Reginald Teague-Jones à un déjeuner au cours duquel ils flirtent assidûment avec les demoiselles Postovskaïa. Reginald Teague-Jones indique que le colonel Stokes épousera l'une d'entre elles et omet de dire jusqu'à quel point il a succombé aux charmes de l'autre sœur. La ville semble hospitalière, les femmes avenantes et peu farouches. Dîner chez les Mélikov, une de ces anciennes familles descendant des dynasties princières de Tbilissi, puis soirée à l'opéra. Et ce n'est pas la qualité de la représentation de *Don Giovanni* qui retint ce soir-là l'attention de Reginald Teague-Jones, car le véritable spectacle se trouvait dans l'auditoire. « L'opéra était contre toute attente un très bel édifice et il pouvait tenir la comparaison avec ceux de villes européennes bien plus importantes, mais la chose qui frappait le plus était l'auditoire. La salle était comble, et jamais je n'avais vu, ni revu depuis lors, tant de beautés féminines et une assemblée aussi chatoyante rassemblée dans un seul édifice. Même dans mes jeunes années à Saint-Pétersbourg où on m'avait mené à un bal impérial, je n'avais jamais rien vu d'aussi frappant. Il y avait sans doute là-bas plus de magnificence et de brillant, mais ici, à l'opéra de Tiflis, je peux jurer qu'on rencontrait sur une surface d'un mètre carré, un plus grand nombre de vraies beautés que dans la capitale impériale[30]. » Le séjour à Tbilissi se poursuit sur cette note festive. Le soir du 1er février 1921, Stokes donne un dîner pour des officiers au cours duquel Reginald Teague-Jones rencontre le vieil Orbeliani. Un banquet est donné à l'occasion de la reconnaissance de jure de l'indépendance de la Géorgie : présidé par Noé Jordania, le président du Conseil des ministres, ce dîner donne à Reginald Teague-Jones l'occasion de faire le tour des représentations diplomatiques étrangères présentes en Géorgie. Outre les Britanniques, le commissaire Scheinmann, représentant de la RSFSR, il y rencontre M. Chevalier, de la mission française. La présence d'un grand nombre d'Allemands dont von Rauscher, von Druffel et Anders rappelle le protectorat qu'a exercé l'Allemagne sur la Géorgie indépendante. Avec von Druffel, qui avait été en Perse pendant la guerre, Reginald Teague-Jones a l'occasion d'évoquer une fois encore Wassmuss et le sort de son bras droit, Bruggmann, expédié en Inde après que Reginald Teague-Jones eut réussi à l'arrêter. La sobriété n'étant pas de mise, les toasts se succèdent et, de l'autre côté de la table, Reginald Teague-Jones peut entendre Alchibai, l'ancien représentant de la Géorgie en Azerbaïdjan, assurer son voisin de table, von Rauscher, que dans un avenir très proche, la population tatare allait se révolter et massacrer les Russes. Il faudra encore, le lendemain de ce fameux banquet, recevoir les Géorgiens à la mission britannique. Pour Reginald Teague-Jones, c'est déjà la fin de cette mission. Il lui faut rentrer à Batoum où l'attend le capitaine Seymour. Il dîne avec lui et lui transmet les informations en sa possession. Puis il s'embarque sur le destroyer *HMS Trinidad* qui, via Trébizonde, le ramène à Constantinople, le 17 février 1921. A peine arrivé, il apprend la soudaine détérioration de la situation au Caucase, l'arrivée des bolcheviks en Géorgie (11-12 février 1921) et l'insurrection anti-soviétique en Arménie (18 février 1921). Il n'y a plus qu'à reprendre le chemin inverse : Reginald Teague-Jones est de retour à Batoum au petit matin du 27 février 1921. Il fait un froid glacial, le soleil se reflète sur la neige, au loin scintillent les montagnes de l'Adjarie, contreforts du petit Caucase dont Reginald Teague-Jones note qu'elles lui rappellent des parties de chasse dans les hautes vallées du Cachemire. A Batoum, le capitaine Seymour du *Calypso* s'amuse de le revoir si vite, s'empresse de lui dire que les Français du *Waldeck-Rousseau* ont bombardé des maisons le long de la côte. Quant au colonel Stokes, évacué à Batoum en même temps que les sujets britanniques, les réfugiés et les personnes protégées par les Anglais, il s'exclame : « Quoi ! Vous êtes déjà de retour ? Vous semblez déterminé à chercher les ennuis ![31] »

Plus sérieusement, Stokes confie à Reginald Teague-Jones qu'avant de quitter Tiflis, il a eu une entrevue avec Kiazim Bey – le général Karabekir –, représentant des kémalistes. Au cours de la conversation, ce dernier se serait montré ouvert à la possibilité d'un compromis avec les Géorgiens concernant le statut territorial de Batoum[32]. Désormais repliée à Batoum, la mission britannique est hébergée dans une résidence qui avait été occupée auparavant par le consulat soviétique. Le bâtiment est dans un état déplorable, les archives abandonnées n'ont aucun intérêt, mais Reginald Teague-Jones est sensible à la présence de quelques pièces archéologiques, un portrait de Nicolas II et un sceau du Département impérial du contre-espionnage. A Batoum, il déjeune avec Stokes dont le moral est au plus bas. Le commissaire britannique pour la Transcaucasie s'était toujours montré ardent défenseur de la cause des républiques indépendantes. Auprès des autorités britanniques, il avait défendu l'idée que la Géorgie et l'Arménie étaient prêtes à en découdre pour défendre leur indépendance face aux bolcheviks et qu'elles méritaient donc que la Grande-Bretagne les soutienne. La chute des mencheviks en Géorgie, celle des dachnaks en Arménie laissaient donc peu d'espoir à ces hommes de terrain qui avaient l'impression d'avoir été lâchés par Londres au cœur de leur mission. « Je déjeunais avec Stokes au restaurant La France. On évoqua les derniers développements et vraiment nous ne pouvions pas voir là-dedans la moindre lueur d'espoir. Stokes, habituellement si enjoué, était d'humeur très sombre. Il ne pouvait pas s'empêcher de comparer la situation à celle de Bakou. Il n'y avait pas de population arménienne à massacrer, mais les bolcheviks, bien qu'ils puissent épargner les Géorgiens, s'en prendraient aux membres de l'intelligentsia russe et à leurs familles qui n'auraient pas pu prendre la fuite, et surtout les troupes de l'Armée rouge allaient piller la ville. On entendait déjà des histoires atroces sur les excès des Rouges à Tiflis, mais comme l'air était rempli de rumeurs, il était extrêmement difficile de savoir ce qui se passait en réalité[33]. » En l'absence de sources fiables, leur meilleur informateur sera un journaliste russe, rencontré par l'intermédiaire d'un ami éditeur londonien et qui avait déjà fait parvenir un certain nombre de rapports fiables contenant des informations de première main, alors que Reginald Teague-Jones était à Constantinople. Conformément à ses attentes, son agent est en mesure de lui donner une foule de détails impossibles à trouver dans les communiqués officiels ; ce sont peut-être ces informations que Reginald Teague-Jones consigne dans son cahier marron. « J'avais rédigé quantité de notes brèves et je m'apprêtais à les rédiger une fois à bord tant qu'elles étaient inscrites fraîchement dans mon esprit[34] », se rappelle-t-il. En attendant, il faut assurer la protection de son journaliste qui fait valoir qu'il s'agit probablement de son dernier voyage au Caucase. La mission britannique assure sa protection en faisant le nécessaire pour qu'il puisse quitter Batoum. A présent que Reginald Teague-Jones avait une vue plus claire de la situation et du désastre à venir, il partit en ville faire quelques emplettes. Impossible de quitter Batoum sans acheter quelques bouteilles de son vin géorgien préféré, issu des vignobles de Kakhétie. Son fournisseur à Batoum était un marchand grec, mais à peine Reginald Teague-Jones arriva-t-il à sa boutique que le Grec s'enfuit en direction des quais, expliquant en hâte qu'il avait déjà expédié sa femme et ses enfants et qu'il lui fallait maintenant fuir à son tour. Son souci était que le capitaine d'un vaisseau italien lui demandait pour son passage un prix exorbitant. « Je regrette que vous partiez », lui dit Reginald Teague-Jones avec un certain flegme, « parce que je voulais du vin de Kakhétie. "Combien avez-vous sur vous ?" lâche-t-il en hâte. Je lui répondis que j'avais exactement un billet de cinq livres britanniques. "Donnez-le-moi", me dit-il dans un souffle. Cela sauvera ma vie parce qu'avec cela j'aurai de quoi payer mon passage." "Oui d'accord mais pour mon vin ?" "Le vin ?", il eut alors un rire sauvage proche de l'hystérie. "Du vin ? Alors mon ami regardez-moi bien. Vous me donnez ce billet de cinq livres et tout le magasin est à vous. Demain les Rouges seront ici et ils pilleront toute ma boutique quoi qu'il arrive." Il jeta un coup d'œil à sa montre. "Il y a juste assez de temps. Je vais retourner à la boutique avec vous, mais dépêchez-vous. Je ne tiens pas à manquer le bateau ; il prend la mer dans deux heures." Il me précéda tout essoufflé et je le suivis, sans vraiment savoir si je rêvais ou si cet homme était fou. Nous parvînmes à son magasin, en fait un vaste cellier où l'on descendait en dessous du niveau de la rue par plusieurs marches. Deux commis adjars avaient été laissés là en charge de la boutique. Les négoces en vin employaient invariablement des musulmans parce qu'ils ne boivent ni ne chapardent de l'alcool[35]. » Le marchand grec ne mentait pas : Reginald Teague-Jones put emporter tout son stock. Il lui conseilla d'oublier le vin de Khakhétie au profit de liqueurs plus précieuses. Il y a là du Choustov Imperial, censé être le meilleur cognac du monde ! Sans parler des caisses de bouteilles de Scotch Whisky pour le transport desquelles l'aide du commis adjar est requise. « Et maintenant, dit le Grec, donnez-moi s'il vous plaît ce billet de cinq livres, vous ne savez pas ce qu'il représente pour moi et je ne pourrai pas me sentir en sécurité tant que je ne l'aurai pas là à l'intérieur de ma poche. » Reginald Teague-Jones le lui donne, s'émerveille de son aubaine puis immédiatement se repent : ne s'est-il pas comporté en vulgaire profiteur de guerre ? Le marchand grec lui a pourtant enlevé tout scrupule car la marchandise est perdue de toute façon, le magasin sera pillé par l'Armée rouge ou détruit par les Turcs. Il faudra encore trouver des barcasses pour transporter les caisses à bord, alors qu'un tel chargement n'était pas autorisé, user de stratagèmes pour convaincre le capitaine du *Calypso* d'embarquer ces caisses avec les réfugiés. Rentré à Constantinople, Reginald Teague-Jones pourra recevoir dignement ses invités, mais la retraite tragi-comique de Batoum ne lui fait pas perdre de vue l'essentiel, c'est-à-dire l'avance de l'Armée rouge en Géorgie.

A bord du *Calypso* qui fait déjà retentir la sirène du départ dans le port de Batoum, le 28 février 1921, Reginald Teague-Jones, enfin au calme, s'isole et commence à rédiger d'une écriture nerveuse et rapide le brouillon d'un rapport[36] dressant un tableau précis de l'avancée des Rouges en Géorgie. « Mon cher Graves, La première phase de la tragédie géorgienne s'est conclue avec la prise de Tiflis par les bolcheviks et nous sommes à présent en train d'assister à ce qui me semble bien être le point culminant. Dans la dernière lettre que j'ai écrite voici quelques jours, je vous ai donné une vision d'ensemble des circonstances qui ont entouré le début des hostilités et les raisons invoquées de telles hostilités. Il y a peu à ajouter : les bolcheviks tiennent Tiflis et poussent leur avance le long du littoral de la mer Noire, cherchant à atteindre Batoum. Jusqu'à hier, les troupes de l'Armée rouge étaient toujours contenues jusqu'à un endroit appelé Novi Athon (Athou) sur la côte, à presque dix miles au nord de Soukhoumi. Les Géorgiens ont tenté de renforcer ce front, mais je ne pense pas qu'il y ait le moindre espoir qu'ils puissent tenir l'ennemi en respect pendant très longtemps. Quelques bolcheviks faits prisonniers dans cette région présentaient un aspect tout à fait misérable. C'étaient des garçons âgés de 16 à 18 ans, littéralement affamés et habillés de haillons. Ils ont perdu depuis longtemps toute espèce de morale s'ils en avaient jamais eu une, et ils racontaient la même histoire pitoyable qu'on ne peut s'empêcher de croire, selon laquelle ils avaient été mobilisés de force dans leurs villages dans le nord de la Russie, puis détachés vers le sud pour combattre au Caucase. Ils ont été traités en esclaves et on leur a dit qu'ils pouvaient toujours choisir entre les baïonnettes géorgiennes et leurs propres mitraillettes. Les troupes des Rouges sur le front de la mer Noire sont maintenant renforcées à partir du Terek, mais le nouveau matériel n'est pas paraît-il de meilleure qualité et si les troupes géorgiennes pouvaient bien assurer leurs arrières, elles pourraient battre les Rouges. Ces derniers adoptent leur tactique habituelle de déborder les opposants sur les flancs puis de les approcher. J'ai cru comprendre que c'est de cette manière que Gagri a été occupée. Il y a une pénurie marquée de nouvelles plus détaillées du front de Tiflis. Les Géorgiens tenaient une ligne à Mtskhet, à 20 miles à l'ouest de la capitale, là où la route de Vladikavkaz arrive du nord. Il y a là d'excellentes positions de défense si les Géorgiens ont le temps et le savoir-faire de les mettre en place. Les derniers rapports disaient que le commandement géorgien avait l'intention de se retirer jusqu'à Gori, ce qui représente une distance considérable vers l'ouest le long du chemin de fer. Le gouvernement géorgien s'est retiré jusqu'à Koutaïs, mais je ne pense pas qu'il s'y sente très en sécurité et si les Rouges atteignent Poti, il n'y aura plus rien qui les empêchera d'avancer le long de la ligne de chemin de fer jusqu'à Koutaïs. De l'opinion générale, le destin de la Géorgie est scellé et durant les deux derniers jours, il y a eu une détérioration marquée du moral des troupes géorgiennes comme le montre l'augmentation du nombre des désertions.

Le succès des bolcheviks est généralement attribué à deux facteurs principaux, l'artillerie et la cavalerie sont en effet prépondérantes. Dans ces deux armes, les Géorgiens sont très faibles et disposent de munitions très limitées. Il est à présent tout à fait clair que les plans immédiats des bolcheviks, une fois qu'ils auront pris Tiflis, sont de détacher autant de troupes qu'ils le peuvent pour les expédier sur le front turc afin de liquider les troubles en Arménie et aussi, dit-on, de repousser les Turcs jusqu'aux frontières de 1914. Un ordre intercepté de Moscou à Scheinmann, l'ex-représentant bolchevik à Tiflis, va dans ce sens. Apparemment Bakou a conclu que Tiflis était déjà capturée par les Rouges le 20 février et donc, des instructions définitives furent envoyées à Scheinmann afin de fortifier Tiflis et d'envoyer des troupes sur le front arménien. Cet ordre explique peut-être le fait que les bolcheviks jusqu'ici n'ont pas montré d'inclination à avancer vers l'ouest de Tiflis, bien que cela soit aussi explicable par le fait que les troupes des Rouges sont probablement occupées au pillage de Tiflis. En même temps, mon impression personnelle est qu'avec la prise de Tiflis, les Rouges ont accompli l'essentiel de leur projet puisqu'ils obtiennent ainsi le contrôle du chemin de fer arménien et de la capitale géorgienne, ils ne seront plus trop pressés d'avancer vers l'ouest. Ils pourraient considérer qu'ils aboutiront à une conquête plus complète du pays en avançant le long de la côte jusqu'à Batoum. Je pense qu'il ne peut y avoir le moindre doute sur l'intention des Rouges d'occuper Batoum. Ne fût-ce que pour empêcher les Turcs d'y entrer avant eux. Au moment où j'écris (en ce moment même je suis à Batoum), Batoum se rendra au premier arrivé. Rentrent en ligne de compte 1) la garnison géorgienne qui n'est pas forte, loin s'en faut 2) les bolcheviks locaux qui y ont été toujours nombreux et bien organisés, mais dont les organisations ont été récemment affaiblies par des mesures sévères récemment prises par les Géorgiens 3) les musulmans locaux dont l'objectif est d'établir leur propre autonomie et qui en leur temps furent férocement anti-Géorgiens mais qui considèrent à présent que l'administration géorgienne est, en dépit de toutes ses erreurs, infiniment préférable à celle des bolcheviks ou des Turcs. Enfin, nous avons les Turcs eux-mêmes. Ces derniers sont extrêmement problématiques et en ce moment même il est absolument impossible de prévoir ce qui va se passer avec exactitude. Le vœu général des classes aisées de la population, aussi bien les Géorgiens, Russes ou musulmans, est que les Turcs rentrent et ainsi sauvent la ville et eux-mêmes du fléau du bolchevisme. La population espère en fait l'entrée du Turc. Mais entrera-t-il ? Hier, un nouvel arrivant est apparu en la personne d'un délégué turc venu de Trébizonde ; il est venu informer le gouverneur géorgien qu'il a été spécialement délégué par les nationalistes afin de rassurer les Géorgiens sur le fait que les Turcs n'ont pas d'ambitions à l'égard de Batoum. Il a démenti les rumeurs qui ont couru pendant un temps selon lesquelles les Turcs concentrent leurs troupes sur le littoral. » Sans pour autant convaincre totalement la population. En effet, profitant des difficultés des Géorgiens et afin d'obtenir des gages supplémentaires vis-à-vis des bolcheviks, les Turcs avaient présenté au gouvernement géorgien le 23 février un ultimatum exigeant l'occupation des districts d'Ardahan, d'Artvine ainsi que la région de Batoum[37]. Tel est l'état des lieux au moment où Reginald Teague-Jones quitte la Géorgie. De retour à Constantinople le 2 mars 1921, il n'assiste donc pas à l'invasion de la Géorgie durant les trois semaines suivantes. Cerné par les 80 000 hommes de l'Armée rouge qui avancent depuis le nord et le long du littoral de la mer Noire, privé de toute aide efficace de la part des Alliés, le gouvernement géorgien n'a plus qu'à engager des pourparlers en vue d'une trêve : celle-ci est conclue le 18 mars en présence des représentants de la RSFSR, Enoukidze et Svanidze. Deux jours auparavant, le Parlement géorgien replié à Batoum avait voté l'expatriation du gouvernement de la Géorgie indépendante. Tout comme naguère le marchand grec qui avait prodigué à Reginald Teague-Jones une source miraculeuse de vins et spiritueux, Noé Jordania et les autres dirigeants mencheviks s'embarquent à Batoum sur un navire italien. Depuis le 11 mars, Batoum, dont la défense incombait au gouverneur militaire Zakharia Aslanovitch Mdivani, s'était rendue aux Turcs mais ceux-ci l'évacuent sous la pression du *Revkom* de la ville, preuve d'une certaine entente soviéto-turque. Fin de partie pour les Britanniques – le colonel Stokes arrivera à son tour à Constantinople le 23 mars –, mais pas pour la mission allemande dont Reginald Teague-Jones rappelle qu'elle avait toujours maintenu des relations amicales avec les bolcheviks : de fait, elle est bien vite de retour dans la capitale géorgienne désormais aux mains des soviets. Inspiré par la reconquête de la Transcaucasie par la Russie soviétique, il note que « plus ça change, plus c'est la même chose »...

Vue du mont Ararat (février 1921)

Le carnet de bord de Reginald Teague-Jones comporte de nombreuses notes sur la situation générale en Transcaucasie ainsi que dans le Nord-Caucase au début de l'année 1921. Y figurent des informations précises sur les mouvements de troupes, le nombre, l'équipement et la position des divisions tant du côté des Rouges que du côté des Kémalistes. L'Arménie, prise entre le marteau kémaliste et l'enclume soviétique, menacée d'anéantissement, avait été soviétisée le 29 novembre 1920, mettant fin à l'expérience du gouvernement dachnak. L'invasion de l'Arménie par la XIe Armée rouge qui ne rencontra aucune résistance a été présentée dans l'historiographie soviétique comme une « offensive anti-turque » et non comme une opération d'annexion, ce qu'elle était bel et bien. Cependant, en février 1921, l'Armée rouge, absorbée par la soviétisation de la Géorgie, avait disparu de l'Arménie, ne laissant sur son territoire que quelques troupes de couverture. D'autre part, à l'arrière de l'Armée rouge dans le nord du Caucase, au Dagestan, en Russie, en Ukraine et au Turkestan, les troubles et les insurrections anti-soviétiques se multipliaient. Des unités de l'Armée rouge postées à Ekaterinodar, Armavir, Stavropol et Vladikavkaz furent soudainement rappelées au cœur du territoire russe, en Ukraine et jusqu'aux frontières de la Pologne. Reginald Teague-Jones note que « ce changement soudain de plan coïncidant avec des rumeurs d'insurrections en Russie donna une impulsion aux bandes insurgées du nord du Caucase qui sont apparemment rentrées en action à travers toute la région de la mer Noire jusqu'à la Caspienne. La route côtière de Novorossisk jusqu'à Touapse est, paraît-il, occupée par les insurgés et on rapporte que des combats ont lieu entre les Rouges et les insurgés dans bien des villages. La garnison de Novorossisk a été considérablement réduite et est constituée de restes de la Xe Armée, laquelle a été en partie versée dans les unités de choc du Terek et en partie dans les villes du nord-Caucase[38] » telles Anapa, Ekaterinodar, Maïkop, Kavkazskaïa et Stavropol. Rumeurs de révoltes dans le nord du Caucase, d'insurrections paysannes dans les provinces de Saratov, Samara, Tambov et Orlov, le pouvoir soviétique ne semble solidement enraciné nulle part. Le soulèvement du 18 février 1921 en Arménie, épisode auquel Reginald Teague-Jones n'assiste pas, mais dont il rend compte à partir de la Géorgie, s'inscrit dans ce contexte général et dans la vacuité du pouvoir soviétique pendant la courte période où la XIe Armée rouge faisait une promenade militaire en Géorgie. Sous la présidence de Simon Vratsian, un gouvernement révolutionnaire comprenant essentiellement des dachnaks prend le nom de « Comité du salut de la patrie » tandis qu'au sud-est, dans les montagnes du Zanguezour, une « République arménienne de la montagne », véritable refuge dachnak, incarne la résistance à la soviétisation. Reginald Teague-Jones en témoigne lorsqu'il consigne dans son carnet que le « Zanguezour est maintenant complètement libéré de la présence des troupes bolcheviques et adopte à présent une attitude quasi-indépendante sous la direction de Ter Minassian, ancien ministre de la Guerre dont on dit qu'il a formé une sorte de gouvernement[39] ». Des dires de Khatissian lors de son entrevue à Tiflis, Reginald Teague-Jones retient que Rouben Ter Minassian[40] à la tête de la République arménienne de la montagne se tient prêt à avancer en Arménie et marcher sur Erevan. « Il est à présent découragé de lancer une offensive de peur que les Turcs se saisissent de ce prétexte pour avancer davantage. Le comité dachnak aimerait que la Grande-Bretagne intervienne et parvienne à un traité turco-arménien, purement et simplement pour garantir la neutralité des Turcs en cas d'hostilité entre les Arméniens et les bolcheviks[41]. »

Accomplie en deux actes en novembre 1920, puis en avril 1921, la soviétisation de l'Arménie n'est pas un exemple de révolution prolétarienne. Elle intervient dans la période charnière de l'année 1921 qui voit la genèse de l'entente soviéto-turque. Elle met aux prises les intérêts territoriaux et stratégiques de la Russie soviétique en Orient et ceux de la Turquie kémaliste : ayant d'ores et déjà annexé la ville et la forteresse de Kars, les Turcs occupent Alexandropol en Arménie et maintiennent des détachements le long de la voie de chemin de fer, sur la ligne d'Erevan. Dans son carnet, Reginald Teague-Jones note les positions occupées par les bolcheviks : elles consistent en tout et pour tout en un bataillon de troupes basé à Amamly et un bataillon de 500 soldats à Karakilisse. Quelques détachements, essentiellement de cavalerie, sont basés dans les localités de Voskresenka, Bakizend, Nikitna, Dilidjan et au nord du lac Sévan (le lac Gotchka) à Semenovka, Elenovka et Karakir. La présence bolchevique n'est donc pas massive et Reginald Teague-Jones note en contrepoint que la plus grande partie de l'artillerie arménienne reste à disposition et qu'en particulier le 1er régiment d'infanterie arménien, resté intact, n'a pas été démobilisé. Dans la situation confuse de l'hiver 1921, le territoire de l'Arménie est morcelé en différentes entités. Au nord, des petits détachements de troupes géorgiennes, encore présents, maintiennent l'administration civile alors que les nouvelles autorités soviétiques arméniennes ont ordonné leur retrait. Au sud du Zanguezour, Rouben Ter Minassian a formé à Meghri, à la frontière de l'Iran, un gouvernement indépendant échappant totalement à l'emprise des bolcheviks tandis qu'à l'issue d'un congrès dachnak réuni à Tadev le 26 avril 1921, se forme une « République arménienne de la montagne » sous la direction du militant dachnak Nejdèh. Au sud-ouest, dans le Nakhitchevan, la situation est compliquée par des affrontements entre détachements turcs et bolcheviks. Dans la confusion de l'hiver 1920-1921, l'analyse de Reginald Teague-Jones est la suivante : « En ce moment, la solution du problème arménien et tout ce qui lui est rattaché, dépend de l'attitude de la Russie soviétique. Il est un fait que les leaders bolcheviques sont à la fois profondément concernés par ce problème mais qu'ils ont aussi des opinions différentes quant à sa résolution. Cela est particulièrement évident dans la communication télégraphique du 26 décembre entre Mravian et Atabekov, représentants arméniens arrivés à Bakou depuis Moscou, et le ministre des Affaires étrangères à Erevan, Bekzadian. Ces représentants qui sortaient d'une entrevue avec Lénine et Trotsky à Moscou, ont déclaré que le premier avait affirmé que la Russie n'avait pas l'intention de laisser la question arménienne devenir un casus belli avec quelque puissance que ce soit, particulièrement avec les nationalistes turcs. La Russie ne veut pas se battre en ce moment et ne peut pas se battre. Tout ce qu'elle peut faire, c'est aider l'Arménie en approvisionnements et en argent, et concentrer dans le pays un nombre suffisamment important de troupes de l'Armée rouge de manière à prendre moralement le dessus sur les nationalistes (...). Trotsky a défendu l'argument exactement inverse, à savoir que l'importance stratégique de l'Arménie est bien trop grande pour qu'on la néglige. Une armée rouge doit être levée et organisée en Arménie, ce qui permettra à la Russie d'utiliser le pays comme une base possible pour toutes les opérations qu'elle pourrait avoir éventuellement à mener dans cette partie du monde. Comme moyen d'organiser l'Armée rouge, Trotsky propose de russifier l'Arménie en transférant tous les postes tenus par des Arméniens à des Russes, de même que les soldats qui servent en Arménie. Telle que la décrit Bekzadian, la situation en Arménie est catastrophique. Il y a une pénurie de pain et le pays est dans une situation chaotique. Les relations entre les bolcheviks et les Turcs laissent à désirer. Ces derniers interfèrent dans les affaires internes, violent les frontières et bloquent les trains transportant des céréales. La présence des Turcs à Alexandropol est intolérable pour les autorités soviétiques arméniennes qui n'attendent qu'une chose, c'est que les bolcheviks les expulsent, occupent eux-mêmes la ville ou établissent au moins une occupation partagée. Cette déclaration du commissaire arménien aux Affaires étrangères est d'autant plus frappante qu'elle revient à reconnaître l'anxiété des autorités arméniennes soviétiques dans ce pays. Toute la question est de savoir si les bolcheviks ont l'intention de tenir l'Arménie avec les troupes de l'Armée rouge ou non, ou pour être plus explicite, sont-ils capables d'occuper l'Arménie avec les troupes de l'Armée rouge ou non[42]. » A cette question Reginald Teague-Jones répond par la négative car dans le contexte précis du début de l'année 1921, entre les deux soviétisations de l'Arménie, tout semble encore possible. Puisque Lénine a déclaré que la Russie soviétique ne se battrait pas contre la Turquie pour l'Arménie, les bolcheviks, note-t-il, « ne pourront probablement pas se maintenir du tout en Arménie car ils seraient alors contraints à établir une ligne défensive dans les montagnes de l'Arménie orientale ou encore à faire retraite jusqu'à Bakou. De ces deux alternatives, la dernière est la plus probable car si les bolcheviks étaient effectivement forcés à l'hostilité contre les Turcs, alors un soulèvement musulman en Azerbaïdjan et au Dagestan se produira certainement, et, avec leurs voies de communication menacées de chaque côté, les bolcheviks seraient alors incapables de tenir l'Azerbaïdjan et seraient refoulés vers la Caspienne. » Scénario probable ? Ou scénario souhaité par Reginald Teague-Jones qui, au vu de la situation, continue à envisager les opportunités pour une politique britannique active. En février 1921, la situation de la Transcaucasie permettait encore cette analyse « à chaud », même si elle se révélera erronée, car l'Arménie sera bel et bien soviétisée une seconde fois en avril 1921. En effet, l'entente soviéto-turque, avérée par la signature du traité de Moscou entre la Russie soviétique et la Turquie kémaliste, le 16 mars 1921, explique la soviétisation de la Transcaucasie. Reginald Teague-Jones en perçoit bien les conséquences, même s'il regrette en son for intérieur l'abandon par la Grande-Bretagne du système stratégique et militaire construit en 1919 pour protéger l'Inde. Il le ressent d'autant plus amèrement qu'il a été l'un des acteurs de la mise en place de ce système en Transcaspie. Or, désormais à Londres comme à Simla, à Westminster comme à Whitehall, les responsables politiques britanniques rejettent toute idée de *forward policy*. C'est dans ce contexte de démantèlement de « l'empire militaire » qu'il est mis fin à la présence britannique en Transcaucasie, en accord avec l'évolution diplomatique et l'affirmation du mouvement kémaliste. En feuilletant le carnet de bord de Reginald Teague-Jones, on ne peut être que frappé par la lucidité de son analyse de l'entente soviéto-turque.

Reginald Teague-Jones, témoin de l'entente soviéto-turque

La séquence complexe d'événements qui conduisit à l'élaboration de la frontière soviéto-turque en 1921 n'intéresse pas seulement l'indépendance sacrifiée des trois républiques transcaucasiennes. Il s'agit là d'un des chapitres les plus importants de l'histoire des relations internationales de l'après-guerre, si l'on veut bien considérer l'importance stratégique de ce qui était appelé à devenir tout au long du XXe siècle et jusqu'au début du XXIe siècle l'un des fronts actifs de la guerre froide. L'entente entre bolcheviks et kémalistes dont Reginald Teague-Jones a perçu les premiers signes dans le cadre de sa mission à Constantinople est un chapitre essentiel : on sait que Londres fut précisément informée de tous les contacts préliminaires par les rapports du haut-commissaire britannique rédigés sur la base des informations de ses agents[43] à Constantinople. Le carnet de Reginald Teague-Jones qui contient des esquisses de notes sur ce thème est donc une source intéressante, d'autant qu'à aucun moment Londres n'a diffusé ces informations, laissant présager le caractère déjà caduc du traité de Sèvres (10 août 1920) imposé par les Alliés à la Turquie. L'annulation du traité de Sèvres était en effet l'objectif primordial de Mustafa Kemal pour qui l'existence d'une république arménienne étendue aux quatre vilayets de Van, Bitlis, Diarbekir et Erzeroum était inconcevable. Plus encore, l'entente soviéto-turque permet aux kémalistes de reprendre les anciens vilayets de Kars et Ardahan annexés par la Russie en 1878 et d'annexer, en plus, la région du mont Ararat, symbole, expatrié depuis lors, de la nation arménienne. Enfin, l'entente soviéto-turque détermine les modalités « internes » de la soviétisation de la Transcaucasie : l'Arménie est transformée en république soviétique sur un minuscule territoire, amputé des régions disputées du Haut-Karabagh et du Nakhitchevan, attribuées à l'Azerbaïdjan soviétique à la demande de la Turquie. Dicté par le pragmatisme et non par l'idéologie, le rapprochement entre kémalistes et bolcheviks permet enfin aux nationalistes turcs de disposer de l'aide financière et militaire de la Russie soviétique, un élément qui s'avérera déterminant dans le dernier acte de la victoire militaire de Mustafa Kemal, celle, décisive, qu'il remporte contre les Grecs en Asie mineure en 1922.

Une confluence d'intérêts

Arrivé à Constantinople en 1919, Reginald Teague-Jones était, dans le cadre de sa mission auprès du haut-commissaire britannique, l'un des agents britanniques les mieux informés de l'évolution de la situation en Turquie. A cette époque, se rappelle-t-il, « la révolte kémaliste commençait à rassembler ses forces en Anatolie mais son importance était grandement sous-estimée par les Alliés. Lloyd George était bien plus impressionné par les proclamations de Venizelos selon lesquelles les troupes grecques pouvaient effectivement en découdre avec la clique des jeunes rebelles turcs dirigés par Mustafa Kemal. Ce fut une erreur fatale. Une seconde erreur de calcul des Alliés fut l'effet produit par les termes extrêmement sévères du traité de Sèvres, associé au fait que les Alliés préféraient traiter avec l'ancien régime ottoman totalement discrédité plutôt qu'avec les nationalistes turcs. Le sultan fut poussé à signer le traité, mais le résultat immédiat fut de provoquer une poussée d'antipathie populaire contre lui et son régime et de valoriser Mustafa Kemal et ses nationalistes. C'est à ce moment que Moscou se saisit de cette grande opportunité. A Moscou, on était convaincu que la Grande-Bretagne et ses alliés soutenaient le mauvais cheval, que le régime ottoman était fini et que les nationalistes kémalistes constituaient le pouvoir à venir. Moscou ne perdit pas de temps à reconnaître dans les nationalistes le nouveau gouvernement de la Turquie[44]. » Ces quelques lignes limpides, rédigées, il est vrai, bien plus tard dans le récit autobiographique de ses missions en Transcaucasie, reflètent sa perception de la situation à cette époque. Entre Constantinople et Batoum, et même lors de son séjour à Tiflis, Reginald Teague-Jones n'a pas eu la possibilité matérielle de se rendre en Anatolie pour évaluer la force politique et militaire du mouvement kémaliste. Il en est pourtant parfaitement informé par un réseau d'agents et des sources secrètes géorgiennes. Dans ses dossiers, figurent des cartes soigneusement dessinées et légendées en russe, annexées à des bulletins de renseignement qui, eux, ont été détruits. Des cartes sur des thèmes variés – l'une décrivant les positions grecques et turques dans la bataille d'Afion-Karahisar, l'autre de l'Adjarie – que Reginald Teague-Jones n'a pu se résoudre à détruire. Quant aux informations sur l'évaluation des forces kémalistes massées aux frontières de la Transcaucasie en 1920, elles proviennent des services de renseignements géorgiens dont on peut légitimement se demander jusqu'à quel point ils n'étaient pas eux-mêmes infiltrés par des agents de la Russie bolchevique ou de l'Allemagne.

En décembre 1920, une note concernant les forces turques concentrées sur les frontières géorgienne et arménienne donne une idée très précise des régiments dont dispose le général Kiazim Karabekir, le commandant du front du Caucase qui a établi son quartier général à Kars. Trois divisions d'infanterie commandées par les colonels Hamid Bey, Javid Bey et Osman Nuri Bey auxquelles viennent s'ajouter deux bataillons formés de Tatars d'Azerbaïdjan, constituent une force imposante. La levée en masse de l'armée de Kémal est encore en cours car Reginald Teague-Jones note dans son carnet que la 4e division d'infanterie est en voie de formation, « constituée de Tatars Agbabis qui sont considérés comme du bon matériel de combat et de détachements montés de Kurdes sous le commandement de Teimur Aga formant un total de 4 000 hommes[45] ». Dans cet inventaire des forces militaires, on note le caractère « multi-ethnique » – ou du moins, la variété des éléments « tatars » – d'une armée appelée à servir la cause nationale turque. Cette armée est en voie de constitution notamment à Erzindjan où se profile un Ve corps d'armée dans la région de Trébizonde – sur les rivages de la mer Noire et à proximité de la frontière géorgienne – où la mobilisation de 43 000 nouveaux soldats se serait faite majoritairement sur la base de l'enrôlement volontaire malgré un mouvement notable de désertions. Massés à la frontière géorgienne du district de Batoum, 25 000 soldats appartenant à toutes les armes ainsi que des irréguliers s'apprêtent à marcher sur Batoum. Outre le détail des munitions et des équipements militaires de chacune des divisions, leurs forces et leurs faiblesses – dont le manque en voitures blindées sauf à Alexandropol et Igdyr –, Reginald Teague-Jones note la présence d'un certain nombre d'officiers allemands à Trébizonde où « une compagnie de sapeurs se trouve sous le commandement d'un officier allemand avec deux officiers allemands subordonnés[46] ». Toujours selon sa source géorgienne, les Allemands sont également présents à Kars où ont été repérés cinq officiers allemands, trente instructeurs et des mécaniciens en grande majorité allemands, tous occupés à réorganiser l'artillerie lourde de l'armée turque.

Mais plus encore que la position et le nombre des divisions turques massées aux frontières de la Transcaucasie, Reginald Teague-Jones s'intéresse aux phases du rapprochement soviéto-turc et à la diplomatie « multi-latérale » menée par Mustafa Kemal. Dans un brouillon de note rédigé probablement fin 1922, il rappelle qu'« au début, Mustafa Kemal avait adopté une politique qui consistait à jouer l'Est contre l'Ouest, en d'autres termes les bolcheviks contre l'Entente. Durant l'été dernier, il a accompli un effort décisif pour convaincre l'Entente. Après le désaveu de Bekir Sami Bey, il décida de faire les premiers pas en direction de la France, en attendant les résultats de la visite du major Henry à Angora. Quand il vit que la mission n'avait pas de reconnaissance officielle, il se tourna vers la France et Franklin-Bouillon. Il réussit rapidement à gagner les Français, eu égard à leur implication en Syrie et en Cilicie. En même temps, les négociations commencèrent avec M. Tuozzi, le représentant italien. De cette manière, Mustafa Kemal pensait qu'en gagnant deux des Alliés, il pourrait obliger la Grande-Bretagne à le rejoindre. En cela, il fut rapidement désillusionné. La Grande-Bretagne refusa d'emboîter le pas de la France et l'Italie et rappela son représentant. La Russie envisageait le traité de Franklin-Bouillon comme une rupture de serment de la part de la Turquie qu'elle accusait de revenir sur le traité turco-soviétique de mars 1921. Néanmoins, Mustafa Kemal venait juste d'achever sa lutte contre les Grecs et se sentait en position de force. Tout en continuant à négocier les phases finales du traité avec Franklin-Bouillon, il entra simultanément en pourparlers avec les Etats caucasiens. Son intention était de conclure des traités séparés avec eux mais en cela, il devait faire face à une forte opposition des bolcheviks et les pourparlers se matérialisèrent finalement sous la forme de l'accord de Kars du 13 octobre 1921 », signé entre la Turquie et les trois républiques soviétiques transcaucasiennes, en présence et avec l'accord du représentant de la Russie soviétique. Un peu plus loin, Reginald Teague-Jones fait allusion au rôle d'Enver Pacha, ardent pantouraniste et rival de Mustafa Kemal, qui, exilé depuis la fin de la guerre, s'était entendu avec les bolcheviks en 1919 pour qu'ils livrent des munitions aux nationalistes d'Anatolie. Avant que Moscou ne l'envoie en mission au Turkestan en 1921 pour mettre un terme à la révolte des *basmatchis* – dont il épousera finalement la cause avant de disparaître en juillet 1922 –, Enver a séjourné un certain temps, près de Batoum, chez les Adjars qu'il a tenté de rassembler dans un Etat musulman indépendant. La tentative soviétique de remplacer Mustafa Kemal par Enver Pacha semble intervenir dans cette période. « Ayant perdu leurs illusions à l'égard de Kemal qui, s'il était désormais soutenu par l'Entente, devenait dès lors un dangereux ennemi pour le gouvernement de Moscou – dont la vraie politique comme les Turcs le savent bien est d'obtenir les contrôles des détroits –, les bolcheviks tentèrent un coup d'Etat avorté à Angora et à Batoum. Le projet de coup d'Etat était de destituer Mustafa Kemal et de le remplacer par Enver Pacha afin que la politique soviétique soit désormais menée par un dictateur qui devrait entièrement sa position à l'aide soviétique. Mustafa Kemal affronta la tempête mais il fut immédiatement sujet à une attaque sérieuse sur la Loi fondamentale de la Constitution. De tous les côtés, on saisissait cette opportunité pour attaquer sa position de dictateur. Après un discours d'une vigueur extraordinaire, il parvint à surmonter cette crise mais sa position avait été ébranlée jusque dans ses fondements. Mustafa Kemal comprit ensuite qu'il était dans une position très faible. L'Angleterre s'opposait à lui, l'Italie était négativement neutre et l'accord Franklin-Bouillon n'apportait pas les avantages anticipés qu'il en avait espérés. Cette combinaison de faits le décida à jouer son destin avec le gouvernement soviétique par la signature de l'accord turco-soviétique. Ce dernier était en tous points l'équivalent d'un second traité d'amitié avec Moscou et aussi d'une ratification de l'accord de Kars. Mustafa Kemal est à présent complèment aligné sur Moscou et l'opposition à laquelle il avait face au sein de l'Assemblée nationale a disparu automatiquement. Une des premières mesures prises par les bolcheviks a été d'instituer des consulats dans un certain nombre de villes en Anatolie, y compris des lieux aussi écartés qu'Adana ou Mersine. Mustafa Kemal ayant toujours été opposé à toute forme de communisme, l'autorisation d'établir ces consulats doit donc être interprétée comme le signe d'un changement de politique dans ses relations avec le gouvernement soviétique[47]. » Diplomatie mutilatérale de Mustafa Kemal qui, jouant d'un côté sur l'alliance soviétique et de l'autre sur la rivalité franco-britannique au Proche-Orient, parvient finalement à son objectif, après l'évacuation de la Cilicie par les Français – résultat de l'accord Franklin-Bouillon du 20 octobre 1921 – et la victoire contre les Grecs en Asie mineure, la bataille de Sakarya, du 23 août au 13 septembre 1921, déclenchant la retraite générale de l'armée grecque. La révision du traité de Sèvres (ratifié par aucun Parlement des puissances signataires), la création d'un Etat-nation turc en Anatolie, l'abolition des capitulations et le rétablissement de la souveraineté turque sur la Thrace orientale et les détroits seront les grandes victoires de la conférence de Lausanne qui s'ouvre en novembre 1922. Ces événements ont pesé sur la réflexion stratégique de Reginald Teague-Jones concernant le monde musulman et les stratégies possibles de l'Empire britannique. Plus encore, l'observation de la politique soviétique en Adjarie l'a convaincu de l'importance du facteur musulman.

L'Adjarie : une position stratégique sur la frontière soviéto-turque

Reginald Teague-Jones a abordé la Transcaucasie par ses deux ports. En 1918, il était à Bakou sur la Caspienne. En 1920, il est à Batoum, un port sur la mer Noire, voie d'exportation du pétrole d'Azerbaïdjan acheminé par oléoduc ou wagons-citernes par la voie de chemin de fer. Objet de contentieux entre les Turcs et les Soviétiques, Batoum a une position géostratégique. Que s'est-il passé à Batoum et en Adjarie après l'évacuation anglaise ? Quelles furent les modalités de l'occupation de Batoum et celles qui menèrent à la soviétisation de l'Adjarie ? Ces questions ont retenu l'attention de Reginald Teague-Jones dont le carnet contient quelques notes manuscrites à ce sujet. Elles évoquent un chapitre essentiel de la politique soviétique des nationalités. Après le départ de Reginald Teague-Jones, fin février 1921 – on se souvient de la fuite éperdue du marchand de vin grec –, Batoum avait d'abord été brièvement occupée par les Turcs dont l'intérêt pour cette région s'explique par l'histoire et la géographie. L'Adjarie, partie de la mythique Colchide où séjourna Jason, intégrée dans le royaume géorgien au IXe siècle, avait été conquise par les Ottomans en 1614, une conquête qui entraîna la conversion à l'islam des Adjars. En 1878, à l'issue de la guerre russo-turque, l'Adjarie comme les districts de Kars et Ardahan avaient été perdus par les Ottomans au profit des Russes. Dans cette perspective, l'occupation de Batoum prenait pour les Turcs l'aspect d'une reconquête. L'occupation turque fut brève. Marquée par de courtes escarmouches avec les troupes russes, elle précède de quelques jours l'entrée de l'Armée rouge à Batoum. Les Turcs une fois retirés sur l'autre rive du Tchorokh, Batoum était laissée au protectorat de la Géorgie soviétique. Mais les modalités de la soviétisation de l'Adjarie doivent tenir compte des conditions imposées par les Turcs dans le traité de Kars : celles-ci précisent que l'Adjarie sera incorporée à la Géorgie soviétique à condition que les musulmans d'Adjarie soient dotés d'un statut d'autonomie. Cette demande imposée par les Turcs correspond, en apparence, à la politique soviétique des nationalités, territorialisant les nations et les nationalités selon une stricte hiérarchie administrative. A cette nuance près que, ici, c'est le facteur religieux, l'islam, et non le facteur ethnolinguistique qui distingue la population de l'Adjarie de celle de la Géorgie. En dépit de l'athéisme militant des dirigeants bolcheviques, c'est en s'appuyant sur le facteur musulman que ceux-ci ont créé en Adjarie une entité administrative spécifique. « Comme les Russes avaient donné l'indépendance[48] aux petites nations, les habitants de Batoum demandèrent à être indépendants et élirent sur-le-champ leur Assemblée nationale. Leurs leaders étaient Housni Effendi, Osman Bey, Chakir Bey et d'autres dignitaires locaux. Ces hommes étaient sous l'influence de la Turquie. Un comité fut formé sous la houlette du chef de la police Averpetadze et Housni Aliev dans le but de former des propagandistes et de les envoyer dans les villages. Afin de diminuer le pouvoir et l'influence de cette Assemblée, le gouvernement de Tiflis leur proposa d'envoyer trois membres dans chacun des départements du gouvernement en vue d'établir une administration commune de la Géorgie et de l'Adjaristan. L'Assemblée croyant bien faire accepta cette proposition, mais quelque temps plus tard, elle comprit que c'était une erreur car son pouvoir fut amoindri[49]. » Reginald Teague-Jones souligne ensuite la situation très spécifique de l'Adjarie où, contrairement à Bakou, Tiflis ou même Erevan, les bolcheviks ont réussi à s'implanter grâce à l'existence d'organisations communistes locales. Or, de ce point de vue, l'Adjarie représente un terrain tout à fait défavorable. L'hostilité de l'ensemble de la population aux principes du bolchevisme, celle des Beks, ces puissants propriétaires fonciers, la faiblesse du mouvement bolchevique et la virulence de la propagande kémaliste constituent des obstacles majeurs. C'est pourquoi « les bolcheviks décidèrent de gagner à leur cause et d'acheter les dirigeants les plus populaires, et en particulier les mollahs et les oulémas les plus en vue[50] ». En mars 1922, Reginald Teague-Jones dispose toujours d'informateurs dans les services de renseignements des mencheviks géorgiens, encore capables d'intercepter un rapport du Revkom[51] de Batoum au Revkom de Tiflis sur les moyens de renforcer le pouvoir soviétique en Adjarie. Il a rapidement traduit et noté la teneur du rapport intercepté. « Le Revkom de Batoum dispose de nombreux indices démontrant que les Kémalistes cherchent à accroître leur influence en Adjarie. Il y a des preuves précises et nombreuses que les soldats turcs qui avaient été évacués hors de Batoum au moment où l'Armée rouge a occupé la ville, sont à présent dispersés dans les villages d'Adjarie et ont orchestré une importante campagne de propagande en faveur de Mustafa Kemal et du mouvement nationaliste. Le travail du Revkom de Batoum a été rendu difficile par une quantité de facteurs. Pendant longtemps, il n'a remporté aucune popularité dans les districts ruraux (...). Une étude poussée a convaincu le Revkom de Batoum que la population de l'Adjarie est pratiquement entre les mains des mollahs et d'autres chefs religieux et qu'en conséquence, il est essentiel pour nous d'avoir ces derniers entre nos mains. Ce qui serait le mieux serait d'attribuer une somme d'argent au Revkom de Batoum afin qu'il puisse verser des subsides aux mollahs d'Adjarie. L'une des étapes les plus importantes sera d'effectuer l'expulsion des Beks du pays, et en cela, les mollahs pourront procurer une aide importante en usant de leur influence auprès des différents comités. Tant que cela n'est pas fait et que nous n'avons pas les mollahs de notre côté, le gouvernement soviétique ne parviendra jamais à mettre fermement le pied dans le pays[52]. » Répondant à cette demande, le Revkom de Tiflis consentit l'octroi de ces sommes destinées à soutenir l'agitation parmi les mollahs d'Adjarie, tandis que les bolcheviks se mirent à orchestrer une vaste campagne contre les Beks. Beaucoup d'entre eux quittèrent effectivement l'Adjarie, tandis que leurs propriétés foncières étaient immédiatement saisies et redistribuées. Reginald Teague-Jones est particulièrement frappé par la politique pro-musulmane des bolcheviks qui trouve en Adjarie comme en Asie centrale l'un de ses premiers terrains d'expérimentation. Les bolcheviks ont des projets de construction de mosquées et d'écoles coraniques et cherchent ainsi à se présenter comme les champions de l'islam au Caucase. Pendant ce temps, les musulmans d'Adjarie auraient, selon certains informateurs, nommé leur propre chef religieux (*Cheikh ul-Islam*) en arguant du fait que, vivant coupés de la Turquie, ils ont perdu tout contact direct avec le Califat (ou ce qu'il peut en rester en 1922). Enfin, la place de la république autonome d'Adjarie – autonomie au sein de la Fédération caucasienne projetée ou au sein de la Géorgie soviétique ? – est encore indécise sachant que « les bolcheviks russes sont en faveur de la première solution parce qu'ils veulent garder Batoum et l'Adjarie en dehors de l'influence de la Géorgie. La population de l'Adjarie penche plutôt du côté de la Turquie que vers la Géorgie ou la Russie et elle désire avoir sa propre république indépendante. Son autonomie pour l'instant n'est qu'une façade. Elle a son propre Revkom d'Adjarie, mais ce n'est vraiment rien de plus qu'un appendice dénué de tout pouvoir du Revkom de Batoum, qui concentre le pouvoir entre ses mains[53]. » Ces notes prises quelques mois avant la création de la république socialiste soviétique d'Adjarie (16 juillet 1921) montrent à quel point Reginald Teague-Jones est attentif au facteur musulman à un moment où sur le front « idéologique » – le Congrès des peuples de l'Orient s'est réuni à Bakou du 1er au 8 septembre 1920 – ou politique, les bolcheviks se montrent particulièrement ouverts à l'égard des musulmans. Sise sur la grande ligne de fracture qui sépare le monde musulman du monde chrétien, l'Adjarie soviétisée[54] n'est pas coupée de la Turquie, la frontière restant poreuse durant les années 1920 et même 1930 et la contrebande très active.

Un projet de politique musulmane : l'alliance de revers contre la Russie

Pour Reginald Teague-Jones, l'Adjarie, en 1921, complétait une série d'expériences dans le monde musulman. De la frontière du Nord-Ouest au Baloutchistan, du Turkménistan à l'Adjarie, il était convaincu de l'importance du facteur musulman et de son potentiel pour conserver une sphère d'influence britannique en Asie moyenne. De retour à Londres durant l'été 1922, il rencontre sir Arthur Hirtzel, à l'époque l'une des personnalités les plus influentes du Foreign Office. Les deux hommes ont parlé de la politique soviétique à l'égard de l'Asie centrale et de l'Islam. La note[55] rédigée par Reginald Teague-Jones – désormais Ronald Sinclair – à l'intention de sir Arthur Hirtzel fait suite à cette conversation privée. Elle exprime ses vues personnelles sur l'éventualité, voire la nécessité, d'une alliance anglo-musulmane contre la Russie. Ce texte, bien que dénué de toute prétention d'expertise, préfigure en quelque sorte la tactique expérimentée, dans les années 1980, par les Etats-Unis qui apportèrent leur soutien aux *moudjahidines* lors de l'occupation soviétique de l'Afghanistan. La région de l'Asie centrale – au sens large du terme – est un pivot géostratégique autour duquel peuvent être élaborées trois combinaisons politiques différentes : une alliance anglo-russe au détriment de l'indépendance des pays musulmans, une alliance russo-musulmane dirigée contre la puissance britannique en Orient et enfin une combinaison anglo-islamique dirigée contre l'influence de la Russie. Dans sa note, Reginald Teague-Jones développe chacune de ces possibilités.

La première, celle d'une alliance anglo-russe, lui semble entièrement dépendre « du degré de bonne foi entre nous-mêmes et la Russie », une possibilité qu'il affecte de traiter sans émotion, malgré ses démêlés personnels dans l'affaire des 26 Commissaires. Un tel arrangement permettrait de revenir au partage en zones d'influence d'avant 1914. « La question persane pourrait être réglée à notre mutuelle satisfaction tout comme elle le fut en 1907. Les Perses pourraient bien ne pas accepter un tel accord aussi calmement qu'ils le firent alors, mais s'il y avait un accord entre les deux puissances qui comptent, c'est-à-dire la Russie et la Grande-Bretagne, leurs protestations resteraient vaines. » Le retour aux zones d'influence de 1907, idéal en soi, est toutefois impraticable car le gouvernement soviétique montre tous les signes d'une politique hostile à l'égard de la Grande-Bretagne. « Jamais dans le cours de l'histoire, à l'exception du sentiment d'hostilité entre belligérants durant une guerre ou entre communautés dans des dettes de sang ou des vendettas, une nation n'a démontré un tel sentiment d'hostilité aussi constant et systématique à l'égard d'une autre nation, comme le fait la Russie soviétique à l'égard de la Grande-Bretagne. En dépit des négociations pacifiques et patientes, des accords commerciaux, rien ne peut réduire cette hostilité de la Russie qui voit dans la Grande-Bretagne capitaliste et impérialiste, son ennemi juré (...). Les bolcheviks n'ont pas réussi à embraser l'Inde comme ils l'espéraient, ni à soulever l'Asie contre nous mais ils ont réussi à empoisonner les esprits dans toute l'Asie centrale. » En 1922, rien ne laissait présager que le régime soviétique allait durer ou évoluer. Toutefois, Reginald Teague-Jones rejette la possibilité d'une alliance avec les forces monarchistes : comment les partisans de la restauration impériale pourraient-ils faire alliance avec la Grande-Bretagne, elle qui a participé, à la fin de la guerre, au démantèlement de l'Empire russe ? Et poussant plus loin son analyse, Reginald Teague-Jones adopte un ton franchement critique sur les incohérences de la politique britannique en

Asie centrale et en Transcaucasie. « Nous commençâmes par intervenir et après nous être relativement engagés à prolonger la lutte, nous avons abandonné la cause qu'originellement nous soutenions et, immédiatement, nous nous sommes mis à flirter avec l'autre bord. Notre attitude, nous ne pouvons pas appeler cela une politique, n'a été rien d'autre qu'une longue séquence d'incohérences. Nous avons combattu les bolcheviks, mais nous n'étions pas en guerre avec eux. Nous les avons délibérément entravés quand nous étions en paix avec eux. Nous nous mîmes à traiter avec eux quand ils nous dupaient ouvertement. Nous prétendons être amicaux quand ils sont ouvertement et activement hostiles. Nous n'avons gagné aucun prestige, ni aucune amitié aux yeux des bolcheviks, et nous avons perdu ce qui pouvait rester de prestige aux yeux du reste du peuple russe. » Il y a de la vigueur et une certaine ferveur dans cette critique qui n'adopte pas le ton diplomatique des rapports habituels transmis au Foreign Office. Reginald Teague-Jones par conviction et par fonction est un impérialiste de terrain : ses aventures précédentes en Transcaspie comme en Transcaucasie l'ont confronté à l'incohérence de la politique britannique et l'ont renforcé dans son anti-bolchevisme viscéral. Une politique cohérente de puissance et de défense de l'Empire britannique rend donc inenvisageable la possibilité d'une entente anglo-russe en Asie centrale.

La seconde éventualité envisagée par Reginald Teague-Jones, celle d'une alliance russo-musulmane, n'est pas théorique : elle est en fait activement mise en pratique depuis le Congrès de Bakou par les bolcheviks qui espèrent un embrasement révolutionnaire de l'Orient musulman. Après avoir armé les hordes d'Asie centrale et soutenu la révolte des peuples musulmans, les bolcheviks, qui mènent une politique de subversion révolutionnaire aux abords de l'Inde britannique, ne risquent-ils pas de voir cette révolte se retourner contre eux-mêmes ? En 1921-1922, l'insurrection des rebelles *basmatchis* à Boukhara tenant les forces de l'Armée rouge en échec semble confirmer cette interprétation. « En tout cas, il serait tout à fait inopportun pour nous d'avoir une Asie centrale qui continuerait à être ce qu'elle est en ce moment, c'est-à-dire un refuge pour tous les mécontents d'Asie. Sûrement, il est dans notre intérêt d'avoir une Asie centrale amicale qui ne serait ni un terrain d'agitation contre nous, ni un refuge et un camp d'entraînement pour nos ennemis et nos proscrits politiques. »

L'alliance anglo-musulmane s'impose dès lors comme la seule alternative possible contre la Russie bolchevique : les Britanniques doivent gagner le soutien des populations musulmanes en ce moment précis de la révolte anti-rouge au Turkestan et mettre au point une véritable politique musulmane qui tienne compte de « nos propres musulmans » en Inde et dans les pays limitrophes. Reginald Teague-Jones suggère de mettre en œuvre cette politique chez les musulmans d'Inde, d'Afghanistan, du Turkestan (y compris Boukhara et Khiva), de Perse et de Turquie. En premier lieu, il propose aux responsables du Foreign Office de s'intéresser de près à la révolte du Turkestan et de se donner les moyens d'une « propagande passive », non pas ouvertement pro-britannique, mais subtilement anti-russe. Il propose en quelque sorte de concurrencer les Russes en Asie centrale sur le terrain de la politique coloniale. Si au Turkestan, la monoculture cotonnière et le chemin de fer sont aux mains du pouvoir bolchevique et échappent totalement à l'emprise des indigènes, les Anglais doivent se montrer capables de démontrer l'exemple positif – Reginald Teague-Jones n'en doute pas une seconde – de l'Inde coloniale. « Si les communistes du Turkestan savaient qu'en Inde, sous le régime des tyrans britanniques, il y a des chemins de fer qui marchent dont les employés de tous grades sont des Indiens, et qu'il y a aussi des filatures de coton en Inde où les Indiens sont largement employés et que l'Inde vend et exporte ses propres produits manufacturés, ces seuls faits (parmi des milliers) pourraient bien changer l'idée répandue de la tyrannie britannique et en même temps augmenter la tension entre Moscou et le Turkestan. » Lutter contre la présence bolchevique et russe au Turkestan permettrait également de soustraire l'Afghanistan à l'influence russe et de procéder à une recomposition régionale notamment par le biais des relations commerciales. Un traité avec l'Afghanistan permettrait à l'Inde de fournir le Turkestan en produits d'importation et de recevoir d'Asie centrale des tapis, des peaux de mouton et des fruits secs. Reginald Teague-Jones ne doute pas que le développement d'un tel commerce puisse rendre le Turkestan économiquement indépendant de la Russie. Poursuivant son raisonnement, Reginald Teague-Jones envisage, sans le développer, le cas de la Turquie : encore engagée dans une relation contre nature avec le régime soviétique, on devrait pouvoir facilement l'en défaire. Pour Reginald Teague-Jones, sauver l'influence britannique en Asie centrale signifie battre les bolcheviks sur le terrain de la politique musulmane. « Nous devons nous rappeler que la politique bolchevique en Orient est certes agressive mais c'est du bluff. La prétention des Soviets à être les champions de l'Islam est une bulle vide. Pourquoi ne pas la dégonfler et démontrer son vide aux millions de musulmans esclavagisés par les bolcheviks russes répandus à travers ce qui était jadis l'Empire russe ? Les bolcheviks sont des lâches, et toute leur politique est basée sur la lâcheté. Ils sont effrayés à mort par les musulmans, c'est pourquoi ils distraient l'attention qui pourrait se porter sur eux en déversant leur rage sur les Anglais (…). Le gouvernement soviétique profite de nous en se présentant comme le champion de l'Islam et en nous présentant comme des esclavagistes. Il nous faut à présent relever ce défi. »

Hâtivement rédigée, cette note d'un impérialiste impénitent ne sera suivie d'aucun effet pratique. D'ailleurs, les différents responsables du Foreign Office et de Whitehall entre les mains desquels cette note est passée recommandent tous la prudence. Là où Reginald Teague-Jones préconise de l'audace, on lui répond, sans doute à juste titre, qu'il surestime les effets de la propagande et que les tentatives de ce genre finissent par se retourner contre leurs auteurs. Tout au plus, pourrait-on accorder en Inde l'hospitalité aux Turkestanais afin de leur démontrer les bienfaits de l'administration britannique ! On considère qu'il va trop loin dans son appréciation de l'Islam en tant que pivot d'une politique éventuelle. Sir Arthur Hirtzel lui-même, qui a pourtant transmis le rapport au SIS, adopte le même ton. « Bien que la situation indéterminée de l'Asie centrale recèle un danger indéniable, il semblerait que la seule solution praticable soit de ne rien faire[56]. » « Ne rien faire », renchérit un autre fonctionnaire : « nous ne pouvons pas imiter les bolcheviks en courtisant les musulmans, Dieu l'interdit ! Nous ne pouvons pas violer l'accord commercial (...). Toute recrudescence d'expansion impérialiste de notre part en Asie centrale ne rapporterait aucun bénéfice, nous attirerait la haine des musulmans et la suspicion des Russes du régime d'aujourd'hui comme celui de demain. Ce serait contraire à toute la tendance de notre époque[57]. » Le fossé entre l'agent de terrain quelque peu exalté et le politique ne pouvait être mieux démontré dans cette période de recul de l'impérialisme britannique. La révolte du Turkestan suggère de financer un réseau de renseignements et de récolter des informations à toutes fins utiles. Mais comme l'écrit sir Arthur Hirtzel au chef du SIS, « il ne semble pas que nous puissions faire quelque chose de plus[58] ». Ne rien faire... Cette consigne, qui résonne désormais comme une doctrine d'action, marque un tournant dans la carrière de Reginald Teague-Jones.

– 7 –

Ronald Sinclair, agent voyageur de l'Empire britannique

« De nos jours tout se ramène à l'argent. Ce qu'il fait, où il va, ce qu'il encourage, où il se cache. Dans le passé, il y a eu des gens qui possédaient le pouvoir et l'intelligence, et leur pouvoir et leur intelligence engendraient de l'argent et des ressources ; certaines de leurs activités étaient secrètes, mais c'est ce que nous devons découvrir. Découvrir à qui ces secrets ont été transmis, qui tient aujourd'hui le gouvernail. »

Le colonel Pikeaway dans Agatha Christie,
Le Cheval à bascule, Editions du Masque, 1973, p. 198.

« Cet homme était autre chose et plus qu'un espion ; c'était à sa manière un patriote. »

John Buchan, *Les 39 Marches*,
Flammarion, 1995, p. 228.

A partir de 1922, la carrière de Reginald Teague-Jones amorce un tournant décisif. Cette année qui est celle du déchaînement de la propagande soviétique contre « l'assassin des 26 commissaires de Bakou » est aussi l'année où les services de renseignements britannique effectuent, pour des raisons budgétaires, des coupes sombres dans les effectifs de leur personnel permanent. Reginald Teague-Jones qui avait été un *intelligence officer* en temps de guerre – celle-ci s'est prolongée au Caucase et en Turquie jusqu'en 1922 – devient pendant l'entre-deux-guerres un agent informel financé par les réseaux privés du renseignement britannique. Cette mutation, que l'on ne doit pas imputer à un désaveu des autorités hiérarchiques qui reconnaissent en lui un agent politique et un agent opérationnel de qualité, correspond à la transformation du renseignement britannique amorcée depuis la seconde moitié du XIXe siècle. L'Empire britannique reposait sur la convergence des intérêts entre les milieux politiques et les milieux d'affaires, et avait donné naissance à une alliance aussi secrète qu'efficace entre les grands banquiers et les financiers de la City, les ministres des différents cabinets, les représentants des grandes industries d'intérêt national et les diverses directions des services de renseignements. L'historien William Engdahl souligne la particularité des services de renseignements britanniques. Ils fonctionnaient comme « un réseau secret quasi maçonnique qui imbriquait ensemble les immenses pouvoirs de la banque anglaise, de la navigation, de l'industrie et du gouvernement[1] ». Cette perméabilité entre les milieux d'affaires, de l'industrie, de la politique et du renseignement, permettait en bonne logique de faire appel aux représentants de la finance ou de l'industrie pour financer des missions de renseignement d'intérêt à la fois commercial, politique et stratégique. Entre les deux guerres, les services de renseignements, engagés dans un processus de restriction budgétaire dès le début des années 1920, semblent avoir largement recours à cette solution qui, sans préfigurer les entreprises actuelles de mercenariat de la défense – comme aujourd'hui l'entreprise américaine Blackwater active en Irak et en Afghanistan, sous-traitante de la CIA –, met en évidence le caractère avant tout mercantile et commercial de l'impérialisme britannique. En 1922, Reginald Teague-Jones s'efface définitivement pour devenir Ronald Sinclair. Au même moment, les services de renseignements se voient notifier de procéder à des réductions dans leurs effectifs « de temps en temps, aussi vite que possible selon les cas[2] ».

Les services dépendants de l'India Office, qui en étaient à économiser jusqu'aux dépenses en timbres-poste, sont instruits de ces mesures d'économie drastiques, « arrangements qui sont considérés comme suffisants si les activités des révolutionnaires indiens et de leurs associés en Europe ne deviennent pas plus prononcées qu'elles ne le sont à l'heure actuelle[3] ». Le cas de Reginald Teague-Jones qui avait intégré en 1910 un service relevant du gouvernement de l'Inde entrait dans le cadre des relations complexes entre l'India Office à Londres et le Government of India. Dans les archives de l'IPI, un rapport secret[4] mentionne les mesures d'économie prises par les services secrets de l'Inde en 1921. Elles auraient abouti à la suppression d'un système soigneusement élaboré depuis 1911 et à la mise à pied soudaine de nombreux agents qui, durant la guerre, avaient rendu des services exceptionnels. Sans aucun doute, Reginald Teague-Jones a fait partie de ce contingent d'agents secrets jetés à la dérive au début des années 1920, Londres considérant désormais que le système de renseignements élaboré depuis l'Inde est « certes précieux mais pas vital ». Si certains, à l'intérieur des services secrets, purent s'offusquer de cette absence de bonne foi du gouvernement britannique à l'égard de ses meilleurs agents, il reste que ce sacrifice s'inscrivait dans un contexte précis. Dans les années 1920-1921, l'Inde britannique, qui avait fourni un million et demi d'hommes durant le conflit, traverse une crise économique, monétaire et budgétaire sévère nécessitant, entre autres, de tenter de lier le cours de la roupie à celui de la livre sterling et de mettre en œuvre une politique de rigueur budgétaire, ce qui impliquait manifestement de prendre congé – en l'annonçant seulement neuf semaines à l'avance ! – de ses agents de renseignements. Tournant majeur pour Ronald Sinclair car s'il ne cesse pas de renseigner, ses missions sont à présent commanditées et financées par des entrepreneurs privés dont le « lobby du Lancashire ». Il a vraisemblablement tiré des bénéfices de cet arrangement, si l'on en juge par la confortable fortune qu'il laissa à sa mort, une somme qu'il n'aurait pu économiser à partir des simples émoluments d'un fonctionnaire. Il y gagna une liberté de mouvement, une absence apparente de soucis financiers et, surtout, une vie riche en péripéties et en aventures.

« Zobeida and I » : une odyssée persane

De 1922 à 1939, Reginald Teague-Jones alias Ronald Sinclair voyage dans l'Empire britannique et dans ses périphéries « informelles ». De l'Inde au Moyen-Orient, de l'Afrique de l'Est à l'Asie du Sud-Est, il voyage pour l'agrément, le commerce et le renseignement. Il n'est pas amateur de luxe, possède le tempérament et l'entraînement d'un Anglais sportif, habitué à endurer toutes les situations. De surcroît, il connaît exceptionnellement bien la Perse, le Baloutchistan et le nord-ouest de l'Inde qu'il traverse, en reliant Beyrouth à Bombay, seul, au volant d'une simple Ford modèle A, baptisée Zobeida. Il s'agit alors en 1926 d'une mission solitaire – aux antipodes de la très publicitaire « croisière jaune » lancée par André Citroën – financée, dit-il, par des « manufacturiers anglais ». Deux ans plus tard, Ronald Sinclair réitère cet exploit automobile en accomplissant le voyage retour, de Bombay à Londres, dans une voiture fournie par William Morris. Ronald Sinclair sur les traces de Reginald Teague-Jones voyage dans un nouveau pays qui, en 1926, est devenu l'Iran. Une mission dont il a publié l'histoire sous le titre *Adventures in Persia* chez l'éditeur londonien Gollancz, quelques mois avant sa mort en 1988. Fasciné par la personnalité et l'imagination exubérante de son auteur, l'éditeur David Burnett considère ce récit d'aventures comme une sorte d'auto-fiction, éludant le véritable sens politique de la mission. Cependant, ce récit vivant, enlevé et humoristique, et parfois d'une discrétion frustrante, livre les indices aisément déchiffrables d'une autobiographie cryptée.

Une mission opaque en Iran pour une combinaison de partenaires

Dans le récit de ses aventures en Perse, Reginald Teague-Jones s'explique en quelques lignes sur les circonstances qui l'ont conduit à accepter cette mission. Un certain « Jim Bradley » – il s'agit évidemment d'un nom fictif – en poste au Board of Trade avait été contacté par un important groupe de représentants des manufactures britanniques, à la recherche d'un homme capable de rendre compte des conditions du commerce en Iran. Ils s'étaient naturellement adressés au Board of Trade. « Jim avait dû me recommander très fermement car je fus reçu très chaleureusement lors de ma rencontre avec les directeurs. Ils expliquèrent qu'ils voulaient une personne ayant l'expérience de la Perse, quelqu'un qui parlait la langue et qui pourrait explorer les principales villes et les centres d'affaires et envoyer en Angleterre des rapports sur les conditions du marché et les possibilités commerciales en général. Je pouvais décider quels lieux visiter et mon mode de transport. Pour les dépenses, je pourrais tirer des crédits à la Banque impériale de Perse, et on avait demandé à la Banque d'instruire ses directeurs locaux afin qu'ils m'accordent toute l'assistance dont je pouvais avoir besoin. Les termes de l'offre étaient généreux et tout cela ressemblait à une mission vraiment tentante. J'acceptai sans hésitation. Il fut décidé que j'aurais deux semaines pour faire mes préparatifs. Mes nouveaux collègues m'offrirent un excellent déjeuner d'adieu, je serrai toutes les mains, ils me souhaitèrent bonne chance[5]. » Contrairement aux suppositions de David Burnett, le rôle de ce groupe de manufacturiers anglais ne relève pas de la pure invention, même s'il s'est avéré impossible de retrouver la trace d'une mission en Perse en 1926 dans les archives du Board of Trade. L'industrie textile du Lancashire, exportatrice vers l'Inde, était victime depuis le début des années 1920 de tarifs d'importation de plus en plus élevés. De surcroît, ce secteur, qui souffrait en Inde de la concurrence de la production japonaise, avait été encore durement touché en 1925 lorsque les autorités britanniques de l'Inde, cédant à la pression des producteurs indiens, abolirent l'impôt indirect qui pesait sur les cotonnades indiennes, rendant ainsi leur prix encore plus attractif : les manufactures de Manchester n'avaient plus qu'à espérer bénéficier de la préférence impériale ou bien se tourner vers d'autres marchés d'exportation. D'où sans doute la mission en Perse de Reginald Teague-Jones pour le compte d'une filiale londonienne portant le vague titre de Eastern Exporters. Techniquement, il ne s'agit pas seulement d'une couverture car, de bazars en caravansérails, il enquête effectivement sur le commerce. Mais les compétences de Reginald Teague-Jones dépassaient les besoins d'une telle enquête. Il voyage à un moment clé de l'histoire politique de la Perse, marqué par l'avènement de la dynastie des Pahlavis. Il est à Téhéran le 25 avril 1926, le jour de la cérémonie du couronnement de Reza Shah et de la naissance de l'Iran. Dans ce pays, le bazar a joué un rôle politique de premier plan durant la révolution constitutionnaliste de 1905-1908. Enquêter à la fois sur les potentialités commerciales et sur les développements politiques revient tout simplement à converser avec quelques marchands de tapis arméniens du bazar de Tabriz – de bons informateurs quand ils ne sont pas à la solde des Soviétiques ! – autour d'un verre de thé. Cette mission, comme il le dit lui-même, était donc parfaitement dans ses cordes : il s'agissait à la fois d'envoyer des rapports commerciaux aux industriels du textile et des rapports de nature politique et stratégique au DIB et aux instances londoniennes des services secrets.

Partenaires imbriqués dans une étroite combinaison d'intérêts, l'industrie, le commerce et le renseignement sont encore unis par l'immense pouvoir de la banque britannique. La Banque impériale de Perse (*Bânk-e shâhi*) a été une puissance active dans la construction de l'Empire britannique « informel ». Son directeur, qui faisait double office dans le renseignement et dans la finance, pourvoit aux besoins de la mission de Reginald Teague-Jones en donnant des instructions aux administrateurs des filiales locales des principales villes de Perse. Cette banque est l'instrument de l'impérialisme britannique en Perse depuis sa fondation en 1889 par le fils du baron Julius Reuter.

Ce dernier avait obtenu en Perse, en 1872, le monopole de la construction du chemin de fer et du tramway, de l'exploitation du charbon et du métal, des barrages, des ponts, d'une banque nationale, l'affermage des douanes ainsi que plusieurs autres secteurs. La Banque impériale de Perse n'avait pas réalisé les projets de chemins de fer – domaine dans lequel les Russes s'étaient s'imposés en 1887 – mais elle possédait l'immense privilège du monopole de l'émission de papier-monnaie, tout en investissant dans une quantité d'autres secteurs. Elle répondait à la volonté du shah d'avoir une Banque d'Etat, mais elle agissait autant pour le compte des actionnaires britanniques que comme agent d'influence du Foreign Office. En fonction des actionnaires ou des groupes dominants en son sein – par exemple la Eastern Trading House de David Sassoon qui possédait 30 % des parts et disposait d'un siège au conseil directorial –, les choix politiques de la Banque impériale de Perse ont varié au cours du temps. Mais elle agissait toujours en faveur des intérêts britanniques et ses directeurs étaient des agents d'influence lorsqu'ils n'étaient pas eux-mêmes membres des services de renseignements. Avant d'entreprendre son voyage, Reginald Teague-Jones eut une entrevue avec l'un des membres exécutifs – le conseil directorial siégeait à Londres, mais le directeur exécutif de la Banque se trouvait lui à Téhéran –, une rencontre qu'il relate sur le mode anecdotique mais qui confirme le lien intrinsèque entre la Banque et le monde du renseignement. « Avant de quitter Londres, j'avais déjeuné à son club avec un haut dirigeant de la Banque impériale de Perse. Après quoi, nous avions pris notre café devant une large fenêtre donnant sur Pall Mall et nous poursuivîmes notre conversation à propos de mon prochain voyage. J'avais demandé quelques derniers tuyaux pour la route. “Vous connaissez la langue et l'Orient ne vous est pas étranger, me dit le directeur, mais je veux tout de même vous donner un avis. Jamais, ne dormez jamais dans un caravansérail iranien ou dans une auberge locale. Dans une grande ville, le directeur de la filiale locale de la Banque ou bien le consul sera toujours heureux de vous prendre en charge. Nous avons écrit à tous nos directeurs de filiales en les informant de votre voyage. Comme vous le savez, nous avons une branche dans chaque ville importante, vous devez absolument les appeler, quand cela sera possible, avisez-les à l'avance de votre arrivée, mais jamais, ne restez jamais dans un caravansérail. Ce sont des tas d'ordures pleins de germes du typhus. Si vous ne pouvez rejoindre une ville où se trouverait le directeur de l'une de nos filiales, alors couchez en plein air quel que soit le temps."[6] » Conseil hygiénique d'Anglais sportif amateur de camping – dans ses précédents séjours, Reginald Teague-Jones avait déjà fait en Perse l'expérience des caravansérails – qui suggère le maillage serré des filiales de la Banque impériale de Perse. Au sud du pays, les filiales de Chiraz, Bouchire et Ispahan s'intéressaient essentiellement au développement du commerce entre l'Iran, l'Angleterre et l'Inde britannique, et surtout à l'exportation de l'opium iranien vers la Chine et la colonie britannique de Singapour. Au nord, les filiales de Tabriz, Meched et Recht finançaient le commerce russo-persan, en particulier les exportations de riz et de coton vers la Russie. Durant les années 1920, la Banque impériale de Perse continuait à soutenir le développement des relations commerciales soviéto-iraniennes : la filiale de Meched s'occupait des exportations de coton et de laine vers l'Union soviétique tandis que celle de Recht traitait avec les organismes commerciaux soviétiques pour exporter vers l'URSS du riz, du coton, des fruits secs[7]. Autant dire que les activités bancaires permettaient aussi aux Britanniques d'observer et de surveiller dans le nord de l'Iran les mouvements des agents bolcheviques, souvent infiltrés par le biais des représentations commerciales. C'est donc un emboîtement de structures[8] associant les directions des banques et des industries dans la sphère du renseignement qui semble avoir été à l'origine de la mission de Reginald Teague-Jones en Perse.

La mission comportait des objectifs multiples. Il s'agissait certes d'enquêter pour le compte d'industriels britanniques sur les potentialités du marché mais aussi de parcourir en voiture le territoire persan d'ouest en est et du nord au sud, afin de tester la viabilité pour les automobiles des pistes dans des zones reculées comme le Baloutchistan, territoire alors frontalier de l'Empire britannique des Indes. Depuis la fin de la Première Guerre mondiale, la Grande-Bretagne était à la recherche d'une grande voie stratégique permettant d'établir une jonction rapide entre l'Inde et sa zone d'influence au Moyen-Orient. Il s'agissait de créer une artère pouvant servir aussi bien au commerce qu'au transport et à l'approvisionnement des troupes depuis l'Inde. Cette voie continentale impliquait de traverser l'Iran et de sécuriser son territoire. Elle devait être doublée par une liaison aérienne, celle assurée par Imperial Airways, dont Reginald Teague-Jones sera l'un des premiers passagers. Une simple mission de reconnaissance pour laquelle Reginald Teague-Jones, sous les habits de Ronald Sinclair, a toutes les compétences requises. Il parle couramment le persan, connaît comme le « dos de sa main » les zones difficiles comprises entre le Baloutchistan et le Khorassan qu'il avait parcourus en 1918 à dos de mule ou de chameau. Enfin, il connaît suffisamment bien les méthodes des agents bolcheviques pour se faire une image précise de l'infiltration soviétique en Iran dont l'importance sera révélée au début des années 1930, par la publication des mémoires du transfuge de la GPU, G. Agabekov[9].

Rencontres levantines

C'est au milieu du mois de janvier 1926 que Reginald Teague-Jones, après avoir depuis Londres rallié Gênes, s'embarqua sur un steamer italien. Il est seul car depuis quelques années déjà, Valia semble avoir disparu de son existence. Quelques jours plus tard, il était à Beyrouth, le point de départ d'une croisière terrestre qui allait emprunter le trajet des grandes voies caravanières à travers le Moyen-Orient. Le récit de ses aventures en Perse s'ouvre sur une image de carte postale. Celle de Beyrouth sous mandat français, où la vue de la vieille ville que n'avait pas encore rasée le plan d'urbanisme d'Ecochard et de l'écrin de collines à la végétation luxuriante d'orangers, de citronniers, d'oliviers et de mélèzes, arrachait le même cri d'enthousiasme à tous les voyageurs arrivant par la mer. Reginald Teague-Jones n'échappe pas à la règle : le paysage est d'une beauté à couper le souffle et la ville, encore sous l'empreinte de son passé ottoman, lui rappelle Constantinople. A Beyrouth, Reginald Teague-Jones n'a qu'un seul ami, un certain « Emile Mattar » qui vient chaleureusement l'accueillir à son arrivée. Entraîné à la discrétion et adepte du sous-entendu, Reginald Teague-Jones ne donne pas les noms véritables de ses contacts, mais il est tout de même amusant de noter que parmi les nombreux « Emile Mattar » qui vivent encore à Beyrouth, l'un d'entre eux a été en 1945 le premier ambassadeur du Liban à New York[10]. Mais il ne s'agit pas du « Emile Mattar » mentionné dans le récit de Reginald Teague-Jones : le choix de ce pseudonyme signale l'extraction grecque de son ami, un trait distinctif au sein de l'élite maronite du Liban mandataire. Fictif ou réel, ce personnage d'Emile Mattar que Reginald Teague-Jones dit avoir rencontré pour la dernière fois à Londres trois ans auparavant – il officiait alors comme barman dans un pub de South Kensington – est une personnalité sympathique, dotée d'un physique de star de cinéma. Grand brun, larges épaules, sourcils fournis, on se prend à l'imaginer sous les traits d'un Gregory Peck. Reginald Teague-Jones ne doute pas qu'il ait suscité beaucoup d'émois féminins, s'étonne intérieurement que ce beau trentenaire versé dans les affaires ne soit pas encore marié avant d'exposer à Emile, mais non à son lecteur, les détails de sa mission. La conversation rapportée sur le mode elliptique d'où surgit une seule saillie – « en général, pensez-vous que les Français soient populaires par ici ? » – suggère que « Emile » travaille pour les services britanniques. Reginald Teague-Jones lui demande de l'introduire auprès de Norman Nairn, le grand vétéran de la route du désert qui assurait la liaison par caravane motorisée de Beyrouth à Bagdad.

Norman Nairn (1894-1968), saharienne et short kaki, teint tanné par le désert et regard bleu lumineux, ressemble lui aussi à un héros de cinéma. Néo-zélandais engagé pendant la guerre dans la Royal Air Force, Nairn était resté au Moyen-Orient après sa démobilisation. Convaincu qu'il était possible de traverser le désert de Beyrouth à Bagdad par transport terrestre motorisé, Nairn disposait du soutien de Ibn Bassam, un riche marchand arabe qui avait amassé une fortune considérable dans le trafic de l'or entre Damas et Bagdad et qui connaissait toutes les voies du désert syrien. C'était l'époque des toutes premières traversées du désert en automobile. En décembre 1921, l'écrivain américain John Dos Passos avait rejoint en Ford modèle T la ville irakienne de Ramadi sur la rive occidentale de l'Euphrate. L'année suivante, une automobile accomplit le trajet de Damas à Bagdad. Soutenu par les autorités britanniques du mandat irakien, Nairn remporta en 1923 un contrat pour les transports postaux entre Bagdad et Haïfa. De là, les postes étaient embarquées par train jusqu'à Port-Saïd, établissant la liaison entre l'Irak et l'Egypte en soixante heures seulement alors que la route maritime prenait vingt-quatre jours ! Nairn avait littéralement révolutionné les moyens de communication et les autorités mandataires françaises s'empressèrent de lui confier leur propre liaison postale entre Damas et Bagdad jusqu'à ce qu'elles suscitent elles-mêmes contre Nairn – trop évidemment un agent d'influence britannique – une organisation concurrente en 1925, la Compagnie orientale des transports. L'organisation française, qui empruntait la route par Palmyre et Kubaisa, était assez efficace, disposait du monopole de la voie motorisée au-delà de Bagdad et assurait même la liaison tous les quinze jours avec Téhéran. Sur fond de luttes entre Français et Britanniques pour le contrôle des voies stratégiques du Moyen-Orient, Nairn avait réussi non seulement à fusionner sa propre organisation avec la Compagnie orientale des transports, mais encore à disposer de la majorité des parts, réduisant ainsi au rang de partenaire minoritaire le gouvernement français. Reginald Teague-Jones, qui semble avoir une vue très complète des activités de Norman Nairn et de ses prolongements stratégiques, ajoute que « les activités de la compagnie se sont à présent développées au point que le gouvernement britannique a acquis les moyens substantiels d'exercer un contrôle indirect à travers les holdings de plusieurs banques importantes »[11]. La « voie Nairn », qui avait acquis en moins d'une décennie une solide réputation d'efficacité et de sécurité – en 1924, il avait transporté le shah de Perse et sa suite à travers le désert –, avait consisté tout d'abord en une liaison hebdomadaire de deux voitures. En 1926, il mettait désormais à disposition une douzaine de voitures de fabrication non pas britannique mais américaine, pour des raisons de hauteur de châssis et de puissance. Véritables vétérans du désert, les chauffeurs de la « voie Nairn »[12] étaient tous d'anciens soldats britanniques dont la réputation d'endurance et de dévouement était inégalée à travers tout le Moyen-Orient. Ils assuraient la sécurité de leurs passagers sur ces anciennes routes caravanières constamment soumises aux menaces et aux attaques des tribus bédouines qui pouvaient facilement détecter les traces de pneus à travers le désert. Le fait que Nairn ait aussi transporté des fonds et des lingots d'or pour le compte de nombreuses banques, était de nature à exciter la convoitise des Bédouins. Aussi, les chauffeurs de Nairn avaient-ils élaboré un système de subsides, s'élevant à un tiers des revenus des transports postaux, versés aux tribus bédouines par l'intermédiaire d'un marchand influent de Bagdad[13]. La « voie Nairn » assurait ainsi une liaison stratégique essentielle, en attendant qu'une reconnaissance complète du désert syrien permette l'ouverture d'une liaison aérienne entre Le Caire et Bagdad, comme cela avait été décidé lors de la conférence du Caire en 1921. En 1929, la compagnie de Nairn proposa l'ouverture d'une liaison aérienne entre Damas et Bagdad[14]. Plus tard, en 1936, Nairn fournira un service auxiliaire à l'IPC (Irak Petroleum Company) en transportant ouvriers et techniciens à travers le désert jusqu'aux sites de production. Tout cela suggère que la mission de Reginald Teague-Jones en Perse, outre la reconnaissance des possibles liaisons routières, ait également eu quelque chose à voir avec l'établissement de la liaison aérienne entre Karachi et Bagdad par l'espace aérien persan. Quelques années plus tard, Reginald Teague-Jones a filmé et photographié avec précision ce parcours à bord du *City of Teheran* de la compagnie Imperial Airways qui inaugurait ce service.

Pour Reginald Teague-Jones, il était indispensable de rencontrer Nairn et de lui demander conseil et assistance. Très au fait des questions politiques – les autorités françaises sont alors aux prises avec la révolte du djebel druze – et de leurs implications pratiques – la nécessité de prendre la route du nord par Homs et Palmyre –, Norman Nairn donne un autre conseil à Reginald Teague-Jones. S'il s'apprête à tenter la traversée de l'Iran en voiture, il doit en acquérir une à Beyrouth et ne pas attendre pour cela son arrivée à Bagdad. On lui recommande un garagiste réputé auquel il expose son projet. « "Là", me dit-il en pointant son doigt dans la direction d'une petite voiture noire et brillante qui était garée dans un coin. C'était une Ford modèle A, la première cousine du célèbre modèle T. Je fus intrigué par le nom de ZOBEIDA qui était peint en grandes lettres blanches sur l'une des portes. Il m'expliqua que la voiture avait appartenu à un officier français qui avait été transféré. Elle n'avait pas beaucoup roulé et était quasiment neuve. Le prix était bon marché, m'expliqua-t-il, parce que les Libanais préfèrent les grosses voitures puissantes qui peuvent grimper les routes de montagne en quatrième vitesse. Il m'assura que pour l'Iran, la petite Ford convenait beaucoup mieux. Lui-même s'était rendu là-bas et connaissait le pays. Sauf dans quelques grandes villes, il n'y aurait pas de garages pour des services et des réparations, et l'espace disponible dans ce modèle particulier tout comme son poids léger, lui donnaient de gros avantages dans un pays aussi rude[15]. » Ce furent donc des considérations purement pratiques qui présidèrent à la rencontre entre Reginald Teague-Jones et sa toute simple Zobeida, une voiture légère, idéale pour rouler dans un pays dénué de routes. Au fil des kilomètres, elle allait s'avérer d'ordre sentimental. « *Zobeida and I* », tel était le titre originel de son récit d'aventures… Zobeida, le nom de la favorite de Haroun el-Rachid !

A travers le désert syrien

Une fois inspectée par la police française, la caravane de Nairn s'ébranle de son point de départ, le dépôt militaire de Beyrouth, en fait un ancien caravansérail, dans une cacophonie de klaxons et de sirènes. En tête, l'autocar de la compagnie Nairn ainsi que différents véhicules satellites. Derrière, Reginald Teague-Jones, au volant de Zobeida, « réalise avec un sentiment d'infériorité que Zobeida était la plus petite, la moins puissante et la moins chère de tous les véhicules qui constituaient la caravane[16] ». Tripoli, Homs, Palmyre, un voyage délicieusement exotique dans l'espace de la Syrie mandataire et dans l'épaisseur millénaire des temps archéologiques. Au volant de Zobeida dont il faut sans cesse vérifier les niveaux d'huile et d'eau, la résistance des pneus, Reginald Teague-Jones conduit lentement contrairement aux quarante autres véhicules de la caravane. Il conduit sur cette route écrasée de soleil en poursuivant une espèce de rêverie historique faisant surgir, ici, la vision d'un légionnaire romain épuisé par sa marche forcée vers Berytus, là, les caravansérails de l'ancienne Route de la soie utilisés comme étapes par la caravane motorisée. Sentiment de fin d'un monde face à l'irruption de la civilisation moderne. Reginald Teague-Jones est particulièrement sensible à cet aspect, lui qui photographie chameaux et ânes, les usagers traditionnels de cette route vieille comme l'humanité. De la soie, il est d'ailleurs question, car les chameaux transportent des chargements de mûriers arrachés : la sériciculture subissait dès les années 1920 la rude concurrence de la soie artificielle et des soies d'importation japonaise. Homs, Emèse, la reine Zénobie, Palmyre, les chars de l'armée d'Aurélien, la rêverie de Reginald Teague-Jones est brutalement interrompue par une alerte mécanique, heureusement sans gravité ! C'est par la Vallée des tombes que la caravane de Nairn pénètre dans Palmyre. « La piste, qui était l'ancienne route caravanière, émergeait de la Vallée des tombes pour ouvrir sur la plaine. Immédiatement devant nous, surgissant du désert, il y avait Palmyre elle-même, une vision de colonnades d'un doré flamboyant qui soutenaient l'édifice central et massif du grand temple de Baal, le dieu du soleil. Je n'avais pas imaginé que la scène que j'avais à présent sous mes yeux puisse être aussi spectaculaire. Je m'attendais à une cité en ruines. Les ruines antiques, où qu'elles puissent se situer, ont toujours l'air de présenter des traits communs. Mais Palmyre était différente. Ici, excepté les alentours du temple lui-même, il n'y avait pas cette confusion d'éléments dégringolés, ni cette collection désordonnée de colonnes décapitées, rien de ces monceaux de moellons qui signalent les ravages d'un tremblement de terre ou d'un envahisseur. Ici, il y avait des hautes colonnades et des piliers de marbre et des arcs intacts, érigés dans leur alignement d'origine. On avait tout de suite l'impression d'une ville bien planifiée que ses concepteurs, pour une raison ou pour une autre, n'avaient jamais achevée. Rien ne suggérait la violence. Ici l'ennemi avait été une dégradation graduelle. Tandis que la population diminuait ou s'en allait, le désert avait fait irruption et avait tout nettoyé. Plutôt qu'une grandeur chaotique, cette scène évoquait une beauté pleine de grâce[17]. »

Poursuivant sa trace à travers le désert, c'est à Hit que Reginald Teague-Jones et Zobeida parviennent enfin à rejoindre les rives de l'Euphrate. Le convoi prend alors la direction du sud, sur cette voie d'invasion et de conquête de la Mésopotamie, rejoint Ramadi, franchit l'Euphrate à Falloudja et bientôt Bagdad. S'il rapporte une quantité d'anecdotes amusantes sur son séjour à Bagdad, Reginald Teague-Jones ne consacre que peu de temps à la visite de la capitale irakienne. Peu d'éléments archéologiques évoquent encore l'époque califale. Certes, la rue Amarah des argentiers du bazar, le spectacle des *goufas* sur le Tigre – des embarcations arrondies en peau de chèvre ou de mouton dont l'origine remonte aux temps bibliques – présentent un caractère pittoresque, mais Reginald Teague-Jones est surtout absorbé par les préparatifs de son voyage. Car son épopée commence réellement ici, à Bagdad, à l'hôtel Maud où l'organisation de Nairn lui a réservé une chambre. Il lui faut embaucher un serviteur, chauffeur, mécanicien, bref un factotum persanophone qui puisse l'accompagner sur tout ou partie de son périple persan. Après plusieurs auditions aussi infructueuses que comiques, il finit par embaucher Abdoul Samad, un Perse originaire d'Ispahan, venu à Bagdad chercher du travail. « Il avait tenté sa chance dans différents emplois et tout dernièrement dans un garage. Il me tendit un papier très chiffonné à l'appui de cette affirmation. Je pouvais à peine déchiffrer le nom du garage mais je pris le parti de l'accepter. Il me dit qu'il connaissait bien la route jusqu'à Ispahan mais qu'il connaissait moins celle qui conduisait jusqu'à Chiraz. Au-delà, il ne connaissait pas et n'avait jamais souhaité connaître. Tout était "biaban", une contrée sauvage et désolée. Néanmoins, inch Allah, il irait avec moi jusqu'au "akhir-i-dunya", c'est-à-dire jusqu'au bout du monde[18]. » Ainsi, Abdoul fut-il embarqué comme homme à tout faire à bord de Zobeida : il s'avérera plus utile comme cuisinier que comme chauffeur ou mécanicien. Néanmoins, le véritable voyage pouvait commencer. De Bagdad, la route en direction du nord-est mène à Qasr e-Chiri, sur la frontière persane. Reginald Teague-Jones emprunte de nouveau ici une ancienne route commerciale qui lui paraît curieusement désaffectée. « Je m'étais attendu à observer beaucoup de trafic automobile puisque la route que nous empruntions était une ancienne route commerciale, reliée à la grande Route de la soie à travers l'Asie centrale. Mais à part quelques camions isolés et des voitures dans la banlieue de Bagdad, tout le trafic que nous pûmes observer était constitué de quelques chameaux, des chevaux et des mulets. Je fus surpris que sur un axe de communication de cette importance, il n'y ait pas de route à proprement parler mais plutôt une piste médiocre parcourue par des générations de chameaux aux pieds plats aussi bien que par les hommes. En dépit du fait que le trafic automobile était loin d'être important, la piste était entaillée de deux traces profondes de pneus qui s'étaient formées par temps de pluie lorsque la surface du sol était molle et humide[19]. » Bientôt les deux hommes à bord de Zobeida abordant la montée progressive vers le plateau iranien, voient disparaître au loin les étendues plates de la Mésopotamie. Ils pénètrent sans encombres dans cette frange orientale du territoire persan, essentiellement peuplée de Kurdes, partie du Kurdistan iranien. Ici débutent les nouvelles aventures de Reginald Teague-Jones en Perse.

Aventures en Perse : vers l'Inde par la porte de derrière

Au rythme du moteur de la brave Zobeida, Reginald Teague-Jones s'avance dans une portion du territoire persan qu'il n'a pas eu l'occasion d'explorer durant ses missions précédentes en 1917-1918. Ce voyage n'est pas à proprement parler initiatique. Il ne comporte pas non plus la dimension introspective et métaphysique du voyage dont Nicolas Bouvier tirera, vingt-cinq années plus tard, l'extraordinaire récit de *L'Usage du monde*. Mais Reginald Teague-Jones inaugure dans ce pays une lignée d'écrivains voyageurs parcourant, avec les libertés et les contraintes de l'automobile, un territoire « sans routes ». Contrairement à Nicolas Bouvier, l'Afghanistan et le Khyber Pass ne figurent pas au programme de ce voyage qui s'achève par le passage du désert du Baloutchistan, testant ainsi la possibilité d'une voie terrestre vers l'Inde par la « porte de derrière ». Récit d'aventures, car Reginald Teague-Jones se trouve à deux ou trois reprises dans une situation critique, le livre est une autobiographie cryptée, rédigée à partir de carnets de voyage qu'il a conservés un certain temps avant de les détruire. Son originalité tient à la personnalité de l'auteur pour qui la Perse est une contrée plus familière qu'exotique et qui observe hommes, animaux et paysages avec la sympathie, l'humour et le sens de l'observation qui ne peuvent appartenir qu'à un excentrique voyageur anglais.

Du Kurdistan à l'Azerbaïdjan iranien : apprécier l'influence soviétique

De la frontière iranienne à Kermanshah, Zobeida parcourt la partie méridionale du Kurdistan iranien, une zone réputée si dangereuse pour les voyageurs que les autorités frontalières imposent d'embarquer une escorte. En effet, à l'époque de Reza Shah, la lutte contre le tribalisme et le nomadisme – particulièrement des Kurdes – était devenue une priorité de l'Etat iranien engagé dans une politique de répression systématique. Déjà lourdement chargée même en ayant réduit au minimum ses effets de voyage et de camping –, Reginald Teague-Jones a dû embarquer, en prévision de longues traversées, de pleines réserves d'essence, d'huile et d'eau –, Zobeida peine à gravir sa première véritable ascension, le col de Paitak, la porte d'entrée du plateau iranien. La route fréquentée par muletiers et chameliers réclame la constante attention du conducteur – à ce stade, Reginald Teague-Jones a découvert qu'Abdoul n'a jamais de sa vie conduit une voiture ! –, heureusement distraite par la conversation de son compagnon. Le paysage austère et désolé des montagnes du Zagros rappelle à Reginald Teague-Jones les pentes caillouteuses de la Frontière du Nord-Ouest et tandis que la route grimpe en interminables lacets, Abdoul raconte son histoire. Le personnage s'avère plus original que Reginald Teague-Jones ne l'avait supposé. Son père était un lettré et avait été secrétaire (*mirza*) du vice-gouverneur de Chiraz. Des intrigues avaient causé le transfert de son père à Ispahan où le jeune Abdoul avait été éduqué et avait appris à lire et à écrire. A la mort de ses parents, alors qu'il était encore très jeune, Abdoul avait été remarqué à la sortie d'une mosquée d'Ispahan par un respectable *Saiyide* coiffé d'un turban vert, nommé Mechedi Abbas. Il était le gardien du mausolée d'un saint qui se trouvait précisément sur la route que les voyageurs étaient en train de parcourir. Le mausolée placé sur cette route assez fréquentée était une source de revenus pour le vieil homme désireux d'embaucher Abdoul pour le seconder dans ce travail : entretenir et embellir la tombe, servir de l'eau fraîche et des pipes à eau aux voyageurs, récolter les quelques pièces qu'ils offraient en échange, telle était la fonction d'Abdoul dans ce lieu saint retiré du monde sur le bord de la route. La solitude du lieu pesait cependant sur le jeune homme qui un beau jour se résolut à quitter son maître. Celui-ci, désolé de cette décision, lui fit promettre de rester jusqu'à la fin de la haute saison du pèlerinage, puis Abdoul prit la route sur le dos d'un vieil âne en direction de Hamadan. L'âne acheté à quelque caravanier de passage était vieux et fatigué. Tant et si bien que la bête mourut sur la route aux alentours de Hamadan. Abdoul désemparé s'assit au bord de la route, à côté du cadavre de son âne. Que faire ? Alors que les mouches commençaient à tournoyer autour du pauvre âne, il eut une idée. Il allait enterrer l'âne et faire de sa tombe un mausolée. D'une petite source à proximité, il pourrait donner de l'eau aux voyageurs et aux pèlerins, installer son tapis sous un arbre et prier Allah. Apparemment, le stratagème fut assez ingénieux pour procurer à Abdoul suffisamment de piécettes que lui jetaient muletiers et chameliers de passage. Si aucun d'entre eux ne se souvenait qu'il y ait eu sur ce segment de route la tombe d'un saint si prestigieux – au fur et à mesure du succès de son pèlerinage, Abdoul avait apporté des embellissements à l'aménagement de son mausolée –, l'habitude avait été prise de considérer le mausolée d'Abdoul et de son pauvre âne comme celui d'un saint particulièrement influent. Un jour, Abdoul vit s'avancer sur la route un vieil homme en qui il reconnut immédiatement son ancien maître. Le vieil homme était aux abois : après de fortes pluies dans les montagnes, le torrent était sorti de son lit et avait emporté le mausolée dont il était le gardien. Surpris de trouver Abdoul dans une situation si prospère auprès d'un autre mausolée dont il n'avait pas le souvenir, le vieillard commença à poser des questions. « Dis-moi, jeune homme, comment as-tu réussi à devenir le gardien d'un tombeau aussi prestigieux ? Je ne me souviens pas l'avoir vu quand j'ai moi-même parcouru cette route, il y a de cela plusieurs étés. Qui est le saint qui repose dans cette très belle tombe ?[20] » Embarrassé, Abdoul bredouille puis finit par avouer le subterfuge. Il réalisa alors qu'il ne s'est jamais enquis de l'identité du saint dont son vieux maître entretenait le tombeau. A présent que celui-ci avait été emporté par les eaux, le vieil homme pouvait bien à son tour avouer la vérité : il murmura à l'oreille d'Abdoul qu'il s'agissait de son chameau !

Jusqu'à Hamadan, la route continue de grimper. Ecbatane, l'antique capitale des Mèdes, conquise par Cyrus, puis par Alexandre le Grand en 330, ne présente au voyageur que l'aspect d'une cité grise, monotone. Le site archéologique du tell d'Ecbatane ne comporte guère de ruines grandioses en dehors d'une gigantesque statue de lion, mais les restes décevants de murs en briques sèches, guère stimulants pour l'imagination. Accueilli par le directeur de la filiale locale de la Banque impériale de Perse, Reginald Teague-Jones s'informe auprès de lui, on ne sait trop sur quel sujet. Le jour suivant, il passe toute une journée à discuter avec les notables et les marchands les plus en vue de la ville. « Je les trouvais amicaux, mais limités par un esprit de clocher et généralement mal informés sur tout ce qui pouvait se situer au-delà des frontières de leur propre territoire. Cela n'avait rien de surprenant si l'on tient compte du fait que la plus petite des villes iraniennes est en général auto-suffisante pour ses besoins quotidiens. Chaque bazar est une réplique en miniature des plus grands marchés. Chacun possède ses propres sources d'approvisionnement, son industrie et son artisanat local, ses travailleurs du métal, ses tanneurs, ses cordonniers, ses teinturiers, ses fileurs, ses tisserands, ses meuniers, ses bouchers, ses boulangers et bien d'autres métiers encore. Cela limite leurs besoins de relations avec le monde extérieur, et en l'absence de ce contact, ils se renferment dans leur propre société, ne s'ouvrent que lentement à un étranger, particulièrement à un *feringhi*[21]. » Quittant Hamadan, la route se poursuit vers Qazvin, puis plein nord en direction de Tabriz, la capitale de l'Azerbaïdjan iranien, toute proche de la frontière soviétique. Paysage monotone, de villages en *tchaïkhanas*, où l'influence russe se fait sentir de plus en plus nettement. Dans les moyens de transport tout d'abord car sur la route circulent en sens inverse de nombreux *fourgons*, véhicules d'origine russe tirés par un attelage de quatre chevaux. Circulant en convois, ces *fourgons* transportent des produits importés de Russie : cotonnades, sucre, essence ou kérosène en provenance de Bakou. « Quelques-unes de ces caravanes se dirigeant vers le sud étaient chargées d'essence ou de kérosène stockés dans de grands barils métalliques, chacun d'entre eux contenant au moins 40 livres de fuel. Ils avaient été transportés à travers la Caspienne depuis Bakou[22] », note incidemment Reginald Teague-Jones. Les chauffeurs de ces convois étaient invariablement des Tatars d'Azerbaïdjan aux mines sinistres et hostiles qui se distinguaient de celles, beaucoup plus amicales, des chauffeurs persans. Bientôt l'équipage de Zobeida atteint Qazvin : les abords de la ville sont une fois encore décevants et ne reflètent en rien la position stratégique de cette ville au carrefour de quatre voies majeures, celle de Téhéran et du Khorassan, celle de Recht et de la Caspienne, celle de Tabriz et du Caucase et celle de Hamadan et de l'Irak. De Qazvin à Tabriz, la route file vers le nord-ouest pendant près de 400 kilomètres. Elle traverse d'abord une contrée agricole irriguée où fleurissent de nombreux vergers, puis un tronçon particulièrement difficile entre Zendjan et Mianeh. Zobeida peine à accomplir la longue ascension du Kafkan Kuh qui mène à Tabriz. Reginald Teague-Jones y est accueilli par le consul britannique, « Charlie Stevens », en poste à Tabriz depuis de nombreuses années, dont l'hospitalité était légendaire. On aurait bien du mal à trouver dans les archives britanniques la trace d'un quelconque « Charlie Stevens » en poste à Tabriz. Il s'agit très probablement du consul Ernest Bristow effectivement en poste depuis plusieurs années. En 1920, il avait assisté à Tabriz à la révolte de Mohammad Khiabani qui s'était emparé de la police et de l'administration de la ville au nom des « démocrates » et il avait rendu compte des intrigues du consul allemand Kurt Wüstrow farouchement opposé aux Britanniques. Il « n'était pas seulement un hôte merveilleux mais il détenait aussi une véritable mine d'informations sur une quantité de sujets différents. Il entretenait des relations amicales avec les officiels iraniens du gouverneur jusqu'en bas de l'échelle et, en plus, ils disposaient de nombreux amis dans plusieurs cercles différents, y compris les affaires. Je fis la rencontre d'un grand nombre d'entre eux et j'appris beaucoup de choses grâce à eux, en particulier d'un marchand influent. Il me donna des informations très solides concernant le commerce d'import-export avec le Caucase et il était bien informé sur les conditions générales en Iran », écrit sans davantage de précisions Reginald Teague-Jones[23]. Tabriz, capitale de l'Azerbaïdjan iranien et deuxième ville d'Iran, proche de la frontière soviétique et de la RSS d'Azerbaïdjan, est dans l'histoire de la Perse une zone de turbulences politiques voire de tendance séparatiste comme ce sera le cas vingt ans plus tard, à la fin de la Seconde Guerre mondiale, avec la protection des forces d'occupation de l'Armée rouge. Mais au moment du passage de Reginald Teague-Jones à Tabriz, la politique centralisatrice de Reza Shah et la normalisation des relations entre l'Iran et l'Union soviétique – un traité de neutralité et de garantie sera signé en octobre 1927 – limitent le danger de l'influence soviétique. Elle est cantonnée pour l'heure à la sphère commerciale et à l'infiltration d'agents soviétiques parmi les minorités[24] – en premier lieu, les Arméniens et les Azéris – qui formèrent le noyau du parti communiste iranien. Le bazar de Tabriz avait joué un grand rôle lors de la révolution constitutionnaliste qui avait contraint le shah, en décembre 1905, à accorder une Constitution et l'instauration d'un Parlement, le *Madjlis*. Reginald Teague-Jones ne peut ignorer ces faits lorsqu'il se lance dans une visite du bazar de Tabriz à la recherche d'éléments pour son rapport. Malheureusement, il ne rapporte pas la teneur de ses conversations avec les marchands du bazar, se contentant d'en décrire la morphologie. « Les bazars de Tabriz sont fermés, construits d'après le même modèle que ceux de Téhéran ou d'Ispahan. Voici les mystérieux labyrinthes de ces longs passages obscurs, seulement éclairés par quelques ouvertures ménagées dans le toit voûté. Des rayons de soleil traversaient les nuages de poussière, soulevés et tenus en suspension par le mouvement continu de la cohue et qui apparaissaient comme des colonnes dorées dans la semi-obscurité environnante. Les passages principaux comportaient beaucoup de branches plus étroites, et toutes étaient bordées de chaque côté par des rangs continus d'échoppes et de boutiques. Beaucoup n'étaient rien d'autre que des cellules d'une surface de vingt pieds carrés, mais beaucoup d'entre elles comportaient un second box qui servait soit d'entrepôt soit de bureau à l'arrière ; parfois, ils ouvraient sur une cour pavée ou même sur un véritable caravansérail où la marchandise était chargée ou déchargée de la caravane ou des animaux de transport, directement dans la propre cour du marchand[25]. » Après l'Azerbaïdjan iranien, Reginald Teague-Jones projetait de visiter le littoral caspien, cette région du Gilan autour de Recht qui avait vu en 1915 le début du mouvement de rébellion des Jangalis. Ce mouvement de guérilla et de révolte à la fois anti-russe et anti-britannique dirigé par le mollah Mirza Kutchuk Khan (1878-1921) tirait son nom de la forêt (*jangal* signifie la jungle) subtropicale humide qui couvre cette plaine du littoral caspien, proche du Caucase et de son laboratoire de révolutionnaires. Reginald Teague-Jones ne pouvait manquer d'être attiré par le Gilan. Certes, la révolte Jangali n'était plus qu'un souvenir – Reza Khan alors ministre de la Guerre l'avait sévèrement réprimée à l'automne 1921 – mais revenir aux abords de la Caspienne dans une région qu'il n'avait pas connue en 1918-1919 lui semblait indispensable pour son grand tour du territoire iranien. Abandonnant son projet initial de se rendre aux abords du lac d'Ourmiah, il retourne à Qazvin avant de piquer plein nord vers Recht et Enzeli. Pour accéder aux plaines du littoral caspien, il faut franchir la chaîne de l'Elbourz, par le col de Manjil. Ici intervient un épisode périlleux provoqué par l'un de ces *fourgons* qui circulaient en convoi. Reginald Teague-Jones s'en souviendra toute sa vie. « Le col de Manjil ? Ciel ! Une piste très étroite, beaucoup de poussière, le radiateur bouillant. J'entends des cloches tinter et à la sortie d'un virage surgit l'un de ces fourgons tiré par quatre chevaux. Ils furent effrayés par ma voiture, commencèrent à se cabrer, alors j'ai essayé de les éviter mais au lieu d'un fossé, je me suis retrouvé à moitié suspendu au bord d'un précipice. J'ai été sauvé par le pont arrière et la boîte de vitesses. Si j'avais ne fût-ce qu'éternué, j'étais perdu[26]. » Inutile de compter sur l'aide des cochers tatars qui passèrent leur chemin, Reginald Teague-Jones et Abdoul parviendront à hisser et à remettre Zobeida sur la route grâce à l'aide des villageois locaux. Arrivé à Recht où il est accueilli par le vice-consul britannique, il prend la mesure de la présence soviétique dans la région. Une mission commerciale débarquée de l'un des navires soviétiques d'aspect vétuste arrivés à Enzeli et l'industrie du caviar rappellent l'intérêt des Russes pour cette partie méridionale de la Caspienne. Atmosphère tropicale, vaisseaux soviétiques mornes et rouillés, Reginald Teague-Jones observe, tape une ou deux notes, photographie les navires au grand dam de l'équipage, puis reprend la route en direction de Téhéran.

L'Iran du nord au sud : de Téhéran à Bouchire

Depuis la fin de la Première Guerre mondiale et le dernier passage de Reginald Teague-Jones, la capitale de la Perse avait été le théâtre d'importants bouleversements politiques à la suite du coup d'Etat de Reza Khan (1878-1944), un militaire persan commandant de la brigade cosaque, qui serait parvenu au pouvoir grâce au soutien occulte du War Office[27]. Le 21 février 1921, ses hommes s'étaient emparés de Téhéran. En avril 1921 à la faveur d'un remaniement du gouvernement du shah, il était devenu chef des armées et bientôt ministre de la Défense. Son projet, révolutionnaire, consiste à réformer la Perse de fond en comble, à mettre fin à l'anarchie régnante, à faire triompher la raison d'Etat en restaurant l'autorité de l'Etat central et en affirmant le principe national. Au général Edmund Ironside, réputé être l'inspirateur direct de la conspiration de Qazvin, Reza Khan avait promis de ne pas porter atteinte à la continuité de la dynastie Qajar dont le dernier représentant, Ahmad Shah, perpétuellement absent, vivait dans l'opulence loin de la Perse. Cependant, en octobre 1925, le *Madjlis* proclamait la déchéance des Qajars et peu après, une assemblée constituante élue pour l'occasion confiait la couronne à Reza Pahlavi et à sa descendance. Une nouvelle dynastie, celle des Pahlavis, était née et avec elle, l'Iran, une nation dont le nouveau souverain finira par imposer le nom aux chancelleries étrangères dix ans plus tard. Reginald Teague-Jones arrive à Téhéran à la veille du couronnement de Reza Shah, le 25 avril 1926. « A mon arrivée à Téhéran, on parlait beaucoup dans les cercles officiels du couronnement imminent du shah mais on ne notait guère de signes d'excitation dans la ville elle-même. Les gens ordinaires avaient l'air de prendre les choses très calmement et vaquaient comme d'habitude à leurs affaires[28]. » Reginald Teague-Jones dispose à Téhéran de nombreuses relations – il ne les nomme pas – au sein d'une légation britannique agitée par les préparatifs du couronnement. L'ambassadeur sir Percy Loraine était à Londres, mais son épouse Louise Loraine ainsi que Vita Sackville-West sont absorbées par la cérémonie du couronnement. Comme aucune tradition n'existait vraiment dans ce domaine en Iran, elles étudient les symboles du pouvoir royal – trônes, poignards, couronnes, sceptres, etc. – d'après des descriptions du couronnement de George V et les deux ladies peignent la salle du couronnement en rose ! De la société aristocratique, interlope et excentrique des diplomates britanniques de Téhéran, Reginald Teague-Jones ne dit à peu près rien. Il mentionne simplement des liens particuliers avec « l'attaché commercial » chez qui il séjourne à Téhéran. Il s'agit sans doute du nouveau chargé d'affaires et conseiller Harold Nicolson nommé l'année précédente à Téhéran où il était arrivé avec son épouse, la très fantasque poétesse et romancière Vita Sackville-West. Harold Nicolson était né à Téhéran où son propre père avait été chargé d'affaires, avait entamé une carrière au sein du Foreign Office tout en nourrissant des ambitions littéraires et artistiques. A n'en pas douter, le séjour de Reginald Teague-Jones auprès du couple peu conforme que formaient Harold Nicolson et Vita Sackville-West a dû être distrayant mais il n'en dit rien. Son récit n'est pas une chronique mondaine de la société diplomatique de Téhéran, ni des frasques d'un couple « ouvert » à de multiples liaisons homosexuelles. C'est en revanche un vivant portrait des marchands et des négociants de Téhéran. « Je passais beaucoup de temps dans la journée assis dans leurs bureaux ou accroupi dans leurs sérails, discutant paresseusement de presque tous les sujets depuis l'importation des cotonnades jusqu'à l'exportation de peaux de chèvre et d'abricots secs et aussi de questions diverses comme par exemple celle de savoir si le transport automobile remplacera un jour le chameau ou la mule et celle, très débattue, de l'usage de teintures chimiques ou végétales dans l'industrie du tapis. Tout cela bien sûr se déroulait tout en consommant un nombre incalculable de verres d'un thé chaud et sucré avec en arrière-fond l'accompagnement sonore du grommellement des chameaux, les jurons des muletiers et le bouillonnement soporifique des pipes à eau. Pendant ce temps, j'accumulais une masse de notes diverses que je condensais plus tard dans mes rapports à l'intention de mes amis de Londres[29]. » C'est auprès d'un négociant juif en cotonnades de Manchester que Reginald Teague-Jones rencontre la Persane moderne, ni *houri* de feu, ni matrone voilée. « Une belle femme aux yeux sombres, beaucoup plus jeune que son mari. Elle avait un visage gracieux et des manières plaisantes et vives. Ses cheveux noirs bouclés étaient coupés court ce qui mettait en valeur la fine courbe de son cou et rehaussait toute la jeunesse de son apparence. Elle portait un chemisier de soie orange de fabrication occidentale au col ouvert et serré à la taille par une ceinture de cuir dorée. Le seul vêtement oriental qu'elle portait était ses pantalons bouffants en soie bleu sombre. Ses pieds étaient revêtus de sandales raffinées de cuir doré qui avaient l'air de venir directement de la Cinquième Avenue ou de la Rue de la Paix et les ongles étaient vernis de rose. Ses bijoux consistaient en une paire de boucles d'oreille de jade, un collier assorti et une alliance en or[30]. » Elégante simplicité occidentale, dévoilement du visage et du corps d'où émane un érotisme discret… On décèle dans ce portrait de femme iranienne, musulmane et moderne des années 1920 quelque chose qui exprime tous les paradoxes et les mutations à venir de la société iranienne du XXe siècle. Naturellement, Reginald Teague-Jones y est très sensible non pas simplement parce qu'il tombe immédiatement sous le charme de cette femme mais parce que son histoire est emblématique. Le marchand juif en avait fait sa maîtresse, après l'avoir sauvée in extremis de la lapidation dans un lointain village où une rumeur d'adultère avait alerté son mari jaloux. Sous le *tchador*, la femme s'était révélée belle, jeune et attirante. Il l'avait ramenée à Téhéran, avait vécu avec elle jusqu'à ce que la rumeur se répande dans le quartier et alerte les autorités religieuses. Puisqu'il était inconcevable qu'un juif épouse une musulmane, le marchand était donc parvenu à un compromis avec le mollah local, devenu incorruptible à ce stade de l'affaire. Il allait abjurer publiquement sa foi, se convertir à l'islam et épouser la femme en vertu de la loi musulmane. Depuis lors, ils vivaient parfaitement heureux. La femme, quant à elle, avait accompli depuis le village jusqu'à la capitale une trajectoire sociale qui résume les paradoxes de la société iranienne, déjà moderne dans la sphère domestique, patriarcale et traditionnelle dans la sphère publique, mais aussi capable de mettre en œuvre, comme c'est le cas ici, un compromis viable avec les lois de l'islam. Mais déjà le séjour de Reginald Teague-Jones touche à sa fin. Toujours accompagné d'Abdoul, il reprend la route à bord de Zobeida en direction de Qom et d'Ispahan.

Dans un terne paysage uniformément *kaki* – c'est-à-dire couleur de terre, le terme est persan –, la route se poursuit vers le sud. Cette route ou ce qui en tient lieu comporte toutes sortes d'obstacles pour les véhicules motorisés depuis les canaux d'irrigation directement creusés à travers elle, créant ainsi de périlleuses ornières, jusqu'aux fers semés sur la piste par la circulation des ânes et des mulets provoquant la crevaison des pneus. La question des routes en Perse est un sujet de préoccupation constante pour les services de renseignements britanniques, surtout depuis la fin de la Première Guerre mondiale. Le renseignement dans ce domaine ne consiste pas seulement en informations « secrètes », mais en anecdotes qui portent la marque du vécu. Comme Reginald Teague-Jones, Vita Sackville-West mentionne dans son journal de voyage à Téhéran la difficulté des voies de communication en Perse et la présence sur les « routes » des cadavres d'ânes et de chameaux. Mais là où elle s'en émeut par une sympathie toute britannique à l'égard des animaux, Reginald Teague-Jones en comptabilise les inconvénients pratiques du seul point de vue de la circulation automobile. Ville sainte et centre religieux du chiisme, Qom finit par apparaître à l'horizon, couverte d'une décevante grisaille. « A part la grande mosquée et le mausolée qui font la réputation de la ville, il n'y a rien qui puisse distinguer Qom de n'importe quelle autre ville moyenne iranienne, sauf peut-être le grand nombre de caravansérails mis à la disposition des pèlerins et des corps de leurs proches défunts qu'on amène dans la ville en réclusion[31]. » En 1923, des oulémas irakiens – les chiites étaient alors en révolte contre le mandat britannique en Irak – étaient arrivés à Qom, devenue un centre de contre-pouvoir à proximité de la capitale iranienne. Les autorités religieuses redoutaient en effet que Reza Shah mette en œuvre en Iran un programme de réformes laïques et antireligieuses comparable à celui de Mustafa Kemal en Turquie. « Même aujourd'hui Qom a la réputation d'être le centre religieux de nombreux bigots. A Téhéran, Mohammed Ishaq m'avait bien informé que le nouveau shah, Reza Pahlavi, devrait faire très attention dans son intention avouée d'introduire des réformes du même type que celles formulées par Mustafa Kemal en Turquie, et plus particulièrement au regard de la délicate question de l'émancipation de la femme. S'il ne prenait pas garde, il se heurterait inévitablement à l'hostilité des fanatiques religieux à Qom qui sont capables de semer un trouble très sérieux à travers le pays. En période de troubles intérieurs, la ville sainte serait presque certainement un centre de danger et d'instabilité[32]. »

Arrivé à Ispahan, Reginald Teague-Jones est intarissable sur la beauté des monuments légués par Shah Abbas Ier (1587-1629) à la ville qu'il transforma en capitale impériale. Ispahan qui semble assoupie à l'écart du monde moderne et de l'âge mécanique est une ville verte, ceinte de peupliers et de *chenars* (le platane oriental que Reginald Teague-Jones considère comme le plus beau des arbres), et une ville bleue, bleu des céramiques, des montants des fenêtres jusqu'à l'azur incomparable du ciel. A Ispahan, Reginald Teague-Jones réside chez le directeur de la filiale locale de la Banque impériale de Perse. Il musarde dans les ruelles, parcourt la *Meidan* et le bazar, photographie et filme les scènes de la vie quotidienne à la manière d'un ethnographe. Le soir, selon son habitude, il consigne ses notes dans son carnet. La personnalité qu'il choisit de faire émerger de ses rencontres à Ispahan est un marchand arménien, un certain « Tutundjian » établi à Nor Djoulfa (la « Nouvelle Djoulfa ») dans la proche banlieue d'Ispahan. Fondée par Shah Abbas, la ville de Nor Djoulfa rassemble une remarquable communauté de marchands arméniens. Originaires de Djoulfa, une ville marchande florissante située sur la rive gauche de l'Araxe – aujourd'hui dans la république autonome du Nakhitchevan rattachée à l'Azerbaïdjan –, ses habitants avaient été déportés à la suite des victoires remportées par les Perses contre les Ottomans. La déportation forcée puis l'installation des Arméniens dans la « nouvelle Djoulfa » faisaient partie d'un plan économique à grande échelle. En déplaçant vers la capitale, Ispahan, le réseau international des marchands arméniens, la Perse pourrait bénéficier d'une prospérité économique que le savoir-faire et les réseaux des marchands arméniens dans le commerce de la soie et de l'argent étaient seuls capables de lui assurer. Tutundjian rappelle prudemment ces faits à Reginald Teague-Jones. Il évoque le caractère forcé de cette déportation massive dont l'importance statistique n'est pas évaluée avec certitude par les historiens[33]. Mais il évoque aussi ce passé de réclusion des marchands arméniens car ils formaient à Nor Djoulfa, dans cette ville nouvelle, avec son avenue principale, ses rues parallèles et ses quartiers où dominait telle ou telle dynastie marchande, une classe privilégiée et protégée personnellement par le shah, isolée de la population musulmane. Tutundjian explique à Reginald Teague-Jones que « pour éviter des frictions avec les éléments religieux musulmans à Ispahan, les Arméniens chrétiens furent obligés de vivre strictement dans les limites de leur nouvelle colonie et il leur fut interdit de faire des affaires à Ispahan.

"Mais cette mesure de bannissement est-elle toujours en vigueur aujourd'hui ? lui demandais-je.

— Elle est restée en vigueur pendant trois cents ans, mais maintenant avec le régime actuel, cette mesure a été levée et nos marchands peuvent se rendre librement dans le quartier commercial moderne de l'autre côté de la rivière."[34] »

En Perse, les liens sont intimes et anciens entre les réseaux du commerce et ceux du renseignement. Reginald Teague-Jones se contente d'évoquer l'envergure internationale de ce marchand dont les affaires s'étendent jusqu'à Paris, Londres et New York, sans livrer la teneur exacte des informations « très utiles » qu'il lui communiqua autour d'une tasse de café et d'un verre de vin fabriqué localement par les Arméniens. N'est-ce pas là l'un des privilèges dont peut jouir une minorité chrétienne en pays musulman ?

Izad Khast, vision fantastique d'un vaisseau de pierre échoué dans un canyon asséché, Abadeh, Persépolis, les deux hommes continuent leur descente à bord de Zobeida vers Chiraz, la capitale du Fars. Lors de sa mission dans le golfe Persique en 1917, Reginald Teague-Jones n'avait pas eu l'occasion d'aller jusqu'à Chiraz dont le seul nom résume la Perse. Comme toujours en voyage, la réalité ne s'avère pas à la hauteur des représentations. Reginald Teague-Jones y jouit de l'hospitalité de son vieil ami le consul britannique « qui avait passé l'essentiel de son service en Iran et parlait la langue tout à fait couramment. Il était l'un de ces Anglais en vogue – sir Percy Sykes en était un autre exemple remarquable – qui avaient vendu leur âme au pays et à ses habitants et qui avaient ainsi gagné la réputation d'être plus persans que les Persans[35]. » Bien qu'enchanté par Chiraz et par la perspective des nombreuses excursions archéologiques dans ses environs – les ruines achéménides à Pasargadae, Naqshi-i-Rustom, Persépolis et Istakhr –, Reginald Teague-Jones n'a guère de temps à consacrer au tourisme. Son objectif est de pousser plus au sud pour rejoindre le golfe Persique et Bouchire. Ce retour à Bouchire est certainement motivé par le devoir de faire un rapport circonstancié sur l'état de la terrible route des Kotals où dix ans auparavant – Reginald Teague-Jones s'en souvient – avait erré Wassmuss, lequel était justement revenu à Bouchire en 1924. Reginald Teague-Jones avait-il l'intention de le rencontrer? En tout cas, rien ne pouvait retarder sa détermination à rejoindre Bouchire, pas même les pluies violentes et les glissements de terrain qui avaient récemment rendu la route encore plus impraticable et le franchissement des terribles cols toujours plus périlleux. « La route était mauvaise par beaucoup d'endroits. Zobeida bouillait furieusement alors qu'elle luttait pour gravir en première les longs virages et à plusieurs reprises, je crus que jamais je n'atteindrais le sommet du col. Mais la vue qui s'offrait depuis le sommet valait tous ces efforts et je fus récompensé par ce grand panorama de chaînes de montagnes pelées dont la hauteur décroissait régulièrement, diminuant jusqu'à devenir de simples collines pour se perdre dans la brume côtière du golfe Persique[36]. » Le lecteur de Reginald Teague-Jones n'en saura pas davantage sur Bouchire. En dehors de la présence d'un Wassmuss plutôt éreinté, les Britanniques craignaient une reprise éventuelle des activités allemandes dans la région. L'Allemagne était redevenue si offensive sur le marché iranien que l'année suivante, en 1927, la firme Junkers ouvrit une première liaison aérienne entre Enzeli, Téhéran et Bouchire. Reginald Teague-Jones venait d'accomplir par la route ce même parcours, de la Caspienne au golfe Persique. Un axe fondamental dans un territoire encore dénué de routes véritables, mais où, par une volonté de nationalisme économique, Reza Shah fera entreprendre dès 1927 les travaux du chemin de fer transiranien : l'axe nord-sud prenait bonne tournure. De leur côté, les Britanniques tentaient de faire valoir la nécessité d'un chemin de fer d'ouest en est, de Khanaqin sur la frontière irakienne jusqu'à Téhéran via Hamadan[37]. Le périple de Reginald Teague-Jones s'inscrit ainsi dans cette grande bataille géopolitique autour de l'organisation et de la construction des voies de communication sur le territoire iranien.

L'Iran d'ouest en est : retour au Baloutchistan

Des désaccords sur le parcours survinrent entre le consul de Chiraz et Reginald Teague-Jones. Orientant le voyageur vers la route qui lui semblait la plus sûre, le consul est partisan de celle du nord qui fait un long détour par Yezd. Reginald

Teague-Jones veut prendre au contraire la route du sud, celle qui va directement de Chiraz à Kerman en passant par Niriz, réputé être le plus terrible repaire de brigands de la région. Cette route directe, la plus courte, avait été partiellement réparée par les Britanniques pendant la guerre, mais était tombée en désuétude depuis lors. Pas de ligne télégraphique, pas de postes de milice, beaucoup de brigands de grand chemin, elle était décidément une excellente introduction à cet Orient iranien, une « terre oubliée d'Allah », où Abdoul refuse catégoriquement, en dépit de son attachement sincère à Reginald Teague-Jones, de s'aventurer. Il fallut embaucher un autre serviteur qui s'avérera d'emblée bien moins sympathique et, à l'épreuve, bien moins loyal. Il y eut encore des fers à mulet provoquant des crevaisons, la nécessité de recourir à l'huile de moutarde pour lubrifier le moteur de Zobeida – le nouveau factotum ayant oublié de mettre dans le chargement un précieux bidon d'huile ! –, des erreurs d'orientation, le départ du serviteur déloyal et l'inévitable tentative d'attaque de brigands. Et bien d'autres exploits encore que Zobeida et Reginald Teague-Jones, désormais seuls, accomplissent ensemble jusqu'à Kerman. De là, le plan initial du voyage prévoyait de rejoindre Zahedan et de filer plein nord vers Meched dans le Khorassan – une voie que Reginald Teague-Jones avait déjà parcourue à pied et à dos de mulet en 1918 – avant de revenir à Téhéran. Il connaissait cette route pénible et ennuyeuse qui avait été le prélude à ses aventures dans le Turkestan russe. Morne perspective qu'un télégramme providentiel vint heureusement modifier. « Il venait du conseil d'administration. Ils me remerciaient pour ma dernière fournée de rapports et me demandaient de me rendre aussi vite que possible en Inde, pour examiner leur organisation locale là-bas et dans d'autres pays encore plus à l'est. Je devrais les avertir dès mon arrivée à Bombay. Ce rebondissement, aussi bienvenu qu'inespéré, était survenu de la manière la plus opportune parce qu'il allait me dispenser de cette longue randonnée monotone jusqu'à Meched. Mais la question qui se présentait était la suivante, comment étais-je censé me "rendre" en Inde ? Normalement, cela aurait dû signifier rentrer à Téhéran, puis de nouveau prendre la route de Kermanshah à Bagdad, de là à Bassorah et ensuite par mer jusqu'à Bombay. Comme je l'appris plus tard, c'est ce que les directeurs à Londres s'attendaient à me voir faire. Il me traversa l'esprit de passer par l'Afghanistan. C'était là l'un de mes vieux rêves, mais j'écartai rapidement ce projet impraticable. Des permis seraient nécessaires et se les procurer entraînerait trop de retard. Cela semblait complètement incompatible avec la nécessité de "se rendre aussi vite que possible" à Bombay. Il y avait juste une autre alternative. Je pouvais contourner l'Afghanistan et atteindre l'Inde "par la porte de derrière" en continuant ma route à l'est de Kerman. Cela semblait une solution évidente parce qu'il me semblait tellement ridicule de revenir sur mes pas à travers le plateau iranien alors que la route qui s'ouvrait devant moi était tellement plus courte[38]. » Une décision audacieuse qui au-delà des ruines de la fantastique forteresse de Bam entraîna Reginald Teague-Jones dans la traversée du Dacht-e Lout, littéralement le « désert du vide », une zone abiotique où bientôt la piste se perd, puis disparaît dans les bancs de sable, de sel et de roches. Sur 480 kilomètres de long et 320 kilomètres de large, ce désert présente d'énormes obstacles : le sol sec est mouvant ou croûté, la chaleur y est hallucinante et de violents orages y surviennent au printemps, la saison où précisément Reginald Teague-Jones entreprend son voyage. Le Dacht-e Lout n'avait pas encore fait à cette époque l'objet de sérieuses explorations et les rares explorateurs qui s'y étaient aventurés décrivaient les particularités impropres à la circulation automobile d'un sol formé de couches de gravier et d'argile intercalées avec des croûtes de sel. Terrible désert mais aussi solide frontière entre la Perse centrale et l'Afghanistan, le Dacht-e Lout surpasse le Gobi et le Kizil-Koum, qui en comparaison semblent des prairies fertiles selon l'estimation de Khanikov. Ce désert que va devoir braver Zobeida ne présente pas le même caractère que le désert syrien. Pour une automobile, il s'agit en fait de « naviguer » sur une immense nappe de boue desséchée et salée : un *kevir* est en fait un lac où l'état solide remplace peu à peu l'état liquide. Reginald Teague-Jones décrit la surface de ce désert comme étant complètement plate, recouverte d'une fine couche de graviers. En dessous un sable très fin et poudreux où l'on s'enfonce facilement, véritables sables mouvants secs par endroits. L'ensemble de ces facteurs constitue une rude épreuve pour Zobeida dont le radiateur atteint presque un point d'incandescence et qui ne cesse de caler malgré les encouragements de son conducteur. Tempête, sables mouvants, enlisement, à plusieurs reprises la situation semble désespérée dans cette contrée oubliée d'Allah... jusqu'à ce que l'éclatement providentiel d'un pneu inspire à Reginald Teague-Jones l'idée de dégonfler les pneus au minimum, ce qui permettra enfin à Zobeida de surmonter les sables du Lout. Dans un horizon voilé par des mirages, Reginald Teague-Jones épuisé par les épreuves perçoit une forme indistincte. « Les distances sont trompeuses dans le désert, surtout avec les mirages qui constamment vous troublent la vue. Rapidement, l'objet devint plus distinct, bien que toujours d'apparence éthérée comme suspendue dans l'air. Quelques minutes plus tard, apparut un corps solide présentant la forme d'une haute tour circulaire, s'élevant au moins à plus de soixante pieds au-dessus de la surface du désert, comme un phare en briques rouges au beau milieu d'un océan de boue[39]. » Cette magnifique apparition n'est autre que la *Mil-i-Nadiri*, la tour de Nadir, une tour de guet et aussi une sorte de borne fortifiée, édifiée dit-on à l'époque de Nadir Shah dans les années 1149-1160 sur la voie caravanière qui traversait le Dacht-e Lout. Debout dans la solitude du désert, au lieu-dit de Fahraj – aujourd'hui un village –, la splendide tour a un aspect fascinant. Reginald Teague-Jones la photographie tout en cadrant également Zobeida. La tour l'oriente et lui permet de reprendre sa navigation en direction de Zahedan. Au Baloutchistan, il faudra encore affronter une violente tempête. Plus loin, la piste réapparaît mais bloquée par des glissements de terrain ou des rochers, le conducteur doit littéralement construire une route sous les roues de Zobeida. Mais, peu à peu, le paysage change, des montagnes apparaissent dans l'horizon lointain et pour la première fois depuis la tour de Nadir, des traces de présence humaine. Parmi les embûches les plus pénibles décrites sur un mode résolument comique, le cadavre putride d'un chameau constitue une autre expérience de terrain mou pour la pauvre Zobeida. Cependant, le voyage prend meilleure tournure, le conducteur a retrouvé le moral et distingue au loin la forme reconnaissable du Kuh-Malik-Siah, véritable borne élevée au-dessus des platitudes désertiques, point de repère situé à la rencontre des frontières de la Perse, de l'Afghanistan et de l'Inde (aujourd'hui le Pakistan). La vue de la montagne signifie la promesse d'arriver bientôt à Zahedan, à l'époque Douzdab – « l'eau des voleurs » : tout un programme dans ce pays où raiders, brigands et trafiquants pullulent encore aujourd'hui –, une petite ville reculée du Baloutchistan, poste-frontière iranien et terminus du chemin de fer de Quetta. Reginald Teague-Jones et Zobeida ont triomphé ! Connaissant déjà la partie indienne du Baloutchistan, Reginald Teague-Jones se laisse convaincre par l'employé des chemins de fer de prendre avec Zobeida, hissée sur une plate-forme, le train en partance pour Quetta. Après tout, il avait son compte d'exploits sportifs étant d'ores et déjà le premier automobiliste à avoir traversé en solitaire le désert depuis Kerman. Zobeida est donc embarquée, mais c'est sur ses quatre roues que elle et Reginald Teague-Jones feront leur entrée triomphale dans le cantonnement de Quetta. C'est précisément à ce moment qu'un pneu de Zobeida explose, bruyant et joyeux épilogue de ses aventures persanes. Zobeida ne refera plus ce voyage, mais Reginald Teague-Jones, lui, reprendra cette route, de Bombay à Londres, en 1928, à bord d'une voiture fournie cette fois par William Morris.

Archéologie d'un regard sur le monde des années 1930

Dans le récit de ses aventures en Perse, Reginald Teague-Jones mentionne d'autres missions pour le compte des « manufacturiers britanniques » qui l'ont amené plus tard à entreprendre des voyages « encore plus à l'est ». Il semble être resté partiellement basé en Inde à la fin des années 1920, mais il pousse encore plus à l'est, vers Ceylan, la Birmanie, la Thaïlande et Singapour, bastion commercial et point nodal de l'influence britannique en Asie, des voyages dont il n'est pas aisé de démêler la finalité touristique ou politique. Peu ou pas d'éléments d'archives manuscrites, mais en revanche de nombreuses photographies et des films dont Reginald Teague-Jones est l'auteur, conservés dans les fonds de l'Imperial War Museum, en témoignent. On le savait doté de talents artistiques : excellent dessinateur, peintre amateur et bon photographe. Durant les années 1920, Reginald Teague-Jones a ajouté une caméra à son attirail de voyage et révèle dans ce domaine des dispositions évidentes. Sa collection considérable de photographies montre un goût pour le « portrait ethnographique ». Ses films sont le prolongement et le complément animé de ces scènes et de ces paysages, sorte de carnet d'esquisses en mouvement où il expérimente des rudiments de la technique cinématographique, promène son regard sur l'Orient colonial. Entraîné à la mémoire photographique – la première qualité du bon espion selon John Buchan ! –, Reginald Teague-Jones explore avec familiarité et sympathie, l'altérité du monde. Les dix-neuf bobines amateur léguées à l'Imperial War Museum permettent de tenter une archéologie du regard, apport considérable dans la biographie d'un professionnel de l'observation. La caméra de Reginald Teague-Jones est sensible aux gestes, ceux des « gondoliers » indiens du lac Dal qui godillent par un curieux mouvement de jambes en dedans, ceux des fileuses mettant en action leur rouet, ceux du pêcheur lançant son filet, ceux du potier ou du barbier, du tisserand ou du cantonnier indien – l'un creuse avec sa pelle, l'autre aide le mouvement du manche avec une ficelle –, gestes sublimes ou comiques de l'artisanat traditionnel et de l'intelligence humaine. En gros plan, l'œil-caméra de Reginald Teague-Jones réussit à apprivoiser ses sujets parmi les tribus du Kenya et du Tanganyika, capte les mouvements des corps, les danses, les rythmes. Au Moyen-Orient, en Egypte ou en Palestine, où les populations montrent une certaine réticence à l'égard de la photographie, la caméra se fait plus discrète, se cache ou se pose sur le rebord d'un talus. Elle surprend alors le fascinant spectacle des scènes de rues : le boulanger, l'artisan, l'écrivain public dans le quartier arabe de la vieille ville de Jérusalem dans les années 1930, l'extraordinaire bigarrure sociale d'une rue du Caire. Capter le réel, regarder les passants, humains ou animaux – dans l'Orient des années 1930, ânes et chameaux sont encore les souverains de la route –, Reginald Teague-Jones aime parfois s'embusquer au bord d'une route ou à la porte d'une ville, à l'entrée d'une église ou dans le coin d'une mosquée. Il pratique alors le plan fixe déclenchant sa caméra au rythme et aux hasards des micro-événements. Ces rouleaux de pellicule patinée par le temps révèlent en noir et blanc, parfois en couleurs, un regard sur le monde colonial et donnent un éclairage sur le monde intérieur de Reginald Teague-Jones. Sans doute filme-t-il en amateur et par plaisir, mais sa « filmographie » n'est pas sans rappeler l'intention filmique des « archives de la planète » du banquier Albert Kahn : tout filmer avec l'ambition de dresser l'inventaire d'un monde promis à une proche disparition.

Une idylle cairote...

Depuis la fin des années 1920, Reginald Teague-Jones multiplie, à partir de l'Inde, les déplacements dans l'Empire britannique. A Londres, il ne fait que des apparitions épisodiques, pour rencontrer ses commanditaires qu'il s'agisse de Whitehall ou des représentants des industriels, régler des affaires administratives ou bancaires pour le compte de ces fameux « Eastern Exporters » à Mitre Court, sur Fleet Street, où il se fait adresser un temps son courrier. Sans doute profite-t-il de ses séjours à Londres pour assister à quelques conférences à la Royal Geographical Society dont il est membre, mais il n'y fait lui-même aucune allocution alors que sa récente traversée du Dacht-e Lout aurait largement mérité un compte-rendu auprès des membres de la prestigieuse société. Mais en juillet 1933, c'est une affaire d'ordre personnel qui le ramène à Londres. Il vient mettre secrètement un terme à son mariage avec Valia Alexeïeva, donnant une tournure officielle à une séparation de fait qui durait déjà depuis plusieurs années. De ce premier mariage avec Valia, il ne sera plus question jusqu'en 1988 avant que Reginald Teague-Jones n'en révèle l'existence à la directrice de Charlton House. Un mariage qui appartenait au temps de la jeunesse et de l'existence aventureuse dans le monde du renseignement, intimement lié à l'identité même de Reginald Teague-Jones, désormais « disparu » et qui pour cette raison même ne devait être révélé à personne, pas même à sa nouvelle épouse. C'est au Caire qu'en octobre 1933, Reginald Teague-Jones (Ronald Sinclair) épousa Elsa (Taddie) Danecker, fille d'un ingénieur allemand, Hermann Ferdinand Danecker[40]. On ne sait rien des circonstances qui ont présidé à la rencontre de Reginald Teague-Jones avec cette grande et sympathique Allemande de bonne famille. Avait-elle quitté l'Allemagne à la suite de l'accession d'Hitler au pouvoir ? Ou était-elle installée en Egypte avec sa propre famille depuis une plus longue période ? En tout cas, c'est un homme fait de 44 ans qui épouse Elsa Danecker et elle-même n'est d'ailleurs plus une jeune fille. Si Reginald Teague-Jones ne lui confiera pas tous ses secrets, à commencer par celui de son identité véritable, il entame avec elle une existence apparemment libérée de toute contrainte matérielle. Le couple n'aura pas d'enfants et dispose d'une certaine aisance. Jusqu'à la Seconde Guerre mondiale qu'ils passeront à New York, Reginald Teague-Jones et Taddie, ou plus exactement « Ron » et Taddie, passent le plus clair de leur temps à voyager en Egypte, en Palestine, à Ceylan, en Inde, en Birmanie, à Singapour et en Thaïlande. Depuis l'Inde, ils empruntent les lignes de paquebots qui les mènent via Aden et Mombasa à un safari au Kenya et au Tanganyika. Un couple sympathique, sans attaches géographiques et familiales, capable d'attirer un flot constamment renouvelé d'amis issus d'horizons les plus divers. Un couple ouvert aux autres pour qui les relations, les amitiés, les nouvelles rencontres sont de la plus haute importance. Conformément aux usages de la bonne société, Taddie tiendra jusqu'à la fin de son existence un « livre de visites » comportant les signatures et les commentaires des personnes qu'elle recevait. Quant à Reginald Teague-Jones, il tenait un carnet d'adresses constamment réactualisé comportant des notes parfois très précises – déformation professionnelle oblige ! – sur les personnes dont il avait inscrit les noms. Unetelle rencontrée lors d'un voyage en paquebot, tel couple « à la femme très charmante » croisé lors d'un dîner dont la date sera mentionnée. Ce second mariage repose sur les agréments de la vie en société, les loisirs et les voyages. La question de leurs moyens de subsistance reste cependant assez mystérieuse. Peut-être Taddie disposait-elle d'une certaine aisance due à sa propre famille, quant à Reginald Teague-Jones, il devait continuer à remplir des « missions commerciales », tout en s'exerçant au journalisme comme en témoigne, çà et là, la publication d'articles dans le *Illustrated Weekly of India*, dans le courant des années 1930.

Du séjour de Reginald Teague-Jones en Egypte, on ne connaît ni la durée, ni le motif exact en dehors du mariage célébré au consulat britannique. Il n'est évidemment pas exclu que les manufactures de Manchester l'aient mandaté pour une quelconque affaire ayant trait au coton ou à l'industrie textile, tout comme il est possible que sa présence au Caire s'explique par une mission précise pour le renseignement en rapport avec la politique allemande au Moyen-Orient. En dépit de l'indépendance égyptienne proclamée en 1922, la Grande-Bretagne continuait d'exercer sur l'Egypte un protectorat informel. Les fameuses « quatre réserves » disposaient en effet, au grand dam des nationalistes du Wafd dirigé par Saad Zaghloul, que les Anglais continueraient à y exercer tout pouvoir afin d'assurer la sécurité des communications de l'Empire britannique, la défense de l'Egypte contre toute agression étrangère directe ou indirecte, la protection des intérêts étrangers et l'existence du condominium anglo-égyptien au Soudan. Ainsi, malgré son indépendance et le succès électoral remporté par Saad Zaghloul en 1924, la présence britannique était toujours aussi solidement établie sur le canal de Suez et sur le Soudan, pays qui commande le régime des eaux du Nil. La Grande-Bretagne conservait donc au début des années 1930 toute sa liberté d'action en Egypte. Et Le Caire, où les Anglais avaient créé un « Bureau arabe » pendant la Première Guerre mondiale, était devenu le quartier général commandant la présence britannique dans l'ensemble du Moyen-Orient. En 1921, lors de la conférence du Caire conduite sous la houlette de Winston Churchill, alors jeune secrétaire d'Etat aux Colonies, le général Allenby, le colonel Lawrence, Gertrude Bell, sir Percy Cox avaient fixé, sur les ruines de l'Empire ottoman, le sort définitif des nouvelles possessions britanniques au Moyen-Orient. Partout, la Grande-Bretagne avait imposé ses clients couronnant, en dépit des résistances locales, le prince Fayçal, le fils du chérif Hussein de La Mecque, en Irak et le prince Abdallah en Transjordanie. Avec la Palestine sous mandat britannique, l'Angleterre contrôlait désormais un continuum territorial de Jérusalem à Bagdad, non sans avoir trahi la cause des Arabes ardemment défendue par Lawrence durant la guerre. Il est intéressant de savoir quel fut le point de vue de Reginald Teague-Jones sur Lawrence d'Arabie. Ses notes, prises dans un ouvrage de Harry B. Ellis, suggèrent que Reginald Teague-Jones devait apporter crédit à ce portrait au vitriol du héros de la politique arabe auquel il s'oppose en tous points. « En tant que membre du Bureau arabe, Lawrence n'avait été concerné que de manière périphérique par l'encouragement de la révolte et Storrs l'avait emmené avec lui au Hedjaz en partie pour sa compagnie attrayante, en partie pour son jugement. Lawrence n'était qu'un capitaine de rang obscur, mal élevé, mais il avait assisté aux discussions de Jeddah et donc avait impressionné les Arabes par sa connaissance des dispositions des Turcs au point qu'Abdallah irrité s'était exclamé à l'adresse de Storrs : “Est-ce que cet homme est Dieu pour savoir tout sur tout ?” Le prince et le capitaine étaient d'âge similaire, avaient une égale force de caractère et ne s'aimaient pas beaucoup. Lawrence trouvait Abdallah “trop intelligent”. Abdallah écrivit plus tard qu'il se méfiait de l'influence de Lawrence parmi les tribus en ajoutant que “grâce à l'argent qu'il dépensa et aux paroles qu'il délivra, il devint le roi non couronné des Arabes". Pour les Occidentaux des années 1920-1930, Lawrence était le symbole de la romance anglo-arabe ; mais Hussein ne s'était jamais tellement trouvé à l'aise avec Lawrence, quant à Fayçal il le regardait, au moins rétrospectivement, plutôt comme une personnalité curieuse que comme un héros. Il prit ses marques lors des discussions de Jeddah et en conséquence il fut nommé officier de liaison avec les forces de Fayçal, alors basées sur la côte. A partir de 1917, il fut intimement associé aux développements de la révolte, lui inspirant une aura de romantisme et du panache, et se montrant lui-même un brillant guerrier (...). Comme les Anglais, les Arabes ne parvinrent jamais à cerner son caractère, ne surent jamais s'il était un charlatan ou un génie. Mais le plus astucieux d'entre eux dut découvrir assez vite qu'il était un poseur, un homme qui avait un talent pour la flagornerie et l'auto-promotion ; mais comme tout le monde, ils se trouvaient captés par sa personnalité extraordinaire. A son propos, Churchill disait qu'"il régnait toujours sur tous ceux avec qui il était en contact" ; et certes, cela devait être difficile de résister à la magie qui émanait de Lawrence dans le désert, avec son long visage mélancolique, le regard vigilant sous son turban et sa mince silhouette nerveuse absurdement caparaçonnée[41]. »

Bien des motifs en dehors d'un voyage de noces et du tourisme pouvaient avoir attiré Reginald Teague-Jones en Egypte, auprès de l'importante communauté britannique du Caire, un monde en soi qui comportait une élite anglo-égyptienne – tel sir Thomas Russell Pacha, chef de la police du Caire – et une société activement impliquée dans tous les secteurs de l'économie égyptienne. Les Anglais du Caire travaillaient dans la direction du chemin de fer égyptien, étaient inspecteurs pour l'irrigation, enseignants, marchands, médecins, banquiers ou hommes d'affaires. Peut-être le couple passa-t-il sa nuit de noces au fameux Shepheard's Hotel ou au Mena House près des pyramides et gravita autour des hauts lieux britanniques du Caire : l'ambassade à Garden City dont les jardins donnaient directement sur le Nil, le fameux Gezira

Sporting Club à Zamalek. Tous deux explorent le delta, le plateau de Gizeh, paressent toute une après-midi sur le bord d'une route dans l'oasis bordant le Nil et regardent passer les paysans, les ânes et les felouques. Peut-être avec la complicité de Taddie, Reginald Teague-Jones rédige-t-il un article[42] consacré à la tragédie archéologique du moment, celle du célèbre temple de Philae situé à l'entrée de la première cataracte du Nil. La construction du premier barrage d'Assouan édifié par les Britanniques en 1908, puis relevé et épaissi à deux reprises en 1912 et 1933, provoquait l'inondation du temple d'Isis fondé par Nectanibis II. Accompagné de magnifiques clichés d'un photographe professionnel allemand, un certain E.R. Bachmann, montrant le kiosque, l'entrée, les pylônes du temple d'Isis inondés par les eaux, l'article de Reginald Teague-Jones est un plaidoyer en faveur du sauvetage de Philae. Les pylônes majestueux, les piliers harmonieux, les couleurs, les bleus somptueux, les verts et les jaunes qui ont traversé les siècles vont-ils disparaître à tout jamais ensevelis par les eaux ? Telle est en substance le propos qui jouxte les photos prises par E.R. Bachmann à celles de Lehnert et Landrock, dont le magasin de photographies est une institution au Caire depuis que les deux photographes allemands s'y étaient établis en 1924, montrant l'état du temple d'Isis avant l'inondation.

Depuis l'Egypte, il était facile à cette époque de rejoindre la Palestine et Jérusalem. Une Palestine mandataire où les Britanniques sont aux prises avec la révolte arabe et la question sioniste : l'incident du mur des Lamentations avait inauguré en août 1929 une décennie de tensions et de violences s'aggravant au fur et à mesure de l'augmentation de l'immigration juive. C'est une Jérusalem encore ceinte des vieux murs que filme Reginald Teague-Jones à la porte des Lions, ouverte sur le côté oriental de la muraille, face au mont des Oliviers. Une ville provinciale d'où entrent et sortent par la Via Dolorosa ânes, enfants, vénérables vieillards, bédouins et notables, femmes rentrant de la fontaine avec de gros bidons sur la tête. Dans le quartier musulman de la vieille ville, Reginald

Teague-Jones observe à leur insu les hommes fumant leur narguilé au café, le commerce quotidien des échoppes dans les ruelles, les conversations muettes sur le pas d'une porte, le passage des vénérables vieillards. Curieusement, il ne filme rien dans le quartier juif, rien non plus des colonies juives dans le reste de la Palestine qu'il visite pourtant, ni même les Lieux saints, si ce n'est la coupole du Rocher vue du mont des Oliviers. Le fait mérite d'être relevé car Reginald Teague-Jones a peut-être été mandaté pour une mission particulière en Palestine. La politique pro-arabe très offensive de l'Allemagne depuis l'arrivée d'Hitler au pouvoir, le soutien ouvertement apporté au moufti de Jérusalem Hadj Amine el-Husseini, était de nature à inquiéter les Britanniques. Reginald Teague-Jones qui avait une certaine expérience des agents allemands, doté de surcroît d'une épouse allemande, pourrait avoir été l'homme de la situation. Si aucune source d'archive ne permet d'étayer cette hypothèse, le texte d'une conférence prononcée bien des années plus tard permet du moins de saisir sa perception de l'arabisme. En 1958, aux membres du Rotary Club d'une ville du New Jersey, il présenta l'histoire contemporaine des Arabes sous la forme pédagogique du conte que voici. « Il était une fois, il y a cela de nombreuses années, avant la Première Guerre mondiale, quand les Turcs dominaient encore l'ensemble de la Péninsule arabique, y compris ce qui s'appelle aujourd'hui Israël et la Syrie, un vieux dicton circulait parmi les Arabes disant que la domination turque, qui avait duré près de quatre cents ans, s'achèverait le jour où "un prophète blanc viendrait de l'Occident et détournerait les eaux du Nil vers Jérusalem". Cette prophétie ne semblait vraiment pas très convaincante mais étrangement, elle se réalisa en 1918. Les forces britanniques poussèrent depuis le delta du Nil les Turcs battant en retraite devant eux, et parvinrent à occuper Jérusalem. Le commandant britannique était le général Allenby. Les Arabes n'ont jamais réussi à prononcer son nom et l'appelaient toujours al-Nabbi ce qui en arabe signifie "le Prophète" ! Et afin d'approvisionner en eau ses troupes alors qu'elles avançaient, les ingénieurs avaient construit un pipe-line et pompaient l'eau fraîche du Nil jusqu'à Jérusalem. Ainsi, la prophétie s'était-elle réalisée. Les Turcs avaient été finalement battus, l'Arabie était libérée, et les Arabes s'exclamaient Wah ! Wah ! et priaient Allah et le Prophète blanc. Mais après, les choses ne se passèrent pas si bien. Au lieu d'obtenir ce qu'ils espéraient ou du moins ce qu'on leur avait promis – un seul Etat arabe unifié –, les Arabes virent que leurs territoires avaient été divisés en nombreux Etats séparés et placés sous la houlette de différents dirigeants, essentiellement sous le contrôle de l'Occident. Ensuite, un jour, quelques années plus tard, j'étais à Bagdad et un influent cheikh arabe qui s'était battu avec Lawrence contre les Turcs commença à se plaindre auprès de moi du mauvais traitement que l'on infligeait aux Arabes. C'était une trahison, dit-il, d'avoir divisé les Arabes. Et il ajouta : "Puisque vous autres chrétiens, avez divisé le Tout-Puissant en trois parties, il n'y a pas de doute que vous pouviez aussi nous découper nous autres Arabes !" Puis il ajouta sur un ton très sérieux : "Mais retenez bien mes paroles, un jour un leader s'éveillera parmi nous et ils vous poussera dehors et enfin nous aurons un Empire à nous." Cela se passait il y a bien longtemps et il s'agissait d'un incident qui semblait insignifiant et pourtant à la lumière des plus récents événements, on a bien l'impression que cette autre prophétie est en voie de réalisation[43]. » Reginald Teague-Jones fait ici référence à Nasser et à sa tentative de s'imposer à partir de 1956 comme le leader du monde arabe. Ce passage est aussi intéressant parce qu'il confirme rétrospectivement la nature politique des déplacements de Reginald Teague-Jones au Moyen-Orient durant l'entre-deux-guerres.

Passager d'Imperial Airways

Explorant les routes et les pistes caravanières du Moyen-Orient à l'Inde, Reginald Teague-Jones, sensible aux transformations générales entraînées par l'avènement de l'ère moderne, a le sentiment de parcourir un monde en voie de disparition. Le transport motorisé allait dans un proche avenir concurrencer les modes de transport millénaires et le grand déploiement technologique annonce la fin des sociétés « traditionnelles » que Reginald Teague-Jones rencontre de l'Inde à la Perse, de l'Irak à l'Egypte. Il est d'autant plus sensible à cette situation que ses missions ont eu vraisemblablement pour objet la reconnaissance des routes continentales – comme on l'a vu en Perse –, mais aussi des liaisons aériennes qui allaient perfectionner les communications dans l'Empire britannique. Après la Première Guerre mondiale, les Anglais mirent à l'étude différents projets de liaisons directes entre la Méditerranée – grâce au mandat en Palestine, ils contrôlent désormais le port de Haïfa – et l'Inde. Il s'agissait d'ouvrir une grande voie stratégique qui consoliderait les positions anglaises et permettrait, par la route ou par le chemin de fer, d'assurer la continuité territoriale des possessions anglaises de la Palestine à l'Inde, en passant par l'Irak sous mandat britannique et la Perse. Selon Morton B. Stratton, « une grande route stratégique était alors à l'étude qui consoliderait la position anglaise au Moyen-Orient, ouvrirait une nouvelle artère pour le commerce et permettrait d'accélérer le transport des troupes et des munitions entre le Moyen-Orient et l'Inde en cas d'urgence. Elle protégerait et serait protégée par une ligne aérienne au-dessus, et tout cela ensemble aurait formé une voie "terrestre" d'une importance inédite dans le système des communications impériales[44]. » Ainsi, le projet de chemin de fer de Haïfa à Bagdad était-il toujours d'actualité au début des années 1930 même si l'ambition d'établir une voie terrestre directe avec l'Inde à travers la Perse devait être abandonnée. Après le train et l'automobile, Reginald Teague-Jones prend l'avion et filme à la manière d'Antoine Poidebard, le célèbre jésuite français archéologue et aviateur. Dans l'un de ses films, on le voit s'embarquer à bord du Karachi-Bagdad à l'époque où cette liaison fut mise en service par la compagnie Imperial Airways, coiffé de son éternel casque colonial. A bord, il filme les rives du golfe Persique, l'arrivée en Mésopotamie, le territoire de l'Irak, une géographie révélée par la photographie aérienne. Passager du Karachi-Le Caire via Bagdad, le 22 avril 1930, Reginald Teague-Jones photographie le De Havilland 66 – le célèbre Hercules – faisant le plein de carburant en plein désert : c'est le *City of Tehran* de la compagnie Imperial Airways. Cette ligne Karachi-Le Caire avait été mise en service en janvier 1927 pour assurer le transport des passagers, le fret et le courrier. Le modèle Hercules avait été spécialement commandé par Imperial Airways pour assurer des longs courriers dans les régions reculées avec des contraintes d'escales particulières. Ce sont ces escales que Reginald Teague-Jones photographie en ayant dans sa ligne de mire le magnifique Hercules, les bédouins et les bidons de carburant… une image familière aux lecteurs de *Tintin au pays de l'or noir*. Ces vols appartenaient encore aux pages héroïques de l'aviation : pour permettre la navigation à travers le désert syrien, un sillon de plusieurs centaines de kilomètres de long avait été creusé afin de guider les pilotes. Ils comportaient évidemment de nombreuses escales et l'itinéraire que Reginald Teague-Jones emprunta à plusieurs reprises, de Karachi au Caire, passait par Gwadar, Jask sur le golfe d'Oman, Lingeh et Bouchire jusqu'à Bassorah, filait plein nord jusqu'à Bagdad avant d'attaquer le désert syrien à l'ouest, avec une escale à Rutba. Ensuite, l'avion rejoignait Gaza, Alexandrie et enfin Le Caire. Combien de fois Reginald Teague-Jones a-t-il accompli ce parcours ? Avait-il personnellement été impliqué dans la mise en œuvre de cette liaison aérienne dont les seules étapes révèlent la fonction stratégique ? On peut le supposer, d'autant plus qu'il a rédigé une note sur les liaisons aériennes de l'Inde : il y fait part de son expérience en tant que passager de la ligne Karachi-Le Caire et formule des critiques. Les pilotes sont certes expérimentés, écrit-il, mais ils ne sont pas assez nombreux. De même, les neuf Hercules d'Imperial Airways ne constituent pas une flotte suffisante. Il aborde également la question des escales en Perse, à Bouchire, Lingeh et Jask en soulignant la nécessité de nommer des chefs d'escale persanophones « car les Persans sont très sensibles ». La régulation des quarantaines doit être revue, conclut-il en signalant le cas d'un passager arrivant d'Inde en route pour Le Caire et retenu contre son gré cinq jours à Alexandrie[45].

A bord de ces *great liners* du ciel, parcourant à plusieurs reprises dès leur entrée en fonction la ligne Karachi-Le Caire et bientôt la ligne Karachi-Londres mise en service le 30 mars 1929, Reginald Teague-Jones a le temps de lier connaissance. En effet, un Hercules ne peut prendre à son bord que sept passagers et le voyage de Karachi à Londres dure sept jours. C'est dans ces circonstances qu'il fit la rencontre du jeune Indien Abdul Ghani, une rencontre mémorable rapportée bien des années plus tard dans le récit suivant.

« J'ai rencontré le jeune Indien Abdul Ghani dans un aéroplane. C'était l'un de ces premiers vols d'Imperial Airways depuis l'Inde vers l'Angleterre, et nous avions tous deux embarqué à Karachi qui était à cette époque le point terminal de la ligne à l'est. Nous étions assis à des places voisines et après quelques minutes de silence, parce que ces vols longue distance étaient à cette époque une nouveauté pour la plupart des gens, nous engageâmes une conversation.

Abdul Ghani était issu d'une riche famille de marchands Multani et il parlait bien l'anglais. Il était diplômé de l'université d'Aligarh et avait récemment intégré l'affaire familiale dirigée par son père. C'était son second voyage en Angleterre et il me déclara qu'il s'était également rendu en Afrique orientale car son père avait des parents au Kenya. Il me dit qu'il avait l'intention d'essayer d'étendre ses affaires dans ce pays.

La conversation tomba impromptue sur la question du "statut de Dominion" pour l'Inde, un sujet qui faisait la une des journaux en Inde en ce temps-là. Abdul Ghani me surprit en condamnant les Indiens qui revendiquaient l'indépendance complète de l'Inde. "Ce sont vraiment des idiots", dit-il "et ils ne savent pas de quoi ils parlent. Beaucoup d'entre eux, particulièrement les Hindous, se sont entichés de l'idée de la souveraineté indienne. Ils pensent qu'avec un Raj Hindou, ils pourront devenir Premier ministre ou gouverneurs ou officiels de haut rang. Mais pas moi. Je me fixerais dans tous les cas en faveur du statut de Dominion."

Curieux de suivre son raisonnement, je lui demandai de s'expliquer.

"Voilà, dit-il, c'est vraiment très simple. C'est à cause de ça." Il passa sa main dans sa poche intérieure et en sortit un passeport britannique. Il le caressa avec affection. "Avec ce petit livret bleu, dit-il, je peux voyager n'importe où dans le monde et je suis protégé et respecté. Croyez-vous que je troquerais cela contre un passeport du Raj Hindou ? Jamais !

— Mais le statut de Dominion ? lui dis-je.

— Ah ! ça ? Et bien, puis-je vous parler franchement ?" Il me regardait d'un air assez incertain.

"Evidemment, continuez, lui répondis-je.

— Et bien voyez-vous, si l'Inde avait le statut de Dominion, cela voudrait dire que les Indiens seraient acceptés comme des membres de la famille britannique. Nous aurions des droits égaux à l'intérieur de la famille." Il s'arrêta et me lança un regard de côté.

"Oui, continuez.

— Alors, supposons que je veuille partir m'établir au Kenya ou n'importe où ailleurs, même en Angleterre, j'aurais les mêmes droits, les mêmes opportunités, les mêmes facilités que les Britanniques eux-mêmes." Il s'arrêta et avec un nouveau regard en coin pour voir comment je réagissais, il continua. "Et bien si nous avons les mêmes droits et les mêmes facilités que vous autres Blancs, ne voyez-vous pas que nous pourrions en tirer un avantage certain contre vous ?

— Vous voulez dire la compétition et tout cela?

— Bien sûr, pour la simple raison que notre niveau de vie est bien inférieur au vôtre. Nous pouvons vendre moins cher et vivre avec moins que vous. Souvenez-vous des paroles de Kipling : 'l'avantage est à l'homme le moins cher'. Et bien, nous sommes les moins chers, et si on nous donne les mêmes chances, les mêmes opportunités et les mêmes conditions, ce que le statut de Dominion nous donnerait, nous vous battrons, vous autres Blancs, à tous les coups.

— Vous le pensez vraiment ?

— J'en suis certain, me répondit-il. Prenez par exemple l'Afrique de l'Est, le Kenya par exemple où je vais installer mon commerce. Ma famille dispose de beaucoup de capitaux. Qu'est-ce qui nous empêcherait d'entrer en compétition avec les grandes compagnies européennes, les grandes agences de commerce, les agences immobilières, les grands magasins, les compagnies de navigation, les hôtels ? En dehors d'une peau plus pâle, de quoi dispose exactement l'homme blanc que nous n'ayons pas ? Du moins si on nous accordait le statut de Dominion ? Non seulement nous serions en compétition avec vous mais encore vous seriez battus dans votre propre pays. Alors vous comprenez pourquoi je ne serai jamais favorable à une indépendance complète de l'Inde, avec notre propre drapeau et notre propre passeport. Nous serions en dehors de la famille, et nous ne pourrions jouir d'aucun de ces privilèges qui nous permettent d'être compétitifs sur un pied d'égalité.

— Sur un pied d'égalité ? lui demandai-je et il sentit une pointe de sarcasme dans ma voix.

— Enfin, vous voyez ce que je veux dire."

Je ne savais pas exactement ce qu'il voulait dire, mais à partir de ce moment, je devins un ardent partisan de l'indépendance complète de l'Inde.

Je n'ai pas maintenu le contact avec Abdul Ghani, bien que cette conversation soit restée profondément gravée dans ma mémoire. Les années passèrent. Les Britanniques abandonnèrent l'Inde, une affaire florissante servie sur un plateau d'argent. La plus grande partie de l'Inde musulmane se sépara et devint le Pakistan. L'idée du Dominion appartenait au passé. Les deux pays étaient devenus indépendants, mais les deux choisirent de rester dans le Commonwealth. Tout naturellement, ils pouvaient jouir du meilleur des deux mondes. En tant que membres du Commonwealth, ils resteraient à l'intérieur de la famille et seraient ainsi capables d'entrer en compétition avec l'homme blanc sur son propre terrain et avec des chances qui, comme Abdul Ghani l'avait prédit, étaient clairement en leur faveur. J'ai revu Abdul Ghani une fois après notre première rencontre, et c'était à New York juste après la Seconde Guerre mondiale. Il se présenta alors comme membre d'un syndicat d'affaires pakistanais opérant en Afrique orientale et il me montra une longue liste d'entreprises contrôlées par eux. Cette liste était étonnante. Elle comportait un nombre important d'hôtels du Kenya bien connus qui avaient appartenu à l'origine à des Européens mais qui, depuis, avaient été rachetés par des Pakistanais, tout comme les plantations de café et de sisal, sans parler d'un grand nombre de compagnies commerciales importantes. Abdul Ghani et sa famille avaient certainement su saisir l'opportunité. Comme il l'avait prédit lui-même, il semblait bien que l'homme blanc en compétition avec lui n'avait pas la moindre chance. L'avantage était clairement en faveur de l'homme le moins cher[46]. » Intéressant dialogue entre le colonial et le colonisé, ce fragment qui a la puissance d'évocation d'un V.S. Naipaul annonce le chapitre douloureux pour Reginald Teague-Jones de la décolonisation et de la fin de l'Empire britannique. C'est en 1930 en survolant le golfe Persique qu'il en eut, grâce à Abdul Ghani, la certitude prémonitoire.

Une saison au Tibet

Parmi sa collection de films, une bobine entière consacrée au Tibet révèle que Reginald Teague-Jones a emprunté une autre de ces grandes voies mythiques qui, à partir de l'Inde, conduisent au cœur du continent eurasiatique. Ce séjour au Tibet est relativement surprenant, étant donné le faible nombre de voyageurs qui y étaient admis même durant cette période des années 1920-1930 au cours desquelles l'entente anglo-tibétaine était au beau fixe. Le film de Reginald Teague-Jones[47] date vraisemblablement de 1935, époque des visites de Williamson et Gould à Lhassa. Il ne comporte aucune image de la capitale interdite soit qu'il n'ait pas pu filmer, soit, plus vraisemblablement, qu'il ne s'y soit pas rendu. Le film commence par une série de prises de vue de la piste caravanière qui, longeant la rivière Tista, permettait d'accéder au Tibet par la vallée du Chumbi – dans le royaume du Sikkim – et de rejoindre au Tibet le bourg marchand de Yatung. Cette route, jalonnée de points de contrôle et de négoces anglo-indiens jusqu'à Gyantsé, était l'une des principales voies d'accès à Lhassa à partir du petit royaume du Sikkim dont le maharajah, soumis à l'influence anglaise, contrôlait et régulait de fait la voie du commerce anglo-indien dans les limites précisées par la convention anglo-chinoise signée en 1890 entre le Sikkim et le Tibet. Selon son habitude, Reginald Teague-Jones filme la caravane : des mules chargées de caisses de savons de toilette de luxe – détail plutôt amusant quand on sait que les Tibétains ne se lavaient pas plus d'une fois par an ! – gravissent lentement dans la neige les lacets de la piste, dans un paysage typique de cette zone de l'Himalaya. Une route certes jalonnée de refuges à l'usage des voyageurs, mais longue et difficile, gravissant par degrés les pentes menant au toit du monde, au rythme du souffle raccourci des hommes et des mules[48]. Les 175 miles de la route menant de Gangtok – au Sikkim – à Gyantsé – au Tibet – pouvaient être parcourus en moyenne en onze jours, mais la caméra de Reginald Teague-Jones, sans doute par économie, ne s'y attarde pas. Apparaissent ensuite plusieurs plans de la formidable masse du mont Chomolari s'élevant au-dessus de la plaine de Phari, la première ville digne de ce nom, non loin de la frontière avec le Sikkim. La ville de Gyantsé, où se trouve une importante station commerciale anglo-indienne, aisément reconnaissable avec ses murailles et son fameux monument à chapelles multiples appelé le Kumbum Chörten, constitue apparemment le terme du voyage de Reginald Teague-Jones au Tibet. Un voyage sur les traces d'Alexandra David-Néel, mais dénué de révélation mystique, et sur celles de quelques rares autres voyageurs européens. On reconnaît sans trop de peine des monuments photographiés par ailleurs, tel le « Tara » rouge près de Gyantsé, un grand Bouddha sculpté qu'un homme reconnaissant fit édifier après avoir été sauvé des mains de brigands. Un Tibet exotique où Reginald Teague-Jones croise des femmes en costume tibétain se laissant complaisamment filmer, de jeunes enfants, d'une saleté choquante aux yeux d'un Anglais, jouant insouciants dans une rue de Gyantsé, à moins d'un mètre d'une charogne de chien mangée par les vers. Le film se termine par des plans parcellaires d'un monastère où Reginald Teague-Jones pensait avoir assisté à une « danse du diable ». C'est en tout cas ainsi qu'il a intitulé cette bobine de film. Ce monastère appartenant à l'école spirituelle des Gelugpas, dominante au Tibet depuis 1642, n'est peut-être pas de la région de Gyantsé. La pauvreté saute aux yeux : portes et escaliers branlants, vêtements élimés des moines, tambours à la peau trouée, tels sont les détails que l'on perçoit dans les quelques images de la danse du « chapeau noir », une danse où interviennent les quatre rois gardiens des quatre directions, cérémonie qui durait ordinairement plusieurs heures dont Reginald Teague-Jones a capté seulement quelques minutes au cours de ce qu'il faut considérer comme la fin de son voyage au Tibet.

Une fois encore, il est impossible de distinguer la nature commerciale ou politique de la mission qui a pu conduire Reginald Teague-Jones au Tibet. A la station commerciale anglo-indienne de Gyantsé, sa caméra s'attarde sur le déchargement de paquets et de caisses dont on aimerait connaître le contenu. Il peut s'agir d'armes car les Anglais en expédiaient occasionnellement au Tibet, comme il peut s'agir de tout autre produit d'importation anglo-indien. Le Tibet n'exportait que de la laine et, depuis 1929, dépendait de l'Inde pour son approvisionnement en monnaie d'argent. La présence de Reginald Teague-Jones à Gyantsé, au carrefour de voies culturelles, politiques et commerciales majeures, peut s'expliquer par une conjonction de motifs politiques, stratégiques et commerciaux. Par Gyantsé passaient la route de la laine partant de la proche localité de Gyangro, au sud-est, la route du bois qui démarrait de la frontière du Bhoutan, les routes marchandes du Népal passant par les cols himalayens et la voie sacrée reliant Sakya à Lhassa. Depuis l'expédition de Younghusband au Tibet en 1904, le Tibet est l'une des pièces maîtresses d'un Grand Jeu à géométrie variable, opposant selon la conjoncture politique l'Angleterre, la Chine et la Russie. Sous l'impulsion du vice-roi des Indes, lord Curzon, le gouvernement britannique de l'Inde cherchait alors à établir une position au Tibet dont le territoire, au-delà des royaumes himalayens, formait au nord de l'Inde britannique une frontière encore indécise. Elle n'avait été fixée que sur quelques segments précis par la convention anglo-chinoise de 1890 relative à la frontière entre le Sikkim et le Tibet, et par la convention de Simla qui, en 1914, avait établi le long de la ligne Mac-Mahon plusieurs centaines de kilomètres de frontière entre l'est du Bhoutan et la Birmanie. A l'époque de la visite de Reginald Teague-Jones, la rivalité anglo-chinoise au Tibet est à son comble. A la mort du XIIIe dalaï-lama, en décembre 1933, une mission chinoise avait été expédiée à Lhassa, initiative à laquelle avaient répondu les missions de Williamson et Gould en 1935. L'absence de toute référence au passage de Reginald Teague-Jones (bien entendu sous le nom de Ronald Sinclair) au Tibet, alors même que son accès était dûment contrôlé par les autorités britanniques, plaide en faveur d'une mission précise dans le contexte de la rivalité anglo-chinoise avant que la Chine ne soit détournée du Tibet par la guerre avec le Japon en 1937. Le contrôle sévère et la censure exercés par le gouvernement de l'Inde britannique sur l'entrée des voyageurs au Tibet laissent supposer une mission informelle dans le cadre de l'IPI dont Reginald Teague-Jones a pu être chargé avec la collaboration de Vivian Gabriel. Une telle mission aurait alors complété le caractère officiel des missions de Williamson et Gould. Elle concorde avec l'orientation interventionniste du British Indian Foreign Office qui sous l'impulsion d'Olaf Caroe était favorable à l'établissement d'une mission britannique à Lhassa et à une consolidation de la frontière stratégique de l'Inde grâce aux Etats tampons himalayens, en particulier dans le secteur de l'Assam défini par la ligne Mac-Mahon. Dans les dernières années de l'Empire britannique, la « doctrine Caroe » reflétait les vues du gouvernement britannique de l'Inde et par prolongement celles de ses services secrets, mais non celles des autorités de Londres. Reginald Teague-Jones, qui considérait la Route de la soie sous ses deux variantes – par le nord ou par le sud du Takla Makan, par les monts du Tien Shan ou par le rebord du plateau tibétain – comme l'axe commercial et stratégique le plus important du monde, ne peut pas avoir voyagé au Tibet sans avoir en tête ces grands rêves géostratégiques. Le fait est que durant la Seconde Guerre mondiale[49], les Anglais parviendront à ouvrir plusieurs voies d'approvisionnement vers la Chine, l'une à travers le Tibet, l'autre à travers l'Asie centrale soviétique. Durant l'été 1942, une de ces voies d'approvisionnement de la Chine depuis l'Inde britannique passait par le Baloutchistan, l'Iran, le Turkménistan, le Kazakhstan pour finalement parvenir au Xinjiang. Une combinaison de la route et du rail laissant espérer aux Anglais l'expédition d'au moins 2 000 tonnes d'approvisionnements par mois. Elle réactivait, dans le cadre de la Grande Alliance, l'utilité stratégique du chemin de fer transcaspien. Ainsi, les impératifs militaires de la Seconde Guerre mondiale et la menace japonaise donnaient-ils une cohérence rétrospective aux tribulations de Reginald Teague-Jones du Turkménistan au Baloutchistan et de l'Inde au Tibet. C'est ici en effet que se joue le Grand Jeu du XXe siècle et du XXIe siècle. Car aujourd'hui encore, « le Tibet est au cœur de ce champ de forces où se rencontrent les sphères d'influences de la Chine, de l'Inde, du Pakistan, de la Russie et de ses anciennes républiques centre-asiatiques, de l'Iran, de l'Irak et même de la Birmanie et des Etats-Unis (dont la présence aurait certainement consterné Younghusband et Curzon et probablement aussi Mackinder). Quel qu'il ait été au temps de Kipling, le "Grand Jeu" est devenu un sport de masse qui a remporté une quantité d'adeptes »[50].

– 8 –

Ronald Sinclair en Amérique (1941-1960)

La filmographie de Reginald Teague-Jones livre quelques indices – brèves images du Maroc colonial et du détroit de Gibraltar et d'une traversée mouvementée de l'Atlantique – sur son séjour outre-Atlantique à partir de 1941. La forte houle a attiré Reginald Teague-Jones sur le pont déserté, lavé à intervalles rapprochés par les paquets de mer. Vivifié par l'embrun, enthousiasmé par les éléments en furie, l'œil-caméra fixé sur le loch, il traverse l'océan alors que bat son plein la phase initiale de la bataille de l'Atlantique. Porté par le long mouvement de la houle, le navire trace sa route à pleine vitesse, cap sur l'Amérique et New York. C'est à peine si, fixant l'horizon tempétueux et les flots déchaînés, Reginald Teague-Jones se préoccupe de voir surgir un sous-marin allemand. A 52 ans, l'agent dormant reprend « officiellement » du service au sein des nouvelles structures mettant en place un système anglo-américain de renseignement. Secrète jubilation d'un temps de guerre qui le restaure, comme tant d'autres hommes, dans une fonction d'une utilité immédiate. A l'horizon, se profile déjà la *skyline* hérissée de gratte-ciel. New York ouvre un nouveau chapitre dans l'existence de Reginald Teague-Jones. De nombreux amis, des réceptions, des cocktails et des dîners, une sociabilité démultipliée par l'énergie communicative d'une métropole mondiale unique en son genre, tels sont les agréments qu'offre New York à « Ronald Sinclair, consul britannique ». Mais au-delà de cette fonction officielle, sa présence à New York répond également à une mission officieuse. Elle s'inscrit au cœur de la relation anglo-américaine durant une période cruciale qui, sur la toile de fond du grand mouvement de la décolonisation, s'est avérée être celle d'une « passation des pouvoirs » à l'échelle planétaire.

« Reprendre du service », car s'il est vrai que les services secrets du gouvernement de l'Inde avaient cessé, après la Première Guerre mondiale, de payer certains de leurs meilleurs agents, la Seconde Guerre mondiale sera l'occasion de les réintégrer et de les rétribuer autrement que par les canaux détournés du financement privé. Reginald Teague-Jones en est le parfait exemple. Consul à New York en 1944, sa contribution consistait à s'occuper « des questions indiennes, juives et communistes, et également des demandes d'assistance formulées par les hommes ayant servi dans l'armée[1] ». Payé par le gouvernement de l'Inde, sous couvert d'activités consulaires, il demeure un agent politique chargé en premier lieu d'observer l'évolution de la perception américaine du problème de l'Inde, une actualité toujours plus brûlante dans le contexte de la guerre. Sur la scène politique américaine, le consulat britannique de New York occupe par ailleurs une place exceptionnelle, le poste cumulant les activités consulaires proprement dites et une fonction politique. Comme l'écrit lui-même le consul général en 1946, il s'agit d'un poste d'observation utile et même essentiel du fait même que New York est la capitale financière de l'Amérique, qu'elle est la plus grande ville du continent et qu'elle abrite des « groupes nationaux venant de presque tous les pays du monde » et qu'elle est le siège des Nations unies. New York est aussi le « principal point d'entrée des tournées des hommes politiques et des personnalités éminentes représentant toutes les nationalités ou groupes d'intérêts qui utilisent cette ville pour faire résonner leurs opinions et c'est enfin un centre syndical important. La politique de New York a incontestablement un retentissement à l'échelle nationale[2]. » Si telle pouvait être résumée l'importance du consulat de New York en tant que poste d'observation privilégié pour la diplomatie britannique, cette assertion était également vraie sur le plan du système de renseignement élaboré durant la Seconde Guerre mondiale. En 1941, la présence de Reginald Teague-Jones à New York est en effet directement liée à la création du British Security Coordination (BSC), une organisation de renseignement installée au cœur de Manhattan, entre les 36e et 38e étages du Rockefeller Center qui coordonnait pendant la Seconde Guerre mondiale les activités du MI6, du Political Warfare Executive et du Special Operations Executive. Dirigé par William Stephenson, le BSC était censé jouer le rôle d'organe de liaison avec les autorités américaines et canadiennes – entre autres avec le FBI – et constituer un système de renseignements anglo-américain dont la nécessité était jugée vitale dans le contexte de la Seconde Guerre mondiale. L'identité du vice-directeur du BSC – un officier de renseignements d'origine australienne – explique à elle seule la présence de Reginald Teague-Jones au sein de cette organisation : il s'agit de Charles Howard (« Dick ») Ellis, vieil ami de Reginald Teague-Jones du temps de « l'épisode transcaspien ». On se souvient de cette relation d'amitié nouée en 1918, entre Achkhabad et Meched où était basée la mission Malleson dont dépendait directement Ellis. Bien après la Seconde Guerre mondiale, durant les années 1960, au moment de la sortie du livre d'Ellis sur « l'épisode transcaspien », les deux hommes entretiennent encore une correspondance nourrie de considérations politico-stratégiques sur l'Iran et l'Asie centrale. Par exemple, la publication du livre de l'historien soviétique Lev Mirosnikov sur l'expansion britannique en Iran, entre 1914 et 1920, suscite entre eux des échanges de commentaires informés. Tous deux parfaitement russophones, c'est en russe qu'ils échangent dans leurs lettres des considérations d'ordre confidentiel. Enfin, après la mort d'Ellis survenue en 1975, Reginald Teague-Jones restera en relations avec son fils Peter (Olik) résidant au Canada ainsi qu'avec sa fille Ann Salwey, enfants issus de deux mariages différents. Nouvellement recruté par William Stephenson en

1941, il est compréhensible qu'Ellis, *senior officer* au SIS, ait songé à faire appel à Reginald Teague-Jones, son collègue, complice et ami. Les deux hommes se retrouvent donc à New York avant l'entrée en guerre des Etats-Unis.

British Security Coordination : au cœur de la relation anglo-américaine pendant la Seconde Guerre mondiale

De l'Inde à l'Amérique, le parcours de Reginald Teague-Jones pourrait sembler atypique et exceptionnel. En réalité, il est plutôt représentatif de ce que Nigel West décrit comme le « syndrome de la police indienne » : nombre d'agents coloniaux furent employés durant la Seconde Guerre mondiale par les services de sécurité britanniques « et pas mal d'entre eux venaient de l'Inde mais ceux qui connaissent le caractère labyrinthique de la politique indienne ne peuvent sous-estimer son travail remarquable au cœur des complots, des intrigues et des troubles. Le système de renseignements britannique tel qu'il existe dans le sous-continent encore aujourd'hui, est considéré par les personnes qualifiées comme un modèle d'organisation pour la récolte de l'information[3]. »

Rockefeller Center, 38e étage, bureau 3801

Rassembler l'élite du renseignement britannique à New York, tel était l'objet initial du British Security Coordination fondé en mai-juin 1940 avec l'aval de Churchill. Service de renseignements et de propagande, le BSC avait été placé sous la direction de William Stephenson (1896-1989), un talentueux industriel canadien qui avait fait fortune durant l'entre-deux-guerres dans des secteurs très divers allant de l'immobilier à l'aéronautique en passant par la sidérurgie, les radios, les phonographes ou l'automobile. Fort de ses contacts dans le milieu de l'industrie, le millionnaire canadien avait contribué à l'effort de guerre britannique en 1939. C'est à ce titre que Churchill avait envoyé Stephenson à New York pour créer aux Etats-Unis, alors neutres dans le conflit européen, un réseau secret d'espionnage dont le rayon d'action devait s'étendre à tout l'hémisphère occidental. Sous la couverture d'officier chargé du contrôle des passeports britanniques, Stephenson avait installé dans la célèbre tour du Rockefeller Center, dans Midtown Manhattan, une antenne du SIS qui prit le nom de British Security Coordination. Elle coordonnait l'action des différents services – MI5, SIS, SOE et PWE – sur l'ensemble du continent américain tout en constituant l'interface avec les services américains. A un moment où les Etats-Unis sont encore neutres, la campagne de propagande montée contre les isolationnistes – le comité America First en particulier – figure parmi les succès initiaux du BSC. En outre parmi les collaborateurs directs de Stephenson à New York, figurait Hamish Mitchell, lui aussi officier supérieur du SIS, d'abord chargé de la protection du matériel acheté par les Britanniques contre les actes de sabotage allemands. Selon Nigel West, il avait tenté sans succès d'approfondir la relation avec le FBI et le State Department. Les activités du BSC étaient ainsi dirigées par trois hommes : William Stephenson, Charles H. Ellis et Hamish Mitchell.

Publiée en 1999 avec une préface de Nigel West, une version, prétendument non expurgée, du rapport d'activités du BSC que William Stephenson fit rédiger par ses collaborateurs à la fin de la Seconde Guerre mondiale, donne une idée, à défaut d'en fournir les détails, des activités multiples du BSC. Dans un court préambule rédigé à New York en décembre 1945, William Stephenson présente ce « document sur les leçons apprises et sur l'évolution des méthodes impulsées par la guerre ». Loin de toute recherche de sensationnel, il précise que ce rapport est une contribution au maintien et à la pérennisation d'un tel service « coordonné ». Il démontre par-dessus tout, écrit-il, « que pendant la période considérée, une organisation de l'hémisphère occidental restreinte dans ses compétences à la collecte du renseignement par des moyens établis aurait été inadéquate car le succès des activités secrètes dépendait essentiellement de la coordination d'un grand nombre de fonctions dépendant de la juridiction d'organes gouvernementaux séparés à Londres. Parce qu'il fut le fruit d'une coordination efficace, le BSC avait l'élasticité nécessaire pour répondre à l'urgence de la situation et pour s'adapter constamment à des besoins qui changeaient rapidement. En se référant à cela, on est amené à faire une mention spécifique de la coopération étroite apportée par l'ambassade de Sa Majesté à Washington, sans l'aide de laquelle beaucoup de tâches qui ont été accomplies ne l'auraient pas été. L'implication personnelle de lord Lothian dès les premiers jours s'est avérée inestimable tout comme le soutien sans failles de lord Halifax par la suite. La conception d'opérations coordonnées dans le domaine des activités secrètes que le BSC a su initialement mettre en place fut la base sur laquelle les Américains construisirent, à une vitesse étonnante, leur propre service de renseignements en temps de guerre. Ce n'est sans doute pas aller trop loin que de suggérer que cette conception pourrait être envisagée comme essentielle au maintien de la vigilance et de la sécurité nationale à l'échelle mondiale dans les années critiques qui s'annoncent[4]. » L'euphémisme est l'une des caractéristiques de la langue du renseignement, les propos de Stephenson en sont bien la preuve car en réalité les services britanniques regardaient avec une certaine condescendance les rapports de l'OSS (Office of Strategic Services), noyau des services de renseignements américains et ancêtre de la CIA. D'ailleurs le rapport de British Security Coordination dépeint l'OSS à ses débuts – il a été fondé en 1941 par « Wild Bill » Donovan – comme un service « fourre-tout » formé d'une centaine d'universitaires d'âge moyen, spécialistes d'anthropologie ou d'économie et de bien d'autres disciplines, entraînés par une douzaine de rats de bibliothèques à peine plus jeunes. En fait, les rapports produits par l'OSS durant la guerre, notamment sur le Moyen-Orient, l'Inde et la question coloniale, ont consterné les responsables des services britanniques par leur amateurisme et leur caractère élémentaire. Ce simple fait éclaire toute l'ambiguïté de la relation anglo-américaine dans le secteur du renseignement.

Parmi les innombrables activités du BSC durant la Seconde Guerre mondiale, il n'est pas aisé de situer la contribution exacte de Reginald Teague-Jones. Le renseignement et la contre-propagagande contre l'Axe et les milieux isolationnistes avaient constitué avant Pearl Harbor l'une des cibles privilégiées par le BSC. Ce dernier avait en particulier mené une campagne très active contre le trafic des produits de l'industrie allemande – par exemple les produits chimiques de IG Farben ou BASF camouflés sous la couverture d'industries suisses ou suédoises – et maintenu sous une surveillance active les nombreux agents allemands disséminés à travers le continent américain. Reginald Teague-Jones, germanophone et marié à une Allemande, pourrait avoir été chargé de ce type de missions d'autant que, à une date impossible à déterminer, il s'est rendu à Panama. Une brève séquence de l'un de ses films montre en tout cas sa fascination pour le système d'écluses du canal de Panama ! A peu près à la même époque – avant ou après Pearl Harbor ? – il s'est rendu dans les Caraïbes pour un motif qui, dans le contexte de la guerre, pourrait ne pas avoir été uniquement touristique. Ces quelques traces du passage de Reginald Teague-Jones en Amérique centrale et dans les Caraïbes coïncident en tout cas avec les priorités fixées par Stephenson à partir de 1942 : lutter contre les tentatives de subversion de l'Axe dans les pays d'Amérique latine et contre l'éventualité d'une invasion allemande et surtout japonaise. Le rapport du BSC précise en effet que loin de s'estomper, l'éventualité d'une invasion allemande avait au contraire augmenté « parce qu'à présent, les Allemands disposaient du soutien actif des Japonais qui, durant les quatre premiers mois de l'année 1942, s'étendaient avec une vitesse et une compétence terrifiantes sur les débris des trois Empires en Extrême-Orient. Les Américains avaient appris que des navires japonais croisaient au large du littoral occidental, très vulnérable, de l'Amérique du Sud[5]. » L'activité des communautés japonaises au Brésil « stratégiquement disposées et militairement organisées », la circulation d'officiers japonais déguisés en marchands ou en serviteurs et plus encore celle d'expéditions scientifiques japonaises trop bien équipées dans les régions les plus reculées de l'Amérique latine furent donc placées sous la surveillance du réseau d'agents du BSC.

Si les papiers de Reginald Teague-Jones ne permettent pas d'étayer l'hypothèse de son implication directe dans les questions touchant de près ou de loin à la menace japonaise sur le continent américain, ses déplacements en Birmanie, à Singapour, à Bangkok – attestés une fois encore par les films, mais difficiles à dater avec précision – pourraient présenter un rapport avec l'établissement de la « sphère de coprospérité asiatique » proclamée en 1940 par le ministre des Affaires étrangères japonais Matsuoka. La chute de Singapour (15 février 1942), suivie de peu par la prise de Rangoon par les Japonais, porte en effet un coup terrible au prestige impérial britannique, laisse présager un effondrement imminent de la domination britannique en Inde et rend plus précise la menace japonaise sur l'océan Indien. La question indienne dont Reginald Teague-Jones va désormais s'occuper sur le sol même des Etats-Unis, s'inscrit dans ce contexte et pèse lourdement non seulement sur l'attitude des Britanniques à l'égard des partisans de l'indépendance indienne, mais aussi sur les relations anglo-américaines. Telles étaient donc les questions d'envergure planétaire sur lesquelles les agents du BSC pouvaient méditer du haut du gratte-ciel du Rockefeller Center. Dans la seconde partie de son roman *Khyber Blood Feud*, Reginald Teague-Jones évoque la rencontre à New Delhi de « Jim Allenby », capitaine de l'US Army, et le « général Fraser », un officier supérieur du renseignement britannique, deux personnages complémentaires dans cette autobiographie cryptée. De la bouche du « général Fraser », Reginald Teague-Jones fait sortir à l'adresse de son jeune héros les propos suivants.

« Eh bien, lorsque cette deuxième guerre éclata, elle nous prit de court comme d'habitude, et nous n'étions guère préparés à mener dans l'urgence une quelconque opération à grande échelle. Quand les Japs firent leur apparition et que nous perdîmes Singapour et la Birmanie, il aurait pu arriver à peu près n'importe quoi d'ici jusqu'à la frontière. Mais cela ne se produisit pas, grâce au sens commun des gens des tribus.

Jim acquiesça. "Mais cela a dû être chaud à certains moments, n'est-ce pas ?

— Oui absolument. Mais à présent le courant s'est inversé définitivement, et les choses semblent prendre une bien meilleure tournure. Toutefois, nous ne sommes pas encore sortis du pétrin ; on est encore aux prises avec toute une quantité de problèmes, et dès que l'un est résolu, d'autres semblent vouloir surgir.

— Je suppose que c'est le cours normal des choses, dit Jim.

— Dieu merci les Japs sont partis, mais les Allemands sont toujours dans le secteur de Kaboul, et très récemment, nous avons eu des preuves toutes fraîches de leur activité."

Jim demeura silencieux, le visage marqué par la concentration. Le général Fraser aspira un peu d'alcool, reposa son verre pensivement, et continua sur un ton plus sérieux.

"Nous sommes convaincus que les Allemands sont en train de jouer un nouveau jeu car nos gens ont récemment intercepté et déchiffré un message secret ennemi. A partir de là, nous avons appris qu'ils étaient en train d'envoyer un homme qu'ils appelaient Hadji Ousman. Et d'après les termes du message, il apparaissait clairement que Hadji Ousman était un agent important en route pour l'Inde et le Moyen-Orient."[6] » La figure paternelle du vieux général anglais sorti de sa retraite et remis en activité initiant le jeune Américain aux arcanes du nouveau Grand Jeu symbolise assez bien la relation de maître à élève entre Anglais et Américains durant la Seconde Guerre mondiale. Mais il semble qu'au moment de son arrivée aux Etats-Unis en 1941, Reginald Teague-Jones se soit d'abord activement impliqué dans la résolution d'un problème colonial qui touchait de près aux relations anglo-américaines et aux impératifs stratégiques dictés par la bataille de l'Atlantique : il s'agit du problème des Bermudes.

Juin 1941 : une mission d'urgence aux Bermudes

L'archipel des Bermudes, situé dans l'Atlantique Nord à une distance relativement proche du territoire américain – 1 030 kilomètres de la Caroline du Nord – est parfois appelé le « Gibraltar de l'Occident » par référence à sa position stratégique contrôlant l'accès aux Etats-Unis et à la mer des Caraïbes. Colonie de la compagnie des Somers Isles depuis le début du XVIIe siècle, base navale de la Royal Navy aux lendemains de la révolution américaine et de la seconde guerre d'indépendance de 1812 d'où les Anglais planifièrent leurs attaques contre Washington DC et le Chesapeake, la colonie britannique des Bermudes était devenue depuis le XIXe siècle la base nord-américaine de la Royal Navy. Les deux guerres mondiales permirent aux Alliés d'expérimenter la valeur stratégique des Bermudes comme escale de triage pour les convois transatlantiques et comme base navale et aérienne durant la Seconde Guerre mondiale. En mai 1940, les Etats-Unis réclamèrent aux Britanniques le droit d'y établir des bases militaires : cette demande irrita Churchill, déterminé à ne pas faire de concession unilatérale tant que les Etats-Unis resteraient neutres. Mais la bataille de l'Atlantique fait rage. La guerre sous-marine fait subir des pertes de plus en plus importantes à la marine anglaise, tandis que la destruction des croiseurs *Prince of Wales* et *Hood* au printemps 1941 affecte durement Churchill et l'ensemble de l'opinion britannique. La Grande-Bretagne est atteinte dans son prestige en ce mois de mai 1941, quand « les Britanniques, haletants, se sont demandé s'ils étaient en train de perdre la maîtrise des mers[7]. »

Entre Anglais et Américains, le contexte est donc favorable à la liquidation du vieux contentieux. Si un accord octroie d'ores et déjà en septembre 1940 aux Etats-Unis le droit d'établir des bases aux Bermudes, c'est en mars 1941 que les Américains obtiennent le droit d'établir des bases aériennes et navales. L'accord du 27 mars 1941 précise que la mission de la Bermuda Base Command est de défendre les installations militaires et navales américaines aux Bermudes, d'utiliser dans la limite de ses capacités tous les moyens pour détruire les forces hostiles en mer ou dans les airs, de servir la marine et de coopérer avec les forces locales de défense britanniques[8]. En juin 1941, au moment de la visite de Reginald Teague-Jones aux Bermudes, la construction des deux bases américaines était en cours. Les bases, dont l'achèvement était prévu en 1942, occupaient une surface de près de six kilomètres carrés de terres et de polders à Fort Bell sur l'île Saint David et à Kingley Field sur Long Bird Island. Des pistes d'atterrissage destinées aux bombardiers les plus lourds aux maisons d'habitations, en passant par les batteries pour la défense de la côte, la construction des bases était une tâche urgente. Elle fut orchestrée avec efficacité, les Américains prévoyant de mettre en service dès janvier 1942 des pistes d'atterrissage temporaires. Dans ce tournant de la guerre qu'est l'année 1941 – en juin, l'attaque allemande contre l'URSS, en décembre, l'attaque japonaise contre la base américaine de Pearl Harbor –, la valeur stratégique des Bermudes est inestimable. Suffisamment éloignées de la côte des Etats-Unis, les Bermudes permettent des patrouilles aériennes au long cours au-dessus de l'océan Atlantique. En même temps, les îles sont assez proches pour permettre le relais avec les patrouilles côtières, maritimes ou aériennes. « Leur localisation fait des Bermudes un point nodal des communications de l'Atlantique Nord. Sous le contrôle des Etats-Unis, elles procurent un site remarquable pour établir une base aéronavale contre les forces hostiles dans l'Atlantique occidental dans les airs ou en surface. Si ces îles venaient à passer entre les mains de forces ennemies, elles deviendraient alors un lieu idéal pour conduire des opérations sous-marines ou aériennes contre les voies de communications transatlantiques et contre la côte des Etats-Unis. En ce moment, grâce à la force des puissances navales britanniques et américaines dans l'Atlantique, les forces locales de défense dans les Bermudes ont seulement besoin d'être dotées de moyens suffisants pour assurer leur protection contre des raids ennemis qu'ils soient maritimes ou aériens[9]. » Telle était, résumée dans ses grandes lignes, la fonction stratégique des Bermudes à la fin du mois de juin 1941 au moment où Reginald Teague-Jones aborde l'archipel. Plages idylliques de sable rose, eaux coralliennes turquoise et transparentes, palmiers agités d'un souffle léger, rien dans le paysage de ce petit paradis insulaire n'évoque le fracas de la guerre. Pourtant, quelques jours auparavant, s'est produit un événement majeur : le 22 juin, l'armée allemande a envahi l'Union soviétique.

Mandaté par le BSC pour examiner les questions affectant la sécurité et le renseignement aux Bermudes, Reginald Teague-Jones se trouve d'abord confronté à un contexte politique local tourmenté, car les autorités coloniales ressentent l'accord de mars 1941 sur l'établissement des bases américaines comme une atteinte à leur « souveraineté ». Exprimant ouvertement leur manque d'enthousiasme, pour ne pas dire leur franche hostilité, les autorités locales dirigées par le gouverneur sir Denis Bernard pratiquaient à l'égard des Américains une politique d'obstruction systématique, arguant du fait que l'accord du 27 mars 1941 n'était qu'un accord et non pas un traité. Dans ces conditions, les mesures stipulées par l'accord devaient, de leur point de vue, être subordonnées à la législation locale. Or en juin 1941, le contrat de cession des bases militaires américaines aux Bermudes prévoyait en outre l'établissement d'une base sous-marine à Ordnance Island. Un sujet de tensions parmi tant d'autres, telles la question des droits de douanes et la levée des taxes locales qui dressaient les autorités insulaires à la fois contre les Américains et contre les autorités britanniques accusées d'avoir sacrifié au nom d'intérêts supérieurs leur autonomie traditionnelle. La question des Bermudes que Reginald Teague-Jones aborde du seul point de vue du système de renseignements représentait donc à la fois un test des relations anglo-américaines et une mission « diplomatique » auprès des autorités locales. « Baignées dans la tradition de générations d'administration coloniale basée sur une large part d'auto-administration, les Bermudes se trouvent à présent confrontées à des problèmes nouveaux et de grande envergure que lui ont imposés le cours des événements et des changements dans le monde extérieur et qui les mettent dans une situation sans précédent établi. Par voie de conséquence, elles sont appelées à modifier et dans une certaine mesure à subordonner leurs propres intérêts locaux à ceux d'une plus vaste structure impériale dont les îles forment une partie intégrale et stratégique[10]. » Une semaine de mission entre le 23 et le 29 juin 1941 au cours de laquelle Reginald Teague-Jones rencontre les divers représentants des autorités politiques et militaires britanniques, y compris le contrôleur de la Censure impériale et, bien entendu, Son Excellence le Gouverneur. Du côté américain, il rencontre, dans un climat très cordial, le capitaine Jules James de l'US Navy chargé du commandement de la base navale, l'officier américain chargé du renseignement naval ainsi que d'autres officiers de la marine américaine. Chargé d'expertiser le système du renseignement aux Bermudes, Reginald Teague-Jones est d'abord confronté aux tensions locales qu'il expose dans une courte note adressée au « Director Security Coordination », lequel ne peut être que William Stephenson ou Charles H. Ellis. « Durant mon récent séjour aux Bermudes, l'une de mes plus fortes impressions fut le manque évident de compréhension et de connaissances de ce qui se passe dans le monde extérieur. Je veux dire par là la connaissance des questions qui pourraient éventuellement exercer leur influence directe ou indirecte sur les affaires locales de la colonie. Ainsi, par exemple concernant la question très importante des relations anglo-américaines, j'ai été confronté à un manque consternant de compréhension de la portée et de la signification de ces relations jusques et y compris dans les cercles officiels les plus élevés. J'ai trouvé qu'on m'accordait une attention intéressée lorsque j'évoquais des questions dont j'aurais pu espérer que mes auditeurs étaient déjà bien informés[11]. » Ce contexte politique influe naturellement sur le fonctionnement du système de renseignements mis en place par le BSC et dont les Bermudes sont un maillon essentiel. Sur le plan du contre-espionnage, les Bermudes sont l'une des stations de censure les plus importantes de l'hémisphère occidental : on y examine chaque année des tonnes de courriers pour en extraire des informations souvent importantes. Selon le rapport du BSC[12], la Censure impériale, qui communiquait une grande partie des informations récoltées au FBI, faisait également l'admiration du FBI pour son laboratoire situé aux Bermudes et spécialisé dans les techniques permettant la révélation des encres sympathiques. Reginald Teague-Jones eut l'occasion de visiter les différents départements de ce service de la Censure impériale, divisé en trois grandes branches. Occupée « officiellement » à la censure du courrier en transit, la Censure impériale abrite une antenne des services secrets. La Censure des voyageurs fait l'objet d'un développement détaillé dans le rapport que Reginald Teague-Jones adresse à ses supérieurs du BSC, car son fonctionnement souffre de l'interférence des autorités locales. Ce service, chargé de soumettre les voyageurs transatlantiques, qu'ils empruntent la voie maritime ou aérienne, à une procédure de surveillance et d'interrogatoire « est une branche "non orthodoxe" du département dont les fonctions ont été "prêtées" telles qu'elles étaient aux services de sécurité et de renseignements, et qui, par la nature même de ses fonctions, l'amène à être en contact direct, si ce n'est soumis au contrôle des autorités de l'administration locale. Ces contacts avec l'administration coloniale ont provoqué une certaine friction, qui non seulement affecte sérieusement l'efficacité du travail du département, mais encore provoque dans l'équipe de direction un climat déplorable de découragement et d'insatisfaction. Il est essentiel de remédier sans retard à cet état de choses : trouver une solution pratique et rapide à ce problème fut ma première tâche »[13]. En un mot, le fait que le gouverneur des Bermudes, sir Denis Bernard, ait officiellement autorité sur la procédure de routine ou d'exception de surveillance des passagers portait préjudice au travail des officiers de la Censure. Son Excellence déléguait ses responsabilités au secrétaire colonial, le major Eric Dutton lequel avait pour subordonné A.R. Spurling, chargé des douanes et de l'Extra Revenue Office. Doté du droit de décider si les censeurs devaient ou non interroger tel ou tel passager, ce Spurling, « dans sa capacité fondamentale d'Extra Revenue Officer, quoi que cela puisse impliquer, est à bien des égards une personnalité de bon aloi. On le dit très actif et travailleur avec, derrière lui, une excellente notation », mais de toute évidence, il n'est pas l'homme de la situation. Incapable de résoudre les points litigieux sans en référer personnellement au secrétaire colonial, il fait perdre un temps considérable aux officiers de la Censure soumis de ce fait à des retards exaspérants : les navires transatlantiques faisaient généralement escale à Grassy Bay, c'est-à-dire par beau temps à 45 minutes de Hamilton où se trouvait le bureau du secrétariat colonial. La situation était encore plus gênante si le navire faisait escale à Murray's Anchorage, situé à une heure trente du littoral, ce qui portait à presque trois heures l'absence de Spurling jusqu'à ce qu'il revienne annoncer sa décision. Spurling se laisse impressionner par le statut d'immunité dont jouissent les titulaires des passeports diplomatiques : au grand dam des officiers de la Censure, moralement atteints dans leur prestige professionnel, il permet que leurs effets personnels échappent à la fouille et ordonne qu'on ne les soumette pas à la routine de l'interrogatoire. « Ainsi, beaucoup d'opportunités d'interroger des voyageurs ayant des connaissances, potentiellement détenteurs d'informations précieuses, ont été gâchées tout simplement parce que Mr Spurling n'approuvait pas le fait de les interviewer[14]. » Inversement, Spurling soumet à un traitement inconsidéré des passagers haut placés, multipliant des incidents, immédiatement répercutés dans la presse américaine. Au-delà de la personne de Spurling, ces dysfonctionnements mettent en cause la structure même du système de sécurité installé aux Bermudes. Bien que le secrétaire colonial ait prétendu être lui aussi mécontent du comportement de Spurling, Reginald Teague-Jones ne propose pas de le remplacer mais de « nommer un officier de sécurité pleinement qualifié, possédant, en plus de l'expérience dans le domaine de la sécurité, le tact et la compréhension nécessaires pour faire face au trafic international des passagers, et ayant les connaissances et le statut requis pour prendre des décisions rapides dans le traitement de ce trafic sans avoir à en rendre compte ni au secrétaire colonial, ni au gouverneur[15] ».

Autre difficulté d'ordre local, la présence de Hamish Mitchell, émissaire masqué du BSC aux Bermudes, incommode visiblement le secrétaire colonial, le major Eric Dutton et, dans une certaine mesure, Son Excellence le Gouverneur, qui non seulement refuse de le rencontrer mais encore répugne « à reconnaître sa position et ses fonctions en tant que membre responsable d'une organisation ayant trait à la Sécurité impériale ». Reginald Teague-Jones, mandaté pour régler ce problème, doit donc mener une enquête parmi les différents représentants des autorités des Bermudes, des officiers des forces armées aux civils du gouvernement en passant par les représentants les plus en vue des milieux d'affaires de la colonie. De son enquête, il ressort qu'aucune raison particulière ne semble motiver l'attitude hostile du secrétaire colonial, hormis le fait, mais il est d'importance, que Hamish Mitchell est un Américain dont la fonction véritable, celle d'un agent de haut rang du BSC, ne peut être reconnue puisqu'elle n'est pas connue. Selon Reginald Teague-Jones, l'homme est plutôt populaire dans les milieux insulaires, bien vu par les officiers des services avec lesquels il est en contact quotidien et, bien entendu, dans les cercles américains. « Il est regardé pour ce qu'il est, c'est-à-dire un résident réputé et respecté de la Colonie, et bien que sans aucun doute il ne soit pas perçu comme le descendant de l'une de ces vieilles lignées de sang bleu qui pointent avec fierté des générations d'ancêtres nés et élevés dans la plus ancienne colonie de l'Empire, néanmoins, il est en général plutôt populaire et bien reçu dans les cercles de sociabilité de l'île[16]. » Sans doute, les autorités locales ne reconnaissent-elles pas la compétence de Hamish Mitchell parce qu'elles sont laissées dans l'ignorance de la nature exacte de sa fonction. Pour mettre un terme à ce climat d'incompréhension, Reginald Teague-Jones suggère qu'on révèle la nature de sa véritable mission aux autorités locales. Leur incompréhension « est le résultat inévitable de la politique poursuivie jusqu'ici, consistant à draper dans le secret les activités et même le nom de l'organisation. Il y avait dans le passé de bonnes raisons pour cela, et il se pourrait que ce ne soit pas exactement le bon moment pour sortir de l'ombre aux Etats-Unis, mais il semble tout de même désirable que l'on fasse quelque chose pour clarifier la nature et les fonctions de l'organisation au moins dans les colonies britanniques de l'hémisphère occidental. En cela, je ne veux pas dire que nous devrions faire "sonner les trompettes et battre le tambour" mais je suis persuadé qu'un plus grand degré de franchise et une relation de plus grande confiance avec des cercles officiels responsables susceptibles de collaborer utilement, apporteraient sans aucun doute un climat de plus grande réciprocité, et ceci à notre propre avantage. Par exemple, dans le cas des Bermudes, je pense que cela renforcerait la position de Hamish Mitchell, avec lui celle de la Coordination de la sécurité, s'il pouvait être reçu ouvertement comme un représentant de cette organisation au lieu d'utiliser la couverture du service de la Censure[17]. » Pour Reginald Teague-Jones, il est d'autant plus nécessaire de révéler aux autorités locales la véritable nature de l'organisation du BSC que cela permettrait de mettre en œuvre une coopération directe avec les Américains. Quant à la question de la sécurité des Bermudes qui s'apprêtaient à devenir une base militaire et stratégique cardinale dans la bataille de l'Atlantique, les autorités coloniales locales en sont à peine conscientes en juin 1941, au moment où débarquent des milliers de travailleurs étrangers affectés aux chantiers de construction des bases. Tirée de sa paisible sérénité, pour ne pas dire de sa torpeur, la colonie des Bermudes tarde à prendre la mesure des enjeux mondiaux concentrés sur son minuscule territoire insulaire. Outre la nécessité de mandater un officier du MI5 spécialement chargé d'assurer la sécurité locale, il faut convaincre Son Excellence le Gouverneur et son administration d'adopter une attitude plus amicale à l'égard des autorités américaines. Reginald Teague-Jones, que le pragmatisme mais aussi une sympathie sincère poussent à une certaine américanophilie, préconise à cet égard des mesures drastiques. Que les Américains soient regardés comme des envahisseurs étrangers venus troubler la paisible existence des Bermudiens – en octobre 1941, la garnison américaine aux Bermudes compte

3 695 hommes – est d'autant plus intolérable que les Américains, encore neutres, sont venus pour aider les Britanniques dans un des moments les plus critiques de la guerre. Les Bermudes préfigurent les ambiguïtés ultérieures de la relation anglo-américaine s'agissant de l'avenir de l'Empire britannique. Mais pour l'heure, en juin 1941, « le vrai problème est clairement d'ordre psychologique et se résume dans le simple fait que le Gouvernement Colonial est incapable, depuis Son Excellence jusqu'au dernier sous-fifre, de réajuster sa perception mentale à un ordre de choses radicalement nouveau qui ne renvoie à aucun précédent et devant lequel ils n'ont aucune capacité d'adaptation (...). Une telle attitude produira inévitablement de l'autre côté la réaction même que nous cherchons à éviter. Les Américains qui, dans un premier temps, étaient très réticents à nous accorder leur aide, sont maintenant gagnés à l'idée d'une collaboration complète, et ils arrivent dans cet état d'esprit avec enthousiasme, s'attendant à trouver du côté des Britanniques une volonté de collaboration encore plus grande. Ils ont été consternés de rencontrer l'attitude exactement contraire[18]. » Une attitude déplorable selon Reginald Teague-Jones, qui pourrait peser dans un sens défavorable à l'entrée en guerre des Etats-Unis, la priorité du BSC au moment où venaient d'être conclus les termes d'une collaboration étroite entre les services secrets anglais et américains. Pour toutes ces raisons, la nomination d'un agent de sécurité « coordonné » aux Bermudes lui semble d'autant plus souhaitable qu'il veillerait à la sécurité des îles, mais encore jouerait localement le rôle de valve de sécurité dans les relations anglo-américaines en évitant la voie longue et complexe de la diplomatie officielle. Mais la proposition de Reginald Teague-Jones de nommer un officier local de sécurité détaché directement du MI5 aux Bermudes, en plus de Hamish Mitchell représentant le BSC, soulève des objections. Un certain colonel Stratton fait valoir que cet officier de sécurité devrait avoir le statut « d'un SCO dans un port britannique et de la même manière qu'un SCO est subordonné au MI5, l'officier de sécurité des Bermudes doit être directement aux ordres de la

Coordination de la sécurité à New York ». De son côté, le major Maude, venu de Londres faire une visite aux Bermudes, est favorable à la nomination d'un unique officier dont le statut devrait être alors l'équivalent de celui d'un officier de sécurité régionale en Angleterre[19]. Ces considérations techniques et purement administratives n'ont rien de bien passionnant. Elles montrent que le travail de l'agent secret, chargé d'une diplomatie souterraine et informelle, est sans cesse confronté aux lourdeurs administratives aggravées sans doute par des rivalités personnelles. Dans « l'impasse des Bermudes », Reginald Teague-Jones souhaite trouver une solution viable et gommer les aspérités : plutôt que de limoger le gouverneur des Bermudes, il vaut mieux que Londres énonce clairement quelques principes d'orientation. « Je crois sincèrement que si Whitehall entreprenait une telle action, cela ne me serait pas difficile lors de mon prochain passage aux Bermudes d'inciter Son Excellence à adopter une attitude plus rationnelle et plus amicale aussi bien à l'égard des Américains, mais également à l'égard de certains aspects de la question de la sécurité. J'ose suggérer cela à la lumière de ma récente conversation avec Son Excellence, que j'ai trouvé extrêmement raisonnable et susceptible d'être persuadé. Je crois également qu'avec une approche similaire, je pourrais réussir à amener le secrétaire colonial à un bien meilleur esprit de collaboration que ce qu'il a affiché jusqu'ici. Je suggère dans ce cas qu'on me laisse l'opportunité d'essayer d'améliorer les relations avant que des remèdes plus drastiques soient envisagés. Je suggère en effet que nous nous fixions comme objectif d'assurer le bon fonctionnement de la machinerie existante avant de la mettre au rancart et de reconstruire[20]. » On retrouve ici chez Reginald Teague-Jones le pragmatisme et l'intelligence des tensions psychologiques dont il avait fait la preuve en d'autres circonstances. La mission de conciliation aux Bermudes permettra à Reginald Teague-Jones d'affronter des situations analogues en Amérique latine et dans les Caraïbes.

Major Sinclair, officier de coordination du BSC

Le dossier des Bermudes conservé dans les archives de l'Imperial War Museum, formé de notes, de correspondances et de brouillons de première main, apporte la preuve indiscutable de l'appartenance de Reginald Teague-Jones au BSC pendant la Seconde Guerre mondiale. Le fait que ces papiers n'aient pas été détruits comme ils auraient dû l'être en principe, montre que Reginald Teague-Jones a tenu à laisser la trace d'une mission dont il tirait une certaine fierté. Péché d'orgueil d'un agent de l'ombre qui aurait aimé recevoir au soir de sa vie une certaine reconnaissance de ses mérites ? En tout cas, dès juillet 1941, la situation aux Bermudes semble, grâce à son entremise, s'être améliorée. Officier de coordination du BSC pour les Bermudes et la zone des Caraïbes, sa fonction essentielle consiste au maintien de relations efficaces et cordiales entre les gouverneurs, leurs secrétaires coloniaux et les représentants du BSC. Les Bermudes ont été le terrain d'expérimentation réussie d'une méthode de « conciliation » que Reginald Teague-Jones aura l'occasion d'appliquer avec tact et fermeté dans d'autres colonies britanniques des Amériques, évitant ainsi que les questions touchant à la sécurité des Caraïbes ne soient immédiatement transférées à la Royal Navy[21]. Une mission du même ordre l'amènera plus tard au Honduras britannique où un conflit similaire avait éclaté entre le gouverneur de Belize et les autorités navales et militaires américaines dans la zone du canal de Panama, mission dont il rendra compte en quelques lignes bien des années après à un fonctionnaire du service de protocole du Foreign Office. « Les Américains étaient alarmés par les lourdes pertes navales qu'ils subissaient à cause de l'action ennemie dans la zone du canal de Panama. Ils étaient convaincus que les sous-marins ennemis avaient pris l'habitude de faire leur plein dans les eaux du Honduras britannique et que le gouverneur ne prenait pas assez de mesures préventives. Je dus donc descendre là-bas m'intéresser à cette question et après une enquête systématique au Honduras britannique, dans la zone du Canal et au

Mexique, je fus en mesure d'en tirer mes conclusions et d'envoyer à Washington un rapport montrant que les soupçons des Américains étaient sans fondements[22]. » Dans le même ordre de fonction, Reginald Teague-Jones s'occupe, fin juillet 1941, de la sécurité des voies de communications entre les Etats-Unis et les bases américaines installées en Jamaïque, à Trinidad et Antigua. Le matin du 29 juillet 1941, il rencontre en compagnie d'un certain Des Graz et d'un capitaine Hyde, le responsable new-yorkais de Pan American Airways, J.M. Van Law pour discuter de la question de l'escale trop courte à Kingston (Jamaïque) du vol Miami-Baranquilla (Colombie). Le BSC aimerait disposer d'une escale de quarante minutes, ce qui doublerait le temps disponible au contrôle des passagers en transit à Kingston. Une telle demande s'inscrivait dans le cadre de la surveillance des activités de l'Axe en Amérique centrale et en Amérique latine et de l'obligation de sécuriser les bases américaines dans la zone des Caraïbes. Joint au rapport, un schéma griffonné montre que les quatre hommes ont également discuté du trajet et des escales des liaisons aériennes transatlantiques, la première desservant, à partir de New York, les Bermudes, les Açores, Lisbonne, la Sierra Leone, Belém et Port of Spain, la seconde établissant la liaison de Miami à Monrovia (Liberia) via Natal, proche du cap São Roque à l'extrémité occidentale du Brésil. Que ces différentes possibilités de lignes aériennes aient été évoquées, est significatif des préoccupations du BSC et du FBI qui voyaient dans la liaison aérienne établie par la compagnie italienne LATI (Linee Aeree Transcontinentali Italiane) entre Rome et le Brésil un très dangereux canal de propagande de l'Axe vers les Amériques.

Multipliant les déplacements, Reginald Teague-Jones passe trois jours à Trinidad du 12 au 15 août 1941 où se trouve une base américaine intégrée au Caribbean Defence Command. Il débarque à Port of Spain en compagnie du brigadier Craig : l'endroit est truffé d'agents anglo-américains et le court séjour à Trinidad se transforme en conférence au sommet ! « En plus de rencontrer le major Wren[23], nous eûmes de la chance car notre visite coïncida avec l'arrivée du commodore Furse et celle de Mr. Anderson du consulat de Caracas qui est l'officier de rapport pour l'organisation du SO (I). Cela nous a donné l'opportunité de discuter en détail de la base future de la coopération entre les services de renseignements de la marine dans les Caraïbes et la Coordination de la sécurité dans les Caraïbes et dans les terres continentales adjacentes. Cette question a été traitée dans un rapport séparé. Avant notre départ, sir Connup Guthrie arriva également à Trinidad, accompagné de Karri Davies, et nous fûmes donc en mesure de discuter avec lui de l'établissement futur en Amérique du Sud d'un système d'officiers de contrôle de la sécurité sur le même modèle que celui qui fonctionne déjà actuellement dans les ports des Etats-Unis[24]. »

Ainsi s'ébauchait dans le courant de l'année 1941 une relation anglo-américaine pétrie d'une évidente complémentarité et d'une non moins évidente ambiguïté. La mission de conciliation et de persuasion de Reginald Teague-Jones auprès des autorités coloniales des territoires britanniques abritant des bases américaines, se situe dans un moment de transition de la Seconde Guerre mondiale opposant un Empire britannique sur le déclin à la puissance ascendante de l'impérialisme américain. En 1890, le contre-amiral Alfred Mahan n'avait-il pas préconisé dans son célèbre ouvrage *The Influence of Sea Power upon History* que les Etats-Unis devaient se doter non pas de colonies mais de bases navales situées le long des grandes routes commerciales ? Les micro-conflits insulaires auxquels a eu affaire Reginald Teague-Jones durant l'année 1941, mettant chaque fois en cause des colonies anglaises abritant des bases américaines, semblent présager les difficultés futures de la relation anglo-américaine, notamment sur la question indienne.

La relation anglo-américaine à l'épreuve de la question indienne

Après avoir passé le plus clair de l'été 1941 à régler les questions de « sécurité » liées à la bataille de l'Atlantique, Reginald Teague-Jones rentre à New York et poursuit sa mission de coordination dans le cadre du BSC. Ses domaines de prédilection seront désormais l'Inde, la Palestine, le sionisme et le communisme, thèmes d'actualité, sources de constantes frictions durant la Seconde Guerre mondiale entre les milieux progressistes américains et les autorités britanniques. Fin 1941, avec dans son camp l'URSS et les Etats-Unis, Churchill pouvait se sentir capable de gagner cette guerre, même si sur le théâtre asiatique, la chute de Singapour (15 février 1942) marquait une étape décisive en Inde pour les Britanniques. Pour la première fois, une armée asiatique avait battu les Anglais. Les conséquences politiques de cette défaite militaire ne tardèrent pas à se faire sentir : en Inde, l'opposition jusqu'alors passive du parti du Congrès à la domination britannique devint plus ouverte dans le sous-continent et dans les milieux pro-indiens aux Etats-Unis. Ainsi, tout l'enjeu de la question indienne telle que Reginald Teague-Jones l'observe désormais depuis les Etats-Unis concerne à la fois la question coloniale qui inspire la défiance instinctive des Américains et la volonté affichée tant par les travaillistes anglais que par les Américains de gagner, dans le contexte du conflit mondial, l'appui du peuple indien à la cause alliée.

L'IPI : de la sécurité impériale à la collaboration anglo-américaine

Face aux rumeurs d'un effondrement imminent de la domination britannique en Inde et à la réalité de la menace japonaise dans l'océan Indien, Churchill est contraint de faire un geste de conciliation à l'égard de la question indienne. La mission Cripps qualifiée par Patrick French de « non-événement de l'année 1942[25] » fut en effet un geste politique aussi ostentatoire qu'inefficace. Sir Stafford Cripps, personnalité de la gauche du Labour qui avait gagné un prestige récent comme ambassadeur britannique à Moscou au moment de l'invasion allemande et ami personnel de plusieurs membres du parti du Congrès, est dépêché sur place pour une mission promise à l'échec. Censée incarner le nouveau visage d'une Grande-Bretagne ouverte au compromis, la proposition d'ériger l'Inde après la guerre en dominion que Gandhi compare « à un chèque périmé sur une banque en faillite » n'était pas vraiment nouvelle. Cependant, le plan Cripps en précisait la procédure institutionnelle assez lourde et sous-entendait que les provinces musulmanes seraient libres de conserver leur statut actuel[26]. Au grand soulagement de Churchill, le plan fut rejeté par le parti du Congrès, le 10 avril 1942, en dépit des bonnes dispositions de Nehru. Il avait néanmoins enclenché l'engrenage qui allait conduire à l'indépendance et à la partition de l'Inde. Au cours d'une conférence de presse en mars 1942, Cripps avait évoqué indirectement l'autonomie éventuelle de provinces qui demeureraient en dehors de l'Inde et suscité l'inquiétude des dirigeants du parti du Congrès confrontés au loyalisme des musulmans et à la perspective d'une « balkanisation » du sous-continent. D'autre part, durant sa mission, Cripps avait formulé des propositions qui allaient bien au-delà des intentions initiales de Londres. Par exemple, la promesse d'une indianisation de l'administration du dominion – seuls l'Intérieur et la Défense seraient restés aux mains des Britanniques – n'avait pas reçu l'aval de Churchill, ce qui explique la satisfaction non dissimulée avec laquelle il reçut la nouvelle de l'échec de la mission Cripps.

C'était là pourtant la dernière chance de compromis : l'échec de la mission Cripps conduisit au durcissement de la position du parti du Congrès, au renforcement de la détermination de Gandhi et à la célèbre résolution « *Quit India* » du 14 juillet 1942 par laquelle le parti du Congrès réclamait l'indépendance immédiate et refusait toute coopération militaire, sans exclure toutefois le maintien des troupes alliées pour faire face à la menace japonaise. La campagne *Quit India*, ressentie par les Britanniques comme une véritable déclaration de guerre, déclencha le 9 août 1942 une vague d'arrestations au cours de laquelle l'intransigeant vice-roi Linlithgow fit arrêter la plupart des dirigeants du parti du Congrès, dont Gandhi et Nehru. Emeutes, grèves, sabotages, la réaction populaire ne tarda pas à s'enflammer dans les semaines qui suivirent, entraînant près d'un millier de morts et 92 000 arrestations[27]. Mais l'amélioration de la situation militaire, la stabilisation de l'offensive japonaise – même si en 1943 l'Indian National Army du nationaliste dissident Subhas Chandra Bose s'était mise au service du Japon moyennant une promesse d'indépendance – et l'abstention des populations musulmanes, permirent momentanément aux Britanniques de reprendre partiellement le contrôle de la situation. Certes, la terrible famine du Bengale en 1943 entraîna la mort de plus d'un million de personnes et de nombreux affrontements entre hindous et musulmans, mais les autorités britanniques parvinrent dans un climat de relative quiétude à procéder aux réquisitions et à la levée de nouvelles troupes. Privé de ses dirigeants, le parti du Congrès s'effaça temporairement tandis qu'avec l'approbation tacite des autorités anglaises, la Ligue musulmane de Jinnah renforçait ses positions tout en restant très indécise dans ses propositions. En mars 1940, la Ligue avait adopté à Lahore la *Pakistan Resolution* préfigurant la création d'un Etat pakistanais indépendant dont elle se gardait bien de préciser l'étendue territoriale. De fait, un mémorandum secret préparé à son intention en février 1941 intitulé « Qu'est-ce que le Pakistan ? » démontrait combien les frontières du futur Etat musulman étaient encore difficiles à esquisser[28].

Dans un tel contexte, il est utile de s'intéresser au massif de sources que représentent les archives de l'Indian Political Intelligence (IPI) auquel Reginald Teague-Jones demeure attaché durant la Seconde Guerre mondiale. Depuis qu'il en avait intégré les rangs, la configuration de ce service, primitivement rattaché à l'India Office et placé sous la direction de John

Wallinger, avait considérablement évolué. Rattaché en partie au MI5 en 1924, l'IPI s'est doté d'un nouveau directeur en avril 1926. A cette époque, Philip Vickery auquel Reginald Teague-Jones restera lié jusqu'à sa mort survenue en 1987, peu avant son 97e anniversaire, rentrait d'une mission aux Etats-Unis où il s'était occupé, entre autres, du mouvement Ghadr (Révolte), un mouvement révolutionnaire nationaliste dirigé par Lala Har Dayal qui avait tissé son réseau parmi la communauté indienne de Portland dans l'Oregon et gagné le soutien d'immigrants du Pendjab établis sur la côte ouest des Etats-Unis. La surveillance des activités du mouvement Ghadr aux Etats-Unis et au Canada continua à occuper les agents de l'IPI jusqu'en 1944 comme le montrent les archives de l'IPI conservées à la British Library. Service de renseignements impérial primitivement attaché à la lutte contre la subversion anti-impérialiste sur le territoire même de l'Inde, l'IPI devint rapidement un organisme de renseignements tentaculaire, travaillant en étroite connexion avec le MI5 et l'Intelligence Service (SIS). « Le réseau de Vickery était tenu dans le plus grand secret. Son existence même n'était pas reconnue officiellement et les contacts avec le monde extérieur se déroulaient toujours par des truchements indirects. Tout ce qui concernait l'Inde arrivait via le directeur de l'Intelligence Bureau (DIB) à New Delhi et les communications de l'IPI avec l'India Office étaient transmises à travers un seul fonctionnaire de haut rang, en général l'un des deux assistants sous-secrétaires d'Etat. Cela signifie que même dans les échelons les plus élevés du gouvernement de l'Inde, seule une poignée d'individus étaient au courant des fonctions de l'IPI et de la vraie nature de ses activités. Pour la plupart des officiels, il s'agissait simplement d'un acronyme désignant une organisation anonyme à propos de laquelle ils savaient peu de choses[29]. » L'IPI avait donc vocation à s'intéresser à tous les sujets qui touchaient de près ou de loin à la sécurité de l'Inde britannique : pénétration russe, allemande ou japonaise, activité subversive des communistes, mouvement du Khilafat en faveur du rétablissement du califat musulman aboli avec la disparition du sultan ottoman, propagande anti-britannique du parti du Congrès, etc. Dès le début des années 1920, l'IPI avait commencé à constituer des dossiers sur les associations indiennes aux Etats-Unis qui participaient à la propagation des idées nationalistes. C'est sur ce terrain que l'IPI, sans doute à travers le BSC basé à New York, tentera d'établir une coopération avec les services américains – l'OSS et le FBI – pendant la Seconde Guerre mondiale. Les agissements soviétiques et la menace d'une conspiration communiste en Inde constituent un autre sujet de prédilection parmi les dossiers constitués par l'IPI. La sécurité de l'Inde britannique suppose en effet la surveillance des activités des Russes en Perse, en Afghanistan, en Azerbaïdjan. En mars 1924, une mission secrète soviétique dirigée par V.N. Lossev[30] arrive dans le nord de l'Inde. Interceptée par les agents de l'IPI, une copie du rapport de mission que Lossev adressait à ses supérieurs de l'Armée rouge et de la section orientale du Komintern, informe l'IPI sur les objectifs de cette mission. Détaché du front du Turkestan, ce militaire de l'Armée rouge, accompagné du « camarade Bashli », avait été mandaté pour étudier les régions situées « aux frontières orientales de l'URSS ». Initialement, cette mission avait pour objectif d'établir quatre « districts de renseignement » – entre autres à Chitral et à Peshawar – dans la région comprise entre les Pamirs et Quetta. Le traitement du « mémorandum Lossev » traduit en anglais, authentifié et commenté en détail, prouve le calme et le professionnalisme des officiers de l'IPI, sans illusions sur l'efficience des services soviétiques. Le recoupement des « informations » du mémorandum Lossev montre ainsi que les personnes, les lieux ou les associations mentionnés n'existent pas. Selon David Petrie, le chef du DIB pendant les années 1920 – il dirigera par la suite le MI5 –, qui écrit sur le rapport Lossev plus de six pages hilarantes de commentaires en véritable virtuose dans l'art de la « critique interne », le rapport Lossev bien qu'authentique est d'une grande innocuité. « Je pense personnellement, écrit-il, que Lossev, utilisant la connaissance qu'il avait de l'Inde et entretenant probablement un intérêt non dépourvu d'intelligence dans les événements actuels, a en fait composé son mémorandum quelque part, à une distance confortable de la frontière indienne ; ou alors, peut-être, est-il venu réellement en Inde et il a alors composé un rapport plausible et lisible sur ses faits et gestes mais qui ne repose sur aucun ou en tout cas peu de fondements réels. Il semblerait qu'il y ait eu d'autres cas de ces conteurs d'histoires conduits à inventer les nécessaires "détails corroborants" afin de rendre plausible une "narration déplumée et peu convaincante". Quel que soit le point de vue choisi, il est clair que Lossev, sans aucun doute, trompe ses employeurs. Mais je ne crois pas que, s'il a mis jamais réellement les pieds dans ce pays, il ait accompli aucun travail sérieux, ou qu'il soit parvenu à établir aucune association ou connexion qui puisse nous causer la moindre inquiétude[31]. » En revanche, les activités du VOKS (Société pour la promotion des relations culturelles avec l'étranger), organisme de propagande soviétique présidé par Olga Kameneva, retiendront en 1929 davantage l'attention de David Petrie sur la « vaste machinerie de la propagande orchestrée par Moscou[32] » à l'égard de l'Inde. Doté d'un véritable don d'ubiquité, l'IPI avec son réseau d'agents observait, infiltrait et surveillait les individus, les associations, les mouvements, les partis dans le sous-continent. Avec beaucoup de professionnalisme et d'enthousiasme, l'IPI remplit sa mission de service secret impérial, sans être pour autant un organisme pléthorique. Doté d'un budget limité et d'un nombre restreint d'officiers hyperqualifiés disposant de leurs propres contacts, l'IPI n'est pas seulement une organisation de l'ombre persécutant les forces montantes de la libération nationale en Inde comme tend à la présenter l'historiographie postcoloniale.

C'est aussi, durant la Seconde Guerre mondiale, un creuset d'experts de l'Inde sans équivalent d'où l'on peut observer l'évolution de la collaboration anglo-américaine. Comme ses collègues de l'IPI, il ne fait pas de doute que Reginald Teague-Jones s'est montré incrédule devant les médiocres productions de l'OSS, le service ancêtre de la CIA, créé pendant la Seconde Guerre mondiale. En 1943, trois rapports de l'OSS, consacrés au projet de création du Pakistan, à l'étude de l'Inde occidentale et à celle de l'Inde du Nord-Est, sont transmis au Foreign Office par David Bowes-Lyon depuis Washington. La lecture de ces trois rapports fournis par la branche « Recherches et analyses » de l'OSS suscite tout au plus la condescendance amusée des membres de l'IPI. Truffés d'erreurs de fond et de jugement, ces rapports sont jugés si « pathétiques » qu'ils ne justifient même pas les emplois de ceux qui les rédigent ! « L'OSS est un organisme très particulier par sa fonction, et bien sûr, on doit se poser la question de savoir si ces rapports doivent réellement être pris très au sérieux, ou si les informations disponibles à travers les canaux officiels britanniques ne seront pas regardées avec suspicion. Mais le fait est que si une "recherche" est nécessaire sur ce que n'importe quel officiel britannique pourrait leur dire en cinq minutes, il y a là une certaine perversité dans l'approche[33] », peut-on lire dans un rapport de l'IPI consacré à cette question. L'ignorance et l'amateurisme de l'OSS à ses débuts posent, bien entendu, la question de la nature de la « collaboration » des services de renseignements anglais et américains durant la Seconde Guerre mondiale. A New York, Reginald Teague-Jones était à même de juger quelle part d'ignorance des réalités du sous-continent et quelle part de messianisme démocratique déterminaient le point de vue américain quant au processus désormais en marche de la décolonisation de l'Inde.

L'India League of America : la montée en puissance d'un groupe de pression

Consul britannique à New York de juillet 1944 à 1950, Reginald Teague-Jones, alias Ronald Sinclair, déploie pendant la Seconde Guerre mondiale une activité inlassable cumulant une fonction politique souterraine avec les activités normales d'un consul attaché aux affaires commerciales. Dans la correspondance qu'il adressa bien des années plus tard au Foreign Office dans l'espoir d'obtenir une décoration CMG, Reginald

Teague-Jones rappelle qu'« une question particulièrement accaparante, à la fois en temps et en devoirs, durant les années de guerre fut la prise en charge des marins indiens échoués à New York. Pendant certaines périodes, nous avions sur les bras près de 400 personnes et nous avions l'entière responsabilité de leur logement, nourriture, hospitalisation et assistance. L'approvisionnement de plusieurs centaines d'Asiatiques, comprenant à la fois des hindous et des musulmans, ce qui supposait des besoins et des interdits assez différents en matière de nourriture, était un fait à peu près sans précédent aux Etats-Unis. Il en résulta des frictions assez fréquentes avec les autorités sanitaires américaines provoquant des plaintes qui me préoccupaient constamment[34]. » Parallèlement à l'assistance humanitaire, Reginald Teague-Jones se livre à une investigation approfondie des milieux favorables à l'indépendance de l'Inde aux Etats-Unis et rédige nombre de rapports consacrés à l'India League of America dont on retrouve la trace dans les archives de l'IPI. Ces rapports, certes, ne sont pas signés, mais Reginald Teague-Jones a conservé dans ses archives personnelles une lettre[35] que lui a adressée l'India Office de Londres le 21 décembre 1944. Il y est question des remerciements exprimés par le DIB à New Delhi pour les rapports « très utiles que vous avez envoyés récemment sur les affaires et les activités de l'India League of America. En particulier, le DIB a cité le dernier rapport qu'il a reçu, c'est-à-dire votre rapport daté du 16 octobre 1944 intitulé “L'Amérique et la question de l'Inde : quelques tendances actuelles”. Le DIB ajoute qu'il montrera des exemplaires de ce rapport aux départements du gouvernement de l'Inde qui sont extrêmement préoccupés par ce problème. » Cette lettre permet donc d'attribuer à Reginald Teague-Jones la paternité de tout ou partie des rapports consacrés aux activités de cette ligue. Conservés dans les archives de l'IPI, ils datent pour l'essentiel de la fin de l'année 1944 mais apparaissent dans une période de surveillance active de cette ligue, entre janvier 1943 et avril 1945. Elle commence d'ailleurs à Londres où Krishna Menon, leader prééminent et activiste d'extrême gauche, proche de Nehru et ambassadeur itinérant du parti du Congrès en Europe, dirigeait l'India League de Londres. Selon les agents de l'IPI, Menon avait été en contact fin 1943 avec K.C. Mahindra, chef de l'Indian Supply Mission à Washington à qui il avait transmis des éléments susceptibles de servir à la promotion des intérêts du parti du Congrès aux Etats-Unis. Présenté comme un homme « très capable », K.C. Mahindra était un fonctionnaire temporaire du gouvernement en temps de guerre. Un officier de l'IPI note à son sujet que « probablement il se considère lui-même assez sincèrement comme redevable de loyauté à l'égard du gouvernement dans la mesure seulement où il s'agit d'un gouvernement indien et non dans sa dimension britannique[36] » et que cette dichotomie assez répandue dans les esprits comporte « à la fois des aspects dangereux et des aspects moins dangereux ».

Les rapports concernant l'India League of America classés en une série à peu près complète dans les archives de l'IPI ne comportent aucune signature. Leur attribution à Reginald Teague-Jones ne peut être considérée comme certaine que pour une partie d'entre eux, datés de l'automne et de l'hiver 1944. Un premier rapport sur l'India League of America du printemps 1943 est attribué à un certain « Major Shah » de retour des Etats-Unis. Selon John Brobst, il pourrait s'agir de A.S.B. Shah de l'Indian Political Service – appelé à devenir par la suite un officier de sécurité haut gradé des services pakistanais – que Reginald Teague-Jones a forcément croisé au cours de cette période. Le rapport du « Major Shah » fut soumis par l'IPI[37] à Olaf Caroe[38], ancien commissaire du Baloutchistan, secrétaire aux Affaires étrangères du gouvernement de l'Inde depuis 1939 et initiateur en 1942 du VSG (Viceroy's Study Group). Ce groupe de travail, rassemblant des officiers supérieurs issus de l'Indian Civil Service et de l'Indian Army où A.S.B. Shah s'était imposé comme l'un des plus proches confidents de Caroe, était chargé de mener un travail de réflexion sur les grandes lignes stratégiques des plans de l'après-guerre en Inde. Persuadé que le Grand Jeu survivrait au retrait britannique de l'Inde, Olaf Caroe – dont les intuitions géostratégiques lui valurent par la suite la réputation d'être l'inspirateur de la politique américaine dans la région sud-asiatique – était convaincu que la sécurité du *rimland* asiatique, du golfe Persique jusqu'à l'Indochine, constituait un seul et même problème stratégique. L'émergence d'une politique américaine dans le sous-continent indien l'intéressait donc au premier chef d'autant que le rapport du Major Shah en éclaire les déterminants internes. Ce document tranche avec l'opinion répandue par d'autres rapports du BSC, selon lesquels l'India League of America était en 1943 sur une pente déclinante, qu'elle était désormais incapable d'influer sur les relations indo-américaines, ni même d'agir efficacement par le biais de ses messagers – en particulier le charismatique marchand sikh Sirdar Jagjit Singh – en faveur de la propagande nationaliste du parti du Congrès. Par son style très direct et sa teneur concrète, ce texte extrêmement intéressant et politiquement peu correct constitue la base de l'enquête menée par Reginald Teague-Jones sur l'India League of America. Il souligne, comme étant un trait structurel, que la constitution de l'India League en groupe d'influence suppose une politique de proximité avec les milieux juifs américains. Du point de vue britannique, cette communauté d'intérêts est d'autant plus à craindre qu'elle se situe à la confluence de la question indienne et de l'épineuse question palestinienne. Selon le rapport du « Major Shah », « les activités de l'India League peuvent être décrites comme multiples et largement répandues. Elle a mis à son compte un vaste programme répondant à des questions aussi vitales que l'effort de guerre de l'Inde, la place de l'Inde dans la stratégie des Nations unies et son avenir politique, constitutionnel, social, économique et industriel. Dans sa politique à court terme, la Ligue s'est alignée sur les forces anti-britanniques en Amérique qui se sont donné pour tâche de créer des tendances isolationnistes dans le pays et de rendre ainsi difficile la position du Président. Elle a ostensiblement joint ses forces aux éléments de l'administration américaine dont les sympathies vont à la Chine, à l'Inde et aux pays sous administration coloniale. Les cris d'indignations et les manifestations d'émotions qui sont de nos jours tellement à la mode aux USA, voir la Charte de l'Atlantique et les principes des Quatre Libertés, donnent à l'India League un bon levier pour parvenir à ses fins. Secrètement, elle a réussi à parvenir à un accord avec les groupes pacifistes, communistes, capitalistes et juifs en Amérique. Avec l'aide de ces groupes, elle est parvenue à se faire une place et une publicité de premier plan. Avant la guerre, elle avait beaucoup de documents à diffuser mais pas d'audience à l'échelle nationale. Le Comité America First disposait d'une organisation nationale et cherchait à instrumentaliser la propagande indienne contre la Grande-Bretagne. Ainsi, les plans des deux organisations se complétaient admirablement. Pearl Harbor infligea à ces deux organisations un terrible revers. Le Comité America First se trouva contraint à la clandestinité et l'India League devint une organisation suspecte. La Ligue se débrouilla néanmoins pour survivre à ce choc en révisant sa politique et en donnant une nouvelle orientation à son mouvement. Cela commença par des attaques contre le nazisme et le fascisme, puis elle s'embarqua dans une virulente campagne anti-japonaise et se jeta à corps perdu dans le soutien à l'effort de guerre américain. Graduellement, elle faisait sa réapparition sur la scène politique américaine en tant que championne de l'effort de guerre de l'Inde et elle s'est à présent engagée à convaincre le peuple et le gouvernement américains que les ressources de l'Inde ne pourront pas être pleinement mobilisées contre le Japon tant que ses affaires ne seront pas dirigées par un gouvernement populaire. Cette ligne politique correspond complètement avec l'importance que l'Américain moyen attache à l'utilisation du territoire indien (a) pour le convoyage du matériel de guerre à la Chine (b) comme une base contre les forces japonaises en Birmanie (...). Les organisations juives en Amérique offrent un terrain fertile pour la propagande et l'India League les utilise pour développer un sentiment pro-Congrès à travers le pays. Les Juifs occupent une position influente en Amérique. Les présidents de deux réseaux importants de radio, la National Broadcasting Company et la Columbia Broadcasting Company sont des Juifs. Le New York Times, Asia, Time, Life and

Fortune, Nation, Amerasia, Atlantic Monthly, Harper etc. qui consacrent une place assez considérable à la situation en Inde sont soit possédés par des Juifs, soit contrôlés par eux. Les journaux américains tirent la plus grande partie de leurs revenus de la publicité. La plupart tirent les bénéfices de la propagande des Juifs qui font paraître la publicité de leurs entreprises dans les journaux qui se montrent favorables à la cause juive. Beaucoup de conseillers du président sont des Juifs. Parmi les secrétaires du gouvernement, les juges de la Cour suprême et ceux qui sont liés au War Production Board ainsi qu'au Post-War Planning, il y a des Juifs bien connus qui ont assez ouvertement exprimé leur sympathie pour le mouvement sioniste en Palestine. La plus grande partie du commerce de l'Inde, c'est-à-dire les articles importés d'Inde en Amérique – le jute, les peaux de chèvre, la laine, le mica et la gomme –, est tenue par des Juifs. Les représentants en Amérique de Birla et d'autres industriels indiens comme Simon Swirling (qui est depuis lors venu en Inde dans le staff de Mr Philipps après avoir confié le travail de l'Agence à son propre frère sous un nom différent) aident aussi à établir des contacts d'affaires entre les amis de Sirdar J. Singh (qui sont des marchands juifs) et les marchands indiens. Ces contacts offrent aussi un moyen utile pour rester en contact avec les mouvements politiques en Inde et le transit des fonds entre l'Inde et l'Amérique[39]. » Loin de décliner, l'India League redouble au contraire d'activités en « s'américanisant », c'est-à-dire en s'intégrant pleinement dans le champ politique américain. En septembre 1944, le président de la ligue, J.J. Singh – membre du parti du Congrès, il s'était établi comme marchand d'objets d'art indiens à Manhattan en 1940 –, avait habilement déclaré que son organisation était essentiellement une organisation américaine et que son objectif était de faire de l'Inde « le banc d'essai des buts de guerre alliés[40] ». Selon les rapports envoyés depuis New York par Reginald Teague-Jones, l'India League est devenue de fait une organisation américaine fonctionnant pour les intérêts américains. Ayant totalement rompu avec Anup Singh – un intellectuel et activiste de la cause indienne aux Etats-Unis – qui a rejoint les rangs du National Committee for India's Freedom, fondé en octobre 1943 à Washington, le président de l'India League J.J. Singh, de même que son secrétaire H.K. Rakhit ne sont là que pour donner une garantie « d'indianité » à une organisation de propagande purement américaine. La publication du mensuel *India Today* et la nomination comme présidente honoraire de la Ligue en 1944 de Pearl Buck, récemment couronnée du prix Nobel, démontrent cette orientation qui introduit une note discordante, pour ne pas dire franchement gênante, dans les relations entre Britanniques et Américains. « Pendant quelque temps, nous avons observé la tactique agressive de J.J. Singh qui avait l'air d'agir de manière de plus en plus indépendante par rapport à ses collègues indiens de la Ligue. Cela donnait l'impression qu'il était occupé à construire sa propre réputation, en tant que champion hors catégorie de l'Inde nationaliste, tout en gardant un œil sur le parti du Congrès au cas où ce dernier viendrait à émerger comme le facteur dominant dans une Inde indépendante. A présent néanmoins, nous devons réviser notre jugement sur l'attitude de Singh et sur la question de savoir s'il est vraiment la personnalité centrale de la Ligue. Au lieu de considérer que J.J. Singh prend l'initiative et recherche le soutien de ses amis américains, ce sont plutôt les Américains eux-mêmes qui mettent en scène un show où J.J. Singh tient le premier rôle. A considérer les choses ainsi, on perçoit l'India League dans une perspective totalement différente qui donne à ses activités une importance qu'on ne lui avait pas accordée jusqu'ici. Bien sûr, c'est une chose qu'un boutiquier ébloui par les feux de la rampe comme Singh distribue quelques milliers de reproductions d'articles de presse anti-britanniques avec l'assistance financière de quelques amis, mais c'en est une autre quand les amis américains font cela de leur propre initiative, et le font à grande échelle (...). En deux mots, l'India League est maintenant l'un des nombreux groupes politiques de pression américains agissant dans ce pays dans le but d'influer sur la politique américaine, celle d'aujourd'hui comme celle de l'après-guerre à l'égard de la Grande-Bretagne, ainsi qu'à l'égard des relations que la

Grande-Bretagne entretiendra avec l'Inde après la guerre (...). Il est en train de devenir tout à fait évident que dans l'insistance croissante des Américains à conclure l'indépendance immédiate et complète de l'Inde, il y a des intérêts en action motivés par autre chose que des sentiments purs ou de la sympathie envers les masses opprimées de l'Inde. L'un des objectifs les plus immédiats de ce groupe de pression est d'exercer son influence sur le président Roosevelt afin qu'il renouvelle des propositions, voire qu'il demande la complète indépendance de l'Inde au Premier ministre Churchill pendant la conférence actuellement en cours au Québec[41]. »

Il semble que Reginald Teague-Jones ait commencé à suivre l'évolution de l'India League dès 1942, mais c'est surtout à partir de l'automne 1944 que son enquête, autant sur les mœurs politiques américaines que sur le mouvement indépendantiste indien, devient systématique. Dès 1943, les liens existants ou tout au moins la convergence d'intérêts entre les milieux sionistes et l'India League avaient été mis en évidence. La synchronie des problèmes de l'Inde et de la Palestine sera de nouveau signalée dans les rapports ultérieurs, suscitant d'ailleurs le commentaire ironique d'un agent de l'IPI notant avec une certaine satisfaction qu'au moins cette orientation aura pour effet bénéfique de faire cesser le soutien du parti du Congrès au mouvement du Khilafat. Reginald Teague-Jones pénètre la société new-yorkaise et poursuit son enquête. Se faisant passer pour un journaliste, il abuse de la naïveté de la secrétaire américaine de l'India League qui l'informe en toute innocence au téléphone qu'il s'agit bien « d'une organisation purement américaine ». Il s'interroge sur le financement de la Ligue, mène ou fait mener une enquête discrète sur les comptes en banque et les chéquiers de J.J. Singh et commente avec incrédulité un rapport bâclé par le FBI sur le financement de l'India League probablement dans le cadre de la « coordination » mise en place par le BSC. Une enquête de terrain qui ne l'empêche pas de discerner les grandes lignes de l'instrumentalisation de la question indienne par la politique américaine.

Selon son analyse, le soutien à l'indépendance de l'Inde mobilise aux Etats-Unis les coalitions les plus hétéroclites de groupes politiques et de groupes d'intérêts. Il distingue essentiellement trois courants. En premier lieu, les anciens isolationnistes du comité *America First* dont beaucoup sont anti-britanniques par principe et par tradition. Les républicains, les impérialistes, les représentants du Big Business ainsi que tous ceux qui sont hostiles au New Deal comme à Roosevelt font partie d'un courant anti-britannique et « pro-indien ». Un second courant est représenté par les libéraux, les pacifistes de toute tendance y compris religieuse, les idéalistes adversaires de l'impérialisme britannique. Enfin, un troisième courant est représenté par les communistes et les compagnons de route, courant certes minoritaire mais tout à fait dogmatique. C'est aux intérêts des milieux d'affaires qu'il accorde cependant la plus grande attention : le Big Business, les grands industriels, les cercles de la haute finance, hostiles à Roosevelt depuis le New Deal et hantés par la crainte de l'effondrement et d'un retour du chômage, affrontent avec anxiété la perspective de la fin de la guerre. Pour Reginald Teague-Jones, il est clair que ces milieux voient leur planche de salut d'après guerre dans la stimulation du commerce extérieur et la conquête de nouveaux marchés. L'Inde est, avec la Russie et la Chine, l'un de ces marchés potentiels, d'où l'intérêt des industriels américains pour la cause de l'indépendance de l'Inde. « L'industrie américaine (...) doit forcer son chemin en Inde. Là-bas elle se retrouverait en concurrence directe et même dans une confrontation directe avec des intérêts britanniques fermement établis. En compétition directe avec eux, les Américains sentent qu'ils n'auront pas une chance, et donc leur seul espoir est de voir ces intérêts britanniques expulsés par la pression politique. Ils pensent que ce but peut être atteint en soutenant la cause nationaliste indienne, et donc leurs sympathies se portent naturellement en faveur de cette cause[42]. » Devenu familier de la politique américaine, Reginald Teague-Jones dresse le portrait peu flatteur de deux membres du Congrès américain gagnés à la cause de l'India League : il s'agit d'élus du Middle

West, Mundt du Dakota du Sud et Langer du Dakota du Nord. « En premier lieu, ces deux hommes sont d'ascendance suédoise, ce qui signifie qu'ils ne nourrissent à l'égard de la Grande-Bretagne aucune sympathie fondée sur le sang ou la tradition. Ils peuvent être décrits comme les représentants typiques du Middle West, très ignorants de tout ce qui ne concerne pas les problèmes purement locaux, extrêmement crédules, avec cette suffisance étriquée et cette agressivité marquée qui en général accompagnent ce type d'ignorance. Leurs électeurs sont dans la masse aussi ignorants avec la traditionnelle tendance anti-britannique. Tout ce qui peut évoquer "*l'impérialisme*" est pour eux un anathème. Tous ces facteurs mis ensemble les rendent particulièrement réceptifs à presque toutes les formes de propagande anti-britannique. Républicains en politique et isolationnistes par inclination, les gens du Middle West considèrent l'impérialisme britannique comme le pouvoir malin du diable qui, comme tout le reste et par-dessus tout, a conduit à la guerre actuelle et qui, s'il persiste, conduira encore à d'autres guerres. Ils en sont arrivés à voir l'Inde comme la cause potentielle de l'instabilité future de l'Asie, ce qui risquerait d'impliquer les Etats-Unis et de les empêcher de jouir de la paix et de la prospérité que Dieu leur a accordées, à eux plus qu'à tout autre nation »[43]. Reginald Teague-Jones ne pouvait pas mieux exprimer son irritation à l'égard de la perception américaine du problème de l'Inde. D'autant plus que le versant public de sa mission lui imposait de descendre dans l'arène et d'affronter les questions et les objections des Américains issus de divers milieux de la société new-yorkaise.

Contre-propagande au pays de la démocratie

A l'automne 1944, Reginald Teague-Jones annexe à l'un de ses rapports sur l'India League une liste des « points d'attaque » de la campagne anti-britannique aux Etats-Unis. « Voici, écrit-il, une liste des accusations les plus répandues, d'arguments ou de demandes largement répandues auprès du public, prêchées et criées à tous les coins de rue durant les quatre dernières années. » A partir de 1944, sa fonction de consul et ses talents oratoires lui imposent de faire régulièrement des conférences et des cours et d'affronter le public américain. Un public que Reginald Teague-Jones trouve en général ignorant et contenté par les lieux communs d'une propagande anti-britannique qui l'exaspère. Voici le florilège des considérations sortant, avant l'entrée en guerre des Etats-Unis, de la bouche de l'Américain moyen. « Cette guerre est celle de la Grande-Bretagne, pas celle de l'Inde. L'Inde y a été poussée sans son consentement... » « Comment peut-on attendre de l'Inde qu'elle se batte alors qu'elle n'a pas été consultée pour déclarer la guerre... » « En Asie, la guerre est menée pour perpétuer l'Empire britannique... » « La Grande-Bretagne n'a aucune intention d'accorder à l'Inde son indépendance. » Après Pearl Harbor et l'entrée en guerre des Etats-Unis, Reginald Teague-Jones note une nouvelle mouture de ces arguments. « La Grande-Bretagne refuse d'appliquer la charte de l'Atlantique à l'Inde... » « Churchill a déclaré sa volonté de ne pas liquider l'Empire britannique... » « L'Inde serait capable d'un effort de guerre plus grand si elle était indépendante... » « La Birmanie et la Malaisie ont été perdues parce que les populations indigènes n'avaient aucun but pour se battre... » « L'effort de guerre américain en Asie est rendu inefficace par le fait que les Anglais ne donnent pas à l'Inde la possibilité de mettre en œuvre un effort maximal. » Les arguments centrés sur l'intervention américaine comme « on sacrifie la vie des boys américains parce que les Indiens sont incapables d'apporter une contribution maximale à l'effort de guerre » ou encore « la Grande-Bretagne a gelé les crédits de l'Inde pour l'empêcher de développer son commerce avec les Etats-Unis » laissent place après le début du reflux japonais à une vision bipolaire du monde de l'après-guerre. « Les Nations unies vont sans aucun doute battre le Japon, mais le fait de ne pas donner son indépendance à l'Inde va laisser un héritage de haine qui sera à l'origine de la prochaine guerre entre l'Est et l'Ouest[44]. »

La fracture entre l'Orient et l'Occident passerait-elle par la décolonisation du sous-continent ? Cette « prémonition » est intéressante à noter car dans le cadre de la Grande Alliance, la question de la décolonisation de l'Inde a l'avantage tactique de créer une certaine concordance de vues entre les Américains et les Soviétiques. D'autre part, le thème de la fracture Est-Ouest – on dirait aujourd'hui Nord-Sud – confirme la proximité entre l'India League et l'East and West Association. Cette association, aux côtés de *Asia*, apportait sa contribution logistique et financière aux activités de l'India League. Celle-ci est par ailleurs très active sur le front de la diplomatie humanitaire. En 1943, la terrible famine au Bengale avait lancé l'India League dans une campagne de dénigrement systématique du gouvernement britannique : bientôt une action humanitaire était lancée, à grand renfort de publicité, depuis les Etats-Unis, par J.J. Singh en collaboration avec Richard J. Walsh. Encouragé par ce succès et grâce à un lobbying intensif, J.J. Singh réussit à remporter le soutien de Mundt, membre du Congrès républicain du Dakota du Sud, au moment où se déroulait à Atlantic City la conférence de l'UNRRA. Mundt fut convaincu de soumettre un amendement à la législation relative à l'UNRRA discutée alors à la Chambre des représentants afin d'inclure dans le champ de l'assistance humanitaire non seulement les territoires libérés de l'occupation ennemie, mais encore tous les territoires jugés stratégiquement importants pour la conduite de la guerre, qu'ils aient été ou non occupés et libérés. Au grand dam des Britanniques, l'Inde était donc implicitement concernée par l'amendement Mundt qui, malgré la ferme opposition des délégués britanniques à la conférence d'Atlanta, fut entériné par la Chambre des représentants, puis par le Sénat. Outre le terrain – visiblement miné pour les Britanniques – des institutions américaines, Reginald Teague-Jones constate avec horreur les développements d'une « politique-spectacle », mêlant le thème de l'indépendance indienne à la dénonciation de la tyrannie britannique. En janvier 1945, Reginald Teague-Jones assiste au dîner de gala du « Jour de l'indépendance de l'Inde », un sommet du genre au cours duquel près de

900 personnes s'étaient rassemblées autour de Vijaya Lakshmi Pandit. Sœur de Nehru, elle allait entamer quelques années plus tard une carrière diplomatique en devenant, de 1947 à 1949, l'ambassadrice de l'Inde en URSS. Personnalité agréable que cette « Mrs Pandit », apte à créer une impression favorable et à jouer des émotions américaines. « L'oratrice insista sur le fait qu'elle n'était pas anti-britannique et qu'elle avait elle-même beaucoup d'amis britanniques. Le conflit entre la Grande-Bretagne et l'Inde n'est pas un conflit entre ces deux peuples ; il s'agit d'un conflit politique ; les Indiens se battent contre la politique du gouvernement britannique. Elle répéta l'argument habituel selon lequel le peuple indien avait été empêché de peser de tout son poids dans l'effort de guerre et déclara que c'était fort regrettable (...) car en effet les soldats américains doivent risquer leur vie pour affronter d'éventuels envahisseurs de l'Inde alors qu'il y a des millions d'Indiens qui auraient pu être à la place des troupes américaines si seulement l'Inde était libre. Il n'y avait dans ce discours rien qui puisse élever des objections. A une seule occasion, l'oratrice apparut un peu excitée alors qu'elle se référait à la Déclaration d'indépendance. Les Américains sont à juste titre très fiers de leur Déclaration d'indépendance, déclara-t-elle, mais quand les Indiens tentent de proclamer la leur, on les jette en prison[45]. » Si Mrs Pandit parvint à susciter par la sincérité de ses arguments ce commentaire assez favorable de Reginald Teague-Jones, il en fut tout autrement des autres orateurs et organisateurs de cet « événement » politico-mondain où apparurent, aux côtés de J.J. Singh, William Shirer, Lin Yutang et surtout Pearl Buck qui ne manqua pas de comparer la portée de l'indépendance de l'Inde à celle, deux décennies plus tôt, de la naissance de l'URSS. La présence d'Elsa Maxwell, personnage incontournable de la société new-yorkaise, organisatrice des soirées et des réceptions autour des personnalités en vue de son époque, est significative du caractère publicitaire de l'événement. Cette redoutable petite femme, boulotte et gouailleuse « admet ne rien connaître à l'Inde, mais cela ne l'empêche pas de se planter là et de parler pendant un temps considérable et avec une aisance extraordinaire à propos

des castes, des coutumes et des sectes religieuses en Inde. Elle cite des faits et des chiffres avec une faconde qui laisse penser qu'elle a appris par cœur des passages entiers de l'Encyclopedia Britannica. Elle tint la scène pendant plus d'une demi-heure, donna la pleine mesure de publicité qui est l'air qu'elle respire, et finalement elle s'assit avec un sentiment évident d'autosatisfaction[46]. » Reginald Teague-Jones, réduit à sa position habituelle d'observateur, signale tout de même l'intelligence et l'efficacité de certains arguments. La lecture de la Déclaration d'indépendance américaine au miroir de celle de l'Inde, citations à l'appui, la désapprobation par le parti du Congrès d'une politique étrangère britannique qui, de Munich à l'accord anglo-italien, avait continuellement trahi la démocratie et la sécurité collective, lui semblent des arguments sérieux et même redoutables. La question indienne, sur la scène politique américaine, bénéficie aussi du flottement de sens autour du terme « congrès » reçu aux Etats-Unis dans son acception américaine « et en complète discordance avec son sens réel en Inde ».

A l'évidence, tout ceci ne facilitait pas la mission de contre-propagande que Reginald Teague-Jones était censé mener sur le terrain new-yorkais. Dans le cadre de sa fonction consulaire, il devait faire face à la double opposition de l'India League et des milieux pro-sionistes exaspérés par l'établissement, depuis 1939, de quotas restreignant l'immigration juive en Palestine. Certaines personnalités politiques de la scène new-yorkaise, comme Clare Boothe Luce du côté du parti républicain, femme écrivain, éditrice associée à *Vanity Fair*, reporter au magazine *Life* et membre du Congrès, « surfent » sur la vague anti-britannique à des fins personnelles. D'autres, comme l'avocat juif Emmanuel Celler, membre démocrate du Congrès qui s'était notamment illustré en 1924 dans sa vigoureuse opposition aux quotas restreignant l'immigration établis par Johnson, font du rapprochement avec les nationalistes indiens un tremplin pour faire avancer la cause sioniste et leur renom personnel. Il se dessine ainsi, non pas à proprement parler un groupe d'influence, mais un réseau tissé fil par fil entre sionistes et nationalistes indiens. Taraknath Das, un intellectuel activiste de la cause indienne réfugié aux Etats-Unis depuis 1906 qui entretint une correspondance assez suivie dans les années 1942-1943 avec le juge à la Cour suprême Felix Frankfurter, jouerait le rôle d'intermédiaire entre les milieux pro-indiens et les milieux sionistes. Reginald Teague-Jones se souvient que « dans le cas des sionistes, les bureaux du consulat devinrent le lieu de fréquentes manifestations des pro-sionistes et d'autres éléments peu favorables. A une occasion, nos bureaux furent occupés de force par une foule de militants sionistes, principalement des étudiants, et le consul général et moi-même fûmes encerclés et contraints d'entendre des insultes et des slogans anti-britanniques pendant plus d'une heure jusqu'à ce que la police disperse la foule. Les Indiens étaient moins ouvertement militants parce qu'ils étaient, bien sûr, bien moins nombreux, mais ils étaient actifs, organisaient des conférences et diffusaient leurs idées au moyen de la presse de propagande. Ma mission était de contrecarrer ces activités hostiles en faisant des conférences et des cours dans les écoles, les collèges, les clubs et autres institutions sociales telles que les Rotary, les Lions etc., durant lesquels j'exposais des faits véritables sur la politique du gouvernement de Sa Majesté aussi bien en Palestine qu'en Inde[47]. » Et en effet, à maintes occasions, Reginald Teague-Jones s'avère être un conférencier pédagogue et charismatique, capable de captiver son auditoire comme s'en émerveille, après son passage en février 1945, Mary Dutton, la directrice de la Scudder Collver School, établissement ouvert aux étudiants hispanophones. Sans avoir en main un seul papier, Reginald Teague-Jones a parlé pendant deux heures de la géographie, de l'histoire, de l'économie et de la politique de l'Inde en faisant preuve de sincérité, d'élégance et d'un « grand sens de l'humour ». Mais le succès n'est pas toujours au rendez-vous. Mandaté par la British War Relief Society, Reginald Teague-Jones doit exposer le point de vue britannique sur l'Inde non seulement aux élèves, mais encore aux enseignants new-yorkais. A Brooklyn, il affronte un soir de mars 1945 une salle d'instituteurs venus des différentes écoles de la région new-yorkaise. En dehors de quelques exceptions, le niveau intellectuel de l'assistance semble assez médiocre, mais Reginald Teague-Jones mentionne le climat plutôt amical et attentif qui accueillit sa conférence consacrée, une fois encore, à la question indienne. Une institutrice, acquise à la cause indienne et se référant à Mrs Pandit comme à une autorité absolue, bombarde l'orateur de remarques qu'il juge aussi absurdes que péremptoires. « Et bien je pense, s'exclame avec véhémence la dame, que les Anglais ont donné en Inde un spectacle très affligeant. Mrs Pandit a dit ceci ou cela et j'aurais plutôt tendance à croire Mrs Pandit qu'un Anglais ! (...) C'est aux Anglais que l'on doit le niveau actuel de l'illettrisme en Inde. Pourquoi n'ont-ils pas davantage investi dans le développement de l'enseignement public en Inde ? Pourquoi ne consacrent-ils pas davantage d'argent au développement de l'éducation ? Admettons que l'Inde ne paie pas d'impôts à l'Angleterre et que les taxes soient imposées – comme on nous le prétend – par les gouvernements des provinces indiennes, c'est le gouvernement britannique dans la personne du vice-roi qui décide de la manière de dépenser l'argent du contribuable indien. Les Indiens eux-mêmes ne le contrôlent pas. (C'est ainsi parce que Mrs Pandit l'a dit !) Et qui paie d'ailleurs le fabuleux salaire du vice-roi ? N'est-ce pas déshonorant qu'un officiel britannique reçoive un tel salaire alors que des millions d'Indiens meurent de faim ! (Nous eûmes l'intuition que la dame devait être communiste.) Puis vint l'éternelle antienne : tout ce que l'on entend sur l'hostilité entre hindous et musulmans, c'est de la propagande britannique. Si seulement, les Britanniques consentaient à quitter l'Inde, les deux communautés vivraient en aussi bonne harmonie que, disons, les juifs et les catholiques à New York (encore Mrs Pandit), etc., etc.[48]. » Dans cette bataille d'arguments humanitaires, Reginald Teague-Jones, que l'on sent lassé par le milieu new-yorkais, n'a plus qu'à utiliser l'arme absolue de son humour : il en va de sa dignité personnelle comme de la dignité nationale ! Mais en 1945, les grandes lignes de l'évolution politique générale ne peuvent lui échapper : le déclin de la puissance britannique, le caractère inéluctable de l'indépendance de l'Inde, la question encore en suspens de la Partition et de ses modalités d'application, cette « fin de partie » planétaire coïncide aussi avec la fin de sa carrière professionnelle.

Passation des pouvoirs

L'élégant consul britannique dont le visage se reflète dans la lourde glace d'un salon new-yorkais lors d'un dîner d'apparat rassemblant des représentants d'entreprises américaines et britanniques, domine par sa prestance et l'acuité de son regard le reste de l'assistance. La photographie, prise en mai 1950, lui a été transmise par une certaine Constance Calenberg avec laquelle Reginald Teague-Jones semble entretenir des relations vaguement intimes. « Mon cher Général quatre étoiles… », lui écrit-elle sur un ton d'ironie admirative. Tempérament extravagant que cette Constance Calenberg, auteur de poèmes religieux comme *La Soif* publié dans le magazine *Our Hope* en 1949 qui se conclut par « Ma soif étanchée pour toujours à cette fontaine, A trouvé la douce potion de l'amour de Jésus ». Plus tard, elle fera partie du bureau du chef du protocole du Département d'Etat, ce qui explique peut-être la nature officielle de sa rencontre avec Reginald Teague-Jones. Ce dernier, chargé depuis mai 1949 du département commercial du consulat britannique de New York alors dirigé par Francis Evans, a pour mission d'aider les entreprises britanniques à pénétrer dans le marché américain. Son rôle consiste à accueillir les représentants des firmes britanniques venus visiter les usines américaines et à les introduire dans les comités conjoints avec les représentants de l'administration économique américaine. Parmi les succès remportés sur ce terrain, Reginald Teague-Jones s'enorgueillit d'avoir défendu le prestige de la Grande-Bretagne dans le cadre de l'appel d'offres lancé pour les matériaux de construction destinés à l'édifice des Nations unies. Face à la vigoureuse concurrence des

Américains, Reginald Teague-Jones parvient à faire remporter aux firmes britanniques productrices de « pierre de Portland » un important contrat pour la construction de l'édifice des Nations unies à New York. Ce modeste succès symbolise aux yeux du consul la permanence du prestige britannique parmi le concert des nations de l'après-guerre. Mais c'est aussi dans le sillage des Nations unies que le consul chargé d'affaires commerciales continue à exercer son métier d'agent de renseignements.

De l'autre côté du miroir

Dans les archives de Reginald Teague-Jones, quatre pages de notes manuscrites gribouillées à la hâte au verso d'une note de lecture ont échappé à l'attention de l'archiviste. Il suffit pourtant de retourner le dossier et de lire sur l'envers le fragment d'un récit, digne de John Le Carré, dans lequel Reginald Teague-Jones raconte à l'intention d'un destinataire inconnu sa rencontre à New York et une amitié entretenue durant plusieurs années avec un agent soviétique. Brouillon raturé d'une note que Reginald Teague-Jones adressa peut-être à son ami Charles H. Ellis qui était son meilleur complice s'agissant de la Russie, ce fragment, restituant les conversations et la psychologie des protagonistes, est intéressant même s'il est difficile de décrypter le sens exact de cet épisode.

« Ivan Petrovitch Illiouchi n'est pas son vrai nom, mais cela fait suffisamment russe pour servir à la démonstration. Il n'était qu'un étudiant encore adolescent quand éclata la révolution d'Octobre qui le surprit à Petrograd. Ses parents issus tous deux de familles socialement aisées furent victimes de la Terreur rouge et personne ne sut jamais quel fut le destin de sa jeune sœur qui fréquentait une école féminine à Moscou. Je pense nécessaire de mentionner ces détails parce que Vania pourrait avoir des souvenirs plus ou moins clairs de son enfance sous le régime tsariste ainsi que des événements tragiques de la révolution russe. Ceci explique comment après quarante ans de vie passés en Union soviétique, Vania est mieux placé pour percevoir les mérites comparés de deux régimes que la plupart de ses compatriotes qui, soit sont nés sous le régime soviétique, soit étaient trop jeunes au moment de la révolution pour avoir le moindre souvenir des brutalités qui l'ont précédée. A présent, Vania vit en Angleterre. J'ai rencontré Vania pour la première fois à New York où il occupait une vague fonction au sein de la délégation soviétique aux Nations unies. C'est à un cocktail que nous nous sommes rencontrés pour la première fois et il était extrêmement nerveux. Il y avait là un groupe d'officiels soviétiques et bien que notre conversation eût été tout à fait innocente et très limitée car je voyais bien que Vania ne parlait pas très couramment l'anglais. Quant à moi, je pris le parti de ne pas délivrer en langue russe d'autres mots que "da", "niet" et "nitchevo". Vania lançait des regards pleins d'anxiété en direction de ses collègues qui, quant à eux, ne semblaient pas lui prêter autant d'attention. Graduellement, alors que nous nous rencontrâmes à d'autres soirées, Vania commença à faire preuve de moins de nervosité et quand il n'y avait pas d'autre officiel soviétique présent, son comportement devint complètement différent jusqu'à devenir presque normal. Ce fut lors de l'une de ces occasions – nous nous sommes rencontrés de nombreuses fois – que j'admis avoir connaissance de la langue russe. J'étais préparé à voir Vania se refermer comme une huître mais en fait, le contraire se produisit et nous engageâmes alors une conversation sur des sujets vraiment intéressants. En fait, ce n'était pas tant une discussion que des questions et des réponses (...). Il avait un désir exhaustif d'informations. Si les questions n'avaient pas été si intelligentes, elles auraient pu refléter sa curiosité insatiable. J'étais sur le point de recueillir pas mal d'informations sur la Russie soviétique, d'obtenir quelques angles nouveaux sur la vie actuelle en Russie soviétique.

Quand la visite de Vania aux Etats-Unis prit fin et qu'il retourna en Russie, il ne dit jamais rien de tel, mais j'avais l'impression qu'il était soucieux de rentrer et je lui demandai si nous pourrions nous rencontrer à nouveau. Bien sûr, dit-il, mais vous devriez venir une fois à Moscou, je vous servirai de guide. En fait nous nous rencontrâmes à nouveau – il y a à peine quelques mois –, pas à Moscou, mais cette fois à Londres. Vania était à présent conseiller à l'ambassade soviétique, je ne pris pas la peine de l'embarrasser en lui demandant la nature exacte de ses fonctions, mais il me dit qu'il était un conseiller communiste et d'après ce qu'il me dit, le fait semblait parfaitement authentique. Nous nous sommes rencontrés lors d'une petite soirée chez X et Vania était le seul Russe présent. Ses manières étaient bien plus libres que lorsque je l'avais rencontré la première fois à New York et son anglais aussi était bien plus courant. Je me souvins que les Russes en général sont de très bons linguistes. A la suite de cela, Vania vint déjeuner à mon club avec moi et à l'occasion dînait également avec moi au club tandis qu'à mon tour j'assistais à quelques réceptions mineures organisées à l'ambassade soviétique. A ce moment-là, il n'y avait plus aucune forme de gêne entre nous et nous discutions avec beaucoup de franchise sur bien des sujets que je n'aurais même pas osé aborder aux premiers temps, lorsque nous nous connûmes. A part cette absence remarquable d'entrave et l'absence du regard furtif de frayeur ou de suspicion qu'à l'époque de New York Vania lançait autour de lui et derrière lui, il y avait chez cet homme quelque chose de presque exubérant. Je ressentis cela de manière tellement intense qu'un jour, après déjeuner, au moment du café dans le fumoir, je lui dis : “Vous savez Vania, vous semblez vraiment être fier d'être Russe.” C'était une remarque assez particulière bien que je l'aie dite sur un ton amical et plaisant. Il s'arrêta alors qu'il était sur le point de porter la tasse de café à ses lèvres, et dans ses yeux je lus un éclair de surprise. “Bien sûr, me dit-il, je suis fier d'être russe, pourquoi ne le serais-je pas ?”

Je m'empressai d'approuver le fait que c'était bien naturel d'être fier de ce qu'il était et je vis revenir dans ses yeux les signes de la bonne humeur.

— Oh, je sais ce que vous pensez, me dit-il, mais vous devez admettre que la Russie soviétique a vraiment de quoi être fière d'elle-même.

— Ah oui le Spoutnik, bien sûr, grimaçai-je.

— Ça bien sûr, mais je pensais plutôt à nos usines hydroélectriques géantes et en général à notre développement industriel.

— Oui, je sais, répondis-je, que votre peuple a accompli des progrès considérables dans ce domaine.

— Mais ce n'est qu'un domaine, me répondit-il, vous n'avez pas idée de ce que nous entreprenons pour mettre en valeur la Sibérie et les régions de l'Arctique.

— Dites-moi franchement, lui dis-je, croyez-vous réellement tous ces discours de Khrouchtchev et d'autres sur le fait que la Russie distancera d'ici quelques années les Etats-Unis et la Grande-Bretagne et le reste du monde du point de vue de la production industrielle ?

Vania se mit à rire.

— Je n'ai jamais été très bon en statistiques bien sûr et bien sûr beaucoup des choses qui sont dites par le gouvernement relèvent sans aucun doute de la propagande mais...[49] »

Ici s'arrête le manuscrit de Reginald Teague-Jones. On ne sait pas la nature des informations – précises ou de portée générale ? – que « Vania » a pu livrer ni la motivation de Reginald Teague-Jones, attentif à l'évolution psychologique de sa proie. Il s'agit de tester la résistance psychologique de « Vania », peut-être dans l'objectif d'en faire un agent double. Des raisons personnelles, ayant trait à son propre passif avec le régime soviétique et en tout cas à son passé en Russie, entrent également en ligne de compte. Khrouchtchev, la « déstalinisation » et le dégel ne changeaient rien au fait que Reginald Teague-Jones était toujours considéré par le régime soviétique comme le coupable du meurtre des 26 commissaires. Approcher les milieux soviétiques, séduire et mettre en confiance un fonctionnaire d'ambassade de seconde zone mandaté pour une mission de renseignements quelconque, l'épisode de «Vania» est surtout intéressant du point de vue de la technique d'approche et du professionnalisme dont elle témoigne. Le récit malheureusement fragmentaire laisse au lecteur le soin d'en imaginer la suite.

« Sahib ! Sahib ! »

S'il n'est pas difficile de reconstituer le sentiment de résignation pragmatique, mêlé d'une pointe d'amertume, que ressentit Reginald Teague-Jones durant la marche vers l'indépendance et la partition de l'Inde (1947), il ne figure aucun journal de bord consacré à cette période dans ses archives personnelles. Britannique et « impérial » dans l'âme, Reginald Teague-Jones s'était persuadé depuis longtemps, comme la plupart de ses contemporains, du caractère inéluctable de l'indépendance de l'Inde. Formé au Pendjab, praticien de populations musulmanes jugées « loyales » à l'égard de la puissance britannique, son point de vue sur la partition n'est pas limpide cependant. Deux décennies plus tôt, on le savait partisan d'une « politique musulmane » en Asie centrale dont la Grande-Bretagne pourrait tirer avantage dans le cadre du nouveau « Grand Jeu ». Pour autant, était-il favorable à la stratégie du « *divide ac impera* », consistant à encourager le séparatisme musulman afin d'affaiblir l'Inde et ménager les intérêts nécessaires à la pérennisation de la puissance britannique ? A cet égard, son point de vue personnel semble tout aussi ambigu que celui de ses contemporains, inspiré par une longue pratique coloniale de la division amorcée dès 1909, par la création d'électorats séparés et poursuivie durant la Seconde Guerre mondiale, par l'alliance de fait entre la Ligue musulmane de Jinnah et la puissance coloniale[50]. D'autre part, la perspective de la partition qui n'entrait pas dans les vues des dirigeants britanniques de l'après-guerre et en premier lieu d'Attlee, était perçue comme un facteur objectif d'affaiblissement du sous-continent, susceptible de favoriser la pénétration soviétique au moment où la Grande Alliance de la guerre s'effondrait lors de la crise iranienne de 1946. Avec la guerre froide et l'esquisse d'une nouvelle configuration du Grand Jeu en Asie centrale et méridionale, la création d'un Etat musulman séparé, le futur Pakistan, était aussi envisagée comme un facteur géostratégique primordial. Reginald Teague-Jones en était persuadé, lui qui constitua des dossiers très fournis sur le Pakistan et entretint, durant les années 1950, une correspondance suivie avec des diplomates et divers représentants de l'Etat pakistanais. Pour autant, le spectacle suivi depuis New York du déchaînement de violences entre musulmans et hindous – 10 à 15 millions de « déplacés », 300 à 500 000 morts – ou entre musulmans et sikhs au Pendjab, est un drame qui ne le laisse pas indifférent. Un dessin de presse parmi les nombreuses coupures conservées par Reginald Teague-Jones résume son état d'esprit. Les minorités indiennes y sont représentées sous les traits d'une femme épouvantée par les assauts d'un violeur ou d'un meurtrier sanguinaire, qui se précipite à la porte du bureau d'un administrateur anglais. Elle hurle au secours : « Sahib ! Sahib ! » Mais l'Anglais n'est plus là : au mur, son casque colonial est pendu à une patère, une cigarette encore fumante se consume dans le cendrier et sur le bureau, face à la chaise vide, se trouve l'acte de renonciation de la souveraineté britannique…

A New York, Reginald Teague-Jones entend les échos proches et lointains de la proclamation de l'indépendance de l'Inde et du Pakistan, les 14 et 15 août 1947. Du point de vue de ses activités officielles, l'événement ajoute une fonction supplémentaire à ses nombreuses responsabilités. L'Inde et le Pakistan ne disposaient pas encore de leurs propres représentations consulaires : il assure l'intérim pour chacun des deux Etats. Pourtant, l'indépendance de l'Inde signifie une mise à la retraite définitive, conséquence de la cessation d'activités de l'IPI[51] et de l'India Office. De l'India Office, il reçoit de sir Paul Patrick une lettre datée du 14 août 1947, une parmi toutes celles qui furent envoyées ce jour-là aux agents secrets du défunt Empire britannique des Indes. « Comme vous le savez sans doute, l'India Office disparaîtra le 15 août selon les dispositions de l'Acte d'Indépendance de l'Inde. Avant que cela se produise, j'aimerais profiter de cette occasion pour vous remercier personnellement du précieux travail que vous avez mené durant ces dernières années en ce qui concerne les affaires indiennes aux USA. Je crois savoir que votre mission spéciale s'achèvera vraisemblablement vers la fin de l'année ; en effet, le développement plus pacifique de la politique indienne, du moins c'est ce que nous espérons, rend désormais inutile son prolongement. Nous apprécions la valeur du réseau d'informations que vous avez si soigneusement construit et si la situation de l'Inde avait évolué différemment, il aurait pu se révéler d'une grande utilité au Gouvernement de Sa Majesté[52]. » Dans les faits, l'IPI cesse de fonctionner en août 1947 et ses vieux agents sont élégamment congédiés. Parmi eux, Philip Vickery, le patron de l'IPI, écrit à l'India Office en août 1947, non sans amertume. De la même génération que Reginald Teague-Jones, membre de l'IPI depuis 1915 et directeur de l'organisation de renseignement depuis 1926, Philip Vickery exprime « sa grande affection à l'égard de l'India Office ». Il se dit « peiné d'être le témoin de sa disparition ainsi que de la partition du Pendjab » tout en évoquant en termes voilés la question de la pérennité du système de renseignements au-delà de l'indépendance de l'Inde[53]. Il s'agit en effet de tenter le maintien dans le sous-continent d'une organisation susceptible d'étayer les nouvelles modalités de l'influence britannique. Des plans avaient été préparés dès 1946, au début du processus de la passation des pouvoirs, prévoyant la réembauche d'agents indiens susceptibles de transmettre des informations à Whitehall via le MI5. Mais dans le chaos de 1947, une fois brisés les vieux réseaux et les loyautés anciennes, cette solution imaginée dans l'urgence par Philip Vickery s'avéra sans lendemain du moins du côté de l'Inde indépendante.

Tel n'était pas le cas du côté pakistanais où le besoin d'experts a semble-t-il mobilisé Reginald Teague-Jones dès qu'éclatèrent la question du Cachemire et la première guerre indo-pakistanaise (1947-1948). Etat princier, musulman à 75 %, mais gouverné par un maharajah, le Cachemire est investi en octobre 1947 par des milices pathans venus du Pakistan instaurer un gouvernement du « Cachemire libre ». A l'appel du maharajah, l'Inde riposte à condition que le

Cachemire s'intègre après référendum à l'Inde. La guerre d'usure indécise qui suivit, puis le règlement de l'affaire devant l'ONU, a conduit, du côté pakistanais, à rechercher les conseils et les expertises des anciens agents de l'IPI. C'est du moins ce que suggère la correspondance de Reginald Teague-Jones avec l'ambassadeur du Pakistan à New York, M.A.H. Ispahani qui, évoquant la question du Cachemire, s'adresse à Reginald Teague-Jones en le remerciant pour « son amour et sa sympathie à l'égard des citoyens du Pakistan » et en l'assurant qu'il « serait toujours heureux de lui demander son assistance » lorsqu'il en aurait besoin[54]. Dans le même ordre d'idées, sir Paul Patrick, dans une lettre datant de septembre 1948 répondant à Reginald Teague-Jones qui avait proposé sans doute spontanément ses services, évoque lui aussi la possibilité de remobiliser les anciens agents dans le contexte de la question du Cachemire et de la guerre entre l'Inde et le Pakistan. « Si vous étiez requis, lui écrit-il, ce serait de la part de vos anciens collègues. Cela ne passerait pas par moi. Mais je passe votre lettre à Philip Vickery[55]. » L'affaire du Cachemire ayant été portée devant l'ONU, Reginald Teague-Jones alors à New York s'est trouvé en position de jouer un rôle dans les négociations au cours du mois de septembre 1948. Elles aboutirent à l'accord de cessez-le-feu du 1er janvier 1949 divisant le Cachemire en deux parties, l'Inde recevant ce qui devint l'Etat du Jammu et Cachemire et le Pakistan, les territoires de Muzzafarabad et du Gilgit formant les *Northern Areas*. Reginald Teague-Jones parut moins optimiste que sir Paul Patrick quant à la viabilité de cet accord. Persuadé que la question du Cachemire s'embraserait à nouveau, sa prévision d'une nouvelle guerre indo-pakistanaise ne se réalisa pas avant 1965.

Au total, ces quelques indices amènent à s'interroger sur la « transition » des services secrets après l'indépendance du Pakistan et sur le rôle joué à cet égard par les anciens agents de l'IPI, dont Reginald Teague-Jones, parmi beaucoup d'autres. Les agences de renseignements militaires créées au Pakistan en 1947, largement inspirées du mode d'organisation britannique, se révélèrent particulièrement mal coordonnées lors de la guerre indo-pakistanaise. C'est un officier australien de l'Indian Army, membre durant la Seconde Guerre mondiale du Vice-Roy's Study Group, le major général R. Cawthorne, futur vice-chef d'état-major de l'armée pakistanaise, qui organisa en 1948 les bases de l'Inter-Services Intelligence (ISI), la célèbre organisation de renseignement pakistanaise. Largement créée à partir de l'héritage colonial, « Etat dans l'Etat pakistanais », l'ISI est devenue depuis lors une organisation opérationnelle sur presque tous les fronts du Djihad mondial. Il n'est pas exclu qu'un Reginald Teague-Jones, à la retraite, ait collaboré d'une manière ou d'une autre à l'origine de cette organisation.

En 1988, quelques semaines avant sa mort, Reginald Teague-Jones confia à Val Hennessy, une jeune journaliste anglaise venue l'interviewer lors de la sortie de son premier livre, son amour du jardinage. « En Inde, ma spécialité était de faire des courts de tennis (...) j'en ai fait une demi-douzaine. Je trouvais un terrain plat qui était très souvent placé entre un bûcher d'incinération hindou et un cimetière musulman. Je jouais au tennis entre un hindou rôti et un musulman putréfié[56]. » Cette remarque incidente lâchée par un vieillard extravagant révèle sur une note délibérée d'humour noir la perception britannique du drame de la Partition.

Retour à la frontière du Nord-Ouest

Au milieu des années 1950, Reginald Teague-Jones désormais retraité finit par abandonner le rythme trépidant de la vie new-yorkaise non pour rentrer en Angleterre, où du reste il avait peu vécu, mais pour goûter au charme d'une retraite luxueuse à Miami. Le 35 Venetian Way sur l'île de San Marino, l'une de ces îles artificielles construites face à Miami Beach pour y accueillir résidences de luxe et marinas, est sans aucun doute une adresse prestigieuse évoquant des eaux translucides, des palmiers, des hôtels art déco et l'architecture moderne des années 1950. A cette époque, Miami n'est pas encore devenue un camp de concentration de luxe pour riches retraités américains, même si Reginald Teague-Jones et son épouse Taddie ont toutes les apparences d'un couple aisé menant une vie de retraités conventionnels. Durant la Seconde Guerre mondiale, ses missions relatives à la sécurité des Caraïbes l'ont amené plus d'une fois à faire escale à Miami. D'où, sans doute, le choix de cette résidence, au beau milieu de cette « Mecque de l'hédonisme », située à quelques encablures de Cuba. Cuba où la guérilla castriste menée trois années durant dans la Sierra Maestra finit par renverser le régime de Batista (1er janvier 1959) et entraîner la fuite de plus de 250 000 exilés cubains anti-castristes à Miami. En pleine guerre froide, la révolution castriste aux portes de l'Amérique, soutenue par l'Union soviétique, suscite de vives inquiétudes et conduit en avril 1961 à la tentative orchestrée par la CIA d'envahir Cuba par la baie des Cochons. La présence de Reginald Teague-Jones à Miami où il demeure jusqu'en 1960 et noue des relations avec quelques familles d'émigrés cubains, pourrait avoir un rapport avec ces événements. Après tout, n'était-il pas un expert du communisme, capable de détecter un espion soviétique naviguant dans les parages ou d'évaluer le radicalisme des militants anti-castristes de Little Havana dont le quartier général était le restaurant Versailles ?

Alors que les Etats-Unis, les yeux rivés sur la révolution cubaine, mettent en application partout où ils le peuvent, la doctrine du *containment* et du *roll-back*, Reginald Teague-Jones, toujours passionné par les affaires du monde, suit l'actualité, à l'époque moins médiatique et moins tapageuse, de la « frontière du Nord-Ouest ». Pourquoi songer encore aux arides pentes rocailleuses du nord-ouest du Pakistan, si éloignées des paradis artificiels de la Floride, de ses retraités trop nourris et éternellement bronzés ? Ce spectacle lui rappelle-t-il, par contraste, la noblesse physique et morale des hommes de la Frontière ? Ressent-il la nostalgie de sa propre jeunesse au contact de cette terre ingrate nécessitant et produisant des hommes aguerris ? Toujours est-il qu'il observe attentivement l'actualité du Pakistan et de l'Afghanistan . Il lit les journaux et constitue, à partir de coupures de presse, de fiches de lectures et de cartes, des dossiers consacrés à Jinnah, au concept de Pakistan, à ses promoteurs et à ses opposants musulmans, aux efforts de conciliation entre hindous et musulmans, pour ne citer que quelques exemples. Mieux encore, sous le couvert de l'intérêt porté par un honnête homme – un peu plus informé que la moyenne de ses contemporains ! –, il entretient des contacts et même une correspondance avec divers représentants des ambassades du Pakistan et d'Afghanistan à Washington. Ce terrain qu'il ne peut plus parcourir physiquement, il le parcourt mentalement, méditant sur les cartes de cet espace, pivot du continent eurasiatique que les experts d'alors ne désignent pas encore sous le terme générique et familier d'« Af-Pak ». Surtout le préoccupent les routes et les voies de communication, car elles traduisent en termes exacts les règles du nouveau Grand Jeu où les Américains remplacent désormais les Britanniques en Afghanistan. Si les Soviétiques construisent les routes du nord et du nord-ouest de l'Afghanistan, les Américains se chargent quant à eux de celles du sud et du sud-est. C'est au sujet de la route menant de Kushk et Herat – les portes du Turkménistan soviétique – à Kandahar que Reginald Teague-Jones écrit à l'ambassade d'Afghanistan à Washington. A Kandahar, les Américains ont entrepris la construction d'un aéroport, réagissant à l'initiative soviétique de moderniser celui de Kaboul. En effet, depuis le milieu des années 1950, l'ensemble de la région est devenue un front actif de l'expansion soviétique. La guerre froide et son affrontement bipolaire s'inscrivent en Asie moyenne dans l'ancienne configuration géopolitique du Grand Jeu. En Afghanistan, Mohammed Daoud, Premier ministre du roi Zaher Shah, au pouvoir depuis 1953, montre une orientation de plus en plus pro-soviétique. La frontière méridionale, jamais clairement établie, de l'Afghanistan et du Pakistan, Etats musulmans à la charnière du monde iranien et du monde indien, constitue une zone d'instabilité permanente dans la fameuse « frontière du Nord-Ouest » autrefois de l'Inde, aujourd'hui du Pakistan. Depuis 1956, l'URSS donnait les preuves d'une politique plus offensive. Annoncé par Khrouchtchev, un prêt de 100 millions de dollars, bientôt suivi par d'autres prêts, place l'Afghanistan dans une situation de dépendance financière, économique et politique croissante à l'égard de l'URSS. Tandis que l'assistance militaire soviétique conduit à équiper l'armée et l'aviation afghanes d'armes et d'avions fabriqués en URSS, les Soviétiques investissent de nombreux secteurs de l'économie du pays. Ils mènent des grands travaux d'infrastructure, exploitent le gaz naturel et contribuent à la formation de l'armée, des cadres, des ingénieurs et des techniciens. C'est dans ce contexte qu'éclate l'affaire du Pachtounistan. Elle concerne le territoire des Pachtounes, ethnie transfrontalière qui forme 42 % de la population de l'Afghanistan et 15 % de celle du Pakistan. A la fin des années 1950, la revendication « irrédente » en faveur de l'auto-détermination du Pachtounistan exprimait la remise en cause par le gouvernement afghan de la légitimité de la ligne Durand. Elle laissait suspecter une manœuvre de la part des Soviétiques – ces virtuoses de la stratégie d'instrumentalisation des minorités – dont l'objectif serait de déstabiliser la frontière nord-ouest du Pakistan. Depuis 1955, date de l'adhésion du Pakistan au pacte de Bagdad – entre l'Irak, la Turquie, le Pakistan, l'Iran, les Etats-Unis et le Royaume-Uni –, les signaux s'étaient multipliés du côté soviétique. La même année, lors d'une visite en Afghanistan, Boulganine déclarait que l'URSS soutenait la cause du Pachtounistan. S'ensuivirent plusieurs incidents frontaliers et périodes de ruptures des relations diplomatiques entre l'Afghanistan et le Pakistan. Mais, au printemps 1959, lorsque Reginald Teague-Jones entra en relation épistolaire avec S.M. Haq, l'attaché de presse de l'ambassade du Pakistan à Washington, les relations entre les deux pays étaient dans une phase d'amélioration. Notamment, un accord permit à l'Afghanistan de bénéficier du transit commercial libre de droits de douane, à partir du port de Karachi et par les chemins de fer pakistanais. A ce propos, Reginald Teague-Jones rédige à l'intention de son correspondant ce bref commentaire : « Je suis très heureux de constater que le récent échange de visites entre les chefs d'Etats des pays a conduit à une amélioration générale des relations. Le plus important, selon moi, est la signature de l'accord sur le transit commercial grâce auquel, on peut l'espérer, une source de frictions majeure sera éliminée. Les pays enclavés sont parfois portés à souffrir de claustrophobie, et l'Afghanistan ne semble pas faire exception. Je suspecte que leurs voisins du Nord ont joué sur ce facteur, et l'initiative qui a conduit à l'ouverture de la route de Kandahar pourrait bien en être le résultat. L'antidote est bien entendu de fournir à l'Afghanistan toutes les installations possibles pour le transit commercial par Karachi et par le chemin de fer. J'ai eu récemment une lettre d'un correspondant bien informé des développements de l'économie soviétique et qui insistait sur le fait que les Russes sont déjà en train de livrer des camions et des machineries lourdes sorties des usines de Tchécoslovaquie directement par chemin de fer jusqu'à la frontière de l'Afghanistan. Je n'étais pas au courant de ce récent accord de transit avec le Pakistan mais j'ai souligné que, alors que les Russes peuvent sans aucun doute accomplir matériellement ce genre de livraisons, ils ne peuvent pas néanmoins espérer entrer dans une compétition économique avec des chargements maritimes venant directement de Karachi et de là, par le rail, jusqu'à la frontière afghane[57]. »

Toute l'affaire du Pachtounistan, même si elle ne fut réactivée sauf de manière sporadique ni durant la seconde, ni durant la troisième guerre indo-pakistanaise en 1965 et en 1972, traduisait de la part de l'Afghanistan et, en amont, de l'Union soviétique un « dessein d'agression ». Tel était en tout cas le pronostic de Reginald Teague-Jones dans un article inédit dont on appréciera à la lumière de l'actualité la plus récente, le caractère prémonitoire. « Des grondements inquiétants se font entendre une fois encore sur la Frontière du Nord-Ouest, là où l'Afghanistan rencontre le Pakistan », une frontière qui était celle du Raj britannique jusqu'en 1947 où avait débuté avant la Première Guerre mondiale l'existence aventureuse de Reginald Teague-Jones. Afin de contenir l'agitation endémique des tribus de cette contrée désolée, les Britanniques avaient édifié « un formidable système de défense de la Frontière basé sur le maintien de garnisons permanentes à des postes stratégiques avancés reliés par des routes militaires et par voie aérienne. A cela s'ajoutaient les défenses naturelles du pays lui-même, des chaînes de montagnes rudes et accidentées, avec seulement, ici ou là, une gorge ou une vallée permettant d'entrer et tout cet ensemble constituait un formidable rempart contre l'agitation des tribus, durant les hostilités avec l'Afghanistan et si nécessaire, contre une invasion russe éventuelle[58]. » En 1947, l'indépendance et la partition de l'Inde avaient abouti à transférer ce système de défense au Pakistan érigé, par sa position géographique, en bastion de surveillance de la Frontière du Nord-Ouest. Etat musulman, le Pakistan comptait non seulement rassembler les populations musulmanes du sous-continent mais encore pouvoir bénéficier de la solidarité du royaume musulman voisin, l'Afghanistan. Cette surestimation du facteur religieux conduisit au retrait par les Pakistanais de la plupart des garnisons militaires établies par les Britanniques dans les territoires tribaux où les raids et les rapines connurent dès lors une recrudescence inégalée. La connaissance intime qu'a Reginald Teague-Jones de la Frontière du Nord-Ouest lui permet d'affirmer que l'instabilité chronique de cette zone est due, avant tout, au facteur économique et non pas politique. Il se rappelle avoir discuté de cette question à maintes reprises, alors qu'il vivait presque en symbiose avec les Pachtounes de diverses obédiences tribales – Afridis, Mohmans, Yussufzais, Mahsouds ou Wazirs –, et avoir reçu toujours la même réponse. « Sahib, nous ne faisons pas des raids pour le plaisir. Nous pillons parce que nous devons vivre. Regarde notre pays ! L'eau est très rare et quand elle est présente, nous cultivons notre nourriture comme nous le pouvons. Mais cela n'est jamais suffisant pour assurer notre survie. Quelques peaux de mouton, quelques chargements de bois de chauffage descendus pour la vente au bazar et avec les quelques roupies que nous retirons de tout cela, nous achetons la farine pour le pain. Mais cela ne dure pas. Le gouvernement nous a proposé de nous installer dans les plaines, mais nous sommes un peuple des montagnes ; la chaleur en bas nous tuerait. Le gouvernement comprend notre position et nous verse des allocations tribales en guise de compensation si nous renonçons aux raids, mais cette allocation annuelle ne s'élève qu'à quelques sous par individu. Et maintenant, sahib, je te demande, est-ce qu'un homme des tribus en pleine santé et doté d'une famille peut réellement vivre de cela ? C'est pourquoi nous devons faire des raids de temps en temps, tout comme le faisaient naguère nos pères, et avant eux, leurs propres pères jusqu'à Iskander Rumi (Alexandre le Grand)[59]. » Les autorités pakistanaises sont naturellement averties de cet aspect des choses et cela resterait un problème purement domestique si des interférences extérieures n'étaient venues compliquer le tableau, créant une situation nouvelle par rapport à l'époque coloniale. Pour Reginald Teague-Jones, le Pakistan est soumis à l'interférence de trois Etats voisins, l'Afghanistan, l'Inde et la Russie soviétique. Tous trois jouent un rôle actif dans la région et, pour des motifs variés, manifestent la même hostilité à l'égard du Pakistan. L'hostilité de l'Inde découle naturellement de la Partition, perçue comme un acte contre nature d'où est née l'expérience dangereuse, jugée non viable, de la création même du Pakistan. « Aujourd'hui, écrit Reginald Teague-Jones, l'Inde voit le Pakistan comme un ennemi pointant son poignard directement sur son cœur. Elle entretient une méfiance extrême à l'égard des intentions pakistanaises et la possibilité d'une guerre entre les deux voisins ne peut être exclue. L'Inde craint donc toute augmentation de la force militaire du Pakistan et a vigoureusement protesté ces derniers temps contre l'octroi récent d'une aide militaire américaine. Tout naturellement, elle déplore l'insécurité créée par cette situation et ce qu'elle considère comme le nœud vital de sa défense terrestre, y compris la passe de Khyber, se trouve entre des mains hostiles[60]. » De son côté, l'Afghanistan recommença à manifester son intérêt pour les zones tribales : peu après la proclamation de l'indépendance du Pakistan, la notion de « Pachtounistan » désignant le territoire des Pachtounes de part et d'autre de la frontière fit son apparition. Les limites de ce Pachtounistan théorique remettaient en cause l'existence même du Pakistan : il s'agissait d'y inclure non seulement les zones tribales, le Baloutchistan compris, mais aussi les districts de Peshawar, Kohat, Bannu et Dera Ismail Khan, incluant d'ailleurs au passage des populations non pachtounes. La revendication du Pachtounistan consistait en fait à désenclaver l'Afghanistan en lui procurant vers le sud une ouverture maritime sur le golfe Persique et en lui permettant à l'est d'accéder à la vallée de l'Indus. Personne ne semblait prendre très au sérieux ce plan mirifique, tant l'irrédentisme pachtoune semblait une notion peu ancrée dans la réalité du terrain, même lorsque le gouvernement afghan se mit à apporter son soutien au célèbre Fakir d'Ipi présenté soudain comme le dirigeant du mouvement. Dans quels cerveaux l'idée même du Pachtounistan avait-elle pu germer ? s'interroge Reginald Teague-Jones. Certes du côté des Afghans. Mais en même temps il était peu probable que le gouvernement afghan ait pris de lui-même l'initiative d'une stratégie minoritaire sur sa frontière méridionale, alors que sa frontière septentrionale avec l'URSS était fragilisée par la présence de minorités transfrontalières turkmènes, ouzbèkes et tadjikes. De plus, les Soviétiques exerçaient une pression constante sur cette frontière, réclamant, entre autres, la souveraineté de certaines îles stratégiques situées dans le lit de l'Oxus. Tout cela fut modifié par le retrait britannique en 1947 : les relations soviéto-afghanes devinrent tout à coup amicales et la question des îles de l'Oxus fut réglée contre toute attente en faveur des Afghans ! « Pourquoi cette amitié soudaine ? confia à Reginald Teague-Jones un ami diplomate afghan. Cela doit cacher quelque chose ! » Peu après, Reginald Teague-Jones eut une conversation privée avec un autre officiel afghan bien informé.

« Dieu merci, au moins nous sommes parvenus à un accord avec les Russes. Maintenant, nous sommes en position de nous intéresser à l'Est… les Britanniques tenaient le Khyber mais jamais il ne leur appartint. Il nous revient de droit et nous allons le prendre. Mais nous n'allons pas nous arrêter à Jamrood ou Peshawar, ajouta-t-il.

— Jusqu'où irez-vous ? m'informai-je.

— Quoi qu'il arrive jusqu'à l'Indus.

— Et vous vous arrêterez là ?

— Allah seul le sait. Nous l'avons déjà traversé et après tout, ce n'est qu'une rivière.

Tout cela fut dit bien avant que l'on entende parler du Pachtounistan et à cette époque, l'Afghanistan n'était pas du tout en position d'affronter la supériorité militaire de ses nouveaux voisins musulmans. Peut-être cet officiel afghan exprimait-il sa propre opinion, mais à la lumière de l'attitude officielle prônée actuellement à Kaboul, ses remarques s'avèrent pour le moins prophétiques[61]. » Car il ne fait aucun doute pour Reginald Teague-Jones que les Soviétiques, désormais influents dans l'Afghanistan de Daoud, sont les véritables instigateurs du projet de Pachtounistan érigé en cause nationale. Le roi lui-même appelait à la révolte les tribus pachtounes de l'autre côté de la ligne Durand, tandis que les Pakistanais réagissaient en fermant le Khyber à tout trafic provenant d'Afghanistan. Mais l'ère moderne des transports aériens a ôté à la Khyber Pass une grande partie de son rôle de verrou stratégique. Par l'aéroport de Kaboul, on pouvait établir un pont aérien entre l'Afghanistan et l'Inde tandis que les Soviétiques s'empressaient de proposer des approvisionnements directs par voie terrestre. « Que les Russes soient derrière les Afghans et les encouragent activement à embarrasser, menacer voire harceler le Pakistan en attisant la rébellion des tribus est plus qu'une simple éventualité. La politique à long terme de la Russie soviétique, comme avant elle celle de l'Empire tsariste, a consisté continuellement à avancer vers l'Inde, avec comme objectif éventuel de disposer d'un exutoire sur l'océan Indien. Aujourd'hui, l'Inde ne présente pas de problème immédiat et sa politique actuelle de neutralisme n'est pas une menace, voire elle convient aux Soviétiques. De l'autre côté, le Pakistan n'est pas seulement une formidable barrière barrant la route de Delhi. Son alliance avec les démocraties occidentales le place dans le camp anti-soviétique et aujourd'hui en tant que plus grande puissance musulmane du monde, son attitude encourage et influence à la fois les autres Etats musulmans à suivre son exemple. Ainsi, Moscou a décidé que le Pakistan devait être affaibli, et si possible éliminé, et c'est en bref le complot ourdi d'une main de maître qui se cache derrière cette revendication fantastique d'un Pachtounistan indépendant[62]. »

A un demi-siècle de distance, l'analyse de Reginald Teague-Jones contient plusieurs prémonitions. Celle tout d'abord de la présence soviétique en Afghanistan qui allait inexorablement conduire l'URSS à s'engager dans le bourbier afghan à partir de 1979. L'URSS s'effondre en 1991, deux ans après le retrait de ses troupes d'Afghanistan. Deux décennies plus tard, les zones tribales du Pakistan soumises à une irrésistible « talibanisation » sont toujours au cœur de la politique mondiale. En 2010, des responsables du Pentagone ont fait part de données géologiques rassemblées par des experts miniers russes lors de l'occupation de l'Afghanistan durant les années 1980. Elles démontrent que le sol de l'Afghanistan recèle un véritable trésor de minerais – entre autres de l'or, du cuivre, du lithium – qui pourrait placer le pays au rang des premiers exportateurs mondiaux. Une telle richesse – mille milliards de dollars selon le *New York Times* – serait évidemment de nature à peser sur l'avenir de « l'Af-Pak ». Reginald Teague-Jones n'avait donc pas tout à fait tort lorsqu'il affirmait la primauté du facteur économique dans la région. L'avenir dira si la conclusion à laquelle il parvenait à la fin des années 1950, avait ou non, une valeur prémonitoire : « *Pakistan delendus est !* »

Épilogue

Yârân chô bettefâq-e didâr konîd
Bayâd ke ze dûst yâd be yâd konîd,
Chûn bâde-ye khôshgovâr noshid beham
Nawbat chô bemâ resîd nekû yâd konîd

Quand les amis vous assemblez
De l'absent vous vous souviendrez
Et quand à la coupe boirez
Aurez pour moi une pensée [1]

Consigné d'une calligraphie précise et déliée, ce quatrain persan de forme parodique – le poète s'est permis des licences orthographiques rares afin de faire « coller » son verbe au cadre contraignant de la prosodie arabo-persane classique – se trouve à la dernière page du carnet d'adresses de Reginald Teague-Jones. Qu'il en soit ou non l'auteur, ce court poème ne pouvait pas trouver meilleure place dans un carnet où beaucoup d'amis, inexorablement, répondaient désormais aux abonnés absents. Dans ce cas, Reginald Teague-Jones inscrit alors une petite croix et barre le nom d'un simple trait. Sir Francis Evans, Sir Philip Crawford Vickery ont survécu longtemps dans le carnet tandis qu'au nom de Charles Howard Ellis, Reginald Teague-Jones a découpé et collé l'avis de décès paru dans la presse.

« *No flowers, by request* ». Quant au major T.S.W. Jarvis, témoin et protagoniste dans l'affaire des 26 Commissaires, il survécut assez longtemps dans le carnet de Reginald Teague-Jones qui visiblement pensait chaque année à lui souhaiter son anniversaire. Un vieux carnet d'adresses ne permet certes pas de dresser le bilan d'une vie sociale surtout lorsque son détenteur est un agent de renseignements entraîné à détruire les traces. Mais ce vestige intime donne la mesure du rayonnement social d'un individu et suggère l'étendue géographique de son réseau personnel à un moment donné de sa vie. Le cercle des relations de Reginald Teague-Jones durant les vingt dernières années de son existence est marqué par ses affinités avec la haute société anglaise qu'il avait autrefois côtoyée dans l'Inde coloniale. Déformation professionnelle oblige, il a parfois rédigé un court mémento sur les liens qu'il entretient avec telle personne, les circonstances de sa rencontre avec telle autre. Beaucoup de femmes dans ce carnet, issues pour certaines de la haute société comme Lady Adeline Ampthill, épouse du 3e baron Ampthill, John Hugo Russell, dont on ne saura rien de plus en dehors de son adresse chic à Holland Park. On trouve également dans le carnet la mention de Sibyl Hathaway, 21e Dame de Sark, à la tête de la dernière principauté féodale du monde occidental survivant dans une minuscule île du Channel située à 25 miles des côtes françaises. Une « très bonne amie du temps de Peshawar » est encore Kate, c'est-à-dire Dorothy K. Collings, de son nom de jeune fille Fox-Strangways, née en 1892 et mariée au major Ernest Gardiner Collings. En 1914, ce jeune couple devait résider à Peshawar, avant-poste de la frontière du Nord-Ouest où se trouvait également Reginald Teague-Jones. Kate avait 22 ans à cette époque et on ne sait pas en quoi consistait son amitié avec Reginald Teague-Jones. Se limita-t-elle à des parties de tennis dans le cantonnement britannique ou Kate s'aventura-t-elle avec lui dans les lacets de la Khyber Pass ? Quoi qu'il en soit, il se pourrait fort bien que le couple Collings ait inspiré le couple Fraser dans le roman *Khyber Blood-Feud*. Dans la vie réelle, Reginald Teague-Jones deviendra le parrain du fils de Kate, né quelques années plus tard en 1924. De ce filleul, Geoffrey Stephen d'Auvergne Collings, dont Reginald Teague-Jones a simplement noté la date du mariage, on ne saura pas grand-chose de plus. Un drame frappa la famille de Geoffrey : sa sœur aînée Barbara d'Auvergne Collings a brutalement disparu avec son mari et deux de ses trois enfants dans un accident d'avion. Reginald Teague-Jones semblait également proche de la sœur de Kate, Marjorie Swift, et note quelques lignes sur la carrière militaire de l'un de ses fils. Tout cela suggère un cercle d'amitiés aristocratiques auquel il s'était accoutumé dès l'adolescence dans la haute société pétersbourgeoise. D'autres noms parmi lesquels Mrs Halleck A. Butts, veuve d'un ancien attaché commercial américain à Tokyo, ou encore le prince Alexandre Makinsky dit « Choura », un émigré russe blanc né en 1902 à Makou, en Iran. Citoyen américain et violemment anti-communiste, ce prince Makinsky était vice-président de la Coca Cola Export Corporation au moment où, de 1948 à 1953, la firme devait affronter en France une virulente campagne anti-américaine menée par le PCF. Durant la guerre froide, Reginald Teague-Jones a également correspondu avec Sanford Griffith, consultant new-yorkais sur les questions de frontières et de minorités, un personnage trouble qui aurait rejoint les services de renseignements britanniques à la fin des années 1930, puis aurait gravité autour de l'Anti-Defamation League, la célèbre organisation du B'nai B'rith destinée à combattre l'antisémitisme aux Etats-Unis. Un temps suspecté d'avoir été un agent soviétique, Sanford Griffith s'était intéressé à la fin des années 1950 à la politique française en Algérie. Sans doute, Reginald Teague-Jones correspondit-il avec lui sur ces questions qui le passionnaient encore au début des années 1960, touchant à la menace d'expansion soviétique au Moyen-Orient et en Asie moyenne. Des noms et des surnoms, des adresses d'oculistes et de fabricants de pierres tombales, le carnet ne permet pas pour autant de percer à jour l'intimité de Reginald Teague-Jones. Des relations familiales distendues voire inexistantes. C'est pourtant du côté de l'une de ses sœurs, à une nièce éloignée qu'il ne connaissait guère qu'il léguera à sa mort une fortune de 255 551 livres.

Parmi les amis disparus, Charles H. Ellis occupe une place particulière. Ellis dont la première épouse, Lilia Zelensky, était une Russe blanche. Ellis qui, à la tête du BSC durant la Seconde Guerre mondiale, avait démasqué une taupe soviétique dans le département du Trésor américain. Ellis qui avait achevé sa carrière au SIS à un poste de responsabilité élevé en Extrême-Orient et à Singapour. Ellis enfin, qui fut durant les années 1980, quelques années après sa mort, la cible d'un scandale posthume soulevé par le virulent essayiste Chapman Pincher. Au début des années 1980, les services secrets britanniques sont en effet l'objet d'une violente campagne de désinformation probablement orchestrée par le KGB visant à décrédibiliser les services de renseignements britanniques déjà rudement atteints par la révélation d'agents doubles, tels Philby, Maclean ou Blunt. Comment le nom de Charles H. Ellis vint-il à tomber sous la plume venimeuse de Chapman Pincher l'accusant, ni plus ni moins, d'espionnage au profit de l'Allemagne et de l'Union soviétique ? La chose est difficile à élucider car cet auteur ne prit jamais la peine de citer explicitement ses sources, ni même d'ouvrir l'ouvrage d'Ellis sur l'épisode transcaspien, pourtant révélateur de la pondération de son auteur. Ce scandale dont la presse britannique se fit largement l'écho dans les années 1982-1983 dévasta les proches de Charles H. Ellis, non sans soulever l'indignation de certains de ses anciens collaborateurs. Reginald Teague-Jones, alors âgé de 92 ans, certainement affecté par « l'affaire Ellis », ne pouvait prendre publiquement part à cette polémique qui aurait supposé qu'il révèle tout ou partie de son identité, dans un contexte on ne peut plus défavorable. Mais il adressa certainement des messages discrets de sympathie aux enfants d'Ellis avec lesquels il était demeuré en relation. Ceux-ci se heurtèrent au silence des autorités britanniques qui n'apportèrent ni confirmation, ni démenti à la thèse de la culpabilité d'Ellis.

L'éthique du secret imposant de garder le silence, Mrs Thatcher ne consentit pas à se départir de cette attitude de défense de « l'intérêt national » y compris à l'égard de la fille d'Ellis qui lui réclamait la vérité « quelle qu'elle puisse être ». Mais selon ses anciens collègues, Ellis avait été à n'en pas douter un agent loyal. « Ellis avait connaissance de "Ultra" et de "Magic", les plus importants secrets d'espionnage de la guerre, qui consistaient dans le décodage par le SIS de toutes les communications radio militaires des hauts commandements allemands et japonais. Si Ellis avait travaillé pour l'Allemagne, il aurait transmis à Berlin ces secrets vitaux. Mais, comme les Allemands ne surent jamais que ces codes avaient été déchiffrés, c'est bien là la preuve essentielle qu'Ellis est demeuré loyal vis-à-vis de la Grande-Bretagne.

De manière similaire, Ellis rentra en contact à New York en 1941 avec le maître espion au service de l'Allemagne, le Yougoslave Dusko Popov, un agent double qui trahissait l'Abwehr et travaillait en fait pour le MI6. Popov continua à jouir de la confiance de l'Abwehr jusqu'à la fin de la guerre alors qu'il travaillait à Lisbonne et à Londres. C'est encore une preuve qu'Ellis n'était pas un agent double au profit de l'Allemagne, sinon l'Allemagne aurait été informée de la trahison de Popov.

Sir William Stephenson, chef durant la guerre des services de renseignements pour l'hémisphère occidental dont Ellis était le directeur adjoint, a déclaré qu'Ellis a été l'un des grands architectes de la victoire alliée et que les insinuations malveillantes à son égard sont infondées et relèvent probablement de la pure désinformation du KGB avec l'objectif de discréditer les services de renseignements britanniques, américains et australiens[2]. »

Destins croisés depuis l'Iran et la Transcaspie, à la fin de la Première Guerre mondiale, jusqu'à New York, pendant la Seconde Guerre mondiale, Ellis et Reginald Teague-Jones eurent aussi en commun, à soixante ans de distance, d'avoir été la cible de la propagande soviétique. De l'affaire des 26 Commissaires à l'affaire Ellis, une histoire des campagnes de désinformation menées par le KGB pourrait presque s'écrire !

Loin d'avoir été un agent double au service de l'Allemagne ou de l'Union soviétique, Ellis fut en effet mis hors de cause quelques années plus tard.

L'année de sa mort en 1988, Reginald Teague-Jones achevait son roman *Khyber Blood-Feud* qu'on pourrait traduire par *Vengeance à la Khyber Pass* sous-titré *Un conte de la frontière afghane*, demeuré inédit à ce jour. Roman autobiographique crypté, il comporte un avant-propos dans lequel l'auteur exprime sa fascination pour l'univers de la Frontière. « Ceci est une histoire de passions humaines primitives : amour, jalousie, vengeance, toutes ces émotions, bonnes ou mauvaises, qui forment la complexité de la personne humaine. Le terme de "primitif" est utilisé intentionnellement car alors que toutes ces émotions et ces passions persistent et se manifestent quotidiennement dans le contexte moderne de ce que nous nous satisfaisons à appeler notre civilisation occidentale, cette histoire particulière se situe précisément aux antipodes. Elle se déroule dans l'une des localités les plus reculées, mais en même temps les plus romantiques de l'Ancien Monde où, au début de cette narration, les conditions de la vie matérielle n'ont pas changé depuis des siècles et le pays lui-même est resté ce qu'il était, c'est-à-dire une oasis de coutumes et de traditions anciennes, encerclé par le monde en perpétuel changement du machinisme moderne. La scène se déroule à la Khyber Pass.

Dans le dédale de ravins et de pierrailles arides écrasées de soleil qui forme cette frontière montagneuse vit depuis le fond des âges un peuple tribal d'une trempe exceptionnellement virile. Ce sont les Pathans ou encore les Pachtounes (...). Les montagnes du Khyber sont habitées par ce peuple qui a gardé la structure patriarcale des temps bibliques où la loi de Moïse, "œil pour œil", "dent pour dent" et "vie pour vie", est toujours la base d'une justice sommaire et où en conséquence, les dettes de sang entre clans, entre villages, entre familles constituent le leitmotiv de l'existence de tout homme des tribus[3]. » Reginald Teague-Jones n'a pas fait œuvre d'imagination car il a effectivement participé au règlement d'une dette de sang au temps de sa jeunesse sur la Frontière du nord-ouest. S'il avait jamais été un exécuteur, ce ne fut pas dans le désert turkmène mais dans les zones tribales du nord-ouest de l'Inde, où la dure « voie pachtoune », le fameux *pachtounwali*, imposait un meurtre. Campée parmi la tribu des Afridis, l'intrigue du roman, très proche du vécu de Reginald Teague-Jones, a pour argument central le règlement d'une dette d'honneur. L'amour n'est pas absent dans cette contrée sauvage de la Frontière où approcher une femme était un exploit plutôt improbable. Conçu en deux parties, le roman raconte la saga de deux générations d'Afridis – une tribu d'éleveurs montagnards vivant de rapine et de pillage – impliqués dans le règlement d'une ancienne dette de sang. Les protagonistes incarnant les *feringhis* (les « Blancs ») ne manquent pas dans ce roman de la Frontière qui se déroule entre la Première Guerre mondiale – époque où Reginald Teague-Jones était lui-même un jeune officier de la Frontier Constabulary – et la Seconde Guerre mondiale. Quant au héros principal, Jim Allenby, fils de Sarfraz Khan et d'une Anglaise, il connaît un destin marqué comme celui de Reginald Teague-Jones par la mort précoce de ses parents d'où découle un destin exceptionnel. A la mort de son père tué lors d'un de ces combats d'embuscade entre les Afridis et une patrouille britannique, Jim Allenby est baptisé et placé sous la protection d'Eileen Fraser, la jeune femme du major Fraser, officier du renseignement militaire à Peshawar. Cette adoption va déterminer le destin de Jim, bientôt envoyé aux Etats-Unis pour y recevoir une éducation éloignée de la dure loi tribale de la Frontière. Le destin décidera de son retour : vingt ans plus tard, Jim Allenby n'a pas oublié en dépit de son long séjour en Amérique son ascendance pachtoune. Officier de l'US Army, il est envoyé à New Delhi au début de la Seconde Guerre mondiale dans le cadre d'une mission anglo-américaine en Inde. Cette mission « n'est pas à proprement parler de nature militaire », comme l'en informe le major général Neil Fraser qui vingt ans plus tard a pris du galon. « Eh bien, en très peu de mots, je désire que vous veniez ici et que vous travailliez avec moi exactement sur le même genre de problèmes que ceux dont s'occupait votre père jusqu'à sa mort.

Je peux vous promettre que ce sera un travail intéressant, en fait même très intéressant mais il ne s'agit pas pour vous d'être un soldat normal et, pour cette raison, vous pourriez souhaiter y réfléchir sérieusement avant de décider si oui ou non vous prendrez en charge cette mission[4]. » Il s'agit de poursuivre un agent envoyé par les Allemands, un certain Hadji Ousman, en Afghanistan. Il n'est pas difficile de reconnaître ici la transposition du personnage de Wassmuss tandis que Reginald Teague-Jones prête à Jim, devenu Jamal Khan, des aventures qui ressemblent fort aux siennes. Déguisé en homme de la Frontière, ayant perfectionné son pachtou – langue qu'enfant il parlait couramment –, il mène cette mission secrète qui le mène jusque dans ces tunnels et grottes du Waziristan devenus si célèbres depuis lors. Sur la tombe de ses parents au cimetière européen de Peshawar, Jim médite sur la destinée qui lui a à la fois assigné une mission politique et la rédemption du passé tragique de ses propres parents. « "Sarfraz et Margaret Allenby", il lit encore l'inscription sur la tombe. Mon père était un musulman qui abandonna sa religion et ses traditions pour se marier avec une chrétienne. Ma mère abandonna la culture et les traditions de sa race pour épouser mon père. Et à présent, me voici. Leur fils – un Américain qui après avoir parcouru la moitié de la terre pour échapper à ce genre de vie, est venu ici de son propre gré pour m'y plonger encore. Etait-ce d'ailleurs de mon plein gré ? Je commence à me demander (...). Ou s'agissait-il plutôt du "qismet", l'inévitable, l'irrévocable destin prescrit par Allah ?[5] » Le même destin irrévocable avait prescrit à Reginald Teague-Jones une longue vie de voyageur et d'aventurier dont les péripéties réelles dépassent celles d'une fiction romanesque. Formé au Waziristan, épicentre de la géopolitique mondiale, « l'espion qui avait disparu » dans la tourmente de l'affaire des 26 Commissaires, méritait de réapparaître, tant sa destinée d'agent de l'Empire britannique permet de saisir l'évolution actuelle des régions comprises entre la Russie, l'Asie centrale, la Transcaucasie, l'Inde, le Pakistan et le Moyen-Orient, les territoires de l'ancien comme du nouveau Grand Jeu.

Notes

Avant-propos

1. NA, FO 57/377. Ronald Sinclair à G.G. Collins (Foreign Office), Marbella, 12 mai 1973.

2. Walter Benjamin, « Sur le concept d'histoire », in *Ecrits français*, Paris, Gallimard, p. 433.

3. Il a notamment traduit en anglais *Le Pain et le Cirque* de Paul Veyne, *Les Institutions de la France sous la monarchie absolue* de Roland Mousnier, *Le Léninisme sous Lénine* de Marcel Liebman, *Islam et capitalisme* de Maxime Rodinson et les *Ecrits militaires* de Trotsky.

4. La vallée du Wakhan est un étroit corridor afghan intercalé entre les frontières du Tadjikistan, de la Chine et aujourd'hui du Pakistan.

5. Brian Pearce, *The Staroselsky Problem, 1918-1920 : An episode in British-Russian relations in Persia*, Center of Near and Middle-Eastern Studies, SOAS, SSEES, London, 1994, p. 33.

Chapitre 1. Une enfance de Liverpool à Saint-Pétersbourg

1. Cf. Marie-Louise Karttunen, *Making a communal world, English Merchants in Imperial St. Petersburg*, Academic Dissertation, University of Helsinki, 2005.

2. Cité *ibid.*, p. 47.

3. BL, Mss C 313/28, Ronald Sinclair, « Red Sunday, My most impressive recollection », in *The Illustrated Weekly of India*, 27 January 1935.

4. Cf. Igor Arkhangelski, *Annenschule skvoz' tri stoletïia, chkola na Kirotchnoï. Sobytïia, outchitelia, outcheniki*, Izd. Zvezda, Sankt-Peterburg, 2004.

5. Ronald Sinclair, « Red Sunday, My most impressive recollection », *op. cit.*

6. Cf. *Les Débuts de la première révolution russe. Sources et documents*, Moscou, 1955, pp. 28-31.

7. G.A. Henty, *Saint Bartholomew's Eve. A Tale of the Huguenot Wars*, 1894.

8. Ronald Sinclair, « Red Sunday », *op. cit.*

9. Cf. Marie-Louise Karttunen, *op. cit.*, p. 47 et suivantes.

10. Ronald Sinclair, « Red Sunday », *op. cit.*

11. *Ibid.*

12. Cf. Orlando Figes, *La Révolution russe, 1891-1924. La tragédie d'un peuple*, Paris, Denoël, 2007, p. 244.

13. *Ibid.*

14. Ronald Sinclair, « Red Sunday », *op. cit.*

15. *Ibid.*

16. *Ibid.*

17. *Ibid.*

18. Cf. Orlando Figes, *op. cit.*, p. 245.

19. Ronald Sinclair, « Red Sunday », *op. cit.*

20. *Ibid.*

21. Cf. Orlando Figes, *op. cit.*, p. 245.

22. Ronald Sinclair, « Red Sunday », *op. cit.*

23. *Ibid.*

24. Cité dans Orlando Figes, *op. cit.*, p. 249.

25. *Ibid.*

26. Ronald Sinclair, « Red Sunday », *op. cit.*

Chapitre 2. Du Pendjab à la frontière du Nord-Ouest : la formation d'un « gentleman du Raj »

1. Cf. *International Herald Tribune*, 31 March 2009, « Deadly siege at Lahore police academy crushed ».

2. NA, FO 57/377, Self-recommandation for award by Ronald Sinclair.

3. Cf. Terence Creagh Coen, *The Indian Political Service. A Study in Indirect Rule*, London, Chatto and Windus, 1971, p. 177.

4. Cf. John S. Galbraith, « The "Turbulent Frontier" as a factor of British Expansion », in *Comparative Studies in Society and History*, vol. 2, n° 2, January 1960, pp. 150-168.

5. Sur l'évolution du système de renseignements britannique en Inde au XIXe siècle, cf. Christopher Alan Bayly, *Empire and Information : Intelligence Gathering and Social Communication in India*, Cambridge, Cambridge University Press, 2000.

6. En 1835 avait été fondé au sein du gouvernement de l'Inde le Thuggee and Dacoity Department, placé sous la direction du colonel William Sleeman.

Ce département fonctionna jusqu'en 1904 où il fut remplacé par le Central Criminal Intelligence Department.

7. Les souvenirs de Churchill donnent une idée assez précise de l'aspect physique des cantonnements britanniques et de leur localisation. « Les lignes de cantonnements britanniques se trouvent selon la coutume, à cinq ou six milles des villes populeuses dont elles ont la garde, et dans l'espace intermédiaire s'étendent des lignes de régiments hindous. Les troupes britanniques sont logées dans de grandes et fraîches casernes à colonnades. On n'a rien épargné dans l'élaboration des plans et la construction de ces bâtiments. De merveilleuses routes, de longues avenues bordées d'arbres touffus, de l'eau pure en abondance, des bureaux imposants, des hôpitaux et des institutions, des terrains de parades et des manèges caractérisent ces centres de vie collective d'énormes communautés d'hommes blancs. » Winston S. Churchill, *Mes aventures de jeunesse*, Paris, Payot, 1937, p. 96.

8. Jacques Pouchepadass, *L'Inde au XXe siècle*, Paris, Presses universitaires de France, 1975, p. 65.

9. Cf. Dennis Kincaid, *British Social Life in India, 1608-1937*, London, Routledge, 1973 (1re édition, 1938). Ce livre léger et humoristique présente des illustrations amusantes, notamment une scène de chasse au canard dans les rêves d'un homme assoupi songeant à ses souvenirs des Indes et envahi par des « *mists of nostalgia, recalling only the good things* ».

10. Cf. P.E. Razzell, « Social origins of officers in the Indian and British Home Army : 1758-1962 », *The British Journal of Sociology*, vol. 14, n° 3, September 1963, pp. 248-260.

11. Cf. P.J. Cain et A.G. Hopkins, *British Imperialism. Crisis and Deconstruction, 1914-1990*, London, New York, Longman, 1993, p. 178.

12. Jacques Pouchepadass, *op. cit.*, p. 66.

13. NA, FO 57/377, Self-recommandation for award by Ronald Sinclair.

14. Diplômé de Cambridge, entré dans l'Indian Civil Service en 1897, la carrière de Vivian Gabriel débute en 1898 au Bengale, puis au Rajputana et en Inde centrale où il fut nommé administrateur de district (*Assistant Magistrate and Collector*). Nommé pendant une brève période de l'année 1902 à l'India Office en tant que *Assistant Political ADC* (*Aide de Camp*) puis détaché spécialement pour le *Coronation Durbar* de 1903, il devient ensuite de 1903 à 1907 sous-secrétaire aux Affaires étrangères du gouvernement de l'Inde. Sommet de la gloire impériale britannique, le *Delhi Durbar* de 1903 était la seconde occasion de fêter à Delhi le couronnement d'un souverain britannique en tant qu'empereur des Indes. Mais contrairement au *Proclamation Durbar* de 1877 qui avait marqué, dans le cadre d'une cérémonie officielle et fermée, le couronnement de la reine Victoria comme impératrice des Indes, le Durbar de 1903 fut l'occasion de deux semaines de festivités impériales dont l'organisation méticuleuse ordonnée par le vice-roi lord Curzon nécessita de détacher spécialement un certain nombre de hauts fonctionnaires comme sir Vivian Gabriel. Après avoir participé à l'organisation des pompes éléphantesques – au sens propre et figuré – du Durbar et peut-être assuré la sécurité de cérémonies auxquelles n'assista pas personnellement Edouard VII au grand

désappointement de lord Curzon, Vivian Gabriel fut nommé résident britannique dans les Etats du Rajputana occidental en 1908. En 1909, il est *Chief Secretary to Chief Commander* de la Province de la Frontière du Nord-Ouest, puis dès l'année suivante *Secretary Agent* auprès du Gouvernement général de l'Inde centrale. De nouveau nommé pour le fastueux *Coronation Durbar* de 1911 dédié au roi George V et à la reine Marie, sir Vivian Gabriel, qui avait été envoyé en mission spéciale au Népal en 1908 et en Libye en 1912, intègre l'Indian Political Service en 1913. Au début de la Première Guerre mondiale, Vivian Gabriel, qui quitte Nagpur en Inde centrale pour servir dans le Military Operations Branch du War Office en 1915, comme *general staff officer* à la tête d'une mission militaire britannique auprès de l'armée italienne de 1915 à 1917 puis comme officier de liaison avec le British Aegean Squadron en 1917-1918, pourrait parfaitement avoir été l'une des personnalités qui mirent en selle Reginald Teague-Jones. Descendant d'une des plus anciennes familles aristocratiques de Gubbio – les Gabrieli –, Vivian Gabriel a légué au musée municipal de cette ville une remarquable collection d'objets d'art oriental et tibétain.

15. Ariane Audoin-Dubreuil, *La Croisière jaune sur la route de la soie*, Glénat, 2007, pp. 108-109.

16. *Ibid.*, p. 114.

17. Cf. Caesar E. Farah, « Smuggling and International Politics in the Red Sea in the Late Ottoman Period », *in* G. Rex Smith, J.R. Smart, B.R. Pridham, *New Arabian Studies*, 5, Presses de l'université, Laval, 2000, pp. 47-66.

18. Cf. Terence Creagh Coen, *op. cit.*, pp. 4-5.

19. L'Intelligence Bureau légué en 1947 par l'administration britannique au gouvernement de l'Inde indépendante duquel dépendait l'IPI à l'époque coloniale aurait été fondé par le major général sir Charles MacGregor, chef du service de renseignements de la British Indian Army à Simla en 1885. Dans le contexte du Grand Jeu de la fin du XIXe siècle, le principal objectif de l'organisation était alors de contenir la menace russe en Afghanistan et de contrôler stratégiquement la frontière du Nord-Ouest de l'Inde britannique.

20. BL, IOR, L/PJ/12/776, IPI, situation of Col. Vickery, 1946.

21. BL, IOR, L/PJ/12/780, Minute paper, Indian Political Intelligence.

22. BL, IOR, Mss C313/ 20, Ronald Sinclair, *Khyber Blood-Feud. A Tale of the Afghan Border*, pp. 144-145.

23. Halford J. Mackinder (1861-1947). Après avoir étudié la physique à Oxford, il y enseigne la géographie de 1887 à 1905. De 1903 à 1908, Mackinder est également le directeur de la célèbre London School of Economics. Elu aux Communes, il est nommé après la Première Guerre mondiale haut-commissaire britannique en Russie méridionale (1919-1920). Rentré en Grande-Bretagne après la fin de l'intervention étrangère, il exerce diverses fonctions au sein de la haute administration. Auteur de nombreux ouvrages, c'est dans *Britain and the British Seas* (1904) et surtout dans *The Geographical Pivot of History* (1904), titre d'une conférence donnée à la Société impériale de géographie, qu'il expose le concept de *heartland*.

24. Nicholas J. Spykman (1893-1943), considéré comme l'un des pères de la géopolitique aux Etats-Unis, reprend la théorie de Mackinder en la modifiant dans *America's Strategy in World Politics, the United States and the Balance*

of Power, 1942, et *The Geography of Peace*, 1944. Pour lui, le *heartland* (Allemagne, Russie) n'est pas le véritable pivot géographique du monde. En revanche, l'anneau des terres qui l'entoure, le *rimland*, de l'Europe occidentale à l'Asie orientale en passant par le Moyen-Orient et le sous-continent, est identifié par Spykman comme la zone essentielle sur le plan géopolitique. Cette conception de la géopolitique sera, après la Seconde Guerre mondiale, à l'origine de la stratégie du *containment*. Il est intéressant d'observer cependant que la frontière du Nord-Ouest de l'Inde se situe précisément sur une zone de contact du *heartland* et du *rimland*.

25. On trouvera un aperçu de l'ethnographie coloniale de cette période dans la série des *Frontier and Overseas Expeditions from India*, compiled in the Intelligence Branch Army Headquarters, India, reprint Mittal publications, Delhi, 1983. Cf. volume 1, part 1, *Tribes north of the Kabul river*, reprint Mittal publications, Delhi, 1983.

26. George Mac Munn, *Tempête sur l'Inde, Les activités secrètes et l'Intelligence Service aux Indes depuis la Guerre mondiale*, Paris, Payot, 1936, pp. 136-141.

27. Concernant le tracé de la ligne Durand, Reginald Teague-Jones fait les remarques suivantes : « Néanmoins, la ligne Durand ne fut jamais une ligne rigide basée sur des données topographiques fiables et beaucoup d'erreurs, notamment sur le plan ethnique, furent commises quand la ligne séparait des régions qui étaient habitées par une seule et même tribu. Il y avait aussi de fréquentes confusions dues au changement des noms de lieux si bien que quelques segments de la ligne étaient purement hypothétiques et ne pouvaient être que devinés. Finalement, à cause de la nature difficile du terrain, une petite section de la frontière ne fut pas démarquée avant la fin de la troisième guerre anglo-afghane en 1919. Bien que l'accord Durand prévoyait l'extension de la sphère d'influence britannique dans les zones tribales indépendantes, quand il fallut vraiment envisager la réalité des choses, on trouva difficile d'administrer et de maintenir l'ordre à l'intérieur de ce territoire montagneux, rude et hostile. On trouva donc avisé de dessiner une frontière administrative qui suivait grossièrement la ligne des collines du piémont de la frontière et qui séparait les régions indiennes administrées par les Anglais des étendues montagneuses de ce qu'on appelait le Territoire tribal indépendant. » BL, IOR, Mss Eur C 313/15.

28. BL, IOR, Mss Eur C 313/1.

29. BL, IOR, Mss Eur C 313/15, ff.11-15, The North-West Frontier.

30. BL, IOR, Mss Eur C 313/1.

31. *Ibid.*

32. Sommet mythique de la chaîne des Suleiman, le Takht-i-Suleiman évoquerait le « trône de Salomon » tandis que d'autres légendes en font le lieu où s'est échouée l'arche de Noé. Muraille de roche présentant un aspect qui rappelle la Sainte-Victoire, considéré comme un haut lieu de l'ethnogenèse pachtoune, le Takht-i-Suleiman est un lieu de pèlerinage : une « chapelle » est d'ailleurs située près du sommet. En 1891, la première ascension du sommet par le major McIvor et le capitaine McMahon, plus qu'un exploit d'alpinisme, est censée démontrer aux tribus la capacité des Britanniques à dominer le territoire des Shiranis. Voir le témoignage du capitaine McMahon,

vice-commissaire britannique à la Commission de la frontière entre l'Afghanistan et le Baloutchistan, in *Geographical Journal*, volume 4, n° 5, November 1894.

33. BL, IOR, Mss Eur C 313/1.

34. *Ibid.*

35. *Ibid.*

36. *Ibid.*

37. BL, IOR, Mss Eur C 313/15.

38. La *chigga* désigne les groupes de poursuite (*pursuit parties*). Elles sont organisées dans la plupart des villages des districts pacifiés. Ces villages sont obligés par la loi non seulement de résister mais encore de poursuivre les raids tribaux qui les menacent. Pour cela, chaque village était doté par le gouvernement de fusils et de munitions.

39. « *The weapons of the nineteenth century are in the hands of the savages of the Stone Age* », écrira Winston Churchill en 1898, in *The Story of the Malakand Field Force. An Episode of Frontier War*, London, Longmans, 1901 (1re édition, 1898), p. 5.

40. Cité dans Terence Creagh Coen, *op. cit.*, p. 37.

41. Parmi les nombreux ouvrages consacrés à la Frontière, on peut se reporter par exemple à Major-General J.G. Elliott, *The Frontier, 1839-1947*, London, Cassell, 1968 ; James W. Spain, *The Pathan Borderland*, The Hague, Mouton, 1963.

42. Cf. James W. Spain, *op. cit.*, The Hague, Mouton, 1963, p. 152.

43. Winston L. Spencer Churchill, *The Story of the Malakand Field Force. An Episode of Frontier War*, London, New York, Bombay, 1901, pp. 3-4 : « Parmi les animaux sauvages de la région, le chasseur peut se lancer à la poursuite de l'ours brun ou noir, parfois un léopard, un "markhor" ainsi que plusieurs variétés de chèvre sauvage, moutons et antilopes. Parmi les quadrupèdes les plus petits, lièvres et renards roux, assez semblables aux espèces britanniques mais au pelage beaucoup plus clair, plusieurs sortes de rats, dont certains sont très rares et curieux (...). Mais l'animal le plus répandu est une espèce d'odieux grand lézard, long de presque trois pieds, ressemblant à quelque crocodile à la peau pendante et se nourrissant de chairs putréfiées. Des animaux domestiques (poules, chèvres, moutons et bovins) avec l'inévitable vautour, et parfois un aigle, complètent la faune. Par-dessus tout, un ciel bleu éclatant et un soleil étincelant. Voici le paysage du théâtre de la guerre. »

44. BL, IOR, Mss Eur C 313/1.

45. BL, IOR, L/PS/10/837, file 3822 (1922), « The Future of Central Asia. British or Russian Predominance ? », 23 août 1922.

46. Winston L. Spencer Churchill, *op. cit.*, p.4.

47. BL, IOR, Mss Eur C 313/1, note du 31 mars 1915.

48. BL, IOR, Mss Eur C 313/1.

49. Cité dans Winston L. Spencer Churchill, *op. cit.*

Chapitre 3. Dans le golfe Persique : à la poursuite de « Herr Wassmuss »

1. Justus Perthes Verlag a été fondée en 1785 à Gotha. Sur le lien entre cartographie et nationalisme, cf. Guntram Henrik Herb, *Under the map of Germany. Nationalism and Propaganda 1918-1945*, London, Routledge,1997.

2. British Library, Mss Eur C 313/3.

3. Pour une analyse plus détaillée, cf. Yann Richard, *L'Iran. Naissance d'une république islamique*, Paris, Editions de la Martinière, 2006, p. 141 et suivantes.

4. Cf. Peter Hopkirk, *Like hidden fire. The plot to bring down the British Empire*, New York, Kodansha International, 1994, p. 28.

5. Cité dans Antoine Fleury, *La Politique allemande au Moyen-Orient, 1919-1929*, Leiden, Genève, Institut universitaire des hautes études internationales, A.W. Sijthoff, 1977, p. 27.

6. Cf. Oliver Bast, *Les Allemands en Perse pendant la Première Guerre mondiale d'après les sources diplomatiques françaises*, Paris, Louvain, Peeters, 1997.

7. Cf. Yann Richard, *op. cit.*, p. 156.

8. *Ibid.*, p. 157.

9. Christopher Sykes, *Wassmuss, le « Lawrence Allemand », Ses aventures en Perse pendant la guerre mondiale*, Paris, Payot, 1936, p. 98.

10. *Ibid.*, p. 144.

11. Sir Percy Sykes, « South Persia and the Great War », *The Geographical Journal*, vol. LVIII, n° 2, August 1921, p. 104.

12. Les South Persia Rifles seront toutefois en majorité licenciés au printemps 1918 à la suite de mutineries et de défections au cours desquelles des officiers britanniques furent assassinés.

13. Sir Walter Bullivant, chef des services secrets anglais dans la fiction de John Buchan, *Greenmantle*, 1916, cité par Peter Hopkirk, *op. cit.*, p. 104.

14. Cité dans Oliver Bast, *op. cit.*, p. 112.

15. Christopher Sykes, *op. cit.*, pp. 45-46.

16. Raoul Blanchard, *Géographie universelle*, sous la direction de P. Vidal de la Blache et L. Gallois, tome 8, *Asie occidentale*, Paris, Colin, 1929, p. 151.

17. Christopher Sykes, *op. cit.*, p. 50.

18. BL, IOR, Mss Eur C 313/3.

19. Raoul Blanchard, *op. cit.*, p. 151.

20. Imperial War Museum, Major Ronald Sinclair 67/329/1. « The story of missions of Central Asia and Transaucasia », ff. 569-570.

21. Christopher Sykes, *op. cit.*, p. 185.

22. Cf. Brian Pearce, *The Staroselsky Problem, 1918-1920, op. cit.*

23. Reginald Teague-Jones, *The Spy who disappeared, Diary of a secret mission to Russian Central Asia in 1918*, London, Gollancz, 1990, p. 18.

24. *Ibid.*

25. *Ibid.*, p. 20.

26. *Ibid.*, p. 21.

27. *Ibid.*, p. 22.

28. *Ibid.*

29. *Ibid.*, p. 23.

30. C.H. Ellis, *The Transcaspian Episode, 1918-1919*, London, Hutchinson, 1963, p. 23.

31. *Ibid.*, p. 25.

32. *Ibid.*, p. 35.

33. Reginald Teague-Jones, *op. cit.*, pp. 36-37.

34. *Ibid.*, pp. 37-38.

35. *Ibid.*, pp. 43-44.

36. Cf. Taline Ter Minassian, *Colporteurs du Komintern. L'Union soviétique et les minorités au Moyen-Orient*, Paris, Presses de Sciences Po, 1997, p. 34 et suivantes.

37. Reginald Teague-Jones, *op. cit.*, p. 45.

Chapitre 4. Achkhabad et l'épisode transcaspien

1. Cf. Roberto Gulbenkian, « L'habit arménien, laissez-passer oriental pour les missionnaires, marchands et voyageurs européens aux XVIe et XVIIe siècles », *Revue des études arméniennes*, 25 (1994-1995), pp. 369-388.

2. Reginald Teague-Jones, *The Spy who disappeared*, *op. cit.*, p. 49. Par ailleurs le choix de l'habit arménien renvoie également au rôle des marchands arméniens dans les réseaux d'information et d'espionnage au service des Portugais, alors dominants dans les circuits commerciaux de l'océan Indien, au XVIe siècle. Cf. Dejanirah Couto, « Arméniens et Portugais dans les réseaux d'information de l'océan Indien au XVIe siècle », *in* Sushil Chaudhury et Kéram Kévonian (dir.), *Les Arméniens dans le commerce asiatique au début de l'ère moderne*, Paris, Editions de la MSH, 2007, pp. 171-196.

3. Reginald Teague-Jones, *The Spy who disappeared*, *op. cit.*, p. 52.

4. *Ibid.*

5. *Ibid.*, p. 54.

6. *Ibid.*, p. 57.

7. Cf. chapitre 5.

8. *Ibid.*, p. 58.

9. *Ibid.*, pp. 62-63.

10. *Ibid.*, p. 66.

11. *Ibid.*, pp. 68-69.

12. *Ibid.*, p. 75.

13. NA, WO 106/61, Reginald Teague-Jones : The Russian Revolution in Transcaspia, rapport rédigé à Achkhabad le 26 janvier 1919 et transmis au MI5 le 15 avril 1919.

14. *Ibid.*

15. *Ibid.*

16. *Ibid.*

17. Cf. Reginald Teague-Jones, *The Spy who disappeared*, *op. cit.*, p. 109 et suivantes.

18. NA, WO 106/61, Reginald Teague-Jones : The Russian Revolution in Transcaspia, *op. cit.*

19. *Ibid.*

20. Reginald Teague-Jones, *The Spy who disappeared, op. cit.*, pp. 113-114.

21. *Ibid.*, pp. 114-115.

22. *Ibid.*, p. 182.

23. IWM, Sinclair Papers, 67/329/1, Lettre de Reginald Teague-Jones (Achkhabad) à Ronald Mac Donell (Enzeli), 29 octobre 1918.

24. Reginald Teague-Jones, *The Spy who disappeared, op. cit.*, p. 195.

25. IWM, Sinclair Papers, 67/329/1, Lettre de Reginald Teague-Jones (Achkhabad) à Ronald Mac Donell (Enzeli), 29 octobre 1918.

26. Cité *in* Michael Sargent, *British Military Involvement in Transcaspia (1918-1919)*, Caucasus Series 04/02, Defence Academy of the UK, Conflict Studies Research Centre, April 2004, p. 23.

27. Reginald Teague-Jones, *The Spy who disappeared, op. cit.*, p. 194.

28. IWM, Sinclair Papers, 67/329/1, Reginald Teague-Jones (Achkhabad) à Redl (Meched), 15 octobre 1918.

29. Atyrau, véritable eldorado pétrolier kazakh est situé à une trentaine de kilomètres du littoral caspien sur les rives de l'Oural.

30. IWM, Sinclair Papers, 67/329/1, Reginald Teague-Jones (Achkhabad) à Fleming, 26 octobre 1918.

31. *Ibid.*

32. Reginald Teague-Jones, *The Spy who disappeared, op. cit.*, p. 152.

33. En français dans le texte.

34. IWM, Sinclair papers, 67/329/1, Reginald Teague-Jones (Achkhabad) à Fleming (Krasnovodsk), 14 décembre 1918.

35. Reginald Teague-Jones, *The Spy who disappeared, op. cit.*, p. 154.

36. Cf. Daniel C. Waugh, *Etherton at Kashgar : Rhetoric and Reality in the history of the « Great Game »*, Seattle, Bactrion Press, 2007.

37. IWM, Sinclair Papers, 76/329/1, Reginald Teague-Jones (Achkhabad) au colonel Redl (Meched), 22 septembre 1918.

38. *Ibid.*

39. IWM, Sinclair Papers, 67/329/1, Reginald Teague-Jones (Achkhabad) au colonel Redl (Meched), 24 septembre 1918.

40. IWM, Sinclair Papers, 67/329/1, Reginald Teague-Jones (Achkhabad) à Fleming (Krasnovodsk), 22 octobre 1918.

41. IWM, Sinclair Papers, 67/329/1, Lieutenant-colonel Knollys (Kaakhka) à Reginald Teague-Jones (Achkhabad), le 23 octobre 1918.

42. IWM, Sinclair Papers, 67/329/1, Reginald Teague-Jones (Achkhabad) au lieutenant-colonel Knollys (Kaakhka), le 24 octobre 1918.

43. Cf. Hélène Carrère d'Encausse, *Réforme et révolution chez les musulmans de l'Empire russe*, Paris, Presses de Sciences Po, 1981, p. 241.

44. En Transcaspie, les Turkmènes formaient en 1918, 65 % de la population qui comportait 12 % de Kirghizes, 8 % de Russes, ainsi que des éléments divers dont des Perses.

45. Reginald Teague-Jones, *The Spy who disappeared, op. cit.*, p. 141.

46. IWM, Sinclair Papers, 67/329/1, Reginald Teague-Jones (Achkhabad) au Lieutenant-Colonel Knollys (Kaakhka), le 24 octobre 1918.

47. Reginald Teague-Jones, *The Spy who disappeared*, *op. cit.*, p. 142.

48. *Ibid.*, p. 182.

49. *Ibid.*, p. 187.

50. *Ibid.*

51. IWM, Sinclair Papers, 67/329/1, Reginald Teague-Jones (Achkhabad) au colonel Redl (Meched), le 11 décembre 1918.

52. IWM, Sinclair Papers, 67/329/1, Reginald Teague-Jones (Achkhabad) au lieutenant-colonel Fleming (Krasnovodsk), le 22 janvier 1919.

53. IWM, Sinclair Papers, 67/329/1, Lieutenant-colonel Fleming (Krasnovodsk) à Reginald Teague-Jones (Achkhabad), le 16 décembre 1918.

54. IWM, Sinclair Papers, 67/329/1, Lieutenant-colonel Fleming (Krasnovodsk) à Reginald Teague-Jones (Achkhabad), le 29 décembre 1918.

55. IWM, Sinclair Papers, 67/329/1, Reginald Teague-Jones (Achkhabad) au lieutenant-colonel Fleming (Krasnovodsk), 22 janvier 1919.

56. Charles Howard Ellis, *op. cit.*, p. 159.

57. *Ibid.*, p. 25.

58. Reginald Teague-Jones, *The Spy who disappeared*, *op. cit.*, p. 78.

59. *Ibid.*, pp. 78-79.

60. *Ibid.*, pp. 154-155.

61. IWM, Sinclair Papers, 67/329/1, Lettre du ministre des Affaires étrangères du gouvernement transcaspien Zimine au général Malleson, chef de la mission militaire britannique, 22 décembre 1918.

62. IWM, Sinclair Papers, 67/329/1, Intelligence report, Achkhabad, 22 janvier 1919.

63. Reginald Teague-Jones, *The Spy who disappeared*, *op. cit.*, pp. 199-200.

64. *Ibid.*, pp. 202-203.

Chapitre 5. La légende des 26 Commissaires : Teague-Jones, héros maléfique ?

1. Sergeï Essenine, « La Ballade des 26 Commissaires », *Bak.Rab.*, 1924, 22 septembre, n° 214.

2. Jules Verne, *Claudius Bombarnac*, Paris, Hetzel, 1892, p. 61.

3. Kurban Saïd, *Ali and Nino*, New York, Pocket Book, 1972, p. 12. Sur la vie de Kurban Saïd (Lev Nussimbaum), cf. Tom Reiss, *L'Orientaliste, L'énigme résolue d'une vie dangereuse* (biographie traduite de l'américain par Françoise Jaouën), Paris, Buchet-Chastel, 2005.

4. Charles Howard Ellis, *The Transcaspian Episode*, London, Hutchinson, 1963, p. 13.

5. Reginald Teague-Jones, *The Spy who disappeared*, *op. cit.*, p. 99.

6. BL, IOR, Mss C 313/6, f. 69.

7. BL, IOR/L/PS/11/3441, 3578, 3633.

8. BL, IOR, Mss C 313/6, f. 69.

9. SHAT, 7 N 1662, traduction de l'accord conclu entre le gouvernement transcaspien (Dokof) et le gouvernement britannique (général Malleson) à Meched, le 19 août 1918.

10. Reginald Teague-Jones, *The Spy who disappeared*, *op. cit.*, pp. 90-91.

11. *Ibid.*, p. 61.

12. Ils seront remobilisés pour la défense de Bakou lors de l'avance de troupes ottomanes bien que 3 000 d'entre eux, alliés à une unité communiste d'artillerie commandée par Petrov, refusèrent d'assurer la défense de Bakou après la chute des 26 commissaires et l'installation de la dictature centro-caspienne.

13. Cf. Nikita Dastakian, *Il venait de la Ville noire. Souvenirs d'un Arménien du Caucase*, préfacé par A. Ter Minassian, L'Inventaire, CRES, 1998, p. 107.

14. Cf. Serge A. Zenkovsky, *Pan-Turkism and Islam in Russia*, Cambridge (Mass.), Harvard University Press, 1960.

15. Reginald Teague-Jones, *The Spy who disappeared*, *op. cit.*, p. 88.

16. *Ibid.*, p. 94.

17. Cf. *Brat'ia naveki, Dokumenty i materialy ob istoritcheskoï droujbe rousskogo i azerbaïdjanskogo narodov*, Baku, Az. Gos. Izd, 1987, document n° 235, pp. 327-329.

18. Reginald Teague-Jones, *The Spy who disappeared*, *op. cit.*, p. 100.

19. *Ibid.*

20. Cf. Peter Hopkirk, *Like hidden fire. The plot to bring down the British Empire*, New York, Kodansha International, 1994, p. 341 et suivantes pour le récit du siège de Bakou du point de vue du général Dunsterville, et surtout Brian Pearce, « Dunsterforce and the Defence of Baku, August-September 1918 », *Revolutionary Russia*, vol. 10, n° 1, June 1997, pp. 55-71.

21. Cf. *Hayeri godoradznère Bakvi yev Elizabedpoli nahadagneroum 1918-1920*, Erevan, Hayastani Hanrabedoutian Badmoutian Arkhiv, 2003, pp. 290-301. Dans ce recueil d'archives publié en Arménie, on trouvera notamment le texte russe du rapport de la commission d'enquête sur les événements de Bakou, rédigé à Tiflis en avril 1919, n° 259.

22. SHAT, 7 N 1662, Correspondance du vice-consulat de France à Resht, 7 octobre 1918.

23. Cf. *Hayeri godoradznère Bakvi yev Elizabedpoli nahadagneroum 1918-1920*, *op. cit.*, n° 111, p. 118.

24. Ronald Grigor Suny, « Nationalism and Social Class in the Russian Revolution : The cases of Baku and Tiflis », in *Transcaucasia, Nationalism and Social Change, Essays in the History of Armenia, Azerbaijan and Georgia*, Ronald Grigor Suny (ed.), Ann Arbor, University of Michigan, 1983, p. 247.

25. SHAT, 7 N 1662, Consul de France à Tauris, chargé de la gérance du vice-consulat de France à Resht, 7 octobre 1918.

26. Extraits de la déposition de Chtchegolioutine au tribunal de guerre du Turkfront, *in* A.S. Boukchpan, *Poslednie dni kommissarov Bakinskoï kommouny po materialam soudebnykh protsessov*, Bakou, Istpart, 1928, p. 106.

27. Cf. Peter Hopkirk, *Like Hidden Fire*, *op. cit.*, pp. 366-367. Alexeï Dirdikine ne fit aucune déposition dans le cadre du processus judiciaire dont

l'affaire des 26 Commissaires fut l'objet, et pour cause, l'homme fut retrouvé assassiné le lendemain des événements ! Selon Peter Hopkirk qui ne mentionne pas ses sources, le témoignage d'Alexeï Dirdikine avait été recueilli par sa famille puis transmis au prêtre chargé des funérailles. Les notes du prêtre auraient été retrouvées plus de cinquante ans plus tard.

28. Cf. Mikhaïl Lifchits, *Kto vinovat 26-ti, C prilojenim dnevnika Funtikova*, Tiflis, Zakniga, 1926.

29. Brian Pearce, « The 26 Commissars », *Sbornik. Study Group on the Russian Revolution*, n° 6-7, 1981, p. 54.

30. Cf. Anahide Ter Minassian, *La République d'Arménie*, Bruxelles, Complexe, 2e édition, 2006, pp. 98-101.

31. Rappelons que la marge d'initiative de Stepan Chahoumian était de toute façon limitée par la discipline de parti qui lui enjoignait de suivre la politique conciliante de Lénine à l'égard des Allemands. Cf. Brian Pearce, « The Tragedy of Baku », in *How Haig Saved Lenin*, London, Mc Millan, 1987.

32. Anastase Mikoyan, *Une vie de lutte*, Moscou, Editions du Progrès, 1973, p. 137.

33. *Ibid.*, p. 153.

34. Cf. Brian Pearce, « The 26 Commissars », *op. cit.*, pp. 54-66.

35. Cf. Brian Pearce, « A Passage to Krasnovodsk », *Sbornik*, n° 11, 1985, pp. 131-134.

36. *Ibid.*, p. 134.

37. Anastase Mikoyan, *op. cit.*, pp. 156-157.

38. Brian Pearce, « A Passage to Krasnovodsk », *op. cit.*, p. 134.

39. Anastase Mikoyan, *op. cit.*, pp. 158-159.

40. Reginald Teague-Jones, *The Spy who disappeared*, *op. cit.*, p. 117.

41. BL, IOR, L/MIL/17/552, télégramme du 18 septembre 1918.

42. BL, IOR, Mss C 313/12, ff. 11-14, 12 November 1922, Card 1846 of 1923.

43. BL, IOR, L/MIL/17/555, télégramme du 23 septembre 1918.

44. IWM, Major Ronald Sinclair 67/329/1. Political and Military correspondance, Transcaspia. Télégramme du 24 septembre 1918.

45. Clifford Kinvig, *Churchill's crusade. The British invasion of Russia, 1918-1920*, London, Hambledon Continuum, 2006.

46. Témoignage oral d'Ann Randall, nurse de Ronald Sinclair, Englefield Greens, 12 juin 2008.

47. Vadim Tchaïkine, *K istorii Rossiskoï Revoliutsii, Vypusk 1, Kazn' 26 bakinkiskh komissarov*, Moskva, Izd. Z. N. Grjebina, 1922.

48. Archives Brian Pearce, lettre de Brian Pearce à Ronald Sinclair, 30 août 1979.

49. Archives Brian Pearce, lettre de Ronald Sinclair à Brian Pearce, 20 novembre 1979.

50. *Ibid.*

51. Sur tous les aspects concernant le contexte de l'enquête de Vadim Tchaïkine et la construction de l'accusation, l'étude complète de Brian Pearce est indispensable. Cf. Brian Pearce, « On the fate of the 26 Commissars », in *Sbornik*, n° 6-7, 1981, pp. 83-95.

52. Cf. Vadim Tchaïkine, *op. cit.*, pp. 181-183.

53. Anastase Mikoyan, *Une vie de lutte, op. cit.*, p. 176.

54. Citation *in* Brian Pearce, « On the fate of the 26 Commissars », *op. cit.*, p. 85.

55. *Ibid.*, p. 86.

56. N.N. Narimanov, *Azerbaidjanskaïa bednota*, n° 39, 10 septembre 1920.

57. La Kaurosta est la branche caucasienne de l'agence Rosta dont les « vitrines satiriques » et les affiches expriment l'avant-gardisme du graphisme comme des méthodes de la propagande soviétique à ses débuts.

58. BL, IOR/L/PS/18/C/203, Informations concernant la conférence de Bakou.

59. *Kommunist*, Bakou, 3 septembre 1920.

60. Cité dans Brian Pearce, « On the fate of the 26 Commissars », *op. cit.*, p. 86.

61. *Ibid.*, p. 87.

62. Cf. A.S. Boukchpan, *op. cit.*

63. *Ibid.*, p. 120.

64. Brian Pearce, « Communication », *Revolutionary Russia*, vol. 3, n° 1, January 1990, p. 112.

65. Dossiers n° 74-75, Stepan Chahoumian, Compte-rendu sténographique d'une émission de radio Erevan, sans mention de date.

66. Cf. *Hayastani Hanrabedoutioun*, 13 janvier 2009. Annoncé à Bakou par le responsable du district de Sabahili, Sakhib Alekberov, le démantèlement du monument funéraire permettra la construction d'un parking souterrain. L'information précise cependant que les tombes de Nariman Narimanov, Meshati Azizbekov et Rikhart Tchorkev resteront inviolées.

67. *Haratch*, 30 janvier 2009.

68. Cf. V. Tatlin et S. Dymshits-Tolstoaia, « Memorandum from the Visual Arts Section of the People's Commissariat for Enlightment to the Soviet of People's Commissars : Project for the organization of competitions for Monuments to distinguished persons (1918) », introduction by John Bowlt, *Design Issues*, vol. 1, n° 2 (Autumn 1984), pp. 70-74.

69. Cit. *in* Brian Pearce, « On the fate of the 26 Commissars », *op. cit.*, p. 89.

70. Cf. Michael G. Smith, « Cinema for the "Soviet East" : National Fact and Revolutionary Fiction in Early Azerbaijani Film », *Slavic Review*, vol. 56, n° 4 (1997), pp. 645-678.

71. BL, IOR/L/PS/12/4003, Anglo-soviet Debts and Claims Committe, Shooting of the 26 Baku Commissars.

72. BL, IOR, Mss D 942, Papiers du major T.S.W. Jarvis. Il est précisé que ce dossier devait rester fermé à la consultation jusque trois ans après la mort du major Sinclair.

73. Anastase Mikoyan, *Une vie de lutte, op. cit.*, p. 180.

Chapitre 6. Dans la retraite des armées blanches : de Constantinople au Caucase (1919-1921)

1. BL, IOR, Mss Eur C 313/12, Lettre de T.S.W. Jarvis à C.S. Jarvis, Achkhabad, 2 février 1919. Le major C.S. Jarvis, membre de la Royal Central Asian Society, décédé le 9 décembre 1953, reçut la médaille Lawrence en 1938. Cf. sa nécrologie parue dans *Royal Central Asian Journal*, April 1954, vol. XLI, part II, p. 93.

2. IWM, Sinclair Papers, 67/329/1, « The story of missions in Central Asia and Transcaucasia », ff. 528-529.

3. *Ibid.*, f. 530.

4. Cité dans M. Larcher, *La Guerre turque dans la guerre mondiale*, Paris, Chiron, Berger-Levrault, 1925, p. 545.

5. Sur le palais de Yildiz, le palais d'Abdulhamid, cf. François Georgeon, *Abdulhamid II, le sultan calife*, Paris, Fayard, 2003, pp. 127-146.

6. BL, IOR, Mss C 313/14, Reginald Teague-Jones, Notes sur Constantinople et le Vieux Sérail en 1923, f. 4.

7. *Ibid.*, ff. 4-7 verso. Voici deux extraits de ce rapport en vers traduit et restitué en octosyllabes par Bernard Cros que nous remercions chaleureusement.

« Milord, / Aujourd'hui, je suis allé chez / Le Calife. Sa simplicité / S'affichait partout ; mais surtout / Derrière la porte que désormais / Nul Teshrifatdji ne gardait. / Puis un sous-fifre d'Adnan Bey, / Habit court, frôla mon côté / Près d'un gigantesque escalier, / Où un aide de camp de l'armée, / D'évidence guère encore gradé, / Ne sachant ce qu'il devait faire, / Le faisait bien ; on remarquait / Des laquais décrépits errer / Dans le hall. Un lieutenant / De marine, jeune, guindé pourtant, / Voyant ce tableau stupéfiant, / Dans un bureau me fit monter. / Là, deux officiels se trouvaient / Qui, d'après leur propre discours, / Formaient du Calife toute la cour. / Ici, rien n'était suranné : / Larbins, plateau pour le café, / Issus d'une antique étiquette, / N'étaient plus. Mais une cigarette, / D'un stock par hasard rescapée, / En boîte carton me fut donnée. / Je l'avais à peine allumée / Que le Calife me fit mander. / Un esprit critique dirait / Que la salle des audiences sentait, / Avant que Kemal voie son heure, / Trop les fastes des vieux empereurs, / Gâchant l'or gagné durement / Par leurs gens. Par exemple, avant, / J'avais, je crois, rarement vu / Dans aucun des lieux où je fus / Sofa qui ne fût si massif / Que celui de notre Calife, / Ou des fauteuils si chamarrés / Que le mien et celui du Bey. / Tout cela n'était pas sa faute. / Sa personne dit à ses hôtes / Que ne compte plus désormais / L'art décoratif du passé ; / Dans la Turquie nouvelle n'est sûre / Que la grâce de la Nature. / Quelle barbe ! Ah, que Monseigneur / Excuse cet élan du cœur ! / Chacun des poils vient justifier / De la prière l'utilité. / Cette barbe créerait de l'émoi / Au royaume des castors, ma foi / Si blanche, si drue ; et qui poussait / Centrifuge, il me paraissait. (...) / Il me fit perdre mes moyens. / Plus l'inspiration me fuyait, / Plus la discussion s'enlisait. / Survint un souci : « Comment faire / Pour qu'enfin un Haut-Commissaire / Par un Calife soit congédié ? / On guette son signal, on le sait. / Tortillant mes deux pieds, / Je fis choir mon monocle à terre. / ("Belle astuce dont j'use à l'envi / Quand me fatigue la compagnie.") / Je pris l'air de souffrir beaucoup, / Comme d'une dent. Mais, rien du tout ! / Aucun signe, aucun mouvement. / Je dus trouver un expédient. / Je dis : "Que votre Majesté / Permette que je prenne congé." / Je sortis. Naguère, je n'eus pu / Quitter le Palais mal traité, / Abandonné, sans boire du thé, / Sans cigarette. Or désormais, / De telles attentions insensées / Ne retardent plus l'invité. / Qu'ils soient officiers courtisans / Ou Teshrifatdjis ottomans, / Nul ne gaspille son précieux temps. / On me fit descendre rapidement. / Telle l'étoile qui vite décline, / De sa Présence à ma berline, / Jusqu'à Péra je me hâtai / Pour vous transmettre ce courrier. / Je conclus, Milord, sincère, / Humblement à vous, je défère, / Horace Rumbold, Haut-Commissaire. »

8. Les sultans de l'Empire ottoman étaient détenteurs de la fonction califale. Mustafa Kemal abolira le sultanat en 1922 et le califat le 3 mars 1924.

9. Elmer Davis, « Hives of Russian Refugees », *New York Times*, 8 janvier 1922.

10. IWM, Sinclair Papers, 67/329/1, Dessins et caricatures, sans mention d'auteur.

11. Elmer Davis, *op. cit.*

12. Cf. M.D. Wrangel, baronne, *Ma vie et ma fuite du « paradis communiste »*, Lausanne, Bibliothèque universelle, 1922.

13. BL, IOR, Mss C 313/2, Extraits des carnets de Reginald Teague-Jones rendant compte des opérations en Crimée et en Géorgie.

14. *Ibid.*, ff. 11-12.

15. Cf. Richard Pipes, « Les relations diplomatiques du gouvernement Wrangel en Crimée, 1920 », *Cahiers du monde russe et soviétique*, 1963, vol. 4, n° 4, pp. 401-435.

16. *Ibid.*, p. 403.

17. *Ibid.*, pp. 411-413. Struve à Maklakov, Paris, 8 juin 1920.

18. BL, IOR, Mss C 313/2, Extraits des carnets de Reginald Teague-Jones rendant compte des opérations en Crimée et en Géorgie.

19. *Ibid.*

20. Cité dans Richard Pipes, *op. cit.*, p. 433. Wrangel à Struve, Croiseur *Kornilov*, 24 novembre 1920.

21. *Ibid.*

22. Anahide Ter Minassian, « Indépendance et soviétisation des républiques transcaucasiennes », in *Histoires croisées. Diaspora, Arménie, Transcaucasie, 1890-1990*, préface de Pierre Vidal-Naquet, Marseille, Parenthèses, 1997, pp. 165-174.

23. BL, IOR, Mss C 313/8, « La prise de Krasnovodsk par les bolcheviks et ses conséquences au Caucase », carnet de notes de Reginald Teague-Jones, ff. 5-6.

24. *Ibid.*, ff. 6-9, « Political parties in the Caucasus ».

25. *Ibid.*, ff. 10-12, « Bolchevism in the Caucasus ».

26. *Ibid.*

27. *Ibid.*, ff. 13-15.

28. Cité dans Anahide Ter Minassian, *op. cit.*, p. 169. Un accord commercial anglo-russe est signé le 16 mars 1921 et bien que Lloyd George se soit déclaré en faveur de la Géorgie indépendante dans laquelle il voyait une « barrière contre le bolchevisme », la Grande-Bretagne reprendra des pourparlers commerciaux avec la Géorgie soviétique. Cf. Dennis Ogden, « Britain and Soviet Georgia, 1921-1922 », *Journal of Contemporary History*, vol. 23, n° 2, April 1988, pp. 245-258.

29. IWM, Sinclair Papers, 67/329/1, « The story of missions in Central Asia and Transcaucasia », f. 556.

30. *Ibid.*, f. 563.

31. *Ibid.*, f. 579.

32. Cf. John D. Rose, « Batum as Domino, 1919-1920 : the defence of India in Transcaucasia », *The International History Review*, vol. 2, n° 2, April 1980, pp. 266-287.

33. IWM, Sinclair Papers, 67/329/1, « The story of missions in Central Asia and Transcaucasia », f. 589.

34. *Ibid.*, f. 588.

35. *Ibid.*, f. 589.

36. BL, IOR, Mss C 313/8, ff.26-27, Carnet de Reginald Teague-Jones, brouillon d'une lettre à Graves, Batoum, 28 février 1921.

37. Cf. Serge Afanasyan, *L'Arménie, l'Azerbaïdjan et la Géorgie de l'indépendance à l'instauration du pouvoir soviétique, 1917-1923*, Paris, L'Harmattan, 1981, p. 187.

38. BL, IOR, Mss C 313/8, Carnet de Reginald Teague-Jones, f. 24, Situation in the North-Caucasus.

39. *Ibid.*, f. 20, General situation in Transcaucasia.

40. Rouben Ter Minassian (1882-1951), révolutionnaire et *fedaï* engagé en 1906-1908 dans l'autodéfense des populations arméniennes dans les provinces orientales de l'Empire ottoman, membre du bureau de la Fédération révolutionnaire arménienne, a eu la haute main sur les troupes arméniennes au Caucase de 1917 à 1921. Ministre de la Guerre de l'Arménie indépendante, il fut après la soviétisation l'un des piliers de la résistance aux communistes dans le Zanguezour en 1921. Il émigrera ensuite en Perse puis en Europe.

41. *Ibid.*, f. 26, Situation in Armenia.

42. *Ibid.*, ff. 20-23, General situation in Transcaucasia.

43. Cf. Richard G. Hovannisian, « Armenia and the Caucasus in the genesis of the soviet-turkish entente », *International Journal of Middle-East Studies*, vol. IV, 1973, p. 130.

44. IWM, Sinclair Papers, 67/329/1, « The story of missions in Central Asia and Transcaucasia », f. 543.

45. BL, IOR, Mss C 313/8, Carnet de Reginald Teague-Jones, Notes on Turkish forces concentrated on the Georgian and Armenian Frontiers from Georgian secret sources, f. 16, 16 décembre 1920.

46. *Ibid.*, ff. 18-19, Turkish military situation. Information from the Georgian Intelligence Department.

47. BL, IOR, Mss C 313/8, Carnet de Reginald Teague-Jones, f. 28, Nationalist foreign policy.

48. C'est-à-dire l'autonomie.

49. *Ibid.*, ff. 27-28, The present situation in Adjaristan.

50. BL, IOR, Mss C 313/8, Carnet de Reginald Teague-Jones, f. 29, The situation in Adjaria, 27 mars 1922.

51. Comité révolutionnaire.

52. BL, IOR, Mss C 313/8, Carnet de Reginald Teague-Jones, f. 29, The situation in Adjaria, 27 mars 1922.

53. *Ibid.*

54. Cf. le dossier constitué sur l'Adjarie par Charles Urjewicz et Jean Radvanyi, *Cahiers d'études sur la Méditerranée orientale et le monde turco-iranien*, n° 27, janvier-juin 1999, pp. 227-283.

55. BL, IOR L/PS/10/837 file 3822 (1922), Ronald Sinclair, « The Future of Central Asia. British or Russian Predominance ? », 24 juillet 1922. Ce rapport a été transmis au Foreign Office le 23 août 1922. Les passages cités ultérieurement proviennent de cette seule référence.

56. BL, IOR L/PS/10/837 file 3822 (1922), 8 août 1922.

57. BL, IOR L/PS/10/837 file 3822 (1922), 23 août 1922.

58. BL, IOR L/PS/10/837 file 3822 (1922), 28 août 1922, Sir Arthur Hirtzel à S of S.

Chapitre 7. Ronald Sinclair, agent voyageur de l'Empire britannique

1. William Engdahl, *A century of War. Anglo-american oil politics and the new world order*, London, Pluto Press, 2004, p. 8.

2. BL, IOR, L/PJ/12 /780, 8 mars 1924.

3. *Ibid.*

4. BL, IOR, L/PJ/12/780, Rapport secret signé M.C.S du 16 novembre 1921.

5. Reginald Teague-Jones (alias Ronald Sinclair), *Adventures in Persia*, London, Gollancz, 1990, p. 12.

6. *Ibid.*, pp. 69-70.

7. Cf. Geoffrey Jones, LSE, « The Imperial Bank of Iran and Iranian Economic Development, 1890-1952 », *Business and Economic History*, Second Series, vol. XVI, 1987, pp. 69-80.

8. Cf. Mark Brayshay, Mark Cleary, John Selwood, « Interlocking directorships and trans-national linkages within the British Empire, 1900-1930 », *Area*, 37 (2), 2005, pp. 209-222.

9. A ce propos, cf. Taline Ter Minassian, *Colporteurs du Komintern, op. cit.*

10. Cf. Carmen Abou Jaoudé, « Selim Takla et la fondation du ministère des Affaires étrangères », *in* Gérard D. Khoury (éd.), *Selim Takla 1895-1945. Une contribution à l'indépendance du Liban*, Paris, Karthala, 2004, pp. 359-368.

11. Reginald Teague-Jones, *Adventures in Persia, op. cit.*, p. 19.

12. Cf. John M. Munro and Martin Love, « The Nairn Way », *Saudi Aramco World*, July-August 1981, vol. 32, nº 4, et John M. Munro, *The Nairn Way*, New York, Caravan Books of Delmar, 1980.

13. Cf. William Holz, « The Little House on the Desert », *Saudi Aramco World*, November-December 1984, pp. 28-33.

14. NA, AVIA 2/1867, Damascus-Bagdad Air route : proposals for development by Nairn Eastern Transport Company (1929).

15. Reginald Teague-Jones, *Adventures in Persia*, *op. cit.*, p. 22.

16. *Ibid.*, p. 25.

17. *Ibid.*, p. 31.

18. *Ibid.*, p. 53-54.

19. *Ibid.*, pp. 54-55.

20. *Ibid.*, p. 68.

21. *Ibid.*, pp. 71-72.

22. *Ibid.*, p. 77.

23. *Ibid.*, p. 95.

24. Cf. Taline Ter Minassian, *Colporteurs du Komintern*, *op. cit.*, p. 101 et suivantes.

25. Reginald Teague-Jones, *Adventures in Persia*, *op. cit.*, p. 98.

26. Val Hennessy, « Give the girl a vodka », *You*, 23 octobre 1988, p. 82.

27. Cf. Yann Richard, *L'Iran. Naissance d'une république islamique*, *op. cit.*, pp. 186-187. Pour une analyse détaillée et nuancée de l'implication britannique dans l'accession de Reza Khan au pouvoir, cf. Michael P. Zirinsky, « Imperial Power and Dictatorship : Britain and the rise of Reza Shah, 1921-1926 », *International Journal of Middle East Studies*, vol. 24, nº 4, November 1992, pp. 639-663.

28. Reginald Teague-Jones, *Adventures in Persia*, *op. cit.*, p. 113.

29. *Ibid.*, pp. 113-114.

30. *Ibid.*, pp. 115-116.

31. *Ibid.*, p. 131.

32. *Ibid.*, p. 133.

33. Le nombre total des Arméniens déplacés à l'époque de Shah Abbas se situerait selon les évaluations diverses des historiens entre 50 000 et 300 000 personnes. Cf. Michel Morineau, « Questionnaire pour les Arméniens aux XVIIe et XVIIIe siècles. Présence, position et place dans l'œkoumène économique », *in* Sushil Chaudhury et Kéram Kévonian (éd.), *Les Arméniens dans le commerce asiatique au début de l'ère moderne*, Paris, Editions de la MSH, 2007, p. 23.

34. Reginald Teague-Jones, *Adventures in Persia*, *op. cit.*, p. 143.

35. *Ibid.*, p. 162.

36. *Ibid.*, p. 167.

37. NA, BT 196/33, Railway construction in Persia.

38. Reginald Teague-Jones, *Adventures in Persia*, *op. cit.*, pp. 190-191.

39. *Ibid.*, p. 201.

40. GRO overseas, Consular Index, Mariage 1931-1935, vol. 27, p. 179, Consulat Cairo, Sinclair-Danecker.

41. BL, IOR, Mss C 313/14, f. 161, Notes sur l'ouvrage de Harry B. Ellis, *Heritage of the Desert*.

42. BL, IOR, Mss, C 313/54, « The fate of the Temple of Philae, An Archaelogical Tragedy », article signé par Ronald Sinclair, membre de la Royal Geographical Society.

43. BL, IOR, Mss C 313/14, Substance of a talk at the Rotary Club of Union City, New Jersey on March 11, 1958.

44. Morton B. Stratton, « British Railways and Motor Roads in the Middle-East, 1918-1930 », *Economic Geography*, vol. 20, n° 2, April 1944, p. 116.

45. BL, IOR, Mss C 313/16, f. 81, The Air route to India some experiences and criticisms by a recently arrived passenger.

46. BL, IOR, Mss C 313/16, ff. 68-70.

47. Nous remercions chaleureusement Laurent Deshayes pour son expertise du film et la précision de ses observations. On peut mettre en relation le film de Reginald Teague-Jones avec la filmographie d'époque, cf. Peter H. Hansen, « The Dancing lamas of Everest : cinema, orientalism and Anglo-Tibetan relations in the 1920's », *American Historical Review*, 101 (3), 1996, pp. 712-747.

48. Cf. Alex McKay, *Tibet and the British Raj, The Frontier Cadre, 1904-1947*, London, Curzon, 1997, p. 87.

49. Cf. Hsiao-Ting Lin, *Tibet and Nationalist China's Frontier : Intrigues and Ethnopolitics, 1928-1949*, Vancouver, Toroto, UBC Press, 2006, p. 126.

50. Alistair Lamb dans sa préface à l'ouvrage de Julie G. Marshall, *Britain and Tibet 1765-1947, A select annotated bibliography of British relations with Tibet and the Himalayan States including Nepal, Sikkim and Bhutan*, revised and updated with a foreword by Alistair Lamb, London, Routledge, 2005.

Chapitre 8. Ronald Sinclair en Amérique (1941-1960)

1. NA, FO 366/2129, Staff at Her Majesty Consulate-General, New York, British Consulate General, September 30, 1946, ff. 11-12.

2. *Ibid.*

3. Nigel West, *MI5. British Security Service Operations 1909-1945*, London, The Boldley Head, 1981, pp. 16-17.

4. William Stephenson, 31 décembre 1945, préface au rapport du British Security Coordination, cf. British Security Coordination, *The Secret History of British Intelligence in the Americas, 1940-1945*, introduction de Nigel West, New York, Fromm International, 1999, p. XXI.

5. *Ibid.*, p. 282.

6. BL, IOR, Mss 313/20, *Khyber Blood Feud*, pp. 137-138.

7. René Girault et Robert Frank, *Turbulente Europe et nouveaux mondes, 1914-1941*, Paris, Masson, 1988, p. 263.

8. National Archives, WO/32/9590, Leased Bases American order of battle, 1941-1942.

9. *Ibid.*

10. IWM 67/329/1, Sinclair papers, Bermuda, p. 1.

11. IWM 67/329/1, Sinclair papers, Bermuda, Ronald Sinclair au Director Security Coordination, 29 juin 1941.

12. British Security Coordination, *op. cit.*, pp. 354-355.

13. IWM, 67/329/1, Sinclair Papers, Bermuda, p. 2.

14. *Ibid.*, p. 4.

15. *Ibid.*, p. 5.

16. *Ibid.*, p. 6.

17. *Ibid.*, pp. 7-8.

18. *Ibid.*, p. 10.

19. IWM, 67/329/1, Sinclair Papers, Bermuda, 23 juin 1941.

20. IWM, 67/329/1, Sinclair Papers, Recommandation.

21. IWM, 67/329/1, Sinclair Papers, Role of the Royal Navy in Caribbean Security, New York, 9 juillet 1941.

22. NA, FCO 57/377, Self-recommandation award by Ronald Sinclair. Lettre de Ronald Sinclair à G.G. Collins (service du protocole du Foreign Office), Marbella, 15 novembre 1972.

23. Walter Wren fait partie du noyau des fondateurs de British Security Coordination.

24. IWM, 67/329/1, Sinclair Papers, Trinidad.

25. Cf. Patrick French, *Liberty or Death. India's journey to independence and division*, London, Harper Collins, 1997, p. 140.

26. Cf. Bernard Droz, *Histoire de la décolonisation au XXe siècle*, Paris, Seuil, 2006, pp. 76-77.

27. *Ibid.*

28. Cf. Patrick French, *op. cit.*, p. 132.

29. *Ibid.*, p. 101.

30. BL, IOR L/PJ/12/251, Soviet espionage in India : Report on a secret mission.

31. BL, IOR L/PJ/12/251, Sir David Petrie (DIB) au major Sir John Wallinger (IPI), Simla/Delhi, 11 février 1926, f. 64.

32. BL, IOR L/PJ/12/315, File 1332.27, Russian Society for promotion of cultural relations, VOKS in India.

33. BL, IOR L/PJ/12/652, File 1993/42, US office of OSS : IPI's views on publications and cooperations with representatives in India, f. 13, 10 mai 1943.

34. NA, FCO 57/377, Self-recommandation award by Ronald Sinclair. Lettre de Ronald Sinclair à G.G. Collins (service du protocole du Foreign Office), Marbella, 15 novembre 1972.

35. BL, IOR, Mss 313/17, f. 4, Londres, 21 décembre 1944.

36. BL, IOR, L/PJ/12/487, File 262/35, India League of America, f. 55, 16 octobre 1943.

37. BL, IOR, L/PJ/12/487, File 262/35, India League of America, f. 66.

38. Auteur de *Wells of Power*, consacré au pétrole et au golfe Persique, de *Soviet Empire* sur la politique stalinienne des nationalités en Asie centrale et

d'un ouvrage sur les Pathans, Olaf Caroe est l'objet du livre de Peter John Brobst, *The future of the Great Game : Sir Olaf Caroe, India's Independence and the Defence of Asia*, Akron (Ohio), The University of Akron Press, 2005.

39. BL, IOR, L/PJ/12/487, File 262/35, India League of America, ff. 67-69.

40. BL, IOR, L/PJ/12/487, File 262/35, India League of America, f. 177, 25 septembre 1944.

41. BL, IOR, L/PJ/12/487, File 262/35, India League of America, ff. 180-182, 14 septembre 1944.

42. BL, IOR, L/PJ/12/487, File 262/35, India League of America, f. 193, 5 septembre 1944.

43. BL, IOR, L/PJ/12/487, File 262/35, India League of America, f. 227, The Indian Problem and American Politics, 28 décembre 1944.

44. BL, IOR, L/PJ/12/487, File 262/35, f. 200.

45. BL, IOR, L/PJ/12/487, File 262/35, India League Of America, « India Independence Day » Diner, 20 janvier 1945, f. 234.

46. *Ibid.*

47. NA, FCO 57/377, Self-recommandation award by Ronald Sinclair. Lettre de Ronal Sinclair au Foreign Office, 9 octobre 1972.

48. BL, IOR, Mss 313/19, f. 2, New York school teachers and India, 22 mars 1945.

49. BL, IOR, Mss 313/16, ff. 28-32, Notes manuscrites prises au revers d'un document intitulé « The Lion and the Tiger in India and Persia ».

50. Cf. Bernard Droz, *op. cit.*, p. 132.

51. Cf. Patrick French, *op. cit.*, p. 339.

52. NA, FCO 57/377, Lettre de Paul Patrick (India Office, Whitehall) à Ronald Sinclair, 14 août 1947.

53. Cf. Patrick French, *op. cit.*, pp. 339-340.

54. BL, Mss 313/12, f. 20, Lettre de M.A.H. Ispahani, New York, 27 janvier 1948.

55. BL, Mss 313/12, f. 23, Lettre de Paul Patrick à Ronald Sinclair, 25 septembre 1948.

56. Val Hennessy, « Give the girl a vodka », *You*, 23 octobre 1988, p. 82.

57. BL, Mss 313/18, f. 47, Ronald Sinclair à Sinclair à S.M. Haq, attaché de presse de l'ambassade du Pakistan à Wahington, 7 juillet 1959.

58. BL, Mss 313/15, ff. 16-25, Ronald Sinclair, « Pakhtunistan : Design for Aggression ».

59. *Ibid.*

60. *Ibid.*

61. *Ibid.*

62. *Ibid.*

Épilogue

1. Transcrit et traduit du persan par Stéphane A. Dudoignon.
2. Alban M. Ross-Smith, « A case for exoneration », *Daily Telegraph*, 11 April 1983.
3. BL, IOR, Mss C313/20, Ronald Sinclair, Khyber Blood-Feud, A Tale of the Afghan Border, foreword.
4. *Ibid.*, f. 135.
5. *Ibid.*, f. 157.

Index des noms

Le nom de Reginald Teague-Jones mentionné à toutes les pages n'a pas été indexé. En revanche, une entrée a été créée au nom de Ronald Sinclair. Les noms géographiques sont en italiques.

Note sur les sources

Le lecteur trouvera dans les notes les références bibliographiques qui ont servi à la documentation de cet ouvrage. Il n'a pas été possible de trouver la trace des détenteurs des droits des deux livres de Reginald Teague-Jones publiés aux éditions Gollancz de Londres dont nous donnons de fréquentes citations. Il s'agit de *Adventures in Persia*, London, Gollancz, 1988 et *The Spy who disappeared, Diary of a secret mission to Russian Central Asia*, préface et postface de Peter Hopkirk, London, Gollancz, 1990.

Voici un bref aperçu des sources d'archives utilisées, toutes consultables à Londres ou à Kew.

A la British Library, les différentes séries d'archives de l'India Office Records (L/PS et L/PJ) permettent de replacer Reginald Teague-Jones dans les institutions et le contexte de son époque. Les références précises aux documents d'archives sont données en notes sous l'abréviation BL, IOR.

Le fonds personnel de Reginald Teague-Jones (Sinclair collection, Mss C 313), qui comprend 66 dossiers de textes et de photographies, est conservé à la British Library.

Il existe à l'Imperial War Museum un carton d'archives relatif aux missions de Reginald Teague-Jones durant la Première et la Seconde Guerre mondiale. Dans notre ouvrage, les références à ces archives apparaissent sous l'abréviation IWM, Sinclair Papers 76/329/1. La collection Sinclair de l'Imperial War Museum comprend également des photographies. Grâce à l'aide de Matthew Lee, conservateur au département des archives du film de l'Imperial War Museum, nous avons pu retrouver et utiliser la filmographie de Reginald Teague-Jones.

Les archives nationales de Kew (National Archives sous l'abréviation NA), divisées en plusieurs séries (FO pour Foreign Office, WO pour War Office, BT pour Board of Trade), ont permis d'établir les recoupements nécessaires. En outre, on peut retrouver dans ces fonds quelques rapports importants de Reginald Teague-Jones relatifs à l'affaire des 26 Commissaires et à l'Asie centrale en général.

L'intégralité des textes de Reginald Teague-Jones, publiés ou inédits, ont été traduits de l'anglais par l'auteur.

En outre, le chapitre sur Bakou et les 26 Commissaires se fonde sur des documents conservés aux archives du Service historique de l'armée de terre (SHAT) à Vincennes ainsi que sur les archives personnelles de Brian Pearce.

Table

Mise en pages PCA
44400 Rezé

Cet ouvrage a été imprimé
par CPI Firmin-Didot
Mesnil-sur-l'Estrée
pour le compte des Éditions Grasset
en mars 2012

Première édition, dépôt légal : mars 2012
N° d'édition : 17130 – N° d'impression : 109657
Imprimé en France

Première édition, dépôt légal : mars 2012
N° d'édition : 17190 – N° d'impression : 110964
Imprimé en France